拡大するヨーロッパ世界　1415-1914

拡大するヨーロッパ世界

1415-1914

玉木俊明著

知泉書館

は じ め に

　本書は，19世紀のヨーロッパ，とくにイギリスが，なぜ世界を支配できたのか，あるいは少なくとも支配したと思われたのかという問いに対し，経済面から解答を与えることを目的としている。

　ヨーロッパの世界支配は，海上ルートによる対外進出と大きく関係していた。ヨーロッパは，1415年に最初の植民地であるセウタを獲得して以降，アフリカ，ラテンアメリカ，そしてアジアに，植民地を獲得していった。それは，政治的な支配にとどまらず，経済的な収奪をも意味した。ナポレオン戦争が終結した1815年から第一次世界大戦がはじまる1914年までは，ヨーロッパの帝国主義の全盛期であった。ヨーロッパの政治的・経済的支配は，永遠に続くかのごとく思われたといって，過言ではあるまい。それは，現在の目からみるなら，荒唐無稽だと考えられるかもしれない。だが，そうは思えないほど，19世紀後半から20世紀初頭にかけてのヨーロッパ（さらにそこから派生したアメリカ）のプレゼンスが大きかったのも事実である。

　それは，どのようにして達成されたのだろうか。

　そのような問題意識のもと，本書は書かれる。われわれがまず認識しなければならないのは，ヨーロッパとは比較的高緯度に位置するため，自然環境の点では決して豊かな地域とはいえないということである。だからこそヨーロッパは，より豊かになるために，対外進出をし，ヨーロッパにはない天然資源や食糧を獲得しなければならなかった。

　本書の特徴は，以下の三点にまとめられよう。

　第一に，海運業の重要性を強調している点である。それはまた，本書が「流通史観」を土台としていることの表れでもある。換言すれば，ある商品が，「どの国の」船で運ばれたのかということを重視している。

それは，ヨーロッパが単純に工業力ではなく，海運業を発展させてアジアに来航し，アジアの流通網の主要な部分をおさえていったからこそ，ヨーロッパはアジア市場に大きく食い込んでいくことができたからである。このことは，中近世のアジアは，ヨーロッパに香辛料を輸出していたが，ヨーロッパにおいてはアジアの船が使われてはいなかった事実と，きわめて対照的である。

　第二に，「情報」を重視している点である。経済史研究の主流は，かつては毛織物の生産であり，それから砂糖やタバコなどの消費財が研究されるようになったが，有形財が研究対象の中心であったように思われる。それに対し本書では，無形財である情報からみた経済史を提示する。

　経済成長のための制度の重要性は改めて指摘するまでもない。その重要性は，すでに，ダグラス・ノースらの新制度学派によって提唱されている。ノースは所有権の確保がもっとも重要だと考えたが，私は「情報の非対称性が少ない社会」こそ，経済成長に適した社会だと主張したい。そのような社会は，グーテンベルク革命により活版印刷が普及し，商業情報が安価に入手することができた17世紀のヨーロッパで誕生した。ヨーロッパの経済的優位は，制度的観的からみるなら，そのときに生まれた。

　第三には，経済活動を営むうえでのゲームのルールの重要性である。経済的な意味でのヘゲモニー国家とは，究極的には，経済活動において何が正しいのかを決められる国家をいう。むろん，そのような国家は商業情報の中心であり，国際商業に不可欠な貿易決済がおこなわれる地域でもある。そのために巨額の資本が，ヘゲモニー国家に流入する。

　それは多くの場合，手数料という形態をとる。巨額の手数料収入が期待できるのは，その国が経済活動のゲームのルールを決め，他の国々はそのゲームに参加するための費用として手数料を支払うからである。そのような国はいわば規範文法を決定するのであり，取引に参加したければ，ヘゲモニー国家が決めた規範文法にのっとらなければならないのだ。

　このように本書は，いうなればハードウェアではなくソフトウェアを扱う。それが，経済活動のあり方を決定するのに大きな役割を演じていると考えるからである。しかも，外生要因と内生要因の両方を同程度に重視する。この二つの要因は，現実には明確には区別できないが，ヨー

ロッパがヨーロッパ外世界で獲得された成果を利用しつつ，内生的な発展とリンクさせ，世界を制覇するに至った重要性を強調したい。

　このような問題関心のもと，本書は以下のように叙述される。
　序章では，ポメランツの『大分岐』の意義は認めつつも，彼とは異なり，近世まで中国経済とヨーロッパ経済が同じような経済成長の過程をたどっていたのではなく，近世になってヨーロッパがアジアの水準に追いつき，追い越したと主張される。ヨーロッパは，同質的な商業空間をつくり，その空間を海上ルートによって世界に拡大していくことで，支配＝従属関係を強めていったのである。
　第1章では，フェニキア人と古代ギリシア人から1914年に至るヨーロッパの拡大過程が描かれる。小さかったヨーロッパがどんどんと巨大化していったのである。ヨーロッパはまずイスラーム経済圏に組み込まれ，その経済圏の一部となった。ただしその結合度は，弱かったと考えられる。イスラーム勢力の力は強く，ヨーロッパは，彼らの勢力圏から離脱しようとすれば，海上ルートを使うほかなかった。そのために，海を使ったヨーロッパの拡大がはじまったのである。拡大の担い手は当初はポルトガルであったが，やがてイギリスが世界中に植民地をもつ帝国を形成した。
　第2章では，北海・バルト海経済圏が，地中海経済圏を包摂していく過程が述べられる。地中海は，ヨーロッパ文明発祥の地であり，中世のイタリア経済は，ヨーロッパのなかでは（決して世界的にみてということではない），もっとも進んでいた。だが，イタリア経済は結局衰退し，北海・バルト海経済圏が地中海経済圏を飲み込んでいった。イタリアの海運業は大きく後退し，地中海ではイングランド，オランダ，スウェーデンなど，北方ヨーロッパの船舶が使用されるようになったのである。
　第3章のテーマは，大西洋経済の形成である。従来，大西洋経済形成においては，イギリスに大きな関心が寄せられてきた。しかし，大西洋奴隷貿易のデータベースの完成によって，むしろポルトガルが大西洋経済形成の主役であったことが知られるようになりつつある。ポルトガルの植民地であったブラジルで，西アフリカから連れてこられた奴隷によるサトウキビ栽培がはじまった。しかもその製法は，イギリス，オラン

ダ，フランスのカリブ海植民地にまで伝播していった。

大西洋経済は，砂糖（サトウキビ）の生産（栽培）を中心とした。しかしイギリスはそれに加えて綿花を生産し，本国で完成品である綿織物にして，世界中に販売した。この点と，帝国内部での貿易は母国船であるイギリス船が使用された点で，イギリスはヨーロッパの国々のなかで例外であった。さらに大西洋経済には，各国が自国のために貿易をする帝国内貿易以外に，それらを結ぶ帝国間貿易があった。大西洋経済が一体化したのは，そのためである。そしてヨーロッパは，大西洋経済の開発により，アジア以上の経済力をつけることに成功した。

補論Ⅰでは，プロト工業化についての新しい見解が述べられる。プロト工業化とは，工業化の第一局面ではなく，ヨーロッパの対外進出に必要な海運資材を提供した現象だと結論づける。しかしヨーロッパは，対外進出をして，綿製品の生産をしなければ工業化そのものが発生しなかったという点から考えるなら，プロト工業化は，工業化に寄与したといえよう。

第4章ではヨーロッパ内部に焦点を当て，同質的な商業空間が形成されていった過程が論じられる。

本書では，ヨーロッパの経済的優位は対外進出によって獲得されたという視点から，論を展開する。そのときに必要とされたのは異なる宗教・宗派間での取引であり，それを可能にしたシステムがどのようにして形成されたのかが焦点になる。

「アントウェルペン商人のディアスポラ」をきっかけとして，ヨーロッパ世界経済が形成されるようになった。それはオランダが中核となることで完成した。オランダのアムステルダムは出版の中心であり，この都市を通して，さまざまな商業情報が西欧全体に流れた。「価格表」や商業新聞の印刷などにより，西欧では商業情報は誰でも安価に入手できるようになり，情報の非対称性が少ない社会ができあがっていった。そのため，市場への参入が容易になり，経済が成長しやすい制度が整えられていったのである。「商売の手引」の普及もあり，商業慣行の同質性が増大していった。

第5章も，ヨーロッパの内的発展に光が当てられる。イギリスを中心として，「数量化と可視化」という視点から，ヨーロッパ経済がどのよ

うな変貌を遂げたのかについてみていく。そして，重商主義時代から帝国主義時代のヨーロッパ経済の変化が考察の対象となる。

　数量化傾向は，重商主義，さらに政治算術の世界の特徴であった。政治算術家は表を用いて可視化することをおこなった。数量化・可視化は貿易の世界にもおよび，ヨーロッパの貿易相手地域が増えたこともあり，貿易データは大きく増える。さらに国家は，戦争遂行のために，国家財政を数量的に管理する傾向を強める。

　市場の発展とともに労働時間が可視化され，人々は市場での商品購入を目指して市場でより長く働くことになる。そのような商品は，ヨーロッパ外世界から入ってくる消費財であり，ここにヨーロッパ経済の内的発展が，対外的発展とリンクしていたことが読み取れる。そしてイギリス人は，新しい雇用を求めて，植民地に出かけていった。

　第6章では，アジア世界にヨーロッパがどのように進出したのかが扱われる。

　ヨーロッパの進出以前のアジアでは，インド洋も東南アジアも，主としてムスリム商人の力によって貿易が発展していた。しかし，その他の宗教を信じる商人も多く，アジアの海は，異文化間交易の海であった。しかも，中国の宋の銅貨が共通の通貨として使用されており，アジアは，全体として，緩く結合された一つの市場とみなすことさえ可能であった。

　そこに最初に入ってきたヨーロッパ人はポルトガル人であり，彼らはオランダやイギリスの勢力によって駆逐されたように思われたが，植民地は失っても，ポルトガル商人の活動は続いた。さらに，ポルトガル以降もヨーロッパのアジアへの進出は続いた。ヨーロッパはアジアに商品を輸出するようになったが，それはアジアの流通網を，徐々にヨーロッパ人が握ることによって可能になったのである。

　補論Ⅱでは，ヨーロッパ人の対外進出にあたって，大きな役割を果たしたセファルディムとアルメニア人について論じられる。セファルディムは大西洋からインドまでを貿易圏とした中核のないディアスポラの民であり，アルメニア人は，ヨーロッパから東南アジアを貿易圏とし，新ジョルファーを中核とするディアスポラの民であった。ヨーロッパの重商主義国家の経済力はまだ弱く，ヨーロッパ外世界で取引するためには，彼らのような広域ネットワークをもつ商業の民との協力関係が不可欠で

あった。

　最終章の第7章では，19世紀にイギリスがどのようにしてヘゲモニー国家になったのかが論じられる。イギリスがヘゲモニー国家になったのは，工業力ではなく，海運業，海上保険，電信が巧みに結びついた結果であった。

　トン数に換算するなら，世界の船舶の約半数はイギリス船であり，世界各国はイギリス船で輸送するほかないこともあった。さらに，海上保険，さらに再保険もロイズでかけられることが多かった。

　世界の電信のかなりの部分がイギリス製であり，多くの国々は，イギリスの電信を使って，ロンドンで決済するほかなかった。そうすることで，イギリスには巨額の手数料収入が入った。このような「手数料資本主義」が，イギリスの特徴であった。世界経済が成長するほど，イギリスには多くの手数料が流れ込むことになっていたのである。

　このように，ヨーロッパは非常に長期的な過程を通じて世界を支配するようになり，その中にイギリスが位置した。イギリスの勝利は，他国の人々が築いた建物を土台としていた。またヨーロッパの勝利は，軍事的に他地域に優越していただけではなく，ソフトパワーの強さのためでもあった。世界経済がイギリスを中心として動くようになったのは，ヨーロッパ，そしてイギリスが発展させた経済システムを，他地域が受け入れなければならなかったからである。

目　　次

_____

はじめに   v

序　章   3

 はじめに   3
 1　海を通した拡大   5
 2　大分岐論争   7
 3　大分岐はあったのか   16
 4　経済が成長するための制度   18
 5　ヨーロッパの商業空間の拡大 22
 6　情報からみた近代世界システム 26
 7　なぜ支配＝従属関係が生まれるのか 33
 おわりに   38

第1章　小さなヨーロッパから大きなヨーロッパへ 41

 はじめに   41
 1　古代世界におけるヨーロッパ 42
 2　イスラームの台頭   47
 3　商業の復活（商業ルネサンス）再考 53
 4　イタリアは本当に重要だったのか 58
 5　強国から挑まれるヨーロッパ 61
 6　アフリカへの進出   64
 7　大航海時代の開始   69
 おわりに   78

第2章　北海・バルト海・地中海経済圏の統合 81

 はじめに   81

1	自然環境	82
2	ヴァイキングからハンザへ	86
3	15-18世紀のヨーロッパの経済の特徴	92
4	北海・バルト海の商業システム	95
5	地中海世界の特徴——古代から中世へ	103
6	地中海を飲み込む北海・バルト海	111
	おわりに	117

第3章　大西洋経済の形成　119

	はじめに	119
1	大西洋経済の勃興	123
2	大西洋貿易の特徴	128
3	各国の大西洋貿易	134
4	イギリスの特徴——三つの例外性	147
5	帝国間貿易の重要性	150
6	アメリカ海運業の発達とフランス革命・ナポレオン戦争	152
	おわりに——四つの海の結合	156

補論Ⅰ　プロト工業化とは何だったのか　161

	はじめに	161
1	経済史研究の手法をめぐって	162
2	プロト工業化論	164
3	プロト工業化の時代のヨーロッパ経済	169
	おわりに	175

第4章　商業情報の中心アムステルダム　177

	はじめに	177
1	アントウェルペンの役割と特徴	178
2	アントウェルペンからアムステルダムへ	180
3	近代世界システムの成立	185
4	情報とグーテンベルク革命	188
5	情報が独占されていた世界からの解放	193

目　次　　xiii

6　グーテンベルク革命　　195
7　ヘゲモニーと情報の関係　　203
8　コミュニケーションの問題　　207
おわりに　　210

第5章　重商主義社会から帝国主義時代へ
——数量化・可視化傾向がもたらした変化　　215
はじめに　　215
1　重商主義から政治算術へ——数量化傾向　　217
2　重商主義時代の決済システム　　226
3　より働く世界への変貌　　233
4　19世紀の労働者の世界　　240
5　市場での労働の増加　　246
おわりに　　251

第6章　アジア・太平洋とヨーロッパ　　255
はじめに　　255
1　アジアにおける商業の発展——インド洋貿易と東南アジア商業　　258
2　ヨーロッパとアジアの貿易　　270
3　一体化する世界　　277
4　ヨーロッパのアジア進出の意味　　285
5　ヨーロッパの拡大　　291
おわりに　　303

補論Ⅱ　ディアスポラの経済史
——アルメニア人・セファルディムとヨーロッパ経済の拡大　　307
はじめに　　307
1　なぜディアスポラの民が必要だったのか　　310
2　アルメニア人　　312
3　セファルディム　　319
4　セファルディムとアルメニア人のネットワークの違い　　326
おわりに　　327

第7章　世界を変えたイギリス帝国と情報——蒸気船と電信　331

はじめに　331

1　海運業の発展　337

2　イギリスのヘゲモニーの特徴　349

3　海上保険とイギリスのヘゲモニー　355

4　電信の発展　360

5　電信とイギリスのヘゲモニー　370

おわりに——手数料資本主義とイギリス　375

結　語　379

あとがき　385

参考文献　391

人名索引　421

事項・地名索引　425

細　目　次

はじめに　　　　　　　　　　　　　　　　　　　　　　　　　　v

序　章　　　　　　　　　　　　　　　　　　　　　　　　　3
はじめに　　　　　　　　　　　　　　　　　　　　　　　　3
1　海を通した拡大　　　　　　　　　　　　　　　　　　5
2　大分岐論争　　　　　　　　　　　　　　　　　　　　7
　ポメランツ／本書の立場／ポメランツ以降／グレゴリー・クラーク／
　プラサナン・パルタサラティ／ペール・フリース／小括
3　大分岐はあったのか　　　　　　　　　　　　　　　16
4　経済が成長するための制度　　　　　　　　　　　　18
　ダグラス・ノース／情報の非対称性が減少する世界——無形財の経済史
5　ヨーロッパの商業空間の拡大　　　　　　　　　　　22
　ウォーラーステインの近代世界システムの特徴と限界／海運業の
　重要性／商人と海運業の役割
6　情報からみた近代世界システム　　　　　　　　　26
　ヘゲモニー国家と構造的権力／異文化間交易／近代世界システムと
　グローバル・ヒストリー／重商主義社会
7　なぜ支配＝従属関係が生まれるのか　　　　　　33
　商品連鎖とは何か／支配＝従属関係と商品連鎖／商品連鎖からみ
　たアジアとヨーロッパの関係／商品連鎖と情報連鎖
おわりに　　　　　　　　　　　　　　　　　　　　　　38

第1章　小さなヨーロッパから大きなヨーロッパへ　　　41
はじめに　　　　　　　　　　　　　　　　　　　　　　41
1　古代世界におけるヨーロッパ　　　　　　　　　　42
2　イスラームの台頭　　　　　　　　　　　　　　　47

ピレンヌ学説をめぐって／アッバース革命と商業

3　商業の復活（商業ルネサンス）再考　　　　　　　　　　　53
現在の研究動向から／「十二世紀ルネサンス」との関係

4　イタリアは本当に重要だったのか　　　　　　　　　　　　58
香辛料貿易とヨーロッパ／異文化間交易からみた商業の復活（商業
ルネサンス）の意義

5　強国から挑まれるヨーロッパ　　　　　　　　　　　　　　61
モンゴル帝国の脅威／オスマン帝国からの挑戦

6　アフリカへの進出　　　　　　　　　　　　　　　　　　　64
サハラ横断交易／サハラ縦断交易

7　大航海時代の開始　　　　　　　　　　　　　　　　　　　69
イタリアからポルトガルへ──香辛料の輸入／ポルトガルからオラン
ダ・イギリスへ／イギリス帝国の形成

おわりに　　　　　　　　　　　　　　　　　　　　　　　　　78

第2章　北海・バルト海・地中海経済圏の統合　　　　81

はじめに　　　　　　　　　　　　　　　　　　　　　　　　　81

1　自然環境　　　　　　　　　　　　　　　　　　　　　　　82

2　ヴァイキングからハンザへ　　　　　　　　　　　　　　　86
ヴァイキングの活躍／バルト海貿易とハンザ

3　15-18世紀のヨーロッパの経済の特徴　　　　　　　　　　92
穀物の時代から原材料の時代へ／アムステルダムの台頭

4　北海・バルト海の商業システム　　　　　　　　　　　　　95
北海商業圏とロンドン──イングランドの従属状況からの脱出／北海の
人口移動／イギリスのバルト海貿易と「帝国」の形成

5　地中海世界の特徴──古代から中世へ　　　　　　　　　103
地中海の異文化間交易／近世イタリアの先進性／近世イタリアの
経済成長の限界／地中海の生態的限界／フランスの地中海貿易

6　地中海を飲み込む北海・バルト海　　　　　　　　　　　111
北海・バルト海・地中海の資源／地中海の穀物不足／北方ヨーロッパ
の船舶

おわりに　　　　　　　　　　　　　　　　　　　　　　　117

細　目　次　　xvii

第3章　大西洋経済の形成　　119

はじめに　　119

1　大西洋経済の勃興　　123
　ヨーロッパの内海になった大西洋／大西洋経済勃興の概観／大西洋
　貿易とヨーロッパ内貿易の関係

2　大西洋貿易の特徴　　128
　砂糖革命／砂糖と奴隷／奴隷貿易

3　各国の大西洋貿易　　134
　ポルトガル／オランダ／セファルディムの役割／増加する黒人／
　スペイン／フランス／イギリス／「長い18世紀」とイギリス

4　イギリスの特徴——三つの例外性　　147

5　帝国間貿易の重要性　　150

6　アメリカ海運業の発達とフランス革命・ナポレオン戦争　　152

おわりに——四つの海の結合　　156

補論 I　プロト工業化とは何だったのか　　161

はじめに　　161

1　経済史研究の手法をめぐって　　162

2　プロト工業化論　　164
　工業化以前に工業化があった／穀物生産と工業の発展／プロト工業
　化論の現在

3　プロト工業化の時代のヨーロッパ経済　　169
　ヨーロッパの人口増／対外進出の影響／北方ヨーロッパにおける
　川のネットワーク／プロト工業化と工業化の関係

おわりに　　175

第4章　商業情報の中心アムステルダム　　177

はじめに　　177

1　アントウェルペンの役割と特徴　　178

2　アントウェルペンからアムステルダムへ　　180
　アントウェルペン商人のディアスポラ／アムステルダム商人の移住／
　情報のステープルとしてのアムステルダム／ロンドンとの関係

| | 3 | 近代世界システムの成立 | 185 |

近代世界システムのはじまり／都市のネットワークから中核都市へ

| | 4 | 情報とグーテンベルク革命 | 188 |

共有される情報へ／プロテスタントとカトリックの両者による経済成長／誰でも入手可能な商業情報

| | 5 | 情報が独占されていた世界からの解放 | 193 |

聖職者から商人へ／市場への参入が容易な社会

| | 6 | グーテンベルク革命 | 195 |

グーテンベルク革命の影響／グーテンベルク革命と「商売の手引」／『完全なる商人』への道／商業拠点の移動と手引／商業情報伝達の容易な社会の誕生

| | 7 | ヘゲモニーと情報の関係 | 203 |

活版印刷の普及／アムステルダムと商業情報／知識社会の形成とオランダ

| | 8 | コミュニケーションの問題 | 207 |

情報入手までの時間／ヨーロッパ外世界との通信

おわりに　　　　　　　　　　　　　　　　　　　　　　　　210

第5章　重商主義社会から帝国主義時代へ　　215
——数量化・可視化傾向がもたらした変化

はじめに　　　　　　　　　　　　　　　　　　　　　　　　215

| | 1 | 重商主義から政治算術へ——数量化傾向 | 217 |

西欧社会の数量化傾向／貿易統計の増加／イングランド経済の転換

| | 2 | 重商主義時代の決済システム | 226 |

重商主義時代の決済システムとは／スパーリングの主張／多角貿易決済

| | 3 | より働く世界への変貌 | 233 |

反転労働供給の世界からの脱出／勤勉革命とは——速水融／ヤン・ド・フリースの勤勉革命論／勤勉革命とは何か

| | 4 | 19世紀の労働者の世界 | 240 |

イギリスの状況／イギリスにおける労働者階級の状態／工業化によってなにが生じたのか／可視化される労働

細　目　次　　xix

5　市場での労働の増加　　246
　　工業化により変わる社会／女性の労働者——イギリス／ガヴァネス
　　の世界／彼らは本当に働きたかったのか／ディケンズが描いた世
　　界
おわりに　　251

第6章　アジア・太平洋とヨーロッパ　　255

はじめに　　255
1　アジアにおける商業の発展——インド洋貿易と東南アジア商業　　258
　　インド洋貿易／東南アジアの商業／トルデシリャス条約・サラゴサ
　　条約／イエズス会の役割
2　ヨーロッパとアジアの貿易　　270
　　アジアからの輸入増／ポルトガル海洋帝国とアジア／ポルトガル
　　海洋帝国の構造
3　一体化する世界　　277
　　大西洋とアジア／スペイン銀とマニラ——アカプルコ貿易／中国への
　　銀流入の理由／世界の一体化と銀
4　ヨーロッパのアジア進出の意味　　285
　　英蘭の東インド会社／オランダ東インド会社の四つのハブ／私貿
　　易商人のネットワーク／ポルトガルの役割
5　ヨーロッパの拡大　　291
　　「共通の言語」とヨーロッパ世界の拡大／スウェーデン東インド会
　　社と茶／フランス東インド会社とブルターニュ／フランスとスウ
　　ェーデンのイギリスへの茶輸出／貿易収支の逆転——中国の入超
　　へ／新世界にならなかったアジア
おわりに　　303

補論Ⅱ　ディアスポラの経済史　　307
　　　　——アルメニア人・セファルディムとヨーロッパ経済の拡大

はじめに　　307
1　なぜディアスポラの民が必要だったのか　　310
2　アルメニア人　　312

ロシアとの貿易／インド，チベットと東南アジアとの関係

3 セファルディム　319
ヨーロッパ内部におけるセファルディム／大西洋におけるセファルディム／インドとの関係

4 セファルディムとアルメニア人のネットワークの違い　326

おわりに　327

第7章　世界を変えたイギリス帝国と情報——蒸気船と電信　331

はじめに　331

1 海運業の発展　337
縮まる世界／蒸気船が変えたアジア／蒸気船とイギリスのアジア・オーストラリア進出／グローバリゼーション——蒸気船と鉄道の影響／ラテンアメリカとイギリス／なぜイギリスにだけ非公式帝国があったのか

2 イギリスのヘゲモニーの特徴　349
イギリスの資本流通／金融面からみたオランダとイギリスの差異／ジェントルマン資本主義と手数料資本主義

3 海上保険とイギリスのヘゲモニー　355
保険料率の世界／イギリスと海上保険

4 電信の発展　360
電信の重要性／電信が変えた世界／電信の発展／世界に広がる電信網／イギリス帝国の一体性／海底ケーブルの発展とイギリス帝国／無線電信の世界

5 電信とイギリスのヘゲモニー　370
電信と異文化間交易／電信と手数料資本主義／ゲームのルールを決める電信

おわりに——手数料資本主義とイギリス　375

結　語　379

あとがき　385

参考文献　391

細　目　次　　　　　　　　xxi

人名索引　　　　　　　　　　　　　　　　421
事項・地名索引　　　　　　　　　　　　425

拡大するヨーロッパ世界

1415-1914

序　章

────────

は じ め に

　ヨーロッパ史においては，1415年にポルトガルがアフリカ北西端のセ
ウタを攻略してから，帝国主義時代がはじまったとされる[1]。現在では，
それは帝国主義時代の開始ではなく，レコンキスタ[2]の延長線上にある
運動だという意見もある[3]。しかし，この二つの解釈が矛盾しているわ
けではない。レコンキスタの延長線上として，ヨーロッパの帝国主義時
代が生まれたと考えることに，十分な説得力があるからだ。そもそもレ
コンキスタによって生まれた「勢い」があったからこそ，ヨーロッパの
帝国主義時代は開始されたといえよう。
　7世紀初頭にイスラーム勢力が急速に台頭したことは，世界史におけ
る画期的な出来事であった[4]。キリスト教世界からみれば，ヨーロッパ

────────

　　1）　このような観点から論を展開しているものとして，パトリック・オブライエン著，
秋田茂・玉木俊明訳『帝国主義と工業化　1415-1974――イギリスとヨーロッパからの視点』
ミネルヴァ書房，2000年。
　　2）　レコンキスタに関する重要な邦語文献として，阿部俊大『レコンキスタと国家形成
――アラゴン連合王国における王権と教会』九州大学出版会，2016年。
　　3）　Amelia Polónia, "Self-organised Networks in the First Global Age: The Jesuits in
Japan",『京都産業大学世界問題研究所紀要』第28巻，pp. 133-158.
　　4）　「イスラーム世界」という言葉の使い方については，羽田正が安易に用いないよう
注意を喚起している。私はそれにある程度同意する。「イスラーム」という用語が意味するも
のが実際には多様であり，必ずしもすべての人が同じ意味で使っているわけではないからで
ある。とはいえ，「イスラーム」という言葉を用いないことも難しい。ここではイスラーム教
を奉ずる王朝ないし諸々集団からなる社会を指して，「イスラーム世界」ないし「イスラーム

はイスラーム勢力に囲まれた世界となったのである。

　ムハンマドの時代，正統カリフ時代，ウマイヤ朝，さらにはアッバース朝によりイスラーム世界は急速に拡大し，オスマン帝国による1529年のウィーン包囲は，ヨーロッパを震撼させた。しかもその東方にはムガル帝国が控えていた。すでにヨーロッパはアフリカや新世界，そしてアジアへの進出を開始していたとはいえ，なお政治的にも経済的にも，イスラーム勢力の優位は明らかであった。ヨーロッパは，現在では信じられないほどに弱かったのである。

　ヨーロッパは長い長い時間をかけ，それをヨーロッパ優位の体制へと変えていった。真の意味でヨーロッパ（さらにはそこから派生したアメリカ合衆国）が他を圧倒していたのは，おそらく19世紀にしかみられなかった現象である。より厳密にいえば，ナポレオン戦争が終わった1815年から第一次世界大戦がはじまる1914年頃までを，「ヨーロッパの世紀」というべきなのである。この時代こそ，ヨーロッパ人にとっての「良き時代」（ベル・エポック）だったのである[5]。それ以降，ヨーロッパ中心主義は，最初は小さな，そして徐々に大きな批判を受けるようになり，ヨーロッパ人が作り上げた価値観がすべてではないと多くの人々が納得するようになった。

　「アジア的生産様式」という用語を生み出し，アジアは絶えず停滞していると考えたのは，1818年に生まれ1883年に死んだカール・マルクスであった。そして1864年に生まれ1920年に死んだマックス・ヴェーバーは，なぜ近代ヨーロッパにのみ資本主義が誕生したのかという観点から，さまざまな地域の比較をおこなった。このような発想こそ，現代人の目からは，ヨーロッパ中心主義そのものであった。

　しかし，時代は変わった。それゆえ，ヨーロッパは果たして有史以来本当に他地域よりも経済的にすぐれていたのか，そのような疑問が湧いてきて当然である。この疑問に対しアンドレ-グンダー・フランクは，ヨーロッパが他地域よりも経済力があったのは19世紀だけの現象であり，20世紀末になると，ふたたび世界経済の中心はアジアに向かった

勢力」とする。羽田正『イスラーム世界の創造』東京大学出版会，2005年。

　5）　ベル・エポックの時代のヨーロッパの様相を端的に著したものとして，シュテファン・ツヴァイク著，原田義人訳『昨日の世界』1・2，みすず書房，1993年。

（ReOrient）と主張するようになった[6]。ただし，フランクの主張は逆にあまりにアジア中心史観というべきものであり，そのまま受け入れることはできまい。

さらにいうなら，ヨーロッパの優位が1世紀間だけだったにせよ，それが世界史にきわめて大きなインパクトを与えたことこそが大事なのではないか。世界史において，ずっとヨーロッパが優勢だったと思わせるほどに，ヨーロッパの優位は圧倒的であったし，その影響は現在もなお続いている。この事実がもつ重みを，歴史家はしっかりと受け止めなければならない。それこそが，歴史家のあるべき態度だと私は思う[7]。

1　海を通した拡大

中世のヨーロッパ人は，他地域の方が豊かだと感じていたのではないだろうか。東南アジアから香辛料を輸入し，日本（ジパング）を黄金の国と呼んだのは，そのためであろう。

ヨーロッパ人はまた，イスラーム勢力におびえていた。軍事力を用いて彼らを打ち破ることは不可能であった。そのため，ヨーロッパが十字軍で苦戦していた12世紀中葉に，東洋のどこかの国にプレスター・ジョンというキリスト教の国王がいるという伝説が広まったものと思われる。この頃のヨーロッパ人は，イスラーム世界の方が，軍事的にも文化的にも進んだ地域であるという劣等感を感じずにはいられなかった。だからこそ，イスラームの勢力地域よりも東側にキリスト教の王がいて，イスラーム勢力を打破してくれるという願望が，ヨーロッパで広まったのであろう。

ヨーコッパ人は，みずからの貧しさ，弱さを自覚していた。ヨーロッパの拡大とは，強くなろうとしたヨーロッパ人の意志のあらわれと，とらえることができよう。ヨーロッパはみずからの貧しさを克服するため

---

6)　アンドレ-グンダー・フランク著，山下範久訳『リオリエント——アジア時代のグローバル・エコノミー』藤原書店，2000年。

7)　ヨーロッパの世界制覇について，本書とは違う観点からではあるが，参照すべきものとして，Philip T. Hoffman, *Why Did Europe Conquer the World?*, Princeton, 2015.

に，もっと強くなるために，他地域に行って，その地域の産物を略奪し，ヨーロッパにもってくる必要があった。あるいは，他地域の食糧を，ヨーロッパ内部で栽培しなければならなかった。

　ヨーロッパ人が東に向かう場合には，ウラル山脈という大きな障壁があった。さまざまな遊牧民族がおり，彼らに軍事力で対抗することは不可能であった。

　他地域と比較すると，ヨーロッパの農業生産性は決して高くはなかった。それは，小麦の生産性は，米の生産性に比べるとずっと低いということからも理解できよう。米作地帯は，麦の生産地帯よりも，たくさんの人口を養うことが可能である。ヨーロッパは気候も比較的寒く，自然環境から考えるなら，決して恵まれた地域とはいえなかった。ここで述べた点を考慮するなら，ヨーロッパ人は，大西洋に乗り出すほかなかったのである。やがて大西洋だけではなく，アジアの海にまで進出したヨーロッパは，世界を支配するに至る。そしてアジアやアフリカ，ラテンアメリカの多くの地域を政治的のみならず，経済的にも従属させることになった。

　欧米の海事史家は，ヨーロッパのアジアへの進出を重視してきた。しかし彼らは，「ヨーロッパ人の進出」であっても，アジアに存在していた経済システムを変革し，アジアやアフリカをヨーロッパに従属させたということを研究したわけではない。海事史は「海に関係するもろもろの歴史」であるはずだが，海を利用したヨーロッパによるアフリカ・アジア経済の収奪という海事史研究は，不思議なことに，欧米でもほとんどない。

　ヨーロッパと海との関係については，これまで無数といってよいほどの研究が出ている。ヨーロッパ帝国主義の研究も同様である。ただ，それらの研究は，ヨーロッパがなぜ海を通して拡大していき，さらにどのようにして他地域を従属させたのかということを主題とするものではなかった。海を通して拡大したヨーロッパは，経済的な支配＝従属関係を創出した。この二つの事象は，どのように結びつけられるのだろうか。

2　大分岐論争

ポメランツ

マルクスやヴェーバーの歴史学は，あまりにヨーロッパ中心的であった。現在の経済史の潮流においては，より客観的な観点からの研究として，ポメランツの『大分岐』をあげないわけにはいかない[8]。ポメランツの論については，これまで多数の賛成・反対からの研究があり，その著書が出て20年近くになっても，世界の経済史家にとって，なお大きな論争の的になっている。

ポメランツの大分岐論については，日本では，秋田茂がその論点を非常に的確にまとめている。

> 本書の論点は2つある。その1つは，18世紀の半ば1750年頃まで，西欧と東アジアの経済発展の度合いにはほとんど差がなく，「驚くほど似ていた，ひとつの世界」であったことを明らかにした。旧世界に散在した4つの中核地域——中国の長江デルタ，日本の畿内・関東，西欧のイギリスとオランダ，北インド——では，比較的自由な市場，広範な分業による手工業の展開（プロト工業化の進展），高度に商業化された農業の発展を特徴とする「スミス的成長」が共通に見られた。資本蓄積のみならず，ミクロな指標として1人当たりカロリー摂取量，日常生活での砂糖や綿布消費量や出生率でも，これら4地域では差がなかった。比較対象として，中国全土でなく，最も経済が発展し人口密度も高かった長江デルタと西欧（現在のEU圏）に着目した点がユニークである[9]。

これにより，ウォーラーステインの近代世界システムのような西欧中

8）　ケネス・ポメランツ著，川北稔監訳『大分岐——中国，ヨーロッパ，そして近代世界経済の形成』名古屋大学出版会，2015年。
9）　日本経済新聞朝刊2015年7月19日。ここでは，以下からの引用。http://www.nik-kei.com/article/DGXKZO89488490Y5A710C1MY7001/

心史観とは異なる歴史像が誕生したといわれることもあるが，それに対して，私は首肯できない。

ポメランツが指標としているものはすべて，元来が西洋世界でつくられたものであり，その指標が果たしてアジアに適合可能かという論点が抜け落ちている。いうなれば，西洋世界で形成された指標をもとにそれ以外の国の経済成長の度合いがなぜわかるのかという疑問が湧いてくるのである。このようなことに注意せず，西洋世界で使われた指標をそのまま他地域に当てはめること自体，もはや時代遅れだといわざるをえない。こういった態度こそ，無意識のヨーロッパ中心主義そのものであろう。しかも，当人にそういう意識がなく，ヨーロッパ中心史観ではないと自負しているだけ，問題はより深刻かもしれない。

たとえばアジア経済の独自性をいうときに，アジア史家は，現実には欧米で開発された手法にのっとって論を立てる傾向があるように私には思われる。しかし，本当にアジアの独自性をいうのであれば，欧米とは違う指標を作り上げ，それが普遍的な指標だということを証明すべきではないか。現在のアジア経済史研究は，いわば欧米経済史の延長線上にある研究スタイルであり，それこそ無意識のヨーロッパ中心史観といえよう。

近代的な経済成長，すなわち，持続的経済成長はヨーロッパ，とりわけおそらくはオランダ[10]，あるいはイギリスではじまった。この二国のどちらで開始したのかは意見が分かれるであろうが，ヨーロッパではじまったことは間違いない。そのため，ヨーロッパを中心として経済成長のモデルが考えられ，そこで重要だとされる指標にもとづいて近代化や生活水準が語られる[11]。

しかしながら，さまざまな指標は人工的な抽出物であり，それがそのまま実態を表しているわけではない。さらにその抽出物は，抽出のもととなった地域の文化や風土と密接に結びついている。また，たとえば同じ食物を摂取しても，人体に対する影響は，人種や民族，さらには個人

---

10) Jan de Vries and Ad van der Woude, *The First Modern Economy: Success, Failure, and Perseverance of the Dutch Economy, 1500-1815*, Cambridge, 1997.

11) Robert C. Allen, Tommy Bengtsson and Martin Dribe（eds.）, *Living Standards in the Past: New Perspectives on Well-being in Asia and Europe*, Oxford, 2005.

によって異なる。このような点を考慮しない比較史では，説得的な議論は決してできない。

本書の立場

大分岐論争とは，所詮，ヨーロッパ中心史観でしかない。しかし，それでもなお，アジアをヨーロッパよりも常に劣っていたとはみなさない立場に立つ歴史学の誕生は，大きな評価に値する。現在，われわれが立つべき場所はそこにあるのであり，さらにそこから，どのようにしてヨーロッパ中心史観ではなく，かつアジア中心史観にもならない歴史像を現実に描き出せるのかが重要であろう。

本書は，ヨーロッパの対外進出を主としてヨーロッパの側から扱おうとしている。さらに，ヨーロッパ内部の経済的変革も扱う。そうすることで，ヨーロッパの内と外の変化を同時に描出したい。

ここでは，ますポメランツ以降の大分岐論の要点を述べ，それらに対する評価をしたうえで，本書の立場を明確にしたい。

ポメランツ以降

ポメランツ以降，大分岐ばかりか，小分岐というテーマも論じられるようになった。たとえばオランダの経済史家ヤン・ライテン・ファン・ザンデンは，経済成長はヨーロッパ全体で生じたのではなく，とくに北西ヨーロッパに集中していたということを「小分岐」という表現を用いて表した[12]。

大分岐論に関しては，多数の研究が存在し，私もそのすべてに目を通しているわけではない。したがってここでは，私が直接触れることができたものにかぎられるが，少し言及しておこう。

まず，ポメランツの議論について，もう少し整理しておきたい。ポメランツの考えでは，石炭と大西洋経済の開発が，アジアとヨーロッパの

---

12) Jan Luiten van Zanden, *The Long Road to the Industrial Revolution*, Leiden, 2009, p. 5. また，Osamu Saito, "Growth and Inequality in the Great and Little Divergence Debate: A Japanese Perspective", *Economic History Review*, 2nd ser. Vol. 68, No. 2, pp. 399-419. ただし，「小分岐」自体は，決して目新しいことをいっているわけではない。ファン・ザンデンの新しさは，資本蓄積や技術革新ではなく，人的資本形成（スキルプレミアム）と知識の蓄積という観点から論じている点にある。

運命を分けた。ヨーロッパでもアジアでも，産業革命以前の経済成長は
スミス的であったが，それ以降の経済成長は，ヨーロッパでは技術革新
を特徴とするシュンペーター的なものになったのに対し，アジアではス
ミス的なままだったという主張になる。すなわち，アジア世界は，技術
革新を前提とせず，人口増大のために経済成長が不可能になるという
「マルサスの罠」に陥ってしまったということになろう。これに関して
は，次のラース・マグヌソンの言葉が，ポメランツの論を補強すること
になろう。

　　ヨーロッパがスミス的な道を歩んだなら，19世紀の中国のようなア
　ジアの国々と同様，マルサスの罠に陥った公算がすこぶる高いこと
　は明白である。新しい鉱物のエネルギーが供給されなかったなら，
　ヨーロッパは，19世紀の中国に絶えずつきまとった窮状を乗り越え
　ることはできなかったであろう。土地は疲弊し，労働は過剰に供給
　され，生産性は縮小し，停滞が生じたはずだ。だが，この解釈に従
　うなら，19世紀の転換期になっても，イギリスと中国（あるいはド
　イツとフランスなど）の発展水準は，あまり違わなかった。ようす
　るに，ランデスがいったように，相違をもたらしたのは，産業革命
　という「筋力とエンジン」であった[13]。

　さらに，アメリカ人の経済史家モキアは，重要な概念として，「有用
な知識（useful knowledge）」を提唱する。この「有用な知識」とは，自
然に対するわれわれの，日々の行為を意味する。「有用な知識」には二
種類あり，自然がどのように作用するかということに焦点をあてる「全
知的知識」と，技術の使用方法に焦点をおく「規範的な知識」とに分か
れるという。この二つのタイプの「有用な知識」の相互作用こそ，経済
成長の鍵である。
　モキアの言によれば，17世紀の科学革命が産業革命に役立つために，
「有用な知識」は，大学，出版社，専門家の団体機関を媒介として，社
会全体に行きわたったのである[14]。

_____

　　13）　ラース・マグヌソン著，玉木俊明訳『産業革命と政府──国家の見える手』知泉書
館，2012年，7頁。

2 大分岐論争

このようなモキアの提起にもとづき，ファン・ザンデンは，近代的経済成長は，究極的には知識の蓄積であるという見方をとった（ただし，ファン・ザンデンは，それを証明しているわけではなく，証明されていないアプリオリな前提に立って，ヨーロッパが知識社会だったから経済成長を成し遂げたといっているにすぎない）。

ファン・ザンデンは，「有用な知識」を表す尺度として，書物の出版数を取り上げる。ヨーロッパの出版点数は，清や日本のようなアジアの諸国と比較して，はるかに多かった。しかも，グーテンベルク革命の影響で，書物の価格は安価になった。したがって，西欧はアジアよりも大きく進んだ知識社会，ないし「有用な知識」が普及した社会となったのである[15]。

グレゴリー・クラーク

アメリカ人研究者グレゴリー・クラークが『施しよさらば（*A Farewell to Alms*）』──ヘミングウェイの『武器よさらば（*A Farewell to Arms*）』をもじったもの。日本語訳は，『10万年の世界経済史』──という書物を上梓した[16]。クラークの考えによれば，「大分岐」は1760-1800年に生じた。クラークは，1800年の世界人口の大半で，生活水準が10万年前の水準を下回っていたと，明確な根拠がないまま主張する

イギリスの優位性は，文化的，さらにおそらくは遺伝的にも，経済的

---

14) Joel Mokyr, *The Gifts of Athena: Historical Origins of The Knowledge Economy*, Princeton, 2004；また，以下を参照せよ，Joel Mokyr, *The Enlightenment Economy: An Economic History of Britain, 1700-1850*, New Heaven, 2010.

15) Jan Luiten van Zanden, "Common Workmen, Philosophers and the Birth of the European Knowledge Economy: About the Price and the Production of Useful Knowledge in Europe 1350-1800" (pdf-file, 169 Kb), paper for the GEHN conference on Useful Knowledge, Leiden, September 2004: revised 12 October 2004; Jan Luiten van Zanden, "De timmerman: De boekdrukker en het ontstaan van de Europese kenniseconomie over de prijs en het aanbod van kennis voor de industriele Revolutie", *Tijdschrift voor Sociale en Economische Geschiedenis*, Vol.2, No.1, 2006, pp.105-120; Eltjo Buringh and Jan Luiten van Zanden, "Charting the 'Rise of the West': Manuscripts and Printed Books in Europe, a Long-Term Perspective from the Sixth through Eighteenth Centuries", *Journal of Economic History*, Vol.69, No.2, 2009, pp.409-445; Christian Kleinschmidt, *Wirtschaftsgeschichte der Neuzeit*, München, 2017, S.44-52.

16) グレゴリー・クラーク著，久保恵美子訳『10万年の世界経済史』上下，日経BP社，2009年。

成功者の価値観が社会全体に広まったことであった。産業革命は，より
貧しい人々が死に絶え，あまり暴力的ではなく，識字率が高い人々が生
き残るというふうに，イギリスで人々の性質が変化したために生じた。
クラークの考えでは，10万年間続いたマルサス的な経済システムは，
1760-1800年のあいだに近代的経済へと移行した。

　要するにクラークは，産業革命は，ヨーロッパの諸制度が経済成長に
適合的になったからではなく，経済制度により徐々に文化が変貌し，ハ
ードワークに耐え，合理性をもち，教育を受けた遺伝的に優秀な人々が
労働者として出現したから発生したからだと主張したのである。

プラサナン・パルタサラティ

　2011年になると，インド史家パルタサラティが，『ヨーロッパが豊か
になり，アジアがそうならなかったのはなぜか』というタイトルの書物
を出し，インドとイギリスを比較した[17]。パルタサラティによれば，
17-18世紀において，ヨーロッパとインドは同じような経済成長をして
いた。さらに，ヨーロッパの優位は，市場・合理性・科学・制度などに
はなかった。また，しばしばいわれることとは異なり，1800年に至るま
で，カースト制度は決して強くはなく，この制度が経済成長のさまたげ
になったとは考えられない。技術面での変化こそ，インドとヨーロッパ
を分けたのである。

　イギリスは，二つの強い圧力を受けていた。一つは，インドとの綿織
物の競争である。綿織物は，アメリカから日本にいたる世界各地で消費
され，貿易面でもっとも重要な商品であった。インドとの競争に勝つた
めに，イギリスはインドの綿を真似し，さらには紡績機を発明した。こ
のように，インドとの綿織物市場をめぐる競争に勝利したことが，「大
分岐」の大きな要因となった。イギリスは，大西洋岸のいくつかの地域
でも，綿を販売した。

ペール・フリース

　2013年，ペール・フリースは，『貧国からの脱出』[18]という本を上梓

---

　17) Prasannan Parthasarathi, *Why Europe Grew Rich and Asia Did Not: Global Economic Divergence, 1600-1815,* Cambridge, 2011.

し，大分岐は，近代的経済成長によってもたらされたと提起した。フリースは，イギリスと中国に焦点を絞って論じ，イギリスが最初にテイクオフ（ロストウがいった意味で[19]）をしたと主張する。大分岐は，1680-1850年あたりにおこった。それは，長期にわたる経済変化の産物であった。

　フリースは，じつにたくさんの文献を読み，それらについて論じ，結局，カリフォルニア学派の主張とは反対に，イギリスと中国は，「まったく違っていた」という結論を出した。修正主義者が主張するほどには中国は経済成長していなかった。たとえば農業においては，イギリスは動物・水力・風力・石炭などを大量に利用していた。国内産業においても，前貸問屋制が発展していた。イギリスでは購買力が高く，市場向けの生産が中国よりもはるかに多かった。中国の官僚制度は非効率的であり，官吏に支払われる給料は低く，しばしばその能力は疑問視せざるをえないほど低かったのである。

　さらに，ペール・フリースは，2015年に国民経済という観点からみたヨーロッパ，とくにイギリスと中国の大分岐について論じた『経済と大分岐』を出版した[20]。彼は国家のシステムの効率性を，税収の効率性という観点から論じた。

　イギリスの一人あたりの税額は中国よりはるかに多額であり，しかもその差は18世紀に拡大していった。イギリスの税制の基盤は間接税にあったのに対し，中国のそれは地租にあった。戦争のために中央政府が支払う費用は，GDP の比率に換算した場合，イギリスの方が中国よりも圧倒的に巨額であった。

　イギリスの官僚は，中国よりもずっと合理的に行動し，汚職も少なかった。イギリスは中国よりはるかに巨額の借金をし，それを返済するシステムを有していた。イギリスでは政府の効率性が上昇したが，中国ではそうならなかった。イギリスと異なり，清朝は，国家が国民を直接管

---

18) Peer Vries, *Escaping Poverty: The Origins of Modern Economic Growth*, Vienna, 2013.

19) W・W・ロストウ著，木村健康・久保まち子・村上泰亮訳『経済成長の諸段階——一つの非共産主義宣言』ダイヤモンド社，1961年。

20) Peer Vries, *State, Economy and the Great Divergence: Great Britain and China, 1680s-1850s*, London and New York, 2015.

理するシステムを築き上げるのに成功しなかった。この点において，清朝政府は非常に効率が悪く，弱体であった。単純化していえば，中国は西洋ほど強い社会基盤を形成するような権力はもっていなかったのである。

イギリスは国内においてはレッセフェールを，国際的には重商主義を基調とする政策を展開した。重商主義政策があったからこそ，イギリスは産業革命に成功したのである[21]。フリースはおそらく，このような経済政策の差が，大分岐につながったと主張したかったのだと思われる。

小 括

このように，現在では多くの大分岐論があり，まさに百家争鳴の様相を呈している。ところで欧米人の議論には，ある一つの指標をつくり，すべての事柄をその観点から論じる傾向がある。しかし，それは，複雑な歴史的現実をあまりに一面的にとらえるという大きなマイナス面も含んでいるのである。この問題については，私は次のジョルジオ・リエロの見解に完全に同意する。

　　　全体としてみれば，経済史家は，「すべて」をできるだけ単純化する傾向がある。彼らはすべての利点（ないし欠点）を，一つかそこらのかぎられた変数に限定する。産業革命も大分岐も，文化・科学技術・資源・消費・賃金・制度などで説明される。対象となる事柄は長くなりえるが，これらの変数のうち使用されるのは，ほぼいつも一つに限定される[22]。

たしかにポメランツがいうように，イギリスには石炭があった。しかし，イギリスの石炭は，ドイツやノルウェーにも輸出された。したがって，イギリスの石炭はイギリス国内で消費されただけではなく，北海のいくつかの地域にも輸出されたのである。

　21）　この場合の「重商主義」とは，パトリック・オブライエンによって提唱されたものである。

　22）　Giorgio Riello, *Cotton: The Fabric that Made the Modern World*, Cambridge, 2013, p.5.

この点から考えるなら，ポメランツの議論は，イギリスは国内に石炭があったからそれが利用できたのに対し，中国の長江流域には石炭がなく利用できなかったという一国史観でしかない。また，イギリスと長江流域というまったくタイプの違う比較が，果たして「グローバル」という修飾語句をつけるために適切だといえるのだろうか。いや，むしろ欧米の比較史には，基本的にはこのような問題点があることを指摘するべきであろう。

　さらに，モキアやファン・ザンデンの「知識社会」論と経済成長との関係はなお仮説にとどまっており，実証的な説とはいい難い。またファン・ザンデンのように，出版点数というただ一つの指標をもとに，ヨーロッパが進んだ知識社会であったと論じるのは，彼にはよくあることだが，理論の飛躍が大きすぎる。

　パルタサラティが中国ではなくインドを対象としている点，さらにはイギリスの産業革命で大量に生産されるようになった綿に注目している点は大いに評価すべきであるが，綿という商品だけで大分岐を語るのは不可能であろう[23]。

　また，ペール・フリースの議論については，ジョエル・モキアは，『貧困からの脱出』の大部分はイギリスと中国の比較に当てられており，その理由を述べてはいるが，研究手法にはなお論争の余地があると述べている[24]。私には，イギリスと中国の経済格差について，フリースが主張するほど大きかったとは考えられない。

　さらに，『経済と大分岐』は，その膨大な文献収集にもかかわらず，結局その結論は，パトリック・オブライエンの受け売りとしか思われない[25]。

　23）　綿からみた世界史という観点から，近年特筆すべき研究として，Riello, *Cotton*; Sven Beckert, *Empire of Cotton: A Global History*, New York, 2014.

　24）　Joel Mokyr, "Peer Vries's Great Divergence", *Tijdschrift voor Sociale en Economische Geschiedenis* Vo.12, No.2, 2015, p.93；本誌のこの号は，ペール・フリースの『貧困からの脱出』の特集号である。「大分岐」については，以下の文献も参照のこと。Jean-Laurent Rosenthal and R. Bin Wong, *Before and Beyond Divergence: The Politics of Economic Change in China and Europe*, Cambridge, 2011; Saito, "Growth and Inequality in the Great and Little Divergence Debate"；Matthias Middell and Philipp Robinson Roessner (eds.), *The Great Divergence Revisited*, Leipzig, 2017.

　25）　大分岐については，一つの要因に集約しない研究も出ている。Roman Studer, *The*

3 大分岐はあったのか

　そもそも大分岐論には，ヨーロッパとアジア——アジアといっても，対象としている地域は論者によって大きく異なるが——のどちらも同じように経済成長しており，その成長のパターンは，スミス的であったという，アプリオリな前提がある。しかし本来なら，この前提自体の正否がもっと深く問われるべきであろう。

　実際，自然のめぐみという点では，ヨーロッパの方がアジアより貧しかった証拠がある。

> 実際のアジアは土壌が肥沃で，欧州と比べて，はるかに豊かな食生活を送ってきました。古代から農耕が広く行われ，炭水化物を豊富に含む穀物を十分食べることができたのです。……アジア人はいつでも炭水化物を摂取できるので，ブドウ糖を大量に蓄えておく必要がありません。そのため分泌するインスリンの量が少しですみます。
>
> （中　略）
>
> 逆に，土壌があまり農耕に向いていなかった欧州では，炭水化物を十分に摂取できず，食生活は肉と脂肪が中心でした。そのため，炭水化物が手に入ったときには，チャンスをのがさずインスリンを大量に分泌してブドウ糖をがっちり吸収し，余分があれば蓄えることで大切なエネルギー源を手に入れてきたのです[26]。

　このような記述から，ヨーロッパ人がアジア人よりも貧しかったと推測される。この種の医学上の知識の方が，たんぱく質の摂取量で生活水準を論じようとするロバート・アレンらよりも[27]，科学的かつ実証的

Great Divergence Reconsidered: Europe, India, and the Rise to Global Economic Power, Cambridge, 2017.

　26）　奥田昌子『欧米人とはこんなに違った日本人の「体質」——科学的事実が教える正しいがん・生活習慣病予防』講談社ブルーバックス，2016年，59-60頁。

　27）　たとえば，Robert C. Allen, Jean-Pascal Bassino, Debin Ma, Christine Moll-Murata, and Jan Luiten van Zanden, "Wages, Prices, and Living Standards in China, 1738-1925: in

である。ロバート・アレンらの研究は，私の目には，文献中心的かつ恣意的に映るのである。そもそも，賃金やカロリー数という指標がグローバルな生活水準の比較の指標として適切だという保証がどこにあるというのだろうか。

　ヨーロッパは，長期にわたってイスラームの包囲下にあった。したがって，政治的にみるなら，むしろヨーロッパの地位は長年にわたって低かった。ヨーロッパ人はこのような状況から，非常に長い時間をかけて，自分たちの地位を引き上げていったというのが妥当であろう。

　仮にポメランツのいうように1750年頃のヨーロッパとアジアの経済水準が——あくまでヨーロッパ人がつくった指標にもとづいて——同程度だとしても，それ以前から同じようなものであったとはかぎらない。経済成長率は，もしかしたら，当初はアジアの方が高かったのに対し，だんだんとヨーロッパの方が高くなっていき，アジアの水準に追いついたのかもしれないのである。しかし，それが計算可能かどうか疑問である。もし可能であったとしても，その推計の手法が，ヨーロッパ中心的なものになる恐れは否定できない。

　このようなことを考慮に入れるなら，私の視点からは，大分岐論は，以下のように結論づけられる。ヨーロッパもアジアも，スミス的経済成長の枠内ではあったが，経済成長を経験していた。経済成長率ないし生活水準では，おそらくアジアの方が古代から高かった。しかし大分岐が生じた近世（1500-1800年頃）になると，ヨーロッパ経済の水準がアジアのそれに追いつき，追い越した。すなわち，大分岐とは，経済的に，ヨーロッパがアジアに追いつき追い抜く過程だととらえ直す方が適切なのである。だがなお，確実な結論を出すほどのデータはまだないというのが真実に近い。

Comparison with Europe, Japan, and India”, *Economic History Review*, 2nd ser., Vol. 64, No. 1, pp. 8-38；邦語文献として，斎藤修『比較経済発展論』岩波書店，2008年，106頁。

4 経済が成長するための制度

ダグラス・ノース

　ポメランツ以前にも，西欧世界の勃興の理由を研究した歴史家はいた。そのなかで，比較的最近の研究で注目すべきものとして，ダグラス・ノースの研究がある。ノースは，経済成長にとって制度の重要性を説いた。ノースは，多数の論文や本を書いたが[28]，その主張のなかでもっとも重要なことは，所有権の確立こそが経済成長にとって不可欠だと主張したことであろう。

　自分が獲得した財産であっても，政権が替わるたびに没収されていては富が蓄積されない。富の蓄積のためには，所有権が確立されなければならないと，ノースは提起した。ノースがイギリスの名誉革命を画期的事件として重視するのは，そのためである。政権が変わっても血が流れず，所有権が確保されたと考えたのである[29]。

　ノースが重視するもう一つの分析ツールとして，「取引コスト」がある。経済学的には，完全競争市場での取引コストがゼロであるのに対し，不完全競争市場では，取引のためのコストがかかる。その差こそ取引コストになる。しかし，現実の世界では，その差異を計測することはできない。したがって，現実の取引に際して発生したコストが「取引コスト」と定義づけられる。その取引コストが低下することによって，経済は成長する。このような意味での取引コストという概念は，大雑把ではあるが，だからこそ，現実経済の分析ツールとして有効だといえよう。

---

28)　邦語に訳された文献として，ダクラス・ノース著，中島正人訳『文明史の経済学──財産権・国家・イデオロギー』春秋社，1989年。ダクラス・ノース著，竹下公視訳『制度・制度変化・経済成果』晃洋書房，1994年。ダクラス・ノース著，大野一訳『経済史の構造と変化』日経 BP 社，2013年。ダクラス・ノース，R・P・トマス著，速水融，穐本洋哉訳『西欧世界の勃興［新装版］──新しい経済史の試み』ミネルヴァ書房，2014年。ダクラス・ノース著，瀧澤弘和他訳『制度原論』東洋経済新報社，2016年。

29)　たとえば，Douglass C. North and Barry R. Weingast, "Constitutions and Commitment: The Evolution of Institutions Governing Public Choice in Seventeenth-Century England", *Journal of Economic History*, Vol. 49, No. 4, 1989, pp. 803-832 をみよ。パトリック・オブライエンやラース・マグヌソンはこの革命をクーデタと呼び，重要視はしていない。

このようなノースの理論の最大の問題点は，経済の成長は市場機構の発達によるという点が軽視されていることにあると思われる。資本主義社会では，経済の成長は市場の成長をともなう。市場で取引される財が増大するからこそ，市場経済は発達する。これに対しては，ブローデルのように，市場と資本主義を分けて考える研究者もいるが[30]，近代経済学の分析手法を少しでも使うのであれば，市場経済と資本主義経済は表裏一体のものととらえざるをえない[31]。

　経済の成長は，市場への参入のしやすさによって大きく変動する。少なくとも一般には，市場への参入が容易な社会の方が容易に経済成長を達成する。大分岐論との関係でいうなら，西欧で市場に参入しやすい社会が生まれたからこそ，経済が成長し，スミス的ではなくシュンペーター的な経済——すなわち技術革新を前提とし，それが基軸となって経済が発展する社会——が生み出されたと想定されるのである[32]。

　では，それはどのようにして誕生したのだろうか。

情報の非対称性が減少する世界——無形財の経済史

　シュンペーター的な経済成長について論じる前に，ここで日本の経済史研究の潮流の変化について，少し言及したい。それは，本書の研究史上の立場を明確にするためにも必要だと考えるからである。

　30）　フェルナン・ブローデル著，村上光彦他訳『物質文明・経済・資本主義』全6巻，みすず書房，1985-1999年。フェルナン・ブローデル著，金塚貞文訳『歴史入門』中公文庫，2009年。

　31）　むろん，すべてが市場での取引に集約される点は問題である。これについては，カール・ポランニー著，野口建彦・栖原学訳『［新訳］大転換』東洋経済新報社，2009年。

　32）　ジョエル・モキアは，制度では長期にわたる経済成長を説明できないという。最終的に，科学や技術が急速に発達した理由を説明できないというのである。しかしまたモキアのいう「文化」は，それ自体「制度」として考えても良いはずである。Joel Mokyr, *A Culture of Growth: The Origins of the Modern Economy*, Princeton, 2016; Mokyr, *The Gifts of Athena*：新制度学派のいう制度に「文化」を含めること自体，何も問題はない。どのような文化であっても，究極的に，科学や技術がなぜ急速に発展するかを説明できるものではない。モキアのような議論の立て方では，経済成長のためには，個人の自発性が重要か，あるいは社会的制度が重要かという決着のつかない問題に行き着く。この点をモキアは理解していない。経済が成長しやすい制度や文化を想定することはできる。自然科学が発展するだけではなく，それが世の中全体に行き渡る文化を想定することもできる。しかし，なぜスミス的経済成長からシュンペーター的経済成長へと変わったのかということに答えられるような研究手法など，どうやってもみつけられないであろう。Mokyr, *The Enlightened Economy* もみよ。

第二次世界大戦後から1960年代までの日本では，経済史といえば生産の歴史であった。より限定していうなら，毛織物生産——なかでもイギリス——の歴史であった。その代表例が，大塚久雄を中心とする大塚史学（戦後史学）である。大塚が出した名著『近代欧州経済史序説』[33]に魅入られた歴史家は，分野を問わず，きわめて多かった。また，日本がまだ貧しく，モノはつくれば売れるという時代であり。なおかつマルクス主義の影響力が強かったことが，生産史観の代表ともいうべき大塚史学が隆盛をきわめた一因であった。

それに対抗する形で，生産から消費へという視点の転換を押し進めたのは角山榮，川北稔らの関西のグループであった[34]。彼らが日本の経済史研究で中核であったというわけではないが，少なくとも生産だけではなく，消費も重要な研究対象であることを明らかにした功績は大きい。ここにあるのはディマンド・プルの発想であり，大塚史学のような生産史観とは視点が大きく異なる[35]。

しかしながら，生産であれ消費であれ，具体的なモノを研究するという点で，視点は一致している。それは経済学でいう「有形財」の歴史だといってよい。

それに対し私は，「無形財」の歴史を提唱してきた。サービスや情報，技術など，目に見えないものは，経済学では「無形財」と呼ばれる。そのなかでもとくに，情報を中心とした歴史研究の重要性を提起してきた[36]。それは，ICT など，情報の重要性が目にみえて増加しており，さらに，どのような商品も，その情報がなければ購入することはできないからである。しかもこれは，スティグリッツやアカロフによって唱え

---

33) 大塚久雄『近代欧州経済史序説』上，時潮社，1944年。

34) 角山榮・村岡健次・川北稔『産業革命と民衆』河出文庫，1992年。角山榮・川北稔編『路地裏の大英帝国』平凡社，1982年。川北稔編『「非労働時間」の生活史——ライフ・スタイルの誕生』リブロポート，1987年など。

35) 毛織物も生産財であるので，大塚らは，本来ならディマンド・プルの理論づけをすべきであった。また，良い商品が売れるとはかぎらないのだから，毛織物のマーケティングも研究すべきであった。そのようなことをせず，良い商品はつくれば売れるという前提に立っていたことは，大塚史学のみならず，戦後史学の大きな問題点であった。

36) この点に関して，角山榮が情報の重要性をずいぶん前に指摘していたことは注目に値する。角山榮編『日本領事報告の研究——京都大学人文科学研究所研究報告』同文舘出版，1986年。角山榮『「通商国家」日本の情報戦略——領事報告をよむ』NHK ブックス，1988年。

4 経済が成長するための制度

られた情報の非対称性の問題と大きく関係している。

　少なくとも入門レベルにおいては，新古典派の経済学ではすべての人が同じ情報を共有することが前提とされてきた。たとえるなら，どの人もまったく同じ情報が入ったCDを所有していると想定されてきたのである。ところが現実には，CDの内容は人によって異なり，しかもところどころにデータの欠如や傷がある。むしろそれこそが現実の姿といえよう。情報の非対称性が市場の失敗を生み出すのが事実だとしても，情報が非対称的であることを利用して，人々は経済活動を営むと考える方が現実世界の分析に対して適合的である。

　商人にとってなによりも重要なことの一つとして，他の商人よりも良質の情報を入手するということがある。それゆえ現実の経済では，情報は必然的に非対称的になる。だからこそ商人は，利潤を手中にする。とはいえ，あまりにも情報の非対称性が大きいと，市場は適切な機能を失う。情報劣位者が取引を拒否するからである。そのために市場の失敗が生じる。

　また，正確な情報が速く伝わる社会の方が，経済成長に適している。個々の商人は情報の非対称性を利用して利益をえるが，社会全体としてはそれを縮小させなければ適切な経済活動が困難になる。企業の活動と経済全体のありかたとの関係は，おそらくこのようにまとめられよう。そして商人が市場に参入するのは，自分がもっている情報が他の人々よりも優れていると主観的に判断するからであり，現実に他の人たちよりも質の良い情報を有しているとはかぎらない。

　情報の非対称性が少ない社会になると，商人は市場に参入しやすくなる。そのような社会がヨーロッパで生まれたからこそ，ヨーロッパは大きく経済成長することができた。そのためにヨーロッパ経済は世界経済をリードするようになり，19世紀には世界のあちこちに植民地を有することができるようになった。それは同質的な商業空間であり，ヨーロッパで生まれたそのような空間を，ヨーロッパ人は，全世界に拡大していったのである。

5　ヨーロッパの商業空間の拡大

ウォーラーステインの近代世界システムの特徴と限界

　このような発想に立つとすれば，まず論じなければならないのはウォーラーステインの近代世界システムであろう。近代世界システムとは，15-16世紀にかけて，オランダを中心とした北方ヨーロッパに生まれたシステムであり，持続的経済成長と，支配＝従属関係を特徴とする。ある地域が繁栄するからこそ別の地域がそれに従属するということになる[37]。

　ウォーラーステインの発想の根幹にあるのは，第一次産品輸出地域を工業地域が搾取するということである。そのため，商品価格が輸送によって大きく変化するという意識があまりない。ここに，ウォーラーステインの議論の大きな問題点がある。

　ウォーラーステインは，ヨーロッパ外世界への進出においても，ヨーロッパ人が自分たちの船で商品を世界各地に運び，それを販売したことを重視しない。まず海運業の発展があり，そのあとに世界各地に自国製商品を大量に販売したことに目を向けない。このような視点の欠如こそ，ウォーラーステインが，現在のところアジアを世界経済に含めることに失敗している最大の理由だと思われる。ヨーロッパは，アジアを，軍事力を別にすれば，その海運力で圧倒していった。さらに，とくに第6・7章で論じるように，ヨーロッパ諸国は自分たちで作り上げた経済や社会のシステムを非ヨーロッパ諸国に押し付けていくことに成功したのである。アジアは，好むと好まざるとにかかわらず，それを受容したのである。

　商業資本主義時代であれ産業資本主義時代であれ，経済成長の担い手は商人（企業家）である[38]。彼らが新しいマーケットを獲得することで，

　37）　イマニュエル・ウォーラーステイン著，川北稔訳『近代世界システム』1-4巻，名古屋大学出版会，2013年。
　38）　この観点から注目すべき研究として，Ferry De Goey and Jan Willem Veluwenkamp, *Entrepreneurs and Institutions in Europe and Asia, 1500-2000*, Amsterdam,

ヨーロッパ経済は成長していった。すなわちヨーロッパ経済は，商人がどんどんとヨーロッパ外世界にマーケットを拡大することで成長したのである。近代世界システムが必然的に領土を拡大するシステムになる理由は，ここに求められよう。

　世界的な商人の活動の重要性を，ウォーラーステインが十分に理解していたとはいえない。ウォーラーステインは，ヨーロッパ各国の西半球との関係に力点をおく一方で，大西洋経済を成り立たせていた国家を越えた商人のネットワークを軽んじている。

　近世世界には，この種の商人ネットワークがあった。このネットワークは，カトリック，プロテスタントにとどまらず，アルメニア人，ムスリム，ヒンドゥー教徒，ユダヤ人などを包摂した，広大なものであった。

　これらの商人の紐帯は，もともと決して強いものではなかった。そもそも，情報のやりとりに長い時間が必要であり，強い絆があったとは思われない。弱く，緩やかな結合が，次第に強化されていったと考えるべきであろう。大航海時代がはじまり，ヨーロッパが世界各地に進出したからといって，世界がすぐに一つになったととらえるのは単純すぎる。これは，しばしば歴史家が陥る陥穽でもある。商品が流通したとしても，その量と頻度によって，地域間の紐帯は大きく変わる。流通量とその頻度がわからないにもかかわらず，地域間の交易がみられたという理由だけで，言及に値するほど強いネットワークがあったと主張することは不可能である。

海運業の重要性

　1651年に端を発するイングランド（イギリス）航海法は，イングランドが輸入する場合，当事国ないしイングランド船で輸入するということを宣言した法令である。イングランド（1707年以降はイギリス）は1660年，1663年，1733年，1764年と，何度も同法を発布した。この法の根幹は，オランダ船の排除にあった。当時，ヨーロッパで最大の商船隊を有していたのはオランダ共和国であり，多数の商品が，オランダ船を使って輸送されていた。

2003.

24 序　章

　この法は，オランダ船排除を狙っていた。しかもそのイギリスが，18
世紀末から第二次世界大戦終了時まで世界最大の海運国家であったこと
を忘れるべきではない。ましてや，商業資本主義国家としてもっとも成
功したオランダ経済の基盤として，海運業があったことはいうまでもな
い。

　海運業とは，商品を海上ルートによって運ぶことである。これは国境
を越えた財と財との交換を表す貿易とは異なる意味をもつが，しばしば
混同して使用される。イギリスの商品がオランダ船で運ばれたなら，イ
ギリスの貿易は増えるがイギリス海運業の発達にはつながらず，オラン
ダの海運業が発展することになる。貿易量が増えることと海運業の発達
とは別の事柄である。近代世界最大の海運国家がイギリスであったとす
るなら，近世世界のそれはオランダであった。そしてヨーロッパは，み
ずから建造した船で自分たちの商品を世界中に輸出した。したがってヨ
ーロッパの対外進出と海運業の発展は，切っても切り離せない関係にあ
った。

　近世において，いくつかの国がオランダ船の排除につとめたが[39]，
最大の成功を収めたのがイギリスであったことに，もっと注目すべきで
あろう。自国船の使用に成功したことは，イギリスがオランダの次にヘ
ゲモニー国家になることに大きく寄与した。

商人と海運業の役割

　重要なのは，ヨーロッパが海上ルートでさまざまな地域に進出し，各
地域との関係を強めていったことである。それにより，世界は，ヨーロ
ッパ世界経済に包摂されていった。ヨーロッパは，まず海運業で支配的
地位に立ち，流通網をおさえたうえで工業製品を輸出し，アジアやアフ
リカの多数の地域を植民地としていったのである。

　近年の研究では，近世アジアの経済成長率が，以前考えられていたほ
どには低くなかったと考えられているようである。海運業に目を転じる
と，明代には，鄭和が，全長120メートルを越える宝船という船で，ア

───────────

　39）　たとえばスウェーデンは1724年に，オランダ船排除を目的としたスウェーデン航海
法（Produktplakatet）を発布した。この頃になっても，オランダ船が北方ヨーロッパで多数
使用されていたことが理解されよう。

ラビア半島やアフリカ東部にまで航海した。しかし，アジアの船が，ヨーロッパの海上まで進出したことは一度もない。それに対しヨーロッパは，世界中に船を送ったのである。この相違は，決して軽視するべきではない。

　海運業の発達こそ，ヨーロッパとアジアの大きな差異をつくりあげたといえよう[40]。ヨーロッパは，長い航海ののちにアジアにやってきた。したがって，ポルトガルがアジア，とくに東南アジアに来航する頃には，ヨーロッパの海運業の技術が，アジアのそれを上回るようになっていたと推測できよう。それゆえポルトガル，さらにはヨーロッパ全体が，アジアの海に進出できたのである。

　ヨーロッパが持続的経済成長を達成できたのは，ヨーロッパが基本的に海を通じて他地域に進出し，新しいマーケットを獲得し続けていけたからである。海を利用することによって，未開拓の地域のマーケットを開拓していった。

　一方，中国では華僑が東南アジアに進出し，その影響力は，こんにちもなお非常に強いのも事実である。しかし，ヨーロッパと比較するなら，陸への進出と比較した海への進出は，やはりずいぶん小さかった。たとえば清は乾隆帝の時代に，中国史上の最大版図を実現した。清は，台湾を除けば，陸上に新領土を獲得していったのである。この事例からもわかるように，華僑が東南アジアに移住したとはいえ，中国はおもに陸に進出した。アジアはヨーロッパよりも広大であり，内陸部に非常に多くの土地があったのがその理由の一つであろう。

　しかしそのような拡大のあり方は，むしろマイナスに作用し，海を通じて世界中に進出していったヨーロッパに，やがて敗北していくことになる。

　40）　もちろん，ヨーロッパはユーラシア大陸でも徐々に現地の商人を自分たちの経済圏のなかに組み入れたと考えられる。だが，ヨーロッパの対外進出は主として海を通じておこり，アジアがヨーロッパに進出した方法とは大きく異なっていることは認めるべきであろう。

6 情報からみた近代世界システム

　ウォーラーステインが見過ごしているのは，海の重要性ばかりではなく情報の大切さである。近代世界システムの内部に組み込まれると，同質性のある情報を入手することができる。その中核に位置するのがヘゲモニー国家であり，その地位にいることで，膨大な利益を獲得することができるのである。

　私が定義する近代世界システムでは，ヘゲモニー国家とは，世界の商業情報が集積される場所である。とくに，ヘゲモニー国家の中核都市に多数の商業情報が蓄積され，そこから世界システム内部の諸地域に伝播する。もちろん，すべての情報がこのネットワークで流れるわけではなく，商業上重要な情報だけである。その情報が他地域に広まるあいだ，ヘゲモニー国家は他地域に対し経済的に優位になる。あまり大きくないとはいえ，情報の非対称性を利用できるからである。しかしその優位性は，情報が他地域に行き渡ると消滅する。

　近代世界システムの内部にある地域は，同質的な空間となる。そうなると情報の非対称性が少なくなり，市場への参入がより容易になる。ヘゲモニー国家は，重要な商業情報を握っているという優位性をある程度の期間は利用することができ，それにより一定期間他地域を支配＝従属関係におく。

　そのような商業空間は，16世紀中葉にオランダを中心として形成され，ヨーロッパ全土に広がり，いくつかの国の植民地運動と商業活動のグローバル化により世界に広がった。やがてイギリスにより世界のほとんどの地域を覆い尽くすようになった。さらにその商業空間は，主として海を通じて拡大していったのである。

　むろん，これで世界経済の歴史のすべてが語れるわけではない。これ以外にも，当然，いくつものアプローチで世界史が書かれるであろう。私がここで述べたのは，大まかな見取り図にすぎず，例外はいくつもあることは，認めなければならない。しかしまた同時に，このような枠組みでの歴史叙述により，近世から近代の歴史のプロセスが，少なくとも

歴史の一面が，非常に鮮明に描き出されることを期待したい。

ヘゲモニー国家と構造的権力

本書では，イギリスの国際政治経済学者のスーザン・ストレンジの「構造的権力」という用語を，重要な概念の一つとして使用する。「構造的権力」とは，国際政治経済秩序において，「ゲームのルール」を設定し，それを強制できる国家を指す[41]。たとえばイギリスは金本位制を採用し，ロンドンを基軸とした金融支配体制を築き上げた。他の国々はこのシステムに従わざるをえなかった。イギリスの経済力が，圧倒的に強かったからである[42]。

さらに，スーザン・ストレンジは，著書『カジノ資本主義』のなかで，「すべての国に同一のルールが適用される公平なシステムの代わりに，極端に非対称的なシステムが発展していた」[43]と述べた。ストレンジは1980年代の世界情勢をみながらこのような発言をしたが，そもそも世の中に，公平なシステムなどありはしない。国際政治経済秩序において，どのような行動が正しいのかを決める権力を，「構造的権力」と呼ぶべきであろう。

「構造的権力」をもてば，世界の政治経済の規範を決めることになる。いわば，世界の政治経済の規範文法を決めるのであり，それ以外の国々は，規範から逸脱したものとみなされる。それはまた，ヘゲモニー国家の特徴でもある。ヘゲモニー国家とは，経済的に何が正しいのかを決められる国家と定義することが可能だからである。

16世紀中葉のオランダは，ヨーロッパ内部でそれに成功した。そして19世紀後半から第一次世界大戦直前までのイギリスは，世界的規模でそれを実現した。いうまでもなく，本書ではその過程が描かれる。世界経済内部の情報は同質化され，経済成長が進む一方で，ヘゲモニー国家イギリスは，蒸気船，鉄道と電信の発展を核としてきわめて多くの利益を

---

41) Susan Strange, "The Persistent Myth of Lost Hegemony", *International Organization*, Vol.41, No.4, 1987, 551-74；スーザン・ストレンジ著，西川潤・佐藤元彦訳『国際政治経済学入門——国家と市場』東洋経済新報社，1994年。

42) ストレンジは，それ以外のことも構造的権力に含めているが，本書ではこの定義で十分である。

43) スーザン・ストレンジ著，小林襄治訳『カジノ資本主義』岩波現代文庫，2007年。

手に入れることができた。その利益は，手数料としてイギリスに流入した。

異文化間交易

　ヨーロッパの拡大とは，異文化に属する人々との接触，さらには彼らの包摂を意味した。多数の異文化圏に属する人々が，ヨーロッパ人と交易をした。長期的には，ヨーロッパ人が作り上げた経済・商業システムのなかに，世界中の人々が組み込まれていった。

　「異文化間交易」とは，アメリカ人の歴史家フィリップ・カーティンによって1984年に上梓された書物で使われた用語である[44]。この語は，現在の欧米の商業史研究において，しばしば使われるキーワードとなっている。カーティンはこの用語を使って，古代メソポタミアから20世紀までの歴史を扱っている。

　商業活動を拡大させるということは，当然，それまでの取引相手とは違った相手と取引することを意味する。したがって，商業空間の拡大は，異文化間交易圏の拡大につながる。異文化間の交易をどのようにしておこない，世界の商業が拡大し，世界経済が発展したのかということは，歴史研究において，きわめて重要なトピックとなる。

　ここで，カーティンに従って，異文化間交易の定義をしてみよう。カーティンによれば，商人は，出身地域から遠くはなれた別の都市に異邦人として移住する。通常は，取引相手の共同体の辺境地域ではなく，重要な役割を果たす中心都市に移り住むことになる。そして，定住した異邦人商人は，その地で語学や習慣さらには生活スタイルの習得につとめ，やがて異文化間交易の仲介者となる。そして移住し住みついた社会とともとの出身地域の人々とのあいだで，交易の促進につとめるようになる。

　そして，この段階になると，移動のあとに定住した商人と，行き来を繰り返す商人に分岐する。それにともなって，当初は単一の居留地からはじまった居留地が，複数になっていく。さらに，それら互いにつながるようになる。もとの共同体の外に一つの居留地をつくった交易民は，

　44）　フィリップ・カーティン著，田村愛理・中堂幸政・山影進訳『異文化間交易の世界史』NTT 出版，2002年（原著は1984年に上梓）。

徐々にその居留地を増やし，交易のための共同体を網羅する交易ネットワークを形成する。それは，交易離散共同体と呼ばれる。

　カーティンによれば，このようにして，交易圏が拡大する。その交易圏では，おそらく比較的同質な情報がえられ，商業慣行も統一されると推測できる。商人は，場合によっては，宗派や宗教が異なっても積極的に取引していたことは，現在の研究では認められている[45]。

　フィリップ・カーティンの議論については，近年フランチェスカ・トリヴェラートが，「グループ主義（groupism）」とでもいうべき特徴があると批判した。すなわち，明確に他と区別できる同質性のある集団があり，彼らが社会生活の基盤を形成したという前提に立っているというのだ[46]。むろん現実の世界では，ある集団が，いつも明確に他と区別できる特徴をもっているとはかぎらない。

　こんにちの研究では，異文化間交易には，キリスト教のカトリックとプロテスタント，さらにはプロテスタントのなかでも違う宗派に属する人々の交易が含まれる。むろん，ムスリムとキリスト教徒など，信奉する宗教の異なる人々の取引も指すことはいうまでもない。カーティンと比較するなら，現在の「異文化間交易」の研究では，「異文化」という概念が，ややおおまかに使われているという印象は拭えない。

　フィリップ・カーティンの影響もあり，現在では，欧米のみならず日本の学界でも，商人のコスモポリタン性が強調されるようになっている。ヨーロッパの対外的進出は，各地の経済圏をヨーロッパが包摂していくことを意味した。ヨーロッパ人，とくにイギリス人がつくった規範文法が，他地域の人々にとっての規範文法にもなっていったのである。

　ヘゲモニー国家こそ構造的権力だという観点は，私のいう近代世界システムにおける，国家の重要性を前提とする。しかしまたそれと同時に，

　45）　これを促進したのが，ソーシャル・ネットワーク分析（SNA）の隆盛であろう。SNA によって，商人どうしのネットワークの強さが明確な形で示せるようになった。またこの分析手法により，異なる宗派に属する商人の紐帯がどれほど強いのかが，明確な形で提示できるようになった。異文化間交易を分析するための SNA の有効性については，Ana Sofia Ribeiro, *Early Modern Trading Networks in Europe: Cooperation and the Case of Simon Ruiz*, London and New York, 2016; Andrea Caracausi and Christof Jeggle (eds.), *Commercial Networks and European Cities, 1400-1800*, London and New York, 2016.

　46）　Francesca Trivellato, *The Familiarity of Strangers: The Sephardic Diaspora, Livorno and Cross-Cultural Trade In Early Modern Period*, New Heaven, 2009, p.11.

経済成長を担い，商業ネットワークを拡大していった商人の力も重要であった。したがって，本書における近代世界システムとは，国家と商人の織りなす歴史を意味する。

近代世界システムとグローバル・ヒストリー

たしかに，ウォーラーステインのいう近代世界システムが誕生する以前に，いくつもの地域で大きな経済圏，すなわちブローデルのいう éco-momie＝monde 世界＝経済（本書では，écomomie＝monde 世界＝経済はウォーラーステインの世界経済 World-Economy と同義語で用いられる）があったことは，当然認められるべきことである。インドやオスマン帝国，さらには中国の世界経済の方が，ヨーロッパ世界経済よりも大規模であったことは間違いあるまい。ジャネット・アブー＝ルゴドがいうように，ヨーロッパ以前にも，非常に大規模な覇権システムはみられたであろう[47]。

しかしながら，そのなかでヨーロッパ世界経済だけが生き残り，やがて本当の意味で世界を包摂する経済となったという事実は，決して軽んじられるべきではない。そして，その中核になった国が，オランダ，イギリス，アメリカと移動していったのである。さらに，彼らがアジアやアフリカを，その程度にはさまざまな説があろうが，経済的に従属させなかったと考えることは現実的ではない。この点で，ヨーロッパの経済成長に対する植民地世界の寄与度をたった15パーセントしかなく，「周辺は所詮周辺でしかない」[48]といったパトリック・オブライエンの主張は，到底支持し難い。オブライエンに代表されるように，グローバル・ヒストリアンは，経済格差の問題を論じるときにも，欧米諸国がアジアやアフリカを収奪し，低開発を開発したという見方は基本的にとらない[49]。

しかしそれでは，現在もなお続く南北格差の重要な部分を見過ごして

47） ジャネット・L・アブー＝ルゴド著，佐藤次高他訳『ヨーロッパ覇権以前——もうひとつの世界システム』岩波書店，2001年。

48） Patrick O'Brien, "European Economic Development: The Contribution of the Periphery", *Economic History Review*, 2nd ser., Vol.35, No.1, 1982, pp.1-18.

49） これは，ロバート・アレンにもあてはまる問題点である。ロバート・C・アレン著，グローバル経済史研究会訳『なぜ豊かな国と貧しい国が生まれたのか』NTT 出版，2012年。

しまうことになる。すなわち，グローバル・ヒストリーは現代世界の成立を説明できない。この点に，私は大きな不満を感じる。さらにオブライエンの経済史は，ヨーロッパにとっての植民地の寄与という視点によって貫かれている。植民地側からの視点が欠落しているのは大きな問題であろう。

オブライエンは，たとえばこう述べる。

　　グローバルヒストリー（世界史）のアプローチとして最良の方法の一つは，ヨーロッパと他の大陸を分析のための地域的・マクロ経済的単位として捉え，さらにそれらをより小さな（たいていの歴史家にとっては扱いが容易になる）国民経済の単位に分割することである。その目的は，国際商業から「ヨーロッパ」が獲得したと主張されるものを，現実にどこで，いつ，どれほど多く，個々の国が実際に受け取ったのかということを確認することにある[50]。

これは，完全にヨーロッパ中心史観というべきものであり，収奪される植民地側からの視点はない。グローバル・ヒストリーの研究からは，こんにちの世界がどのようにして誕生したのかという示唆を受けることは，少なくとも私にはほとんどない[51]。

たとえば大分岐論争とは，ヨーロッパとアジアがなぜ，どのようにして近世に異なった経済システムを有するようになったのかという議論である。それはたしかに，現在の欧米とアジアの経済的な相違が，近世に生まれたという視点をもちこんだ点で，特筆に値する。しかし，それでもなお，現代社会が抱えている経済的格差問題が，とくに19世紀以降に生じた支配＝従属関係の結果であると考えない点で，私は納得がいかないのである。大分岐が，ヨーロッパがアジアやアフリカ，さらにはラテンアメリカを収奪する時代の開始だととらえなければ，現代社会形成につながる議論とはいえない。さらに，アジアはそこからの離脱に成功しつつあるが，アフリカやラテンアメリカはそうなっていないのはなぜかという問いに答えがだせないのである。

---

50) オブライエン『帝国主義と工業化』7頁。
51) その点において，私の知る例外的書物は，Riello, *Cotton.*

重商主義社会

　近世のヨーロッパでは重商主義戦争に端を発した交易離散共同体の拡大により，同質性のある商人が拡散し，国際的な商取引がむしろ容易になったと考えるべきであろう。そのために，ヨーロッパ全体が経済成長を遂げた。

　しかし重商主義とは，きわめて定義がしにくい用語である。たとえばイギリスの歴史家Ｄ・Ｃ・コールマンは以下のように述べた。

　　重商主義とは何か。本当に存在したのか。経済思想の傾向の記述としては，この用語は役に立つかもしれないが……。経済政策のラベルとしては，ミスリーディングであるばかりか，歴史研究に対する積極的な混乱とさえいえよう。共通点のない出来事を統合し，特定の時代と環境のあいだに生じる空間があることを隠蔽する。さらに，思想と偏見，利害と影響，政治と経済，そして，人びとのパーソナリティがきわめて多様であるにもかかわらず，それらをみえなくしてしまう。しかし本来，それらを検証するのが歴史家の仕事なのだ[52]。

　このような批判はあるものの，重商主義という用語は，現在もなお使用されており，基本的には国家政策を意味する。この立場をとる典型的な研究者はパトリック・オブライエンであり，国家の重商主義政策こそが，経済を成長させるという。さらに，ラース・マグヌソンは，重商主義には，言説としての意味合いもあったと主張した[53]。

---

　52)　D. C. Coleman, "Eli Heckscher and the Idea of Mercantilism", in D. C. Coleman (ed.), *Revisions in Mercantilism*, Slingsby, 1969, p. 117.

　53)　ラース・マグヌソン著，玉木俊明訳『重商主義の経済学』知泉書館，2017年。さらに，重商主義について，まず参照すべきは，Eli F. Heckscher, *Mercantilism: with a new Introduction by Lars Magnusson*, 2 vols., London and New York, 1994；最近の研究としては，Céline Spector, "Le concept de mercantilisme", *Revue de Métaphysique et de Morale*, No. 3, *Mercantilisme et philosophie* 2003, pp. 289-309; P. Stern and C. Wennerlind (eds.), *Mercantilism Reimagined: Political Economy in Early Modern Britain and its Empire*, Oxford, 2013; M. Isenmann (Hrsg.), *Merkantilismus. Wiederaufnahme einer Debatte*, Stuttgart, 2014; Philipp Robinson Roessner (ed.), *Economic Growth and the Origins of Modern Political Economy: Economic reasons of state, 1500-2000*, London and New York, 2016；大倉正雄『イギリス財政思想史——重商主義期の戦争・国家・経済』日本経済評論社，2000年。竹本洋・

しかしこの二人は重商主義に，商人の活動を含めてはいない。現実に商業活動に従事するのは商人であるにもかかわらず，重商主義とは商人に関係のない議論となってしまう傾向が強い。それに対して私は，「重商主義社会」という概念を提起し，商人の活動を含んだ議論をすべきだと主張したい。

重商主義の研究者には，重商主義時代において，ヨーロッパが大きな対外的進出を遂げた，それに商人も大きく貢献したという認識は薄い。商業活動とヨーロッパの拡張を含み込んだ形での重商主義社会の形成こそ，われわれが取り上げるべき重要な課題となるはずである。重商主義社会とは，国家と商人が共棲関係にある社会であった[54]。ヨーロッパの対外進出とは，そういう側面を含んでいたのである。

7　なぜ支配＝従属関係が生まれるのか

商品連鎖とは何か

東南アジアからヨーロッパへと香辛料が輸出されていた。これは，長い旅路をへて，作物が完成品となったことを意味する。

アメリカ人研究者スティーヴン・トピックは，「商品連鎖（commodity chains）」という考え方を提唱した。より正確に言えば，この用語は以前から用いられていたが，それに新しく，そして明確な意味を付与した[55]。

商品は，多くの人の手をへて，原材料から中間財となり，やがて最終製品となる。その全体を支配している人間は誰もいない。トピックは，このような商品の流れを「商品連鎖」と呼ぶ。彼は，「商品連鎖」は，

大森郁夫編著『重商主義再考』日本経済評論社，2002年。ラース・マグヌソン著，熊谷次郎・大倉正雄訳『重商主義——近世ヨーロッパと経済的言語の形成』知泉書館，2009年。ヘクシャーに関しては，Ronald Findlay, *Eli Heckscher, International Trade, and Economic History,* Cambridge, Mass., 2006.

　　54)　これについては，補論Ⅱで詳細に論じる。

　　55)　Steven Topik, Carlos Marichal, and Zephyr Frank (eds.), *From Silver to Cocaine: Latin American Commodity Chains and the Building of the World Economy, 1500-2000,* Durham, 2006.

市場創出のような転換点の理解のために有効であると主張する。トピックはブラジル史の専門家であり，コーヒーを研究対象としている。コーヒーは，重要な世界商品であるので，文字通り，世界全体の商品流通，商品生産のネットワークが研究できるのである。この商品連鎖に参加する人々や制度，さらに技術は多数あり，地理的分布と地域によって，それらは著しく変化することになる[56]。

　商品がどのような過程をへて完成品になるのかということを研究すれば，商品の流通過程とそれがもたらす影響力を明らかにすることができる。商品連鎖とは，それに非常に適合した分析ツールなのである。そして，商品連鎖という概念は，大きな注目を浴びる言葉となりつつある。したがって，さまざまな国際商品の連鎖分析により，その商品にかかわる多様な面が世界的規模で明らかになることが期待される。

支配＝従属関係と商品連鎖
　商品連鎖の概念はまた，ある国ないし地域が，別の国や地域に経済的に従属する理由を説明できる。

　ここで，第一次産品の輸送のすべてを第一次産品輸出国が担ったと仮定してみよう。この場合，支配＝従属の関係は成立しない。工業国は，製品を製造するだけの地域となるからである。製品輸送のための費用を支払うのは工業国となり，収奪されるのは工業国になるかもしれない。第一次産品輸出国は，工業製品を購入するだけの余剰をもち，工業国は第一次産品輸出国にしか工業製品を輸出できないということになるからだ。

　輸送路を握っているということは，それほど重要なことである。たとえどんな素晴らしい商品を製造したところで，それが販売できなければ，企業は倒産する。生産と販売は，別のことである。この点から考えるなら，ウォーラーステインの歴史観はなお生産史観にとどまっている。ここに彼の理論の大きな限界が感じられよう。

　56）　Steven Topik, "A Coffeinated Perspective of Cross-regional Chains in Global History: The Creation of the World Coffee Market"，「グローバルヒストリーの構築とアジア世界」平成17-19年度科学研究費補助金（基盤研究(B)研究成果報告書　研究代表者　秋田茂）2008年，pp.237-263．

7 なぜ支配＝従属関係が生まれるのか

ここで「商品連鎖」という概念を用いて，支配＝従属関係を説明してみよう。それによって，工業国あるいは第一次産品輸出国のどちらが収奪されるのかがより明示的になる。商品によって，商品連鎖の長さは異なる。

たしかに，工業国家が第一次産品供給地域を収奪したことは事実であろう。これまでの議論の問題点は，流通過程を誰が担うかという問題を無視ないし軽視してきたことにある。工業国が第一次産品輸出国を収奪できたのは，その輸送経路を押さえてきたからであり，そのことは非常に重要であった。それを無視して，支配＝従属関係を語ることはできない。しかし，これまで，そのような無理な理論がまかり通ってきたのである。この点においては，従属理論の支持者であれ，批判者であれ，同じ誤りを犯してきたといえるのではないか。

国際分業体制において，工業国が第一次産品輸出国を収奪するとすれば，それは後者が工業製品の市場として機能し，工業化をさまたげられたというだけでは説明として不十分でしかない。工業国が，商品連鎖の多くを支配していたということも，大きな理由になったはずである。そして，あまりに商品連鎖が長ければ，工業国が第一次産品輸出国に与える影響は，微々たるものになったと考えられる。つまり，工業国が直接商品連鎖におよぼす現実の影響力は，かなり小さくなる。そうすれば，支配＝従属関係は成立しない。逆にいえば，工業国が第一次産品の輸出国を収奪できたのは，工業国の船が第一次産品，さらには自国の工業製品を輸送したからである。

ここでいう工業国とはいうまでもなくヨーロッパであり，第一次産品輸出国とはアフリカやラテンアメリカ，さらにアジアである。ヨーロッパはこれらの地域に，ヨーロッパの船を用いて進出していった。ヨーロッパが蒸気船を用いるようになると，商品連鎖におけるアジア・アフリカとヨーロッパの実質的距離は，非常に短くなった。この連鎖に加わる人々の数が大きく減少した。その多くは，ヨーロッパ人，とりわけイギリス人が担うようになった。このような事実から，ヨーロッパ，なかでもイギリスが，工業力のみならず，海運力，とくに蒸気船の使用によってアジア・アフリカとの支配＝従属関係を形成していった。

商品連鎖という概念を用いることで，産業資本主義時代ばかりか，商

業資本主義時代の従属関係を理論的に説明することができる。すなわち
アジアよりラテンアメリカやアフリカの方が，西欧への従属度が高かっ
た理由を示すことができるのである。

　アジアは，近世以前に独自の商業ネットワークがあったので，商品連
鎖において，ヨーロッパ人の介入度は低かった。商品連鎖において，ア
ジア商人が果たす役割は大きかった。それに対し大西洋経済は，ヨーロ
ッパ人が形成したものであった。アフリカ大陸でアフリカ人を奴隷商人
に差し出したのは同じアフリカ人であったが，彼らを新世界に運び，そ
こで砂糖やタバコ，綿の生産を管理したのはヨーロッパ人であった。商
品連鎖のほとんどを担っていたのはヨーロッパ商人だったのである。

　だからこそ，アジアの独立度は，たとえ生活水準は低かったとしても，
中南米諸国よりも高かったのである。

商品連鎖からみたアジアとヨーロッパの関係

　イタリアがアジアから輸入していた香辛料は，イタリア商人が直接ア
ジアまで行って購入し，イタリア船で輸送し，ヨーロッパに持ち帰った
わけではない。詳細はわからないが，東南アジアの商人，インド洋のム
スリム商人，オスマン帝国の商人，それからイタリア商人が運んだと考
えられる。それは，非常に長い商品連鎖である。この連鎖で支配的な商
人は，おそらくいなかった。あえていえば，ムスリム商人であろう。少
なくとも，ヨーロッパの方が劣勢であったことは間違いない。

　ヨーロッパのアジアへの進出では，アフリカの喜望峰をまわってアジ
アに進出した。したがって，オスマン帝国の領土は通らなかった。それ
は，この帝国が商業的にも軍事的にも，巨大な壁であり，何とかして回
避したかったからであろう。

　ポルトガルがアジアに到着して以降，いくつかのヨーロッパ諸国がそ
れに続いた。それにより，徐々に，ヨーロッパの方がアジアよりも多く
の商品連鎖を担うようになっていった。

　しかも，ヨーロッパ人は，自分たちの船でアジアまで航海した。その
ため，いくつもの異文化間交易をある程度残しつつも，それぞれの異文
化との関係性は薄められることになった。

　トピックによる商品連鎖の議論には，異文化間交易の仲介者（媒介）

になるのは人間だという前提がある。だが19世紀になると，異文化間交易は非常に拡大し，人と人との結びつきを研究するだけでは，不十分になっていると考えられる。蒸気船，鉄道の発達により，人々は，異文化間交易をせずとも，遠隔地の商品が入手できるようになった。そして人間に代わって異文化間をつなげる媒介となったのは，19世紀に誕生した「電信」であった。

商品連鎖と情報連鎖

　商品連鎖が長くなれば長くなるほど，正確な情報の連鎖は欠かせない。これは，「情報連鎖（information chains）」というべきものである。商品連鎖の拡大は，情報連鎖の拡大をもたらす。

　近世には大量の植民地物産が新世界やアジアからヨーロッパに流入した。アジアからの商品はすでにヨーロッパに輸入されていたが，その規模は急速に拡大する。しかも，新世界の物産は，ヨーロッパ人にとってははじめてのものばかりであった。商品連鎖はより長く複雑になり，情報連鎖はより精密になった。

　そのために重要だったのが公的な情報である価格表や商業新聞，さらには私的な情報の商業書簡であり，これらの情報を用いて，商人は取引を拡大したのである。商品連鎖が適切に機能するためには，情報連鎖が十分に機能しなければならない。正確な情報が提供されなければ，商品連鎖はストップする可能性もある。商品連鎖と情報連鎖は，切っても切り離せない関係にある。価格表，商業新聞，商業書簡により，商業情報の伝達が正確になった。

　伝言ゲームのように，伝えられる情報が，最初の人と最後の人で異なるということはだんだん少なくなっていった。一般に，明確に情報が伝えられる範囲とは，ある特定の商人グループであったと想定できる。それはいわば顔見知りの関係であり，情報が間違って伝達される可能性は少ない。誤った情報伝達は，しばしば，別の商人グループに情報が伝達されるときに生じる。それはまた，ある商品が——場合によってはその商品に加工がほどこされ——別の商人グループに渡されるときでもある。ここからも，商品連鎖と情報連鎖が密接に関係していることが理解できよう。ヨーロッパ商人がもつ商業情報は，正確さを増していった

のである。それは，ヨーロッパの他地域に対する大きな強みとなった。

　ヨーロッパの対外進出を当初になったのは，ポルトガル・スペインという，イベリア半島の二国であった。二国は，最終的には19世紀後半にイギリスがヘゲモニー国家になるのに寄与した。ヨーロッパの海を使った拡張は，長い時間をかけ，イギリスのヘゲモニーの形成へと行き着いたのである。

　ヨーロッパは，同質的な商業空間を形成し，それを世界に拡大していった。そして，海運業を発展させ，程度の差はあれ，世界各地の流通システムに入り込み，ヨーロッパ船が活躍する海へと変えていったのである。そして，ヘゲモニー国家オランダは，商人のネットワークの中心となり，イギリスは電信によって，より正確な情報連鎖を提供した。両国とも，ヘゲモニーを握った時代には，世界の海運業の中心であった。

お　わ　り　に

　以上，序章を使って，かなり詳細に本書の視座について説明してきた。

　ヨーロッパが軍事力で他国を圧倒していたため，世界制覇に成功したことは，疑いようのない事実である。しかし本書では軍事面にはほとんど言及せず，ヨーロッパ経済の拡大に焦点を当てて論を展開する。本章では，古代ギリシア人やフェニキア人の活動から論をはじめ，第一次世界大戦がはじまる1914年で幕を閉じる。それは，非常に長い旅である。貧しく，イスラーム勢力に取り囲まれていたヨーロッパは，海を通して他の地域に出て行った。そしてまた長い時間をかけ，多くの地域を植民地化した。

　このように本書は，あくまで，ヨーロッパがアジアやアフリカをどのようにして包摂したのかをみることを主眼にしているものの，アジアが自律的におこなっていた貿易・商業活動，さらにはヨーロッパ人以外の商人がヨーロッパ人商人と取引した事実にも言及する。しかし，それでもなお，ヨーロッパに関する叙述量と比較すると，やはり少ない。そういう意味で，ヨーロッパ中心史観の域を出ていないということは，素直に認めなければなるまい。

おわりに　　39

　しかし，近世から近代の経済史を大きな視点から語る場合，それがき
わめて有効な方法であることも，受け入れられるべきであろう。本書は，
近代は，どのようにしてヨーロッパ人によって形成されたのかというこ
とを論じた書物である。むろん，ヨーロッパ人は，多くの非ヨーロッパ
人の肩の上に乗って世界制覇をした。本書では，そのことも示したいと
考えている。
　また，本書は，オランダとイギリスのヘゲモニー誕生の理由と，ヨー
ロッパの海を通した対外進出の二過程を一つのものとしてみる視座を提
示する。イギリスは，それらの肩の上に立って広大なイギリス帝国を形
成し，オランダについで，世界で二番目のヘゲモニー国家になったので
ある。
　オランダがヘゲモニーを握った時代においてもヨーロッパは対外進出
していたとはいえ，オランダはヨーロッパ世界経済のヘゲモニーを握り，
そこでの商業システムのルールを決定したということにすぎない。オラ
ンダの支配力は，イギリスと比較すると明らかに弱かった。ヨーロッパ
はヨーロッパ外世界を近代世界システムの内部に入れることはなかなか
できなかった。ヨーロッパが軍事的に優越していたことはたしかだが，
それでもなお近世においては「圧倒的」という修飾語句をつけるほどで
はなかった。
　オランダのヘゲモニーの時代には，ヨーロッパ内部の商業空間だけが
情報の非対称性の少ない世界であった。近世において新世界は，ヨーロ
ッパに対して従属傾向にあったとはいえ，その従属度はいまだ低く，ヨ
ーロッパ世界経済に組み込まれてはいなかった。
　それには，二つの理由がある。第一に，帆船の時代には，まだヨーロ
ッパと新世界との距離は遠かった。1820年になっても，リオデジャネイ
ロからイギリスのファルマスまで，62日間もかかった[57]。往復で120日
間以上である。どの程度の時間ですめば一つの経済圏になるのかの判断
は難しいが，現在と比べると時間の流れが遅い時代とはいえ，これほど
の時間がかかれば，新世界-ヨーロッパ間の情報は，常に古くなる運命
にあったと考えられよう[58]。情報伝達のスピードから判断するなら，

────────
　57）　セイヤーリータ・ラークソ著，玉木俊明訳『情報の世界史──事業通信の発達
1815-1875』知泉書館，2014年，280頁，表37。

新世界はヨーロッパとはまだ別の世界であった。同じことが，アフリカやアジア，さらにはオーストラリアにもいえたはずなのである。しかし，電信の発展によって，世界の情報は速やかに伝達されるようになり，その中心にロンドンが位置するようになった。正確な情報が速く伝達する社会が，一つの商業空間の単位だと考えられるのである。

　第二に，流通システムの問題である。1820年の段階でもなおヨーロッパと新世界の交通には多大な時間がかかり，商品連鎖があまりに長かったのだから，18世紀においては，ヨーロッパの国々が新世界と支配＝従属関係になることは不可能であったろう。また，ナポレオン戦争終了以前には，新世界からの植民地物産は，まず宗主国であったスペイン，ポルトガル，フランスに輸入され，そこから他地域に再輸出されたのである。ロンドンは，まだヨーロッパの流通の中心とはいえなかった。それが実現するのは，1815年のウィーン条約以降のことであった。ロンドンはこの頃からようやく，世界の商品市場の中心となっていったのである。

　ヨーロッパの植民地化が急速に進んだのは19世紀のことであった。そして，ヨーロッパ帝国主義の中心となったのがイギリスであった。ヨーロッパの長い対外進出史のなかで，なぜ19世紀という時代にイギリスがヘゲモニー国家になったのか。オランダのヘゲモニーから200年もあとになって，イギリスがようやくヘゲモニー国家になったのはなぜか。これらの疑問も，本書で答えるべき問いである。

　ある程度結論を先取りしていえば，それは重商主義時代から帝国主義時代への移行によってもたらされたのである。さらに，商人と国家が共棲関係にあった時代から，国家が優位になる時代へと変わっていったからでもある。

　次章では，ヨーロッパがどのようにして海外に進出していったのか。それ以前の長い期間を含めて論じよう。

　58）　ヤン・ド・フリースの考え方に従えば，これこそ近世のグローバリゼーションの限界になろう。Jan de Vries, "The Limits of Globalization in the Early Modern World", *Economic History Review*, 2nd ser., Vol. 63, No. 3, 2010, pp. 710-733.

第1章

小さなヨーロッパから大きなヨーロッパへ

――――――――

は じ め に

しばしば「ヨーロッパ大陸」という言い方がなされるが，地理学の見地からは，正確には，ヨーロッパ「半島」というべきであろう。この地域は，ユーラシア大陸の西側に突起した半島にすぎないからである。

ただし，ヨーロッパとは，必ずしも突起した部分だけではなく，より内側の地域も包摂し，その東端はウラル山脈になる。さらにその南側をみると，ボスポラス海峡，黒海があり，そしてカスピ海西岸が，ヨーロッパの東端となる。それ以外に，ブリテン諸島，アイスランド，グリーンランドとフェロー諸島などのデンマーク領，さらには地中海の島々，大西洋のマデイラ諸島（ポルトガル領），地理的にはアフリカといって良いようなカナリア諸島（スペイン領）も，ヨーロッパに含まれよう。

とはいえ，ヨーロッパという単語が意味する地域は，古代から同じであったわけではない。この語が意味する地域は，もともとはるかに狭かったのである。本章では，まず歴史地図を用い，ヨーロッパが意味する範囲，ヨーロッパが他の強国からどのような圧迫を受けていたのか，さらにはヨーロッパがどの程度支配圏を拡大していったのか，みていくことにしたい。

本章の目的は，小さなヨーロッパから大きなヨーロッパへという変化を視覚的に跡づけることにある。

1 古代世界におけるヨーロッパ

ここではまず，古代の歴史家ヘロドトス（前485年頃-前420年頃）の『歴史』に現れる地図をみてみよう。図1-1に示されているように，「ヨーロッパ」が占める地域は，現在と比較するなら，きわめて狭い。古代ギリシア人にとって，北海，バルト海，大西洋は未知の海であったといえよう。彼らにとっては，東地中海が海のほぼすべてであった。

古代ギリシア人の世界とは，これだけの広がりしかなく，ヨーロッパはその三分の一を占めたにすぎない。しかし注目すべきことに，このときすでに，ジブラルタル海峡は発見されている。地中海に関しては，比較的正確な情報があることがここからわかるであろう。彼らにとってのヨーロッパ（ギリシア語でエウローパ）とは，この地図の左上に書かれた地域であった。そして，重要な海とは，地中海であった。

図1-2は，古代ギリシア人とフェニキア人の植民市を示したものである。どちらも，積極的に植民活動をおこなったことで知られる。主として，古代ギリシア人は，地中海東部に，フェニキア人は地中海西部に植

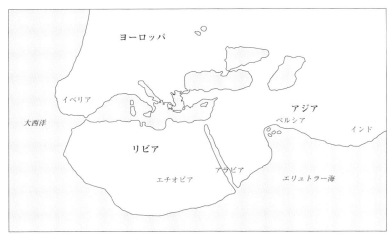

図1-1　ヘロドトスの地図

1 古代世界におけるヨーロッパ 43

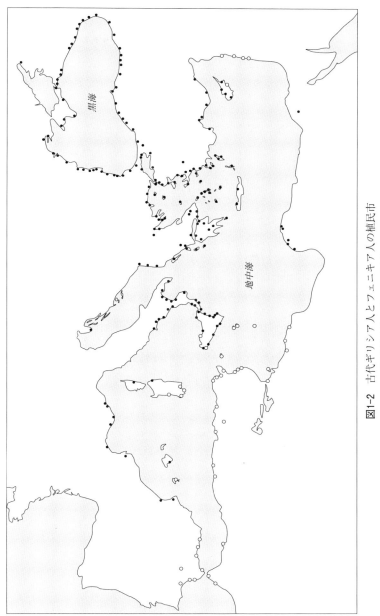

図1-2 古代ギリシア人とフェニキア人の植民市
(●ギリシア, ○フェニキア)

民市を建設した[1]。

　古代ギリシアに関する史料は少なく，その規模からして例外的に大きなアテネの研究が圧倒的に多く，ついでスパルタがあるが，アテネに比べるとはるかに少ない。古代ギリシア史家は，史料の関係上，典型的とは決していえないギリシア・ポリスの研究に従事してきた。

　ギリシアには，そもそも穀倉地帯は少なく，穀物を輸入するために他地域に進出し，植民市を形成した。したがって，同じ帝国主義勢力であるアケメネス朝ペルシアと，ペルシア戦争（前499-前449年）を戦うことになったのも，当然のことといえよう[2]。

　古代ギリシア史の意義については，フランス人の中世史家としてきわめて名高いジャック・ル・ゴフが，「ギリシアの遺産としてはなによりも，民主主義（民衆の統治という意味），都市国家の市民の法の前での平等，および公務参加の平等への希求があります」[3]といっているのは，古代ギリシアに多数の奴隷がいたばかりか，女性に参政権がなかったことを忘れており，あまりに強く古代ギリシアを信奉した告白とも受け取れよう。このような考え方は，ヨーロッパ中心史観そのものである。

　一方フェニキア人は，もともと現在のレバノン山脈と東地中海のあいだに位置する地域を根拠地としていた[4]。彼らは，レバノン杉を使用して，交易活動に従事した[5]。フェニキア人は航海の民としても有名であり，インド洋，紅海に向かい，さらにはアフリカを一周したとさえいわれている[6]。

　フェニキア人の築いた都市としてシドンとティルスが一般に有名であり，ティルスを母市とした人々がカルタゴを建国した。そのカルタゴは，領土を拡大していった。したがってカルタゴと古代ローマのあいだで，

---

　　1)　Donald Harden, *The Phoenicians*, Bungay, 1971, pp.52-59.
　　2)　古代ギリシアを帝国としてとらえ，ペルシア帝国との関係を論じた研究として，中井義明『古代ギリシア史における帝国と都市』ミネルヴァ書房，2005年。
　　3)　ジャック・ル・ゴフ著，前田耕作監訳，川崎万里訳『子どもたちに語るヨーロッパ史』ちくま学芸文庫，2009年，44頁。
　　4)　Maria Euginia Aubet, *The Phoenicians and the West: Politics, Colonies and Trade*, 2nd edition, Cambridge, 2001, p.13.
　　5)　栗田伸子・佐藤育子『通商国家カルタゴ』講談社学術文庫，2016年。
　　6)　Aubet, *The Phoenicians and the West*, p.166. Werner Huß, *Karthago*, München, 1995, S.30-31; 栗田・佐藤『通商国家カルタゴ』189-191頁。

ポエニ戦争（前264-前146年）が戦われたことには，何の不思議もない。これに勝利した古代ローマが，西地中海の覇者となったのである。

マックス・ヴェーバーは，古代地中海世界成立の重要な条件の一つとして，遠来穀物を輸入する必要性があったことをあげているが，それはむろん，古代ギリシア，古代ローマ，さらにたぶんカルタゴにもあてはまるであろう[7]。

伝説によれば，古代ローマは前753年，ロムルスによって建国された。古代ローマは，古代ギリシアやフェニキアの諸都市と同じく植民市をもった。しかし彼らが古代ギリシアと決定的に異なるのは，国土そのものを巨大化させていったことであった。都市には，属州から穀物が輸入されるようになった。もっとも重要な穀物供給地は，エジプトであった。

古代ギリシアとローマのどちらも穀物が不足し，他地域を侵略した点では同じである。また古代ローマには，多数の奴隷がいた。ラティフンディオでは，奴隷が労働した。地中海型の経済とは，奴隷のような安価な労働力があってこそ繁栄できたのである。ここに，地中海の経済成長の大きな限界があった。

ポエニ戦争に勝利したため，西地中海は，ローマの内海となった。それにはこのように，イタリアに穀物を輸入する必要があったことも影響していよう。穀物を生産したのは奴隷であり，その輸送を請け負った船舶も奴隷が漕ぎ手となった[8]。常に奴隷を供給するために，絶えず新しい植民地（市）を獲得する必要があった。古代ローマが，戦争をし，領土を獲得していった背景には，このような事実があった。しかしそのようなシステムが永続するはずもなく，やがて古代ローマ世界のアキレス腱となった。

図1-3は，ローマ皇帝ハドリアヌス（在位117-138年）時代に，この帝国の領土が最大に達したときの領土の大きさを示す。なるほど，古代ローマは地中海帝国であったが，同時に，ヨーロッパ大陸の多くの地域も手中に入れている。ハドリアヌス時代の領土は，あくまでローマ帝国領

　7）　マックス・ヴェーバー著，上原専禄・増田四郎監修，渡辺金一・弓削達共訳『古代社会経済史──古代農業事情』東洋経済新報社，1959年，23頁。

　8）　古代ローマの食糧供給については，宮嵜麻子『ローマ帝国の食糧供給と政治──共和政から帝政へ』九州大学出版会，2011年。

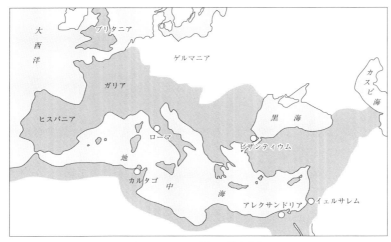

図1-3　ローマ帝国の最大版図

であり，「ヨーロッパ」という言葉が意味する土地のすべてを表すわけでは決してない。だが，もしこれをヨーロッパと同義語として扱うなら，ヨーロッパの意味する場所の広さは，古代ギリシアの時代と比較してきわめて広くなった。

　この時代を頂点として，古代ローマの領土は縮小していく。しかし，476年に西ローマ帝国が滅亡しても[9]，なおビザンツ帝国の領土は広大であった。

　図1-4は，ビザンツ帝国の皇帝ユスティニアヌス1世（在位527-565年）の時代の同帝国の領土を示したものである。ヨーロッパとアフリカの西側の地域は，再征服した領土である。

　ユスティニアヌス1世は，しばしばローマ帝国を再興したといわれるが，領土の大きさからいうなら，それはあたらない。古代ローマ帝国とは，現在の西欧のかなりの部分にまでおよぶ広大な帝国だったのであり，ユスティニアヌス1世は，そのうち地中海の一部を再興したにすぎない。けれども，「すぎない」とはいえ，地中海のすべてではないにせよ，多くの部分を「（東）ローマの内海」にしたことには大きな意義がある。

---

9)　佐藤彰一『ポスト・ローマ期フランク史の研究』岩波書店，2000年。

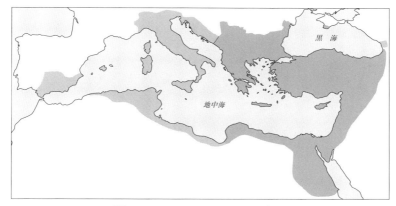
図1-4 ユスティニアヌス1世の領土

地中海を一体化する国家権力がふたたび現れたからである。しかしそれは，7世紀になると，イスラーム勢力の台頭であっけなく崩れてしまう。

2 イスラームの台頭

ピレンヌ学説をめぐって

　622年，ムハンマドがメッカ（マッカ）からメディナ（マディーナ）にヒジュラ（聖遷）することによって，イスラーム教が成立したとされる。ムハンマドは632年に亡くなるが，彼の死後も，イスラーム勢力の台頭には目を見張るものがあった。世界史において，7世紀とは，イスラームの世紀であった。

　図1-5は正統カリフ時代からウマイヤ朝にかけてのイスラームの領土の拡大を，図1-6は，アッバース朝の領土を表す。地中海は，明らかにヨーロッパ人の海ではなくなった。

　これに関連する学説として，アンリ・ピレンヌのテーゼをあげないわけにはいかない。ピレンヌは，その著書『ムハンマドとシャルルマーニュ』において，ムハンマドによりイスラーム世界が誕生し，イスラーム勢力により，ヨーロッパ人による古代地中海世界の統一性は打ち破られ，ヨーロッパ世界の中心は内陸部に移ったと主張したことは，もはや旧聞

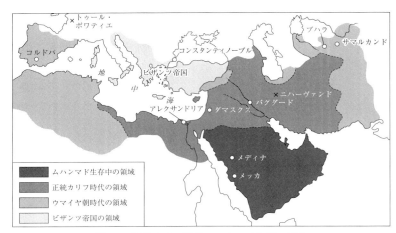

図1-5　正統カリフ時代——ウマイヤ朝の領土

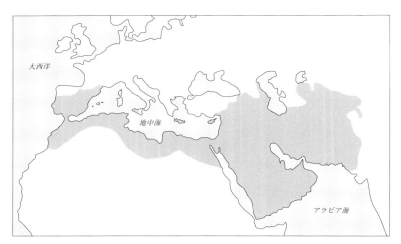

図1-6　アッバース朝の最大版土

に属する[10]。

　メロヴィング朝とカロリング朝のあいだには断絶があった。メロヴィング朝（481-751年）では，古代ローマ以来の地中海商業が続いていたが，カロリング朝（751-987年）になると，それがついえたというのである。

---

10) アンリ・ピレンヌ著，増田四郎監修，中村宏・佐々木克己訳『ヨーロッパ世界の誕生——マホメットとシャルルマーニュ』創文社，1960年。

カロリング朝の国王であったカール大帝（シャルルマーニュ）（在位768-814年）は，ムハンマドが地中海世界を侵略したからこそ帝位についたのであり，まさに「ムハンマドなくしてシャルルマーニュ（カール大帝）」なしといえると，ピレンヌは主張したのだ。

　日本では，大塚久雄，増田四郎という大家がピレンヌを高く評価したため，おそらく本国のベルギー以上にピレンヌの影響力は強かった。現在もなお影響力をもつピレンヌの学説は，欧米の歴史学界，さらには日本の西洋中世史家のあいだでも，もはや定説ではない。たとえば，ピレンヌは，こう書いた。

　　8世紀の幕があがる頃には〔地中海の〕東西間の海運は既に完全に過去のものとなってしまっていた。ビザンツ沿岸の交通を別とすると，地中海からはもはや交通と言えるものはすべて姿を消してしまった……かつては西方世界の対レヴァント貿易の第一の根拠地であった大港マルセイユもさびれてしまった。それまで続いた地中海の経済的統一はこのとき砕け散り，その快復には十字軍の時代をまたなければならなかった。ゲルマン民族の侵入にはよく耐えて存続することができた地中海の経済的統一も，抗し難いイスラムの強圧の前には崩れ去ったのである[11]。

　さらにピレンヌは，こう続ける。

　　現在残っている史料で，シリアの商人あるいはもっと広く言って東方世界の商人が引き続き存在したことを証言する史料は，唯の一点も存在しない。それのみではない。以下の行論で実証されるように，8世紀以後になると，そういった商人によってそれまで輸入されていたすべての物産がガリアから姿を消してしまうのである。これは論駁の余地のない事実である[12]。

　現実には，地中海が完全にムスリムの海になったことはなく，古代か

---

11)　ピレンヌ『ヨーロッパ世界の誕生』232頁。
12)　ピレンヌ『ヨーロッパ世界の誕生』236頁。

らずっと，ヨーロッパ岸ではヨーロッパ人による交易が続いていた。イスラーム勢力によって，西欧がビザンツからも切り離された閉鎖された社会になったとは，もはや考えられてはいない。

　ムスリム商人とヨーロッパ商人による交易もあった。イスラーム国家は，西欧から奴隷を輸入していた。たとえば，フランスのヴェルダンとイスラーム支配下のイスパニアのあいだでの奴隷貿易がそれにあたる。アラブ人が，イタリア‒プロヴァンス間の海上交通を妨げることはなかった[13]。

　むしろ主張すべきは，イスラーム勢力の台頭により，地中海で異文化間交易が発展したことであろう。具体的には，地中海が，ローマ・カトリック信徒，ビザンツ帝国（東方教会）の商人，そしてムスリムの海になったのである。このような多様な宗派による貿易がおこなわれたことは，地中海の大きな特徴だといってよい。地中海で異文化間交易が盛んだったことは，現在の研究では広く知られた事実である。ただし，初期中世においては，なおその証拠は十分ではない[14]。しかしながら，中近世になると，異文化間交易がきわめて盛んになったことは，近年の研究から明らかである[15]。

　たしかにムスリム商人とヨーロッパ人商人による交易はあったものの，アフリカ北部がのきなみイスラーム勢力の支配下におかれると，古代に存在していたような地中海世界の統一性はずいぶんと弱まったことはおそらく事実であろう。しかし，イタリア商人とムスリム商人はやがて取引を開始する。中世のうちに，地中海での異文化間交易がはじまっている。ムスリム商人とキリスト教商人との商業関係は，ピレンヌが考えていたよりもずっと緊密であったことは，比較的最近の歴史研究の大きな貢献だといえよう[16]。

　13）　アンリ・ピレンヌ他著，佐々木克己編訳『古代から中世へ——ピレンヌ学説とその検討』創文社，1975年。

　14）　初期中世がいかに史料の乏しい時代かということについては，佐藤彰一『歴史書を読む——「歴史十書」のテクスト科学』山川出版社，2004年。

　15）　Maria Fusaro, Colin Heywood and Mohamed Salah Omri (eds.), *Trade and Cultural Exchange in the Early Modern Mediterranean: Braudel's Maritime Legacy*, London, 2010; Francesca Trivellato, Leor Halevi and Catia Antunes (eds.), *Religion and Trade: Cross-Cultural Exchanges in World History, 1000-1900*, Oxford, 2014.

　16）　ピレンヌについて，増田四郎は，「彼の視野はヨーロッパを越えてはいたが，関心

現実には，ムスリム商人とヨーロッパ商人による交易は，当然のように存在していた。戦争で対立関係があったとしても，商人どうしが取引するということは，どの時代においても別に珍しくも何でもない現象であった。

アッバース革命と商業

イスラーム史において，ムハンマド時代（622-632年）のあとには，正統カリフ時代（632-661年）が続いた。正統カリフ時代とは，ムハンマドの後継者であるカリフが正しく選出されて，ムハンマドの教えも厳しく守られていた時代であったとされる。この時代には，イスラーム教の特徴であるジハード（聖戦）がなされ，領土が西アジアにまで広がった。そして，シリア，エジプト，そしてイランを征服した。正統カリフ時代には，ムハンマドの時代とは異なり，部族的な結びつきが否定された。人間の平等が説かれ，その教えが広く受け入れられるようになった。だからこそ，イスラーム勢力は急速に発展することになったのである。しかしその一方で，アラブ人でなければ，ムスリムであっても，ジズヤ（人頭税）やハラージュ（地租）を支払わなければならなかった。

けれども，アッバース朝になって，イスラーム王朝はさらなる飛躍を遂げた。正統カリフ時代とウマイヤ朝は，「アラブ人」のイスラーム王朝であったが，アッバース朝は，アラブ人の特権を否定し，非アラブ人がジズヤを支払う必要はなくなった。アッバース朝は，アラブ人の王朝ではなく，ムスリムによる王朝へと変貌したのである。これは，しばしば「アッバース革命」と呼ばれる。この王朝により，イスラーム教はアラブ人の宗教ではなく，民族とは関係がない，世界宗教になったのである。

地中海は，いくつもの異文化を含む交易圏の一部となった。地中海のネットワークは，イスラーム勢力によって縮小されるどころか，逆に大

の中心はあくまでもヨーロッパ世界であった」（ピレンヌ『ヨーロッパ世界の誕生』1頁）といっているが，私は，ピレンヌの視野がヨーロッパを越えていたとは思わない。彼は，地中海のなかに身をおいて地中海世界について考えたのではなく，アルプス以北から地中海について思いを巡らせた歴史家であると私は考える。また，中世ヨーロッパの拡大については，以下をみよ。Michael North, *The Expansion of Europe, 1250-1500*, Manchester, 2012.

きく広がったと考えるべきなのである。中央アジアからヨーロッパに至る世界が，一つの広大な商業空間になったのである。けれども，この異文化間交易圏が，強い経済的紐帯によって結合されたというのではなく，おそらく，商業的には，あまり強い結びつきではなかったと考えるべきであろう。アッバース朝の商品がヨーロッパで，さらにはヨーロッパの商品がアッバース朝で大量に出回っていたということは，聞いたことがないからである。

　また，常識的に考えれば，ヨーロッパよりもアッバース朝の方が経済力が強かったと考えられよう。ヨーロッパは，広大な異文化間交易圏の一部を構成したにすぎなかったのである。

　家島彦一の研究によれば，8世紀半ばから10世紀半ばまでの約200年間は，バグダードがイスラーム世界の文化的シンボルとして，また富の源泉としてその周縁地域に強く意識されていく過程であった。熱帯・亜熱帯の諸地域で産出されるさまざまな商品（香辛料，薬物類，金，鉛，錫，宝石類，木材，米，豆類，熱帯産果実，動物皮革，象牙，家畜，繊維原料）を大量に提供し，その代償として，西アジアと地中海沿岸部の諸都市で生産・取引された衣料品，敷物類，金属製品，陶器，ガラス容器，装身具，金銀貨幣，武器類，さらには他地域からの中継品を，ダウ船で輸送した[17]。

　繰り返すが，この頃の世界は，あくまでもイスラームの台頭が目立った時代だったというべきであろう。だからアンドレ・ウィンクは，浩瀚な研究書で，インド洋がイスラームの海になる過程を描いたのだ[18]。ヨーロッパは，長期間にわたり，イスラーム勢力に対抗することができなかった。さらに，中国の唐王朝とアッバース朝は，ほぼ250年間にわたり，活発に人の交流や経済的・文化的交換をおこなっていた[19]。

　アッバース朝の首都バグダードは，唐の都長安と並び称されるほど繁栄した。732年，トゥール・ポワティエ間の戦いで，フランク王国の宮宰カール・マルテルがウマイヤ朝のイスラーム軍を破ったことはよく知

---

　17)　家島彦一『海が創る世界——インド洋海域世界の歴史』朝日新聞社，1993年，22頁。

　18)　André Wink, *Al-Hind: The Making of the Islamic World*, Leiden, 3 vols. 1996, 1997, 2004.

　19)　家島『海が創る世界』58頁。

られるが，逆にいえば，ヨーロッパ側にはその程度しか，勝利といえる
ほどのものはなかったのである。

3　商業の復活（商業ルネサンス）再考

　ピレンヌのテーゼとして，また重要なものに，「商業の復活（商業ル
ネサンス）」と呼ばれる事象がある[20]。これは，カロリング朝の時代に
なると，イスラーム勢力が地中海に進出したことによってヨーロッパ商
業は衰えたけれども，11-12世紀になると復活してくるということを意
味する用語である。

　しかしながら，すでに示したように，ヨーロッパの商業は，残念なが
ら明確な証拠が存在しないとはいえ，イスラームの商業と結びついてい
たと考えられる。それによって，ヨーロッパ商業はむしろ強化されたと
推測されよう。ピレンヌがいうように，貨幣の使用は減ったかもしれな
い。しかしそれは，ヨーロッパ人どうしの交易が減ったということは示
せても，ヨーロッパ人とムスリムとの取引が減ったとはいえないのでは
ないかと思われる。ヨーロッパは，イスラーム世界との関係によって維
持される経済世界を形成したという方が正しいであろう。

　周知のように，ピレンヌによれば，イスラーム勢力の地中海進出によ
って，ヨーロッパの商業活動は大きく衰え，ヨーロッパは農業中心の社
会になる。そして，遠隔地の取引はほとんど姿を消すのである。

　ところが11-12世紀になると，イスラーム勢力が徐々に地中海から退
いていく。さらに，北海やバルト海では，ヴァイキングによる略奪が終
焉を迎え，北海・バルト海に平和が訪れることになる。

　農業面では，もともと二圃制農業（小麦の冬作と休閑を繰り返す農法）
に取って代わり，春耕地・秋耕地・休耕地に分けて三年周期で輪作をす
る三圃制農業が普及し，農業生産力が向上することになった。

　さらに，イスラームの侵入によって衰えていた地中海貿易が息を吹き

　20）　家島彦一によれば，ピレンヌのこのテーゼに対するイスラーム研究者の関心は総じ
て薄く，今後，イスラーム側からの積極的な研究が期待されよう。家島彦一『イスラム世界
の成立と国際商業――国際商業ネットワークの変動を中心に』岩波書店，1991年，159頁。

返す。たとえば北イタリアのヴェネツィアやジェノヴァなどの商人がレヴァント貿易をおこなうようになり，香辛料などをヨーロッパにもたらすようになったからである。しかも，北イタリア商人は，フランドルを中心とする北方ヨーロッパの諸都市との交易を開始する。

　イタリアと北方ヨーロッパを結ぶ内陸交通路が発達し，それに加えてフランス北東部でシャンパーニュ大市が開かれるなど，内陸諸都市が発展し，イスラームの侵入によって絶えていたヨーロッパの貨幣経済が活発になる（ただし，中世の内陸交易の量は決して多かったとは思われない。私はヨーロッパ北部と南部は，近世になって海上貿易が増加することではじめて統合された経済圏になったと考えている）。そのために商業が復活し，それに付随し，都市人口が増加し，都市も復活したというのだ。ピレンヌはいう。

　　　経済活動の浸透が次第に広まりながら西ヨーロッパの姿を決定的に
　　　変えるのは，漸く12世紀のことである。経済活動の浸透は，専ら土
　　　地に対する人間の関係に依存する社会組織が西ヨーロッパをそこへ
　　　と運命づけていた伝統的な停滞性から，西ヨーロッパを解放する。
　　　商業と工業は，単に農業と並ぶ地位を占めるだけではなく，逆に農
　　　業に作用をおよぼす。（中略）古いローマのシテは活気を取戻し，
　　　商業の影響の下に，商人集落が，ブールの根もとに成立し，海岸に
　　　沿って，川岸に，また河川の合流点に，そして自然の交通路の交わ
　　　る点に形成される[21]。

　　　このようにして，ヨーロッパがそのおかげでヴェネーツィア及びフ
　　　ランドルを介して東方世界と接触を保っていた二つの地点から始ま
　　　った商業の膨張は有益な流行病のように大陸全体にひろまった。内
　　　陸部へと伝わることによって，北からの動きと南からの動きがつい
　　　に相会することになった。両者の接触は，ブリュージュからヴェネ
　　　ーツィアへ通ずる自然の通路の中間の地点，シャンパーニュの平原
　　　で実現した[22]。

　21）　アンリ・ピレンヌ他著，佐々木克己編訳『中世都市——社会経済史的試論』創文社，
1970年。67頁。

現在の研究動向から

さて、このようなピレンヌの学説は、現在の研究からみて、どこまで正しいといえるのだろうか。地中海が完全にイスラームの海になり、ヨーロッパ商人が追い出されたという見方は支持できないことは、すでに述べた。そもそもピレンヌはあくまでヨーロッパ史家であり、イスラーム勢力がヨーロッパに与えたポジディヴな影響には目を向けていない。キリスト教徒とムスリムが交易するということ自体、おそらく想定していなかったであろう。

さらに、ヴァイキングの商人としての役割を低く評価している。ヴァイキングは、ピレンヌの存命中には単なる略奪者のイメージしかなかったのかもしれないが、現在では、ロシアからイギリスに至る広大な商業ネットワークを有する商人でもあったといわれる（図1-7をみよ）[23]。

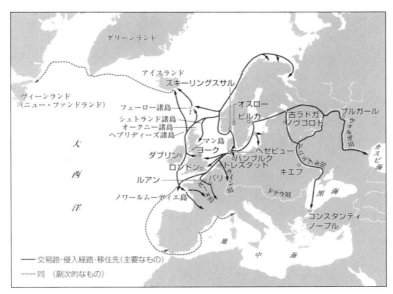

図1-7 ヴァイキングの商業航路
出典）熊野聡著・小澤実文献解題『ヴァイキングの歴史』

---

22) ピレンヌ『中世都市』90頁。
23) これに関しては、熊野聡著・小澤実文献解題『ヴァイキングの歴史——実力と友情の世界』創元社、2017年、114-140頁。

56　　第1章　小さなヨーロッパから大きなヨーロッパへ

　考古学的発掘により，ヴァイキングが建設したさまざまな都市的遺跡が発見された。ストックホルムの西方約29キロメートルに位置するビュルケ島に位置するビルカ，ユトランド半島の付け根のところにあるヘゼビュー（ハイタブ），イギリスのヨーク，アイリッシュ海のダブリン，フランスのルアンなどが，都市的集落として知られる[24]。さらに，スウェーデン・ヴァイキングはサーマーン朝と取引をしていた。彼らは植民者というより，貿易商人であった[25]。またヴァイキングは，イスラーム世界と積極的に取引していた。しかも，ヴァイキングの全盛期には，近東や中央アジアから東欧や北欧に，銀貨が輸出されていた。これらの地域の貿易は，ヴォルガ川を使ってなされたと考えられている。ヴァイキングは，ビザンツ帝国との交易関係もあった[26]。それは，黒海からカスピ海にまでつながっていた[27]。北方ヨーロッパにも，地中海ほどではないだろうが，異文化間交易が栄えていたのである。

　時代的制約は別として，これほど広大な商業ネットワークの存在をピレンヌが知らなかったという事実は，商業の復活（商業ルネサンス）という現象の前提条件が，そもそも間違っていたことを意味する。むしろ，ヴァイキングの活動があったから，北海・バルト海の商業は活発になったと考えるべきなのである[28]。この時代，略奪と商業とは，明確には分離できない。

　商業は，復活したのではなく，ある程度継続していたことがうかがえる。ピレンヌは，明らかに間違っていたのだ。現在の研究状況における問題点は，古代末からポスト・ローマ期にかけて，商業がどの程度の規模であったのかを正確に計測する方法がないということである。

　ハンザは，あるいはヴァイキングの商業ネットワークを受け継いだの

　24）　H・クラーク，B. アンブロシアーニ著，熊野聡・角谷英則訳『ヴァイキングと都市』東海大学出版会，2001年。

　25）　Michael Mitchiner, "Evidence for Viking-Islamic Trade Provided by Samanid Silver Coinage", *East and West*, Vol.37, No.1/4, 1987, pp.139-150.

　26）　Thomas S.Noonan, "Fluctuations in Islamic Trade with Eastern Europe during the Viking Age", *Harvard Ukrainian Studies*, Vol.16, No.3/4, 1992, pp.237-259.

　27）　Michael Pye, *Am Rand der Welt: Eine Geschichte der Nordsee und der Anfaenge Europas*, Frankfurt am Main, 2017. S.98.

　28）　西欧におけるヴァイキングの貿易と入植については，以下をみよ。Iben Skibsted Klæsøe (ed.), *Viking Trade and Settlement in Continental Western Europe*, Copenhagen, 2010.

かもしれない。少なくとも，商業圏をみた場合，ヴァイキングの後継者は，ハンザだといえる。もしヴァイキングがいなかったとしたなら，北方ヨーロッパの商業圏の様相は大きく変わったであろう。

ついで，地中海に目を向けよう。すでに述べたように，地中海がヨーロッパの海からイスラームの海に変わったわけではない以上，ピレンヌの主張は当てはまらない。もう少し厳密にいうなら，ピレンヌは，そして地中海史家は，世界史的にみた地中海の重要性を過大視しているように思われてならない。

「十二世紀ルネサンス」との関係

商業の復活（商業ルネサンス）は，「十二世紀ルネサンス」との関係でも論じられるべきことである。中世において西欧ではアリストテレスの作品はほとんど知られておらず，ビザンツ経由でイスラーム世界に伝わり，そこから西欧に入ってきたことは，こんにちでは周知の事実である[29]。一般に，今なお古代ギリシア文明の遺産は古代ローマに受け継がれたと考えられているように思われるが，現実に古代ローマ世界に受け継がれたのは，科学ではなく技術であった。古代ギリシアと古代ローマとの違いの一つは，前者では必ずしも実用的ではない科学が，後者では実用的な技術が発達した点に求められよう。

西欧人は，「十二世紀ルネサンス」によって，ようやく学問的に大きく飛躍できるチャンスに恵まれることになった。さらに，「十二世紀ルネサンス」における重要な現象として，スコラ学の隆盛がある。スコラ学が，その後のヨーロッパの学問にとって大きな貢献をしたことは，いうまでもない。

「十二世紀ルネサンス」が生じた背景に，商業の復活（商業ルネサンス）によって，イスラーム世界と西欧との商業関係が緊密化していったことがあると推測される。

ヨーロッパ側からみれば，それは西欧内部の商業活動が活発になったために生じたということになるだろうが，現実には，ヨーロッパはまだ

---

29) 「十二世紀ルネサンス」については，C・H・ハスキンズ著，朝倉文一訳『十二世紀ルネサンス』みすず書房，2007年。堀米庸三編『西欧精神の探究──革新の十二世紀』日本放送出版協会，1976年。伊東俊太郎『十二世紀ルネサンス』講談社学術文庫，2006年。

イスラーム商業圏から大きな影響を受けていたのであり，西欧の内生的発展を，過大視することはできない。

　しかも，商業の復活のとき，アラブ人によってキリスト教世界にサトウキビがもたらされた。それ以前には，甘味料といえば蜂蜜しかなかったヨーロッパ人が砂糖を食することができるようになったのである[30]。砂糖は，第3章でみるように，やがて大西洋経済形成のためにもっとも重要な物資となった。

4　イタリアは本当に重要だったのか

香辛料貿易とヨーロッパ

　アッバース朝から地中海にまたがる大きな商業圏については，前節で述べた。アッバース朝自体は，商業の復活（商業ルネサンス）といわれる11-12世紀にはもう衰退しており，かつての面影はなかったのである。

　東南アジアのモルッカ諸島でとれる香辛料は，総量は不明であるが，すでに古代ローマ時代に，エジプトのアレクサンドリアをへて，地中海に送られていた。11世紀になっても，なおこのルートは使用されており，インド洋から紅海をへて，アレクサンドリアに送られ，さらにそこからイタリアに輸送されていた。この香辛料貿易で，イタリアは巨額の富を獲得していたとされる。

　イタリアが，本格的に香辛料貿易を拡大させるのは，14-15世紀頃のことであった。しかしながら，商業の復活（商業ルネサンス）によりイタリア都市が復活し，その要因の一つにレヴァント貿易があったうえに，中世のイタリアの繁栄には香辛料貿易があったと推測されているのだから，ここで香辛料貿易について言及しておくべきであろう。

　香辛料貿易で，イタリア商人はたしかに大きな利益を獲得した。しかし，この貿易については，イタリア商人の輸送するルートが，アレクサンドリアからイタリアないし地中海にほぼ限定されていたという事実に目を向けるべきであろう。

　30）　Thomas Benjamin, *Europeans, Africans, Indians and Their Shared History, 1400-1900*, Cambridge, 2009. p.376.

4 イタリアは本当に重要だったのか　　59

　アジアとヨーロッパの貿易ルートを結ぶのは，おそらく12世紀頃には，まだ細い糸でしかなかった。しかしその細い糸が，やがて太くなり，経済構造に大きな影響をおよぼすようになった。それがいつからはじまったのか，正確なことはわからないが，中世後期になると，アジアからの香辛料の輸入によってヨーロッパの経済構造にまで影響がおよんだことは，十分に考えられる。しかし，ヨーロッパ人が消費する香辛料は，一般に世界の香辛料生産全体の30パーセント程度と推測されている。アジアの方が人口が多かったことは間違いないのだから，世界全体でみた場合，ヨーロッパ経済は，非常に小さなものでしかなかったことがわかるであろう。

　ヨーコッパはアジアから香辛料を輸入しなければならず，その一方で，ヨーロッパがアジアに輸出できるものは，ほとんど何もないという構造が，非常に長いあいだ続いた。19世紀初頭に至るまで，ヨーロッパ最大の工業製品は毛織物であり，それは，基本的に気候が温暖なアジアでは需要がなかった。ヨーロッパとしては，アジアとの貿易収支の赤字を補填するために，銀を輸出するほかなかったのである。これは，貿易収支からみるかぎり，アジアの方がヨーロッパよりも経済力があったと判断できる一事例となる。

　一口に香辛料というが，その生産地はかなりかぎられていた。香辛料のなかでも，胡椒はもっとも広い地域でみられた。なかでも，インドの東岸のマラバール海岸，さらに東南アジアのスマトラ島などが有名であった。肉ズク（ナツメグ）はモルッカ諸島の南のバンダ諸島でしかとれず，丁字（クローブ）はモルッカ諸島のテルナテ，ティドーレなど五つの島でしか産出していない。とくに，丁字・肉ズクが重要であった[31]。

　これらの香辛料はやがてインドに送られ，そこから図1-8のように，ペルシア湾をへて，アレクサンドリアからイタリアに送られた。この地図から，全ルートのなかで，イタリアが占める割合の低さが理解できよう。少なくとも貿易距離からみて，イタリアが香辛料貿易で重要な役割を果たしていたとは思われない。イタリアは，ヨーロッパにとっては重要であったかもしれないが，香辛料のルート全体からみれば，大した役

31）　たとえば，永積昭『オランダ東インド会社』講談社学術文庫，2000年をみよ。

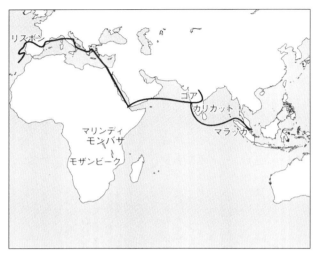

図1-8　香辛料貿易のルート

割は果たさなかったといえよう。

　この時代よりもあとの時代になっても，ヨーロッパにとって，レヴァント貿易とは，あくまでオスマン帝国との貿易であり，東南アジアとの貿易は指さない。ここからも，イタリアの取引相手は，決して東南アジアではなかったことがわかる。ヨーロッパ人が，直接東南アジアと取引できるようになるのは，16世紀を待たなければならなかった。

異文化間交易からみた商業の復活（商業ルネサンス）の意義

　11-12世紀のヨーロッパにおいて，香辛料は，少なくとも富裕者階級に属する人々のあいだでは重要であったと思われる。香辛料は，東南アジアから，イタリアまでやってきた。このルートでもっとも長距離の貿易を担ったのは，おそらくムスリム商人だったであろう。この貿易においてヨーロッパ商人の占める割合は，かなり小さかった。

　われわれは，商業の復活（商業ルネサンス）は，こういう状況で生じたことを忘れるべきではない。

　ヨーロッパ商業は，北海・バルト海はハンザ商人，地中海はイタリア商人によって，たしかにそれ以前よりは盛んになったであろう。しかし，

以前の時代との連続性は，ピレンヌが主張するよりもおそらくはるかに強かったのである。しかも，東南アジアからヨーロッパに至る商業圏がつくられ，そのなかで，ヨーロッパの商業圏はあまり大した役割は果たさなかったと考えられるのである。

　巨大な異文化間交易圏の形成によって，ヨーロッパに商業の復活（商業ルネサンス）がもたらされた。そして，この交易圏においてヨーロッパの占める役割の小ささこそ，世界史という観点から，われわれが向けなければならないことなのである。

　ただしまた，商業の復活（商業ルネサンス）以降，ヨーロッパは徐々に経済力を強めていったことも事実である。しかし，そのスピードはじつにゆっくりとしたものであり，ヨーロッパがアジアと経済的に対等といっても良い時期は，ヨーロッパの貿易収支の赤字がなくなることから判断するなら，おそらく18世紀中頃のことであった。

　それは，この異文化間交易を東から西ではなく，西から東へと向かうことによって可能になったのである。逆にいえば，香辛料がヨーロッパに輸送されるルートがそもそも存在したからこそ，そのルートを利用し，ヨーロッパはアジアの商品を輸送し，台頭したと考えられよう。いうまでもなく，ヨーロッパが，独力で海上ルートによりアジアまで到達できたわけではない。しかし，このネットワークが徐々に密度を濃くし，さらに拡大していき，その中心にヨーロッパ，とくにイギリスが位置するようになっていく。その過程こそ，本書で描かれるべき中心テーマである。

5　強国から挑まれるヨーロッパ

モンゴル帝国の脅威

　ヨーロッパと比較するなら，アジアの国々の方がはるかに強力であった。たとえばモンゴル帝国は，チンギス・ハンによって1206年に建国されて以来その領土を拡大し，フビライ（在位1260-94年）の治世下に最大版図に達した（図1-9を参照）。

　その間，1235年のクリルタイでは，南宋および，アジア北西のキプチ

図1-9　モンゴル帝国の最大版図

ャク草原，さらにその先に位置するヨーロッパに対する二大遠征軍の派遣が決定された。

モンゴル帝国の第2代皇帝であるオゴデイ（オゴタイ）の命を受け，バトゥがヨーロッパ遠征のための総司令官となった。バトゥはヨーロッパと戦い，いくつもの勝利を収めた。歴史家はこれを，バトゥの西征という。1238年には，ウラジーミル大公国を破り，大公であったユーリー2世を戦死させた。これ以降，250年近くにわたり，ロシアはモンゴル人によって支配されることになった。これは，「タタールのくびき」と呼ばれ，ロシア人の心性に大きな負の影響をおよぼした。

さらに1241年，ポーランド西部のレグニツァの戦い（世界史では「ワールシュタットの戦い」として知られる）で，バトゥはポーランド・ドイツ連合軍を破り，その勢いを買ってウィーン近郊にまで攻め入るが，モンゴル帝国皇帝オゴデイが急死したため，撤退した。ヨーロッパの軍隊は，モンゴルの騎兵戦術には勝てなかったのである。

オスマン帝国からの挑戦

さて，ふたたびイスラーム勢力に話題を変えよう。1526年，オスマン帝国の皇帝スレイマン1世はハンガリーを攻撃し，国王ラヨシュ2世を戦死させ，ハンガリー王国に壊滅的打撃を与えた。さらにスレイマン1世は，1529年には神聖ローマ帝国の帝都ウィーンを包囲し，ウィーンは，

陥落寸前にまで至った。包囲の結果，バルカン半島は，オスマン帝国の支配下に入った。

さらに1538年のプレヴェザの海戦では，オスマン帝国は，スペイン・ヴェネツィア・ローマ教皇の連合軍を破り，同帝国の制海権は，東地中海だけではなく，西地中海にまでおよんだ。その後，1571年のレパントの海戦で，オスマン帝国海軍は，スペイン・ヴェネツィア・ローマ教皇の連合軍に敗れたが，それは，オスマン帝国に大きなマイナス材料にはならなかった。地中海の制海権は，なおオスマン帝国に属していたからである。この戦争がヨーロッパにとって大きな勝利だったというのは，ヨーロッパの歴史家による過大評価であろう。

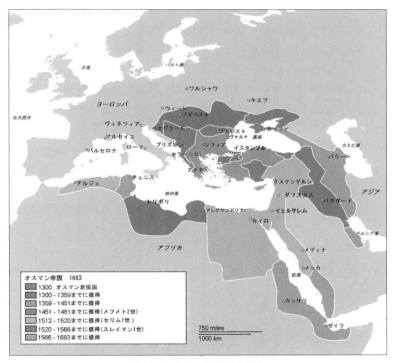

図1-10　オスマン帝国の領土

6 アフリカへの進出

　これまで述べてきたように，ヨーロッパは，とりわけイスラーム勢力によって大きな脅威を何度も受けてきた。ヨーロッパはそれに対し，基本的に受け身であった。たしかに，十字軍運動はあった。しかしそれは最終的に，ヨーロッパが明らかにイスラーム勢力ほどの軍事力をもっていないことを余儀なく感じさせる事件であった。おそらく十字軍運動で，ヨーロッパはみずからの無力さを痛切に感じたことであろう。

　陸上ルートによるアジア世界への進出は，ヨーロッパには断たれていた。しかし，ヨーロッパ人には，香辛料に代表されるアジアの産品が必要であった。ゆえに，ヨーロッパ人に残された道とは，海路からアジアに向かう方法しかなかったのである。

　しかしそれ以前に，ヨーロッパ人はアフリカの金を必要としていた。ヨーロッパにおける金生産量は14世紀に上昇したが，消費量はそれ以上に急速に拡大した。そのため，ヨーロッパにおける金の需要が増加し，14世紀後半になると，それが西スーダンの経済活動を活性化させた[32]。すでにマムルーク朝（1250-1517年）の初期において，西スーダンと中央スーダンとの貿易網が発達していた[33]。イスラーム勢力の商業力は強かったのである。

　だが，金を入手するには，ベルベル人によるサハラ縦断交易が大きな障壁となって横たわっていた。したがってアフリカ産の金を入手するためには，ヨーロッパ人は海路を使うほかなかった。

　ヨーロッパにムスリムが進入したため，彼らを追放しようという動きが，中世のイベリア半島で盛んになった。ちょうどその頃，より正確には1096年に，十字軍がおこり，ヨーロッパ人は聖地イェルサレムをイスラーム勢力から奪回しようとした。これは，見方を変えれば，ヨーロッ

---

32) Ivor Wilks, "The Medieval Trade-Route from Niger to the Gulf of Guinea", *Journal of African History*, Vol.3, No.2, 1962, p.337.

33) Roland Oliver and Anthony Atmore, *Medieval Africa 1250-1800*, Cambridge, 2003, p.19.

パはイスラーム勢力に囲まれており，その包囲網を打破しようという動きを表すものと解釈できよう。

十字軍は，軍事的には成功しなかった。だが，ヨーロッパは，イスラーム世界の進んだ学問を導入した。中世になって長いあいだ忘れられていたアリストテレスの著作に，接するようになった。ヨーロッパはみずからの無知を発見したのだ。

一方，あまり知られていないことだが，イスラームの学問は，イベリア半島経由でもヨーロッパに流入した。それが知られていないのは，イベリア半島ではムスリムの追放運動（レコンキスタ）に成功したためであろう。そのため，イスラームの学問影響が過小評価されることになってしまったのかもしれない。

ヨーロッパは，サハラ砂漠の南側からムスリム商人の手をへて，金を入手していた。おそらくそれを奪い取ることが，ポルトガルのエンリケ航海王子（1394-1460年）の目標であった。「航海王子」というが，エンリケは船酔いが激しいため，自分では船に乗れなかったことはよく知られる事実である。ポルトガル人は，ムスリムの手をへず，金を直接入手しようとしたのである[34]。したがってこのアフリカへ向かう動きを，直接大航海時代と結びつけるわけにはいかない。しかしまたこの動きが，やがて大航海時代へとつながっていったこともたしかである。

このような意見に対しては，レナーテ・ピーパーのように，香辛料と貴金属を求めることがヨーロッパの拡大の主要な動機の一つであったという主張もある[35]。しかし，もし香辛料のことを考えるならば，ポルトガルのアフリカ探索がはじまった時点で，喜望峰ルートでアジアに行けると知っていたことになる。したがって，貴金属という一般的なものではなく，西アフリカの金をムスリム商人ではなくみずからの手で入手したかったのだと考える方が[36]，はるかに理にかなっていよう。

34）　ヨーロッパにおける貨幣の流通については，Frank C. Spooner, *The International Economy and Monetary Movements in France, 1493-1725*, Cambridge, Mass., 1972.

35）　Renate Piper, "The Volumes of African Exports of Precious Metals and its Effects in Europe, 1500-1800", in Hans Pohl (ed.), *The European Discovery of the World and its Economic Effects on Pre-Industrial Society, 1500-1800, Vierteljahrschrift für Sozial-und Wirtschaftsgeschichte*, Beihefte, 89, 1990, p. 99.

36）　Christian Kleinschmidt, *Wirtschaftsgeschichte der Neuzeit*, München, 2017, S. 34.

サハラ横断交易

　西アフリカのガーナ王国（7世紀-1067/77年）が成立した背景には、サハラ砂漠を介する長距離交易が地中海世界に存在していたことがあげられる。この時代、ムスリム商人はサハラの塩床から岩塩を切り出し、ガーナに持ってゆき、それを金と交換して、イスラーム世界に持ち込んだ。ガーナ王国は、サハラ横断交易のためもあり、中央集権化したといわれる。ガーナ王国は、領土内に資源をもっていたわけではなく、商業の流通拠点として機能した[37]。

　ガーナ王国の時代には、金は、西スーダンではセネガル川上流のバンブク地方から産出していたが、やがてニジェール川上流のブール地方、ついで東のボルタ川の森林地帯へと移動していった。

　8-9世紀には、交易の中心となる都市はトンブクトゥの東方300キロメートルに位置するガオであった。ガオはこの当時、ニジェール川流域で、アラブ世界に知られていた唯一の拠点だったといわれる。そして、トンブクトゥ-ガオの商業関係は、ソンガイ王国にとってきわめて重要なものであった[38]。

　しかしこのようなサハラ横断交易は、交易距離があまりに長く、しかもサハラの砂漠化が進んだことで、交易そのものが難しくなってしまったため、衰退していく。東西の交易ルートに取って代わり、南北のルートが出現する。

サハラ縦断交易

　10世紀中頃になると、ヒトコブラクダを利用して、サハラを南北に縦断するサハラ縦断交易が成立した。この交易で取引される主要な商品は、岩塩と金であった。しかし、この二つの商品がそれぞれの生産地で取引されていたわけではなく、どちらの商品も、中継貿易のためのものであり、中継貿易の拠点として、トンブクトゥが位置した[39]。正確にいえば、1030-40年頃に、マリ帝国北端に位置するタザーサで、良質な岩塩

　37）　応地利明『トンブクトゥ——交界都市の歴史と現在』臨川書店、2016年、85-86頁。

　38）　Michael A. Gomez, "Timbuktu under Imperial Songhay: A Reconsideration of Autonomy", *Journal of African History*, Vol.31, No.1, pp.5-24.

　39）　応地『トンブクトゥ』90頁。

図1-11　サハラ砂漠の交易ルート
出典）応地利明『トンブクトゥ――交界都市の歴史と現在』臨川書店，2016年，付図2をもとに作成

鉱が開発された[40]。サハラ砂漠の南に位置するギニアの鉱物資源として，金が重要であったことはいうまでもない。その貿易のために使用された動物は，ヒトコブラクダであった。数日間水を飲まなくても死なず，食べられる食物の種類も多く，砂地でも歩行できた。そのため，ヒトコブラクダがサハラ縦断砂漠で使用されたのである。さらにオアシスを使えば，食料や水をとることができた[41]。たしかに砂漠を縦断するには

---

40)　応地『トンブクトゥ』103頁。
41)　John Wright, *The Trans-Saharan Slave Trade*, London and New York, 2007; Ralph

68 第1章 小さなヨーロッパから大きなヨーロッパへ

危険がつきまとったが，われわれが忘れてはならないのは，地中海やインド洋での航海も，それとおなじくらい危険だったことである。

ギニアから，ヒトコブラクダの背に積まれた金がヨーロッパにもたらされた。その金は，とくに地中海沿岸地域の人々にとって，大きな価値があった，西アフリカには，とりわけ北アフリカに建国されたムラービト朝（1056-1147年），さらにモロッコにおこったムワッヒド朝（1130-1269年）によって，イスラーム教が導入された。アフリカもまたイスラーム勢力が支配する地域となり，ヨーロッパは，さらにムスリムによって包囲される形となったのである。

ガーナ王国の崩壊から1世紀以上たって，マリ帝国（1240-1473年）が建国された。マリ帝国の領土は大きく，セネガル川の北部から，ガンビア川の南部にまで広がった。マリ帝国は，商業の重要性に気づいていたので，商業を促進するような政策をとり，さらに領内で，安全かつ透明性のある貿易システムを形成した。マリ帝国は政治的に安定したので，経済的繁栄を実現することができた[42]。アフリカ，インド，中央アジア，中国，ビザンツ帝国などを旅行し，『大旅行記』を著したイブン・バットゥータ（1304-68年）によれば，トンブクトゥからソンガイ帝国の首都のガオ（カオカオ）まで川をつたって移動することができた[43]。

マリ帝国の国王としてもっとも有名なのは，マンサ（カンカン）・ムーサ（在位1312-37年）であった。同王はメッカ巡礼に際し，大量の金を奉納したといわれる。トンブクトゥやジェンネなどの都市が大きく拡大した。この二都市はニジェール川を行き来する船によって運ばれ，トンブクトゥからはサハラ砂漠から運ばれた岩塩が，ジェンネからは森林地帯から運ばれた岩塩が交換された。マリ帝国の経済的基盤は，この塩金貿易にあった。マリ帝国には伝統的な宗教があったが，やがてイスラーム教の力が強くなっていった。

1468年にマリ帝国を倒して建国されたソンガイ王国（1646-1591年）は，西スーダンの大部分を支配下におさめた。そして，北アフリカとの交易

A. Austen, *Trans-Saharan Africa in World History*, Oxford, 2010.

42) 応地『トンブクトゥ』104頁。

43) イブン・バットゥータ著，イブン・ジュザイイ編，家島彦一訳・注『大旅行記』第8巻，平凡社，2002年，60頁。

によって栄えた。サハラ縦断交易路は，ニジェール川上流域から同川の大湾曲部を越えて，その東方に移動した[44]。

　北アフリカの旅行家であったレオ・アフリカヌスは，16世紀初頭にソンガイ王国の首都であったガオを旅行し，長距離貿易が西アフリカの生活にどれほど影響を与えたのかを描写した。さらに，商業の中心であったトンブクトゥのエリート層や統治者は，金でできた製品を多数所有しており，荘厳でたくさんの家具のある宮廷があった。

　ポルトガルは，1444年にサハラ砂漠の最南端に達して，イスラーム教徒によるサハラ縦断交易に依存することなく，直接アフリカ南部の金を入手できるようになった。そのため，ムスリム商人の手をへることなく，ヨーロッパに金が流入することが可能になったのである。これこそ，エンリケ航海王子のヨーロッパ経済に対する最大の貢献であったといえよう。

7　大航海時代の開始

　ポルトガルは，アフリカ大陸をどんどん南下していった。1444年にはカヴォベルデ，1445年にヴェルデ岬に到達した。1480年になると，マリ帝国の首都であったトンブクトゥに達した。1488年には，バルトロメウ・ディアスが喜望峰に到着した[45]。

　ポルトガルは，ギニアから海上ルートで金を輸入することを主要な目的としてアフリカに出航したことはすでに述べた[46]。その時点では，まだ「大航海時代」ははじまっていなかったと考えられよう。しかし，いつの間にか遠く離れた未知の地域にまで航海する大航海時代が開始していたのである。それがいつのことなのか正確にはわからないが，喜望峰の「発見」のときには，すでに大航海時代になっていたことは間違い

---

44)　応地『トンブクトゥ』114頁。

45)　ペーター・フェルトバウワー著，藤川芳朗訳『喜望峰が拓いた世界史——ポルトガルから始まったアジア戦略1498-1620』中央公論新社，2016年。

46)　Christopher R. Decorse, "Culture Contact, Continuity, and Change on the Gold Coast, AD 1400-1900", *African Archaeological Review*, Vol. 10, 1992, p. 164.

第1章　小さなヨーロッパから大きなヨーロッパへ

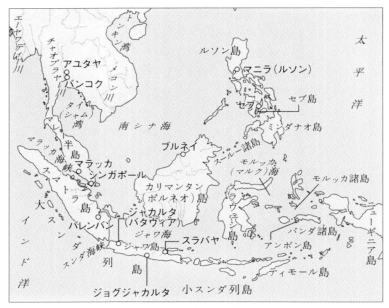

図1-12　東南アジア諸島

あるまい。1492年にコロンブスが新世界に達すると，人々は，急速に大航海時代の波に飲み込まれていくことになったのである。

　1490年になると，ポルトガル人はアンゴラ海岸部ルアンダに植民し，ここに奴隷貿易の拠点を築いた。さらに，1494年にはトルデシリャス条約を結び，世界がポルトガルとスペインにより分割されることになった。そして1498年，ヴァスコ・ダ・ガマが率いる艦隊がインド西岸のカリカット（コーリコード）に到着し，ポルトガルのアジア進出が本格的に開始されたのである。

　これ以降，ポルトガルはアジアへの進出を強める。ポルトガル国王マヌエル1世は，1497-1506年のあいだに合計8回，インド遠征隊を送った。1503年には，アフォンソ・デ・アルブケルケが率いた11隻の艦隊は，カリカット軍に占領されたコチンの援助に向かい，カリカット軍を撃破した。

　1505年には，フランシスコ・デ・アルメイダが1,500名の船員とともにポルトガルを出航し，インドでキルワを植民地化し，要塞を建設した。

7　大航海時代の開始

そして，アンジェディヴァ島，カナノール，コチンにも要塞をつくった。また，後続部隊がソファラに要塞を建設した。

1509年には，アフォンソ・デ・アルブケルケがディウの海戦でイスラームのマムルーク朝艦隊を破り，ポルトガルのアラビア海支配は決定的になった。というのは，ディウがムスリム商人に残された最後のインド西岸の重要拠点だったからである。さらにアルブケルケは1511年にはゴアを占領し，強固な要塞を建設した。ゴアは，ポルトガルのインドにおける拠点となった。

ポルトガルのアジア貿易にとっては，東南アジアのモルッカ諸島を占領することが何よりも大切な課題であった。というのも，宿敵スペインが太平洋経由でのモルッカ諸島到達を目指していたからである。アルブケルケは，1511年にマラッカ王国を滅ぼすことになった。

このような出来事に対して，石井米雄はこういう。

> マラッカ海峡は，西方からもたらされる物産（綿布など）と，東インド産の香辛料と，中国の物産（絹布，陶磁器）などがそれぞれ相交わって交換されるための条件を備えていた。古くは頓遜が「東西の交通相会し日に万余の人が集まって珍物，宝貨でないものはない」と記され，のちにマラッカが同様の理由で西洋人に賞賛されたのもこうした事情による。ポルトガルのマラッカ占領とマラッカ海峡交易の独占は，ビルマ南部の諸港と北スマトラとの結び付きをつよめ，あるいはマレー半島横断路を媒介とする貿易中継地としてのアユタヤの重要性を高めるなどの結果を生みだした[47]……

マラッカにアファモサ要塞を建てたアルブケルケは，1512年，モルッカ諸島に位置するテルテーナ島に到着することになった。また，モルッカ諸島の探検艦隊を派遣し，それはバンダ諸島に到着した。1515年には，ホルムズ島を完全攻略することに成功した。

このようにして，ポルトガルはモルッカ諸島にまで到達したのであった。ヨーロッパは，非常に長期間にわたり，香辛料を東南アジアから輸

---

47)　石井米雄「港市としてのマラッカ」『東南アジア史学会会報』53号，1990年，9頁。

入していた。東南アジアからヨーロッパまでのルートの多くで，非ヨーロッパ船が使われていた。しかし，ここではじめて，ヨーロッパ人が直接香辛料を輸入する可能性が生まれたのである。

イタリアからポルトガルへ——香辛料の輸入

　1498年にヴァスコ・ダ・ガマの一行がインドの西岸のカリカットに到着した。これにより，ポルトガル海洋帝国の基礎が築かれた。さらに，喜望峰ルートでの航路が開拓され，紅海からアレクサンドリアを通り，イタリアに香辛料を運ぶルートはすぐに衰退したと，かつては考えられていた。

　しかし現在では紅海を通るルートはなかなか衰退しなかったことが明らかになっている。とはいえ長期的にみれば確実に，喜望峰ルートを使用して，香辛料をアジアからヨーロッパへと運ぶようになった[48]。

　それによってイタリアは，インドと東南アジアのルートから切断されることになった。17世紀初頭になると，ヨーロッパから海上ルートでインドや東南アジアへとつながる異文化間交易圏からイタリアが切り離され，その代わりにポルトガル商人，そしてイギリスやオランダがこの交易の一翼を担うようになった。イタリア経済衰退の大きな理由の一つは，ここに見出される。

　さらに，この事実は，イタリアが，この広大な異文化間交易のなかで，あまり大きな役割は果たしていなかったことを物語る。イタリアは，別の国に取って代わられた。それに対し，おそらくオスマン帝国に取って代わることは，どの国にもできなかったであろう。したがって，この時点ではなお，ヨーロッパよりもオスマン帝国，アジアの経済力の方がずっと強かったと推測できよう。ヨーロッパのアジアへの海上ルートでの進出は，この関係を逆転させることになった。

　ポルトガルのアジア進出を皮切りとして，オランダ，イギリス，フランス，デンマーク，スウェーデンなどが，東インド会社などを設立し，アジアとの貿易を促進した。

　すでに述べたように，ウォーラーステインの近代世界システムは，国

――――――――――――
　48）　これについては，本書の第5章をみよ。

際分業体制を基軸とする。しかしながら，イギリスが工業国となり，アジアが第一次産品輸出地域となった時期を明確に特定することはできないが，せいぜい19世紀中葉のことではないだろうか。もしそうなら，ヨーロッパ世界の進出については1840年代までしか叙述の対象としていないウォーラーステインが，アジアをヨーロッパ世界経済に取り込めなかった理由もわかるというものだろう。

　イタリアがアジアから輸入していた香辛料は，イタリア商人が直接アジアまで行って購入し，イタリア船で輸送し，ヨーロッパまで持ち帰ったわけではない。細かな内訳はわからないが，東南アジアの商人，インド洋のムスリム商人，オスマン帝国の商人（主としてムスリム商人），それからイタリア商人が運んだと考えられる。それは，非常に長い商品連鎖である。この連鎖で支配的な商人は，おそらくいなかった。とはいえ，それに近かったのがムスリム商人であったろう。少なくとも，ヨーロッパの方が劣勢であったことは間違いない。

　ヨーロッパのアジアへの進出では，アフリカの喜望峰をまわったのだから，オスマン帝国の領土は通らなかった。それは，この帝国が商業的にも軍事的にも，巨大な壁であったからであろう。ポルトガルがアジアに到着して以降，いくつかのヨーロッパ諸国がそれに続いた。それにより，徐々に，ヨーロッパの方がアジアよりも多くの商品連鎖を担うようになっていった。それは，ヨーロッパのアジアへの軍事的支配と同時におこった。ヨーロッパのアジアへの進出は，海上ルートによるものであったことは何度も述べた。それは，ヨーロッパ以外の商人が担っていたアジア−ヨーロッパ間の海運を，ヨーロッパ人が担うようになることも意味した。そうすることで，ヨーロッパは次第にアジアよりも経済的に優位に立つことができるようになったのである。

ポルトガルからオランダ・イギリスへ

　イギリスは1600年に，オランダは1602年に東インド会社を創設し，アジアとの貿易を独占させた。これは，国家による貿易の管理であるが，実際には，国家がすべてを管理することはできず，これらの会社は軍隊さえもつ統治機構をも有した。

　ニールス・ステーンスゴーアによれば，イギリスとオランダの東イン

ド会社は制度上の革新であり，封建制から資本主義への移行で大きな役割を果たした[49]。この場合の「封建制」という語は，北欧独特の用語であり，日本の文脈に置き換えるなら，「前近代的」ということになろう[50]。英蘭の東インド会社は，国家のエージェントともいうべき存在であった。そこには国家による貿易と統治の管理という思想が働いていたが，それと同時に，国家の力はまだあまり強くはなく，イギリス人やオランダ人，さらには現地の商人との協同事業が必要とされたことを忘れてはならない。

　旧来のシステムが長く続いたからこそ，アジアの商人のネットワークのなかに深く入り込むことができたのである。また実際，イギリス東インド会社においても，ポルトガル商人は活躍していたといわれる。ポルトガル語は，ヨーロッパ－アジア間貿易の共通語（lingua franca）であった[51]。

イギリス帝国の形成

　16世紀初頭にスペインの探検家シモン・ボリバルが太平洋を「発見」した。さらにポルトガルのマゼラン（マガリャンイス）が1519-22年に世界就航を成し遂げると[52]，太平洋の存在がヨーロッパ人により身近になった。しかし，太平洋は大きく，その諸地域の植民地化が進むには，長きにわたる時間が必要であった。

　オランダ人アベル・ヤンスゾーン・タスマンは，17世紀中頃，オランダ東インド会社の支援により太平洋を探検し，タスマニア島，ニュージ

　49）　Niels Steensgaard, "The Companies as a Specific Institution in the History of European Expansion", in Leonard Blussé and Femmme Gaastra (eds.), *Companies and Trade: Essays on Overseas Trading Companies during Ancien Régime*, Leiden, 1981; Niels Steensgaard, "The Dutch East Company Company as an Institutional Innovation", in Maurice Aymard (ed.), *Dutch Capitalism and World Capitalism/Capitalisme hollandaise et Capitalisme mondial*, Cambridge, 1982, pp.235-257; レオス・ミュラー著，玉木俊明・根本聡・入江幸二訳『近世スウェーデンの貿易と商人』嵯峨野書院，2006年，221頁。

　50）　György Nováky, *Handelskompanier och kompanihandel. Svenska Afrikakompaniet 1649-1663: En studie i feodal handel*, Uppsala, 1990.

　51）　Santhi Hejeebu, "Contract Enforcement in the English East India Company", *Journal of Economic History*, Vol.65, No.2, 2005, p.514.

　52）　マゼラン（マガリャンイス）の世界一周については，合田昌史『マゼラン——世界分割（デマルカシオン）を体現した航海者』京都大学学術出版会，2006年。

7 大航海時代の開始

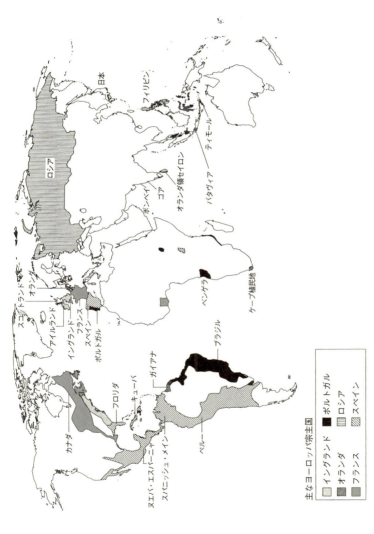

図1-13　1700年頃の世界　ヨーロッパおよびその植民地

第1章 小さなヨーロッパから大きなヨーロッパへ

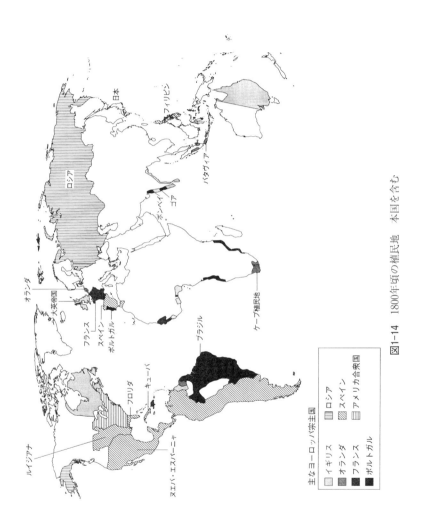

図1-14 1800年頃の植民地 本国を含む

7　大航海時代の開始　　　　　　　　　　　　　　　77

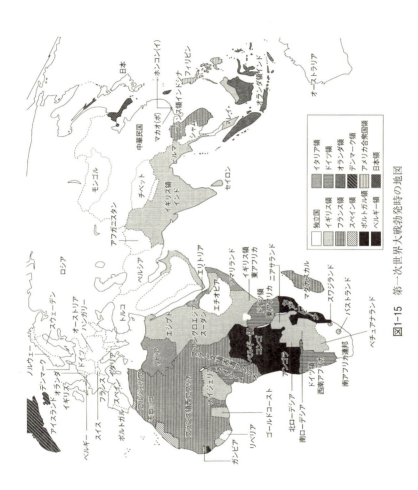

図1-15　第一次世界大戦勃発時の地図

ーランド，そしてフィジーに到達した。イギリスの探検家ジェームズ・クックは，1769年にニュージーランドに，1770年にオーストラリアの東海岸に達した。そして1788年にはオーストラリアが，1840年にはニュージーランドが，イギリスの植民地となった。

　イギリスを中心とするヨーロッパの対外的拡張については，図1-13，図1-14，図1-15に描かれている。

　図1-13は，1700年頃の世界——あくまでもヨーロッパ世界の拡大が中心となっているが——を描いたものである。1700年の時点では，ヨーロッパの勢力範囲はまだ小さい。アフリカとアジアの一部とアメリカ大陸に，わずかの植民地をもっているだけである。しかし1800年になると，アメリカ大陸は，合衆国を除き，ほぼヨーロッパ諸国の植民地となっている。アメリカ合衆国の独立宣言が1776年に出されたことを想起するなら，アメリカ大陸の大半は，1800年の少し前までに，ヨーロッパの植民地になっていたこともわかる。第一次世界大戦前夜になると，アジアの多くも，ヨーロッパの植民地になっていることが示される。このようにヨーロッパが支配する範囲は，大きく拡大したのである。

　ヨーロッパ世界がこのように拡大するためには，蒸気船による定期航路の発展が欠かせなかった。蒸気船がなければ，オーストラリアへの定期航路は存在しなかったであろう。さらに，中国の上海にまで，イギリス船が定期的に到着することもなかったかもしれない。一般に，東南アジアではジャンク船が活躍していたといわれるが，ジャンク船は蒸気船よりも，風により航海日数が大きく左右される。たとえあまり遠い距離ではなくても，蒸気船を使用した方が確実に予定通りに目的地に到着できる可能性は高く，アジアの海運業に革命的影響をもたらしたのは，蒸気船であった。

お わ り に

　本章では3,000年近くにわたり，もともと小さなヨーロッパが，どのようにして領土を拡大したのかをみてきた。

　ヨーロッパは，元来貧しい地域であり，イスラーム勢力を中心とする

おわりに 79

強国に絶えず脅かされていた。そのためヨーロッパ人がヨーロッパ外世界に出るには，海を使うほかなかった。まず海上ルートで進出したのは，ポルトガルであり，その本来の目的は，中央アフリカから，サハラ縦断貿易ではなく，海上ルートを使うことで金を入手することにあったと考えられる。

　そのとき，まだ大航海時代ははじまってはいなかった。これをきっかけに，アフリカを南下し，いつの間にか大航海時代になっていたというのが真相であろう。第3章で論じるように，大西洋経済の形成こそヨーロッパ勃興の鍵であったが，本章では，アジアへの進出にとどめて論を展開した。

　ポルトガルに次いで，英蘭もアジアに進出した。英蘭の東インド会社はアジアで大きな事業を展開し，すぐにポルトガルは落ちぶれたように思われたが，ポルトガル国家は力を失っても，ポルトガル商人は，なおアジアで活躍した。

　しかし，イギリスが国家の力を強め，さまざまな地域を植民地化し，さらに蒸気船の定期航路を経営することで，アジアのみならずオーストラリアにおいても積極的に貿易をおこなったのである。

　本書で描かれるのは，オランダのヘゲモニーの特徴，さらにポルトガルの海外進出からイギリスのヘゲモニーまでの具体的様相である[53]。

　53）　世界の海が一つに統合される過程を描いた重要な研究として，Michael North, *Zwischen Hafen und Horizont: Weltgeschichte der Meere,* München, 2016.

第 2 章

北海・バルト海・地中海経済圏の統合

―――――――

は じ め に

　15世紀のイタリアとイギリスを比較したなら，イタリアの方が明らか
に将来の経済成長が見込めると思えたであろう。イタリアにはモルッカ
諸島からの香辛料が運び込まれ，ヨーロッパ各地に輸送されていたから
である。同じ世紀に，北海・バルト海と地中海を比較したなら，地中海
の方が貿易をさらに発展させる可能性があると判断されたのではないだ
ろうか。

　だが現実にはイタリア経済は停滞し，北海・バルト海経済圏が台頭し，
やがてイギリスが産業革命を成し遂げることになった。近代世界システ
ムの母体となったのは，北海・バルト海地方であった。

　どうして，こういうことになったのだろうか。ここでは，その理由に
ついて考えてみたい。

　中近世イタリアの都市化の程度は高く，商業・金融技術も発達してい
た。銀行が誕生し，複式簿記が導入され，保険業が発達し，そのままマ
ルサスの罠を乗り越え，持続的経済成長を達成したとしても，不思議で
はなかったかもしれない。いや，一見すると，達成しなかったことの方
がむしろ不思議なのだ。

　イタリアと地中海は，どうして最終的には，マルサスの罠に陥ったの
だろうか。さらに，この三つの海は，どのようにして経済的に統合され
たのだろうか。本章で問われるべきは，その理由とプロセスである。

しかし，その前に，この三つの海の自然環境についてみていきたい。それは，三つの海の経済圏がどのようにして統合されたのかを論じるヒントにもなりうるからである。

1 自 然 環 境

　まず，北海・バルト海・地中海の面積を比較してみよう。北海は約75万平方キロメートル，バルト海は約40万平方キロメートル，地中海は約250万平方キロメートルである。

　北海は，バルト海と同様，氷河の影響を大きく受けた。北海の海盆（海底の大規模な凹所）は最後に後退する氷河によって埋まったので，海底からの物質が西側からの風や波の作用で堆積し，海岸で砂州や砂丘が形成された。現在のオランダとベルギーが英語で Low Countries（低地地方）と呼ばれ，海抜ゼロメートル地帯が続いているのは，そのためでもある。北海の平均水深は90メートルと，比較的浅い海である。北海の誕生は，氷河時代に湖であったバルト海が海面の上昇によって海になり，北海とつながるようになった約1万年前のことであった。

　さらに，11世紀から12世紀にかけ，世界的に平均気温が一度ほど上昇する温暖期が続いた。そのため海水面の上昇が各地で生じた。これをダンケルク海進という。そのため低地地方では，洪水により，大きな被害を被った。その影響はイギリスでは低地地方ほど大きくはなかったが，イングランド南東部はその被害を受けた[1]。

　ついで，内海であるバルト海と地中海についてみていこう。バルト海と地中海は，面積は大きく異なるが，どちらも内海，すなわち「地中海」である。そもそも「地中海」とは，周囲を陸で囲まれた海であるから，ここでいう地中海とは，本来なら「ヨーロッパ地中海」というべきであろう（しかし本書では，一般に倣い，単に「地中海」とする）。

　バルト海の原型は約1万年前に氷河期が終わったときに形成された。

　1）　デヴィド・カービー，メルヤ-リーサ・ヒンカネン著，玉木俊明・牧野正憲・谷澤毅・根本聡・柏倉知秀訳『ヨーロッパの北の海——北海・バルト海の歴史』刀水書房，2011年，12-13頁。

1 自然環境

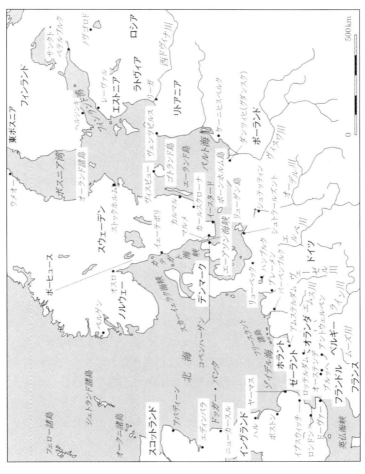

図2-1 北海・バルト海地方の地図

バルト海は高緯度にあり，中心は北緯58度に位置する。バルト海北端の都市であるトルニーオは北緯65度にある。樺太の北端が北緯54度，南端が北緯45度であることからわかるように，樺太よりもさらに北にある。日照時間が短く，塩分濃度は低い。したがってこの海の沿岸に住む人々は，他地域から絶えず塩を輸入する必要があった。

　一方，地中海への水の流入量は少なく，気温が高く乾燥した気候のため，海水は絶えず蒸発しており，塩分濃度は高い。それゆえバルト海と異なり，塩の輸出地域となった。このように，バルト海と地中海の気候は，大きく異なる。この二つの海は，それぞれが必要としているものを互いに交換した。

　バルト海は，じつは南北に長い海である。それは，スウェーデンとフィンランドに囲まれ，バルト海北岸に位置するボスニア湾がいかに大きいかということを示す。近世になると，ボスニア湾からストックホルムをへて，西欧諸国に海運資材として重要なタールが輸出されるようになった。さらにバルト海地方からは，索具として使用される亜麻や麻，海運資材としての木材，船舶に使用される碇や釘などに使われる鉄が西欧へと輸出された。それらは，西欧の海上発展に欠くことができない資材であった。

　バルト海に対し，こんにちの地中海の原型が形成されたのははるかに古く，中新世末期のメッシーナ期（720万-520万年前頃）のことであった。この時代に一時的に大西洋と切り離された地中海であったが，その後大西洋と地中海はつながり，ここに現在にまで続く地中海が生まれた。地中海では，沿岸航海が発達し，それは，大航海時代になり，羅針盤が導入されてからも続いた。沿岸航海をやめる，合理的な理由がなかったからである[2]。

　地中海は決して暖かい海ではないが，バルト海はかなり寒い海である。さらに，北欧の川は冬になれば凍る。近世までの北欧商人は，冬になると，氷結した川を使って移動をした。地中海の平均水深は1,500メートルと，バルト海の55メートルに比べるとはるかに深い。しかも，その面積はバルト海よりもはるかに大きい。したがって，大規模な貿易が可能

　2）　フェルナン・ブローデル著，浜名優美訳『地中海Ⅰ　環境の役割』（普及版）藤原書店，2004年，167頁。

1　自然環境

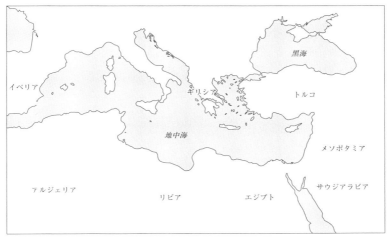

図2-2　地中海の地図

になった。古代のフェニキア人の海上ネットワークが非常に大きく，ローマ帝国やビザンツ帝国が広大な領土を有することができたのは，この事実に由来する。だがその広さは，帝国の維持を困難にさせ，維持するためのコストを莫大なものにさせた。

中世後期から近世にかけてのヴェネツィアは，広大な領土を有したが，それを長期間維持することは不可能であった。近世までのヨーロッパの技術では，地中海は決して一つの帝国が長期間にわたり支配できるほどの「小ささ」ではなかったのだ。

地中海の海流は，基本的にヨーロッパからアフリカ側に流れる。だから，帆船を使ったなら，比較的容易にアフリカに到達できる。古代ローマが地中海帝国を築けた要因は，ここにも見いだせるかもしれない。

一見，地中海の方がバルト海よりも豊かな地域だというイメージがあるが，生態学的にはそうとはいえない。そもそも地中海では，フェニキア人以降，古代ギリシア人や古代ローマ人，さらにはイタリア商人やムスリム商人など，さまざまな人々が商業に従事し，商業活動が活発であった。造船のため森林地帯が切り開かれていき，多くの山が禿げ山となった。地中海には山の中にたくさんの家があるが，これこそ環境破壊の象徴ともいえる。地中海では，一度森林がなくなると，新しく森林地帯

として復活することはほとんどない。それに対しバルト海沿岸地帯は，いまなお多くの森林がある。これは，人口密度の違いもあるが，二つの海の生態的相違ということも忘れてはならない。

ヨーロッパ中世史の泰斗であった増田四郎によれば，「地中海世界というものはその地味はきわめてやせた土地で，けっして肥沃な所ではない。高原だとか山岳地帯においても，古代から樹木の乱伐があったためか，今日の地中海には森林というものがまったくない」[3]のである。

バルト海と地中海は，内海であるため，環境悪化の影響を受けやすく，環境汚染が進んでいる。どちらの海でも，環境汚染の影響は，深刻になりつつある。

地中海からのアフリカ大陸への進出を妨げたのは，内陸砂漠のサハラ砂漠であった。東西が5,600キロメートル，南北が1,700キロメートルにわたり，面積は1,000万平方キロメートルに達するこの砂漠は，ジェット気流の影響を受け，雨がほとんど降らない岩石砂漠である。比較的湿潤だった時代もあったが，約5,000年前から乾燥化が進んでおり，ヨーロッパの対外進出の妨げとなった。さらにこの砂漠は，土壌劣化が著しい。

2　ヴァイキングからハンザへ

ヴァイキングの活躍

ヴァイキングは，略奪者として知られてきたが，その一方で，彼らが盛んに交易をおこなっていた。さらに彼らは，故地においては農民であり，漁師であり，職人でもあった。職人としての技術水準は高かった。

デンマークのヴァイキングは西に向かい，スウェーデンのヴァイキングは東に向かった。前者はおもに海上ルートを，後者は河川・陸上ルートを利用した。おそらく，スカンディナヴィア半島のどこかの場所で，冬季に川が完全に凍結する地域とそうならない地域に分かれ，後者がデンマークのヴァイキング，前者がスウェーデンのヴァイキングになった

---

3)　増田四郎『ヨーロッパとは何か』岩波新書，1967年，45頁。

と，私は推測している。

　デンマークのヴァイキングは，イングランドやアイスランドに定住した。さらに定住することはできなかったが，北米大陸にまで航海した。スウェーデンのヴァイキングはロシアに向かい，ノヴゴロド国を建国した。こう考えるなら，ヴァイキングの活動範囲はきわめて広く，北のフェニキア人といっても過言ではないかもしれない。われわれは最近まで，ヴァイキングが北方ヨーロッパの商業圏形成に果たした役割を過小評価する傾向にあった。ヴァイキングの商業圏は，アイスランドからビザンツ帝国にまで達していたのである[4]。

　ヴァイキングが使った船は，ロングシップと呼ばれる，喫水の浅い，細長い船である。デヴィド・カービーと，メルヤ-リーサ・ヒンカネンはロングシップについて，こう述べる。

　　「しっかりと釘づけされた」北欧の人（ノースマン）のロングシップは，無数の沿岸住民の心に恐怖心を植えつけたに違いない。その一方，陸から見える場所に来た船首の広々した商船の容姿は，アイスランドの詩人たちに霊感を吹き込み，彼らが「胸の豊かな」女性たちの美しさを称揚するまでになった。吟唱詩人スカルドの歌にある細長くて伸縮性に富む軍船は，13世紀のサガにおいては，はるかに巨大な船に道を譲った。1000年頃のスヴォルドの戦いでオーラヴ・トリュッグヴァソンが死にいたるダイヴィングをおこなった「オルムリン・ラギ」，すなわち「長蛇」号や，1262-3年にベルゲンで建造された国王ホーコン4世の「クリストゥリン号」などの船は，全長が25メートル以上あったといわれる。1000-1300年のデンマークやノルウェーの国王によって徴用された平均規模のロングシップは，20から25の船室を持ち，一隻あたり各船ともに60人から100人の乗組員がいたと考えられている。（船室すなわちリューミは船体の一画をなし，隣り合った二組の肋材とそれを繋ぐ梁によって区画されていた）。1262年にノルウェーのホーコン4世は，こうした船を少なくとも120隻率

————————

　　4）　小澤実「交渉するヴァイキング商人——10世紀におけるビザンツ帝国とルーシの交易協定の検討から」斯波照雄・玉木俊明編『北海・バルト海の商業世界』悠書館，2015年，113-148頁。

88　第2章　北海・バルト海・地中海経済圏の統合

図2-3　ヴァイキングのロングシップ
（オスロ博物館所蔵）

図2-4　コッゲ船

図2-5　カラック船

いてスコットランドとの大々的な戦いを開始した。ところが，40年を経てロングシップは見捨てられコッゲ船が選ばれた[5]。

　ここから推察されるように，ヴァイキングが簒奪者ないし商人として活躍できた大きな理由は，ロングシップを使っていたからであり，ハンザ（同盟）が台頭しヴァイキングが衰退するのは，コッゲ船が使用されるようになったからである。ここでまたカービーとヒンカネンの言を引用するなら，「船首から船尾にかけ，城郭のような上部構造をもち，〔ハンザで使われた〕はるかに頑丈なコッゲ船と比べて，背丈の低いロングシップは，戦闘ではまったく不利であった」のである[6]。

　5）　カービー，ヒンカネン『ヨーロッパの北の海』125-126頁。コッゲ船については，Lars Berggren, Nils Hybel and Annette Landen (eds.), *Cogs, Cargos, and Commerce: Maritime Bulk Trade in Northern Europe*, Toronto, 2002.
　6）　カービー，ヒンカネン『ヨーロッパの北の海』126頁。

周知のように，コッゲ船は船底が平らであり，海が比較的穏やかで浅いフリースラント（ドイツ・オランダの北海沿岸）沖やシュレースヴィヒ（ドイツとデンマークにまたがる地域）のフィヨルドでの航海の方が適していた。北海海域で確実に使用されようになったのは，13世紀初頭のことであったと思われる。さらに14世紀初頭になると，南欧の船大工が，外材の端と端とが接するように据えつけていく独自の手法（カラベル船の工法）を用いて，コッゲ船のデザインを模倣するようになった。より大型で背丈の高い船を造り，三角帆ではなく方形帆を船に掲げた。三角帆のミズンマストが据えられることもあった。これは14世紀末にはもっと一般的になり，やがては四角帆を張ったフォアマストも加わった。北海やバルト海で，これらの船は，カラック船として知られるようになった[7]。

バルト海貿易とハンザ

　日本ではハンザ「同盟」として知られる北方ヨーロッパの都市の商業共同体は，ドイツ語では Hansa という。これは「商隊」という意味であり，「同盟」にあたる単語はない。つまり，ハンザ同盟というと「同盟」はなく，都市の商業連合だととらえるべきである。このハンザに属する都市の数さえ曖昧であり，最大で200ほどあったという説すらある。しかし，この商業連合の中心に，リューベックが位置したことは間違いない。ハンザ総会は，基本的にリューベックで開催されたからである。リューベックは，北方ヨーロッパの商品流通の中心となった。

　ところで，日本では現在もなお，北海・バルト海では生活必需品が，地中海では奢侈品が取引されたといわれるが，このような見方は，欧米の学界では否定されている。どちらの地域も，もとより当たり前であるが，生活必需品・奢侈品の両方の取引をしていたのである。

　バルト海地方と北海の貿易は，12世紀以降，リューベックを通じておこなわれた。より正確にいえば，この二つの海の商品輸送は，リューベック-ハンブルク間の陸路によってなされたのである。途中で一部，運河が利用されることがあった[8]。

　7）　カービー，ヒンカネン『ヨーロッパの北の海』123頁。
　8）　谷澤毅『北欧経済史の研究』知泉書館，2011年，55-74頁。

第 2 章 北海・バルト海・地中海経済圏の統合

図2-6 リューベック-ハンブルク間のルート

表2-1 1368-69年のリューベックの輸出入関税額
(単位:1,000リューベック・マルク)

商品名	主たる原産地	輸出	輸入	総額
毛織物	フランドル	120.8	39.7	160.5
魚類	ショーネン(スコーネ)	64.7	6.1	70.8
塩	リューネブルク	-	61.6	61.6
バター	スウェーデン	19.2	6.8	26
皮・皮革	スウェーデン,リーフラント	13.3	3.7	17
穀物	プロイセン	13	0.8	13.8
蜜蝋	プロイセン,リーフラント	7.2	5.8	13
ビール	ヴェント諸都市	4.1	1.9	6
銅	スウェーデン,ハンガリー	2.2	2.4	4.6
鉄	スウェーデン,ハンガリー	2.4	2.2	4.6
油	フランドル	2.7	1.5	4.2
亜麻	リーフラント,北ドイツ	0.4	3	3.4
各種食料品		2.2	1.2	3.4
金銀	?	0.7	2	2.7
ワイン	ライン地方	1.3	0.9	2.2
亜麻布	ヴェストファーレン	0.2	1.1	1.3
各種商品		39.9	16.6	56.5
合　計		338.9	206.9	548.5

出典)高橋理『ハンザ「同盟」の歴史——中世ヨーロッパの都市と商業』創元社,2013年,113頁。

2 ヴァイキングからハンザへ　　　91

　リューベックからハンブルクに送られた主要商品には，蜜蝋，銅，獣脂，皮革，魚油などがあり，ハンブルクからリューベックに輸送された商品として，毛織物，油，薬種，ニシン，石鹸，明礬などがあった。
　表2-1は，ポンド税といい，ハンザ都市が交戦中に商品にかけた税金である。日本のハンザ史研究者は，これを「関税」と訳す。しかしながら，表2-1の商品をよくみてみると，リューベックの商品はほとんどないことに気づくであろう。したがってこの税を「関税」というのは正確ではなく，「通行税」ないし「通関税」という方が正しいように思われる。
　関税は英語では customs，通行税は toll という。ドイツ語では，どちらも Zoll であり，この二つに明確な区別はつけられていない。ドイツでハンザ史学会が設立されたのは1871年であり，それ以降140年以上にわたりこの二つの区別が重要だと考えられてこず，日本のハンザ史家にもそういう意識がなかったことは，中近世のように流通コストがきわめて高い時代を研究するうえでのマイナス点になったといわざるをえない。
　貿易都市において，税は商品が輸出（ex・port＝港から外に）されるか，輸入（im・port＝港から中に）するときに課せられた。すなわち，「港」からの商品の出入りにかけられたのである。たとえば，リューベックを通って取引される商品にかけられたのであり，それを関税と訳すなら，この税の本質を見誤ってしまうことになりかねない。
　リューベックが流通拠点であった時代は，15世紀末に終焉を迎える。この頃から，オランダが航海の難所であったエーアソン海峡を航行する海上ルートの開拓に成功したからである。ただし，陸上ルートが使われなくなったのではない。陸上ルートよりも，海上ルートでの輸送が多くなり，その差がさらに拡大していったからであろう。いずれにせよ，このルートの開拓により，オランダがバルト海貿易の覇者となった。
　ウォーラーステインがいうヨーロッパ世界経済は，北方ヨーロッパの流通の中心が，リューベックからアムステルダムに移行し，バルト海貿易の担い手がハンザ商人からアムステルダム商人へと変化することによって発生した。
　さらにこのように考えるなら，近代世界システムにとっての流通，さらにその流通を請け負った商人の重要性が明らかになろう。

3　15-18世紀のヨーロッパの経済の特徴

穀物の時代から原材料の時代へ

　すでに第1章で，ヨーロッパが対外的拡張を遂げる過程については述べた。より正確にいえば，ヨーロッパの対外的拡張は，15世紀初頭にはじまるものの，1492年にコロンブスが新世界を「発見」し，南北アメリカの探検が進み，さらに1498年にヴァスコ・ダ・ガマがカリカット（コーリコード）に到着したことで弾みがつき，ヨーロッパの対外的拡張は大きく進展した。それにつれて，海運資材の需要が増大し，ヨーロッパ内部で，海運資材の供給地の重要性が著しく増大したはずである。

　しかし，現実の状況はもっと複雑であった。推測の域を出ないが，ヨーロッパの対外的拡張がはじまった頃には，海運資材は，近隣地域からの供給で足りていたのであり，西欧のさまざまな国が，海運資材を求めて競争するということはなかったと考えられるのである。とはいえ，研究者がこれまで，ヨーロッパの対外的拡張の時代における海運資材供給地の重要性にあまり目を向けてこなかったのは，やはり大きな欠落であろう。

　あるいは，こう考える方が良いかもしれない。15世紀初頭から16世紀初頭におけるヨーロッパの対外的拡張のスピードはなお遅く，遠隔地の海運資源供給地域はさほど必要にしなかったということである。したがって，海運資材の不足という問題は，この時点では発生しなかったように思われる。

　このように想定した場合，16世紀からヨーロッパ全体を覆った重要な問題とは，じつは簡単に答えが出る。人口増大による穀物不足がそれである。14世紀中頃にヨーロッパを襲った黒死病では，地域によっては人口の三分の一が死に絶えるなど，猖獗をきわめた。程度はわからないものの，ヨーロッパの人口が激減したことは間違いない。そのため，人件費は上昇し（残念ながら，小作人や農奴の人件費の計算は不可能だが），しかも人口が減少したために，穀物に余剰が出た。

　しかしそれ以降人口が増大すると，ヨーロッパ全体でみた場合，おお

むね16世紀後半から穀物が不足し，17世紀の転換期にそれがピークに達したと想定されている。そのときに，ヨーロッパの多くの地域に穀物——大麦と小麦——を供給したのがバルト海地方，なかでもポーランドであった[9]。

ポーランドの歴史家マリア・ボグツカによれば，ポーランドにおいてはシュラフタの勢力が非常に強く，彼らは穀物輸出によって巨額の利益を得ていたため，穀物の余剰を外国に販売することができた。彼女の主張によれば，1550年代から1660年代にかけて，ポーランドの穀物は，西欧の人々が生存するために欠かせなかった。バルト海貿易におけるこのような「穀物の時代」は，17世紀中頃まで続いたのである。

さらに，彼女はこう主張する。17世紀後半から18世紀にかけて，西欧と南欧の食糧事情は急速に変化し，バルト海地方の穀物への需要は減少した，と[10]。この時代をボグツカは，「原材料の時代」と名づけた。1600年頃を境として木材価格の上昇が穀物価格の上昇を上回るが[11]，それでも17世紀中頃までは，穀物の方が重要であった。バルト海地方，とくにポーランド産の穀物を輸送したのは，主としてオランダ人であった。さらに，オランダにとってバルト海地方の穀物貿易は，1540年から1650年には「拡張の時代」を迎えた[12]。

「原材料の時代」とは，「海運資材の時代」と言い換えることができる。バルト海地方は造船用の木材だけではなく，亜麻や麻，ピッチ，タール，鉄などの海運資材の供給地域であった。したがって，ボグツカの主張通り，17世紀後半からバルト海貿易における「原材料の時代」は，とりわけイングランドの大西洋貿易の拡大——イングランドの「商業革命」——によって生じたと考えるのが適切であろう[13]。

---

9) 玉木俊明『北方ヨーロッパの商業と経済 1550-1815年』知泉書館，2008年，92-97頁。黒死病をもっとも広範に研究したものとして，Ole J. Benedictow, *Black Death 1346-1353: The Complete History*, Woodbridge, 2008; 日本での研究として，石坂尚武『苦難と心性——イタリア・ルネサンス期の黒死病』刀水書房，2018年。

10) M. Bogucka, "The Role of Baltic Trade in European Development from the XVIth to the XVIIth Centuries", *Journal of European Economic History*, Vol.9, No.1, 1980, p.6f.

11) Bogucka, "The Role of Baltic Trade", p.10.

12) ミルヤ・ファン・ティールホフ著，玉木俊明・山本大丙訳『近世貿易の誕生——オランダの「母なる貿易」』知泉書館，2005年，42-48頁。

13) イングランドの「商業革命」については，以下をみよ，Ralph Davis, "English

94　　第2章　北海・バルト海・地中海経済圏の統合

　世界システム論の立場からいうなら，バルト海地方は，オランダ船で主としてポーランドの穀物を輸送するという形態をとって，ヨーロッパ世界経済に組み込まれた。しかしその後，スウェーデンが台頭し，イングランドに鉄を輸出することで，ヨーロッパ世界経済に組み込まれたのである。

アムステルダムの台頭

　オランダにとって，バルト海貿易とは「母なる貿易」であり，この地域との貿易で，オランダは巨額とまではいかなくても，確実な利益を手に入れることができた。

　バルト海貿易は長期間にわたり，オランダ経済の根幹をなしたと考えられている。もとより正確な評価をくだすことは不可能であるが，16世紀後半から17世紀前半のオランダにとって，東インド貿易よりも重要であったと考えられているのである。そして，オランダのバルト海貿易の基盤は，アムステルダムを中継港とする穀物貿易にあった。

　実際，表2-2にみられるように，アムステルダムがバルト海地方から輸入する比率は非常に高く，しかもこの頃は，穀物が最大の比率を占めていたことに，疑いの余地はない。

　オランダがバルト海貿易で使用していた船舶は，フライト船と呼ばれる非武装商業船で，輸送コストが桁外れに低かった。さまざまな国が，フライト船に輸送をゆだねたことがそれを示している。フライト船の積載スペースはほぼ正方形であった。そのため積載量は多く，しかも軽かった。地中海地方と異なり，バルト海地方には海賊はおらず，したがって武装商業船の必要はなかったからである。

　オランダ船の多くは，ダンツィヒからアムステルダムに向かった。さらにそこから，他地域に輸送されることになった。穀物の時代の西欧は，貿易面からみれば，この「ダンツィヒ-アムステルダム枢軸」を中心に

Foreign Trade, 1660-1700", *Economic History Review*, 2nd ser., Vol. 7, No. 2, 1954, pp.150-166; Ralph Davis, "English Foreign Trade, 1700-1774", *Economic History Review*, 2nd ser. Vol. 15, No. 2, 1962, pp. 285-303; Ralph Davis, *A Commercial Revolution: English Overseas Trade in the Seventeenth and Eighteenth Centuries*, London, 1967; Ralph Davis, *The Rise of the Atlantic Economies*, London, 1973.

表2-2　アムステルダム市場の商品の輸出先と輸入先（%）

	1580年		1584年	
	輸　入	輸　出	輸　入	輸　出
ノルウェー	9.7	5.4	3.3	5.3
バルト海地方	64.5	23.9	69.1	34.8
オランダ北西部	20.4	47.4	22.5	33.3
ホラント	–	–	0.8	–
ブラバント	–	–	1.4	–
フランドル	0.7	2.7	0.0	–
ラインラント	–	10.3	–	0.0
ブリテン諸島	1.7	4.1	1.7	2.0
フランス（大西洋岸）	1.6	0.4	0.5	17.9
スペイン	0.1	–	0.1	0.1
ポルトガル	0.9	–	0.2	2.6
西方（特定されず）	–	5.5	–	4.0
不明	0.4	0.3	0.4	0.0
合　　計	100.0	100.0	100.0	100.0

出典）Clé Lesger, *The Rise of the Amsterdam Market and Information Exchange: Merchants, Commercial Expansion and Change in the Spatial Economy of Low Countries, c. 1550–1630*, Aldershot, 2006, p. 66, Table 2.1.

動いたといって過言ではなかった。

4　北海・バルト海の商業システム

北海商業圏とロンドン――イングランドの従属状況からの脱出

　ダンツィヒ－アムステルダム枢軸とは，穀物貿易によって結合された貿易ネットワークである。「穀物の時代」がすぎて「原材料の時代」になると，イギリス帝国の形成がバルト海貿易においても重要になってくる。ここでは，そこに至る過程を論じたい。

　中世のイングランドは，羊毛の輸出国であった。ところが15世紀初頭から中葉にかけ，未完成の毛織物の輸出国に変わる。イングランドの経済的地位は，ここで大きく上昇した。イングランド産の輸出毛織物は，ほとんどがアントウェルペンに向かった。近世の毛織物の輸出において，ロンドンは，イングランド全体の毛織物輸出量の8－9割を占めた。その大半は，マーチャント・アドヴェンチャラーズによってアントウェル

ペンに未完成のまま送られ，そこで完成品となり，ドイツやイタリア，レヴァントに輸出された。イングランドからアントウェルペンに輸出する毛織物こそが，北海をまたぐ貿易品のなかでもっとも重要だったのである。

　このような視座を提示したのは，イギリスの歴史家フレデリック・ジャック・フィッシャー（1908-88年）である。欧米の歴史学界では，彼の説の重要性は，もはや忘れられてしまった観があるが，日本では，越智武臣，川北稔により，フィッシャーの論が根づくことになった。

　近世における農業史と国内史研究を重視したリチャード・ヘンリ・トーニ（1880-1962年）とは対照的に，フィッシャーは，イギリスがどのようにしてヨーロッパ大陸と結びついているかを重点的に研究した。フィッシャーによって，イングランドとヨーロッパがどのように結びついていたのかが，はじめてよくわかるようになった。別言すれば，ロンドンからの輸出毛織物が，北海経済圏のなかで重要な役割を果たしていたことを実証したのだ。

　フィッシャーが活躍した1950年代のイギリスでは，開発経済学が一種のブームになっていた[14]。フィッシャーの問題意識は，当時の開発経済学のそれと大きく重なり合っていたことは，見逃されてはならない。彼は，イングランドはどのようにして低開発から抜け出したのかということをテーマとして研究した。完成品ではなく半完成品の輸出をするということ自体，イングランドが低開発国であったことを物語る。換言すれば，先進国であるなら，経済学でいう中間財ではなく，完成品を売るというのが，フィッシャーの世代の常識であったからだ。

　イギリス史家ラムゼイは，ロンドンはアントウェルペンの「衛星都市」だといった[15]。そのロンドンがやがて他国の都市を「衛星都市」

---

　14)　たとえばこの頃，著名な開発経済学者であり，のちに黒人としてはじめてノーベル経済学賞を受賞するアーサー・ルイスが，LSE に在籍していた。

　しかしフィッシャーの議論は，着眼点はすぐれていたものの，近世と現代の低開発を混同するなど乱暴なところもあり，世界システム論の立場からはそのまま受け入れることはできない。

　15)　この分野にかかわるラムゼイの研究書として，以下をみよ。G. D. Ramsay, *English Overseas Trade during the Centuries of Emergence: Studies in Some Modern Origins of the English-speaking World*, London, 1957; G. D. Ramsay, *The City of London in International Politics at the Accession of Elizabeth Tudor*, Manchester, 1975; G. D. Ramsay, *The Queen's*

4　北海・バルト海の商業システム　　97

表2-3　ロンドンからの標準毛織物輸出量

（単位：クロス）

1500-02年	49,214	1536-38年	87,231	1568-70年	93,681
1503-05年	43,844	1539-41年	102,660	1571-73年	73,204
1506-08年	50,373	1542-44年	99,362	1574-76年	100,024
1509-11年	58,447	1545-47年	118,642	1577-79年	97,728
1512-14年	60,644	1550年	132,767	1580-82年	98,002
1515-17年	60,524	1551年	112,710	1583-85年	101,214
1518-20年	66,159	1552年	84,968	1586-88年	95,087
1521-03年	53,660			1589-91年	98,806
1524-06年	72,910	1559-61年	93,812	1592-94年	101,678
1527-09年	75,431	1562-64年	61,188		
1530-02年	66,049	1565-67年	95,128	1598-1600年	103,032
1533-05年	83,043				

注）3年間の平均，1550-53年は単年
出典）F. J. Fisher, "Commercial Trends and Policy in Sixteenth-Century England", *Economic History Review*, Vol. 10, No. 2 1940, p. 96.

にしていく過程こそ，言い換えれば，中間財ではなく最終製品を製造するようになる過程こそが，イングランド経済の台頭と，低開発状態からの脱出を意味するのである。

　アントウェルペンの台頭は，イングランド産の毛織物輸出と切っても切り離せない関係にあった。表2-3にあるように，16世紀前半は毛織物の輸出増の時代であったが，後半になると，輸出量は増えなくなる。

　フィッシャーによれば，これは16世紀前半にはイングランドで貨幣が悪鋳され，そのためにポンドの価値が低下し，輸出には好都合になったものの，同世紀半ばに改鋳がおこなわれたためポンドの価値が高くなり，輸出量は伸びなくなったのである。

　イングランドは，西欧以外の地域に市場を求めた。そのため，1551年にはモロッコに，1553年にはギニアに船が送られ，さらに同年，ロシアとの交易を目指し，スカンディナヴィア半島の北側を廻る北東航路での航海がなされたのである。さらに，1570年代には，レヴァント地方と直接貿易するこころみがなされた[16]。これらの出来事は，イギリス帝国形成の端緒となった。したがってイギリス本国においても，帝国史を論

─────────

Mercharts and the Revolt of the Netherlands, Manchester, 1986.

　16）F. J. Fisher "Commercial Trends and Policy in Sixteenth-Century England", *Economic History Review*, Vol.10, No.2 1940, pp.106-107.

ずるにあたっては，16世紀から議論をはじめるのである。それに加え，毛織物輸出不況になったイングランドでは，外国人商人を排除する傾向が強まった。フィッシャーはこれを，「経済的ナショナリズム」と呼んだ。こうして，ロンドンは，アントウェルペンの影響下から離脱していった[17]。

　さらに，イングランドでは，それまで主流であった厚手の毛織物（旧毛織物）ではなく，オランダからの技術導入があった薄手の毛織物（新毛織物）がつくられるようになり，それまでとは異なる市場が探求されるようになる。前者に適した北海・バルト海地方市場ではなく，後者に適した地中海市場へと重心を移していった[18]。イングランドの輸出市場が大きく変化したのだ。イングランドが取引する地域は著しく拡大していく。しかもイングランドは，未完成ではなく，完成した毛織物を輸出するようになった。

　ただし，ロンドンはアントウェルペンから，香辛料などのアジアの産品，さらにはヨーロッパ大陸の物産を輸入していたこともたしかである。日本の代表的なアントウェルペンの研究者である中沢勝三によれば，1567年9月から翌年9月のあいだに，金額でみた場合，アントウェルペンから輸出された商品のうち，39.3パーセントがロンドンに送られていた。アジアやヨーロッパの産品は，アントウェルペンからロンドンへと輸出された[19]。

　ポンド高は，イギリスの輸入にはプラスに働いたと考えられる。しかし，遅くとも1585年のアントウェルペン陥落以降は，アントウェルペン以外の地に輸入品を求めたということはできよう。イングランドは，輸出だけではなく，輸入においても，アントウェルペン市場の影響から脱していくのである。

　フィッシャーの問題点としては，イングランドが独立した国民経済をもっているという前提に立って論を展開したことを忘れてはならない。フィッシャーは，イングランド国民経済がアントウェルペンによる支配

---

17)　Fisher, "Commercial Trends and Policy in Sixteenth-Century England", p.108.

18)　F. J. Fisher, "London's Export Trade in the Early Seventeenth Century", *Economic History Review*, 2nd ser., Vol.3, No.2 ,1950, pp.151-161.

19)　中沢勝三『アントウェルペン国際商業の世界』同文舘出版，1993年，87-116頁。

から脱出していったことを重視した。

しかし現実には，まだイングランドの国民経済は成立していなかった。ロンドンとアントウェルペンのあいだを頻繁に行き来する商人もいた[20]。そもそもこのような貨幣操作そのものは，まずイタリアで発明され，やがてアントウェルペンを通じて，イングランドに導入されたものと考えるべきである。ロンドン商人は，アントウェルペンにも行き，商業活動に従事していた。ロンドンとアントウェルペンは，渾然一体とした経済圏だととらえるべきであろう。したがってフィッシャーが述べた通貨操作は，「アントウェルペン商人のディアスポラ」があったから可能になったのである[21]。

北海の人口移動

イェレ・ファン・ロットゥムの研究によれば，17-18世紀において，北海沿岸地域の多くの人々が，オランダに移住した。図2-7から，1650年頃には，明らかに多くの人々がオランダに移住してきたことがわかる。スコットランド移民はポーランドに行く方が多かったが[22]，ドイツや北欧から，大量の移民がアムステルダムに押し寄せてきた。図2-8をみると，1750年頃になっても，低下傾向にあるとはいえ，北欧とドイツから，オランダへの移民が多かったことがよみとれる。北海全体で，活発に人々が移動していた。おそらくアントウェルペンから，アムステルダムへと人々の移住先が変わったのだ。ただし，アムステルダムに一時，ないし一世代だけ滞在し，他地域に移住する商人も多かったことも事実である[23]。

アムステルダムは国外からの移民を引きつけた。それに対し，ロンドンはイギリス国内の移民が多かった。18世紀後半になっても，ロンドンではなくアムステルダムが，北海沿岸地域の国境を越えた人口移動の中心であったと考えられるのである。しかも1785年の時点で，ヨーロッパ

---

20)　Hendrik Conscience, *De Koopman van Antwerpen*, Brussels, 1912.

21)　本書の180-182頁をみよ。

22)　スコットランドとポーランドの関係については，Tom M. Devine and David Hesse (eds.), *Scotland and Poland: Historical Encounters, 1500-2010*, Edinburgh, 2012.

23)　玉木『北方ヨーロッパの商業と経済』328-334頁。

第 2 章　北海・バルト海・地中海経済圏の統合

図2-7　1650年の移民
出典）Jelle van Lottum, *Across the North Sea*, Amsterdam, 2007, p. 40.

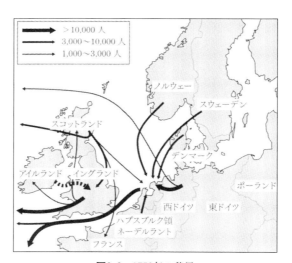

図2-8　1750年の移民
出典）van Lottum, *Across the North Sea*, Amsterdam, p. 40.

に向かうオランダ船員の数は25,000人であるのに対し，植民地ないし遠隔地に向かう船員が15,750人（西インドとアフリカが6,000人，東インドが9,750人）と，ヨーロッパ外世界に向かうオランダ人は多い[24]。

　一方イギリスは，ピューリタンのみならず，貧民が新世界アメリカの植民地に移住したことが証明されている。図2-8でイングランド西部から海外に向かった人々は，おそらく北米に向かった[25]。すなわち，イギリス帝国内部に移民が向かったのである。

イギリスのバルト海貿易と「帝国」の形成

　16世紀後半から17世紀前半にかけ，イングランドはバルト海貿易で黒字を出していた。主要な輸出品は毛織物であった。ところが17世紀後半から18世紀にかけてはイングランド側の赤字になった[26]。イングランドからバルト海地方に輸出する毛織物量は伸びず，亜麻・麻・木材・タール，鉄などの海運資材が輸入されるようになっていったからである。鉄は，工業用の原材料でもあった。

　これは，イングランドの経済的変化を反映している。バルト海地方は，イギリスの輸出先から，帝国化・工業化に必要な原材料供給地域に変貌していったのだ。バルト海地方はすでにオランダによってヨーロッパ世界経済に組み込まれていたが，イギリスによって位置づけを変えられた。穀物ではなく，イギリス帝国形成に必要な海運資材，さらに産業革命に必要な鉄の供給地帯となった[27]。

　18世紀後半には，イングランドのバルト海貿易における主要貿易相手国はスウェーデンからロシアに変わり，そして首都となったサンクト・ペテルブルクから大量の亜麻，麻，鉄などが輸入されるようになった。イングランドの大西洋貿易は，（ノルウェーからのマスト材輸入も多かったが）バルト海地方からの輸入品によって可能になったのである。

---

　24)　Jelle Van Lottum, *Across the North Sea: The Impact of the Dutch Republic on International Labour Migration, C. 1550-1850*, Assen, 2008, p.209.

　25)　川北稔『民衆の大英帝国──近世イギリス社会とアメリカ移民』岩波現代文庫，2008年。

　26)　玉木俊明「イギリスのバルト海貿易（1600-1660年）」『文化史学』45号，1991年，72-92頁。

　27)　玉木『北方ヨーロッパの商業と経済』266頁。

102 第2章 北海・バルト海・地中海経済圏の統合

　イギリスの貿易統計である Customs 3によれば，ロシアとの貿易赤字
額は，1731年に13万ポンドだったのが，1771年には，112万ポンドと，
大幅に増えた[28]。サンクト・ペテルブルクから輸入される海運資材は，
イギリスの帝国形成に必要な造船業・海運業の強化のために欠くことが
できないものとなった。ロシアとの関係こそが，イギリス帝国存亡の鍵
となっていった。

　18世紀において，バルト海貿易で使用される船はなおオランダ船がも
っとも多かったが，サンクト・ペテルブルクからの輸出を通じてロシア
をヨーロッパ世界経済に組み入れたのはイングランドであった。それは
おそらく，イングランドの主要な鉄輸入先が，1760年代にスウェーデン
からロシアに代わったことによる[29]。

　そのためスウェーデンは，イングランドに変わる鉄の新しい販路とし
て，フランス，さらにはポルトガルの市場を開拓した[30]。

　その一方で，ボスニア湾においても，イングランドの重要性は増して
いった。そもそも14世紀に成文化された「ボスニア海域商業強制」では，
オーボ市民の重要な人々は，ストックホルム以外のいかなる地域でも船
による商業活動をしてはならないと決められていた[31]。したがってフ
ィンランド（東ボスニア湾）産のタールは，ストックホルムをへてイン
グランドに輸入された。

　しかしフィンランドは，スウェーデン議会で「ステープルの自由」
（Stapelfrihet）が通過したことで，1765年から外国貿易に直接従事でき
るようになったのである[32]。フィンランドはタールの直接輸出に乗り

　28）　ただしこの数値は，Customs 3におけるリーガの分類が，おそらく1760年代に「イ
ーストカントリー」から「ロシア」に代わったので，必ずしも事実を正確に反映するわけで
はない。

　29）　玉木『北方ヨーロッパの商業と経済』256-257頁。

　30）　坂野健自・玉木俊明「近世ストックホルムの貿易　1721-1815年──『二層貿易』
の展開と崩壊」，川分圭子・玉木俊明編『商業と異文化の接触』吉田書店，2017年，107-134
頁。

　31）　根本聡「海峡都市ストックホルムの成立と展開──メーラレン湖とバルト海のあい
だで」村井章介責任編集『シリーズ港町の世界史1　港町と海域世界』青木書店，2006年，
365-397頁。

　32）　Aulis J. Alanen, "Stapelfriheten och Bottniska Städerna 1766-1808", *Svenska
Litteratursällskapets Historiska och litteraturhistoriska studier 30-31*, Helsingfors, 1956,
s. 101-246.

出し，その主要輸出先はイングランドであった。

　ストックホルムにいったん輸入されるかどうかは別として，東ボスニ
ア湾もまた，イングランドによってヨーロッパ世界経済に編入された。

5　地中海世界の特徴──古代から中世へ

地中海の異文化間交易

　地中海商業の担い手としてはイタリア商人が多かったが，それ以外に
も，マルセイユ商人が活躍していた。さらに，ムスリム商人の活動も盛
んであった。近年の研究では，イタリアの海事法とイスラームの海事法
の内容はよく似ており，そのため異文化間交易が可能になったというこ
とも主張されるようになっている。したがって地中海の商業を論ずると
すれば，イスラーム側からのアプローチが欠かせないが，ここではヨー
ロッパ側からのスケッチを提示するにとどめなければならない。

　しかも残念ながら，日本では，誤解をおそれずにいえば，イタリア貿
易史の研究はあまり進んでいない。イタリアの中世商人の研究は多いが，
それらから貿易史研究までの道のりは遠いようである。とりわけ，本来
重要であるはずの近世の貿易史研究が手薄である。もとより，地中海は
北海とバルト海よりはるかに大きい。統計史料があまりないことも一因
となっていよう。また大著『地中海』を書いたフェルナン・ブローデル
でさえ，その視野はほぼヨーロッパの地中海に限定されており，地中海
の東側のイスラームの海にまでおよんでいないことを想起するなら，そ
れも仕方がないのもしれない。

　ただここで二つ，異文化間交易の具体的な事例をあげてみたい。フラ
ンチェスカ・トリヴェラートの研究によれば，自由港リヴォルノに居住
していたイベリア系ユダヤ人であるセファルディムが，地中海産のサン
ゴを，インドのゴア在住のヒンドゥー教徒に輸出し，彼らはダイヤモン
ドをセファルディムに送った[33]。

　さらに日本では深沢克己が，マルセイユの捺染技術の伝播を分析し，

---

　33)　Francesca Trivellato, *The Familiarity of Strangers: The Sephardic Diaspora,
Livorno and Cross-Cultural Trade In Early Modern Period*, New Heaven, 2009.

少なくともその一部は，インドから，アルメニア人により，陸上ルートで伝播したことを実証した[34]。

このような大規模な交易システムは，近世の北海・バルト海貿易では，考えられない。

近世イタリアの先進性

地中海の貿易を考察するにあたり，アジアとの関係を無視できないことは，ここに述べた事例だけでも明らかであろう。それは当然，イタリアの貿易にもあてはまる。

ヴェネツィアとジェノヴァは，長期にわたり，ヨーロッパ側の地中海貿易の覇権をめぐって争い，やがてヴェネツィアが勝利したことはよく知られる。アジアから，香辛料がアレクサンドリアに到着し，それをまたイタリアまで輸入し，さらにヨーロッパ各地に再輸出することで，巨額の利益をあげた。

ウェネツィアには国営の造船所があり[35]，多数の船舶がここで製造された。ヴェネツィアはいわば都市国家であったが，その領土は東地中海のあちこちにおよんだ[36]。

また，イタリアでは，フィレンツェのメディチ家にみられるように，金融業を営み，場合によっては国王にまで貸付をすることがあった。イタリアは，明らかに16世紀頃まではヨーロッパの先進地帯であった。

スウェーデン経済史の泰斗，ラース・マグヌソンによれば，フィレンツェやヴェネツィアのような都市国家は，昔から工業が繁栄していた。すでに13世紀において，フィレンツェには産業革命が開花するために必要な条件がほとんど揃っていた。とくに毛織物産業では強くみられたが，皮革の生産・なめし他の生産分野においても，裕福な商人によって前貸問屋制工業に資金が提供され，組織化されていた。13世紀初頭のフィレンツェは，キリスト教世界最大の都市であった[37]。

---

34) 深沢克己『商人と更紗——近世フランス゠レヴァント貿易史研究』東京大学出版会，2007年。

35) Frederic Chapin Lane, *Venetian Ships and Shipbuilders of the Renaissance*, Baltimore, 1992.

36) Frederic Chapin Lane, *Venice, A Maritime Republic*, Baltimore, 1973.

37) ラース・マグヌソン著，玉木俊明訳『産業革命と政府——国家の見える手』知泉書

イタリアはこれほどまでに先進的であったのに，なぜ持続的経済成長を達成できず，オランダが「最初の近代経済」[38]となったのだろうか。マグヌソンの考えでは，イタリアは都市国家であったため，国家の力が小さく，国家が経済に介入して経済成長を達成するということができなかった。

いわゆる主権国家が誕生すると，国家はときには武力を用いて市場を保護し，市場活動を円滑にすることに成功した。換言すれば，北方ヨーロッパ諸国は重商主義政策をすることが可能であった。都市国家の規模をあまり出ないイタリアには，そのようなことは不可能であった。19世紀にいたるまで主権国家を形成できなかったイタリアは，北方ヨーロッパ諸国の軍隊により蹂躙されたというわけだ。

近世イタリアの経済成長の限界

たしかに，そのような側面もあった。だがここでは，それとは違う観点から論を展開したい。そもそもイタリア経済は，それほど先進的であったのか。

イタリアでは，世界に先駆けて銀行制度が発展していったといわれる。世界最初の銀行は1406年にジェノヴァで創設されたサン・ジョルジョ銀行とされる。しかし，イタリアの銀行では，為替や貸付，投資機能が大きく発展したものの，こんにちの銀行がもつ金融仲介機能は有していなかった。このような機能は，18世紀のイギリスで大きく発展する。

しかも，イギリスでは，イングランド銀行が国債を発行し，その返済を議会が保証するという「ファンディング・システム」が発達したが，そもそも主権国家ではないイタリアではそういうことは不可能であった。

また，イタリアは海上保険業が他地域に先駆けて発展した地域として知られる。地中海全体でイタリアの商船が活躍したのだから，それは当然のことであった[39]。カルヴィン・フーヴァーは，12世紀のジェノヴ

館，2012年，33頁。

38) Jan de Vries, and Ad van der Woude, *The First Modern Economy: Success, Failure, and Perseverance of the Dutch Economy, 1500-1815*, Cambridge, 1997.

39) 15世紀にはイタリアが海上保険の中心であったが，16世紀にはいると徐々にその中心がスペインに移動しはじめたものの，保険の引き受け手である有力商人は，相変わらず経験を積んだジェノヴァ，フィレンツェなどのイタリア商人であった。若土正史「大航海時代

ァにおける海上貸付について論じているほどであり，彼の研究から，イタリアにおける海上保険に関係した事柄の発展がよくわかる[40]。1347年に書かれた，信頼できる最初の真の海上保険契約の記録がジェノヴァの文書館に残されている[41]。

しかしその保険業も，本来必要であったはずの確率論[42]を欠いていたため，発展には大きな限界があった。確率論は，パスカル（1632-62年）と，フェルマー（1607/08-65年）によって急速に発達し，とくに後者が大きく貢献した。したがってイタリアの繁栄期には，確率論の基礎を欠く経験的な海上保険の運用にとどまったものと推測される。

パスカルとフェルマーの書簡集の研究をしたキース・デブリンは，次のように述べる。1654年に書かれた「パスカルの手紙から100年のうちに，平均余命表がイギリスの終身年金の基礎となり，ロンドンは海運保険ビジネスの中心地として栄えた。もしこの保険がなければ，海運業は巨大なリスクを引き受けられるほど豊かな者だけに独占され続けていただろう」[43]，と。

ある事象がどれほどの確率でおこるのかということこそ，保険料率の算出に欠かせない知識である。この知識がなかったとすれば，当然，保険をかける場合に生じる現実のリスクはわからない。16世紀のイタリアでは，そのための方法は正確には知られていなかった。したがってイタリアの保険業の発達は，決してそのまま現代につながるものではなかったことに注意すべきであろう。

ハンザ史学の大家フィリップ・ドランジェによれば，14世紀半ばから

におけるポルトガルの海上保険の活用状況——特にインド航路について」『保険学雑誌』第628号，2015年，120頁。また，1435年頃のカタロニアにおいては，すでに海上保険の慣行が広まっていたようである。W. R. Vance, "The Early History of Insurance Law", *Columbia Law Review*, Vol. 8, No. 1, 1908, p. 8.

40) Calvin B. Hoover, "The Sea Loan in Genoa in the Twelfth Century", *Quarterly Journal of Economics*, Vol. 40, No. 3, 1926, pp. 495-526.

41) Alfred Manes, "Outlines of Economic History of Insurance", *Journal of Business of the University of Chicago*, Vol. 15, No. 1, 1942, p. 36; これは，第7章の357頁の叙述では少し異なるが，後者は保険証書のことを論じている。

42) 確率論に関する歴史書として，アイザック・トドハンター著，安藤洋美訳『確率論史——パスカルからラプラスまでの数学史の一断面』現代数学社，1975年。

43) キース・デブリン著，原啓介訳『世界を変えた手紙——パスカル，フェルマーと《確率》の誕生』岩波書店，2010年，4頁。

地中海やポルトガルで用いられていた海上保険は，16世紀第2四半期になるまでハンザの人々には知られていなかった。海上保険の欠如は，ハンザの商業システムの大きな弱点であった[44]。

ハンザ（同盟）でとられていたのは，Paartenreederei といわれる方法であった。これは，船舶をいくつもの持分に分けて，何人もの人間でその持分を負担するという方法であった。たとえば，ある人は持分全体のうち20パーセントを，ある人は15パーセントを所有し，全体で100パーセントになる。船長も，通常はその持分の所有者である[45]。

日本のハンザ史研究の先駆者であった高村象平は，これを「船舶共有組合」と訳した[46]。しかし，現実に組合が存在しているわけではないので，船舶共有制度がより適切な訳語であろう。ただし，この訳語にもじつは大きな問題がある。それは，ドイツ語（さらにオランダ語）自体の問題点でもある。

Reederei を英訳するとすれば，若干ニュアンスは異なるが，おそらくは shipping であろう。船舶の英訳は ship であり，ここですでに本来の意味からずれている。船舶そのものを共有するわけではなく，ある船舶を使って航海をするときに，その航海に対するリスク軽減のために，複数の人で分担して所有するのである。したがってこれは，海運業によって生じるリスク分散の方法であり，「船舶」という用語では，それが伝わらない可能性があるのだ。また従来，研究者自身，この問題を重要視してこなかったように思われる。

ドランジェによれば，この制度は，海上保険よりも劣ったものだとみなされている。しかしながら，いまだ確率論が発達しておらず，大数の法則が発見されていない世界では，人々は正確なリスク計算ができなかったことを忘れるべきではない。中近世の商業のリスク分散の方法として，保険と Paartenreederei のどちらがよりすぐれていたのかという議論をすべきであろう。

---

44) フィリップ・ドランジェ著，高橋理監修『ハンザ12-17世紀』みすず書房，2016年，167頁。

45) Cf., Ernst Daenell, "The Policy of the German Hanseatic League Respecting the Mercantile Marine", *American Historical Review*, Vol. 15, No. 1, 1909, p. 50.

46) 高村象平『西欧中世都市の研究』全2巻，筑摩書房，1980年。

108　第 2 章　北海・バルト海・地中海経済圏の統合

　たしかに生命保険とは異なり，海上保険は大数の法則がそのまま成り立つ世界ではない。しかし，たとえば若土正史は，大航海時代のポルトガルは，「大数の法則に見合うだけの引受件数」と「一定水準で安定した損害率」という要件が十分にカバーされていなかったため，インド航路では海上保険を積極的に利用しなかったと結論づけている[47]。たしかに，そういうことは十分に考えられる。

　これと同じことは，おそらく近世ヨーロッパのあちこちの海で生じたはずである。どの程度の引受件数があれば大数の法則に見合うのかは正確にはわからないが，近世のヨーロッパ内部においては，それに見合うほどの航海数があったとは思われないのである。また，この当時の企業とはある事業のために企画され，それが終われば解散することになっていた。すなわち，事業とは，一回かぎりの営みを意味した。するとなおさら，彼らは大数の法則が当てはまらない世界に生きていたことになる。

　大塚久雄がいったように，オランダ東インド会社が世界最初の株式会社であった[48]かどうかはともかく，事業の永続性が前提となり，多数の航海が必要となることはたしかである。だとすれば，大数の法則が利用できるような近代的海上保険は，それがありえるという前提に立っても，おそらく蒸気船が増加し，定期航路が確立していった19世紀後半からのことであろう。

　イタリアで発展していた保険業は，そのままでは決して近代的な保険業にはならなかった。その保険料率は，経験則を出るものではなく，確率論の上に成り立つものではなかったからである。イタリア経済が没落してずいぶんたった19世紀になってようやく，確率論を利用できるだけの数学的な知識が保険業界に根づきはじめたと考えるべきであろう。とすれば，その保険会社はイギリスのロイズとなろう。

　これらのことから，銀行業・保険業の両方で，イタリアの発展そのものに決定的な限界があったことに気づかざるをえない。イタリアの金融システムの発達は，そのままでは近代的な世界を創出することはなかったと考えられる。

　47）　若土「大航海時代におけるポルトガルの海上保険の活用状況」117-137頁。
　48）　大塚久雄『株式会社発生史論』有斐閣，1938年。

地中海の生態的限界

しかも地中海では，生態面での限界があった。イタリアでは造船業のために森林が切り倒されていった。地中海では，森林を伐採すると，再び森林地帯になることはほとんど考えられなかった。そのため造船業と海運業が衰退することになり，北方ヨーロッパのように大規模な商船隊を有することは不可能になった。

フェルナン・ブローデルによれば，フェリペ2世は，伐採して輸送しなければならない木材を，ポーランドで購入しようとした[49]。16世紀にわたって，イタリアでは大規模な伐採がおこなわれた。山林の伐採が急速に進んだ。地中海の海軍は，自国の森林では見つけられないものを，少しずつ遠くへ探しに行くようになった。ヴェネツィアは，木材だけではなく船体も外国で購入するようになった。ヴェネツィアは完全に仕上がった船を購入することを法律で禁じていたが，その禁止は諦めざるをえなくなったのである[50]。それほどまでに，木材が不足するようになったからである。

地中海では，奴隷が櫂をこぐガレー船が長く使用されていた。囚人や捕虜，さらには奴隷，さらには自由民が漕ぎ手として使われた。このような労働集約的な船舶が利用されたのは，おそらく香辛料のような高価な商品を取引しており，彼らの労働コストが低かったからである。イタリアの海運業は，基本的に安価な労働力によって維持されていたのである。安価な労働力の供給がストップしたなら，その繁栄は終わってしまうことになりかねなかった。ブローデルによれば，イタリアの海運業は，おそらく1570年までは繁栄していた。逆に言えば，それ以降衰退したことになる。16世紀後半には，ヴェネツィア船隊のトン数は減少した[51]。1602年にヴェネツィアは航海法を導入し，ヴェネツィア海運業を保護したものの，長期的には，ヴェネツィアのみならずイタリアの海運業は衰退していった[52]。

---

49) フェルナン・ブローデル，浜名優美訳『地中海Ⅰ　環境の役割』藤原書店，2004年，235頁。

50) ブローデル『地中海』235-236頁。

51) Fernand Braudel, "A Model for the Analysis of the Decline of Italy", *Review (Fernand Braudel Center)*, Vol. 2, No. 4, 1979, p. 653.

52) 中平希『ヴェネツィアの歴史——海と陸の共和国』創元社，2018年，272頁。

図2-9　ヴェネツィアのガレー船

フランスの地中海貿易

イタリアと同様，フランスもレヴァントと盛んに貿易をしていた。このフランスのレヴァント貿易については，深沢克己著『商人と更紗』が，国際的な研究水準を表す。深沢によれば，18世紀の地中海内貿易の中心になったのは，フランスのマルセイユであった。毛織物はラングドックで集中的に生産され，輸出はマルセイユ商人に独占された。そして，販売先はほぼオスマン帝国に限定されていた。

1660年代後半から半世紀以上にわたって東地中海の商業覇権を握っていたイギリスのレヴァント会社に対抗して，1720年代から，マルセイユ商人がレヴァントへの毛織物輸出を伸ばすことに成功する。

製造原料はスペイン産の羊毛であり，この良質の羊毛を用いて，比較的薄地の上製羅紗織が製造された。染料としては，スペイン領アメリカ植民地から輸入されたコチニールが用いられた。商品を売って資金を回収するには12-15か月間かかり，それに耐えうるだけの資金があったのは，マルセイユ商人だけであった。

戦時においてマルセイユの毛織物輸出のため使用された船は，イギリス船やオランダ船，スウェーデン船などの北方ヨーロッパの船であった。1723-35年におけるマルセイユからレヴァントへの毛織物輸出量は，年平均17.6パーセントの成長率を達成する。しかし，1738-44年になると輸出量は低下する。だが，1758-77年に再び，マルセイユからレヴァントへの毛織物輸出量は著しく上昇する。

18世紀後半においては，飢饉と疫病により，シリアとメソポタミアの人口が減少したと推測されている。したがってレヴァントの毛織物市場の規模の拡大は見込めなくなっていた。さらに18世紀末になるとオスマ

ン帝国内部でスルタンの統治能力が弱体化し，この地域への毛織物輸出
は困難になった。さらにイギリスのレヴァント貿易が1775年頃から復活
するなどして，フランス産毛織物の地位は大きく揺らぐ。ラングドック
の毛織物産業は，以降，衰退していくことになった[53]。

　マルセイユの毛織物貿易の興亡は，オスマン帝国によって決まったよ
うである。おそらくイタリアの地中海貿易の盛衰も，オスマン帝国の動
向に大きく左右されたであろう。東南アジア・インドから地中海におよ
ぶ異文化間交易のなかで，ヨーロッパはマイナーな地位しか占めてはい
なかったのだ。

　しかも，18世紀になると，おそらくオスマン帝国の経済力は低下した。
にもかかわらず，イタリアにせよフランスにせよ，地中海貿易において
オスマン帝国に大きく依存していた。それは，ヨーロッパの地中海貿易
の成長にとって，大きなマイナス要因となった。

6　地中海を飲み込む北海・バルト海

北海・バルト海・地中海の資源

　イギリスの石炭は，北海に面する諸地域に輸出された。北海とバルト
海沿岸では，前者の方が人口は稠密である。したがって熱源として，木
炭だけではなく石炭も必要とされた。そのすべてではないにせよ，一部
を供給したのはイギリスであった。イギリスの石炭は，デンマーク（ノ
ルウェー），ドイツ，さらにはオランダに輸出された。イギリスはいわ
ば，北海経済圏の熱源の安全弁として機能したのである。

　バルト海地方は，熱源としては，石炭地帯ではなく木炭地帯であった。
そもそもバルト海地方の人口はあまり多くない。そのため，石炭を使用
する必要はあまりなかった。またバルト海地方には森林資源が豊富であ
り，木炭が大量に利用できたことも重要であろう。

　それに対して地中海経済圏においては，森林資源が枯渇していったの
で，木炭はあまりなかった。さらに，イタリアにはイギリスと比べると

---

53)　深沢『商人と更紗』第 6 章，211-257頁。

はるかに少ない石炭生産量しかなかった。たとえばこんにちのイタリア
では，石炭はほとんど生産されていない。したがってイタリアの経済成
長は，天然資源の付与という点で大きな限界があった。イタリアから，
世界最初の産業革命が生み出される可能性があったとは思われないので
ある。

　地中海世界は，そしてイタリアは，おそらく近世のどこかで，生態的
な限界に直面することになった。

地中海の穀物不足[54]

　ヨーロッパ全体の穀物不足についてはすでに言及したので，ここでは
地中海に目を向けたい。地中海もまた，穀物不足に見舞われることにな
った。元来，地中海は，穀物については自給自足することができた。し
かし，食糧価格が上昇することになった。たとえばヨーロッパの小麦価
格は，16世紀に入る頃から上昇しはじめ，金に換算した場合，1600年頃
にピークに達した[55]。

　しかも，デンマークの歴史家クリストフ・グラマンによれば，この頃，
地中海全域に食糧不足が発生していたのである。そのため，17世紀初頭
のイタリア人商人は，外国船の進出を許すほかなかった[56]。ジェノヴ
ァ，ヴェネツィア，リヴォルノは，穀物を大量に輸出していたダンツィ
ヒと定期的な事業関係を結んだ。

　食糧不足は，程度の差はあれ，ヨーロッパ全土でみられた現象であっ
た。地域による偏差を正確に知ることは，残念ながら困難であるが，北
大西洋諸国と比べると，地中海諸国の方が食糧不足は深刻であったこと
は，間違いない。それは，オスマン帝国も含め，地中海地方は元来食糧
の自給自足が可能であったが，16世紀末になるとそれが不可能になり，
輸入が増えたことからも明らかであろう[57]。ブローデルはいう。「16世

　54）　ここでの議論については，玉木『北方ヨーロッパの商業と経済』第2章，71-98頁
を参照せよ。

　55）　F. Braudel and F. C. Spooner, "Prices in Europe from 1450 to 1750", in E. E. Rich and
C. H. Wilson (eds.), *Cambridge Economic History of Europe*, IV, London and New York, 1967,
p.464.

　56）　Cf., K. Glamman, "European Trade, 1500-1700", in Carlo M. Cipolla (ed.), *Fontana
Economic History of Europe*, Glasgow, 1970, pp.427-526.

表2-4　リヴォルノ港に入港した船舶数

（単位：隻）

年　度	ルアン	カレー	ディエプ	モスクワ	アムステルダム	ダンツィヒ	ハンブルク	リューベック	エムデン	アントウェルペン	イギリス
1573-74	-	-	2	-	-	-	-	-	-	-	12
1577-78	-	-	1	-	-	-	-	-	-	-	7
1578-79	-	-	-	-	-	-	-	-	-	-	9
1580	-	2	-	-	-	-	-	-	-	-	2
1581	-	-	-	-	-	-	-	-	-	1	13
1582	-	-	-	1	-	-	-	-	-	-	10
1583	-	-	-	-	-	-	-	-	-	-	4
1584	-	-	-	-	-	-	-	-	-	-	6
1585	-	-	-	-	-	-	-	-	-	1	8
1590-91	1	-	-	-	12	7	12	-	-	-	6
1591-92	-	-	-	-	37	8	33	9	2	-	3
1592-93	-	-	-	-	29	14	14	2	3	-	16

出典）F. Braudel et R. Romano, *Navires et Marchandise a l'entree du port du Livourne (1547-1611)*, Paris, 1950, p. 50f.

紀は都市世界に対し常に微笑んできたわけではない。食糧不足と疫病が立て続けに都市を襲った。輸送の遅さと高すぎて手の出ない値段の輸送コスト，収穫の不安定のために，どの都市も年がら年中食糧危機にさらされている。ごくわずかな余分な負担があれば都市は参ってしまう」[58]。

　地中海地方では，1570年頃から，オランダ船が活躍しはじめる。それは，この地方が，北方ヨーロッパからの穀物輸入を余儀なくされたからである。表2-4はブローデルとロマーノが作成したリヴォルノ港に入港する船舶数を書いた非常に有名な表である。リヴォルノは自由港であり，外国の商人に良い施設を提供できたために発展した[59]。表2-4に示され

---

57)　石坂昭雄「オランダ共和国の経済的興隆と17世紀のヨーロッパ経済──その再検討のために」『北海道大学　経済学研究』第24巻，第4号，1974年，35頁。

58)　ブローデル『地中海』550頁。

59)　Corey Tazzara, *The Free Port of Livorno and the Transformation of the Mediterranean World, 1574-1790*, Oxford, 2017

ているように，アムステルダム，ダンツィヒ，ハンブルクからの船舶数
が大幅に上昇している。しかも小麦，とりわけ北欧小麦——おそらくポ
ーランドから——の輸入量が急増していることは，注目に値する。これ
は単に一時的な食糧不足ではなく，地中海地方の慢性的食糧不足を意味
した。地中海の人々は，バルト海地方，とくにポーランド産の穀物の輸
入によって，生き延びることができた。しかもその穀物は，地中海の船
ではなく，おそらくはオランダ船であった。

　このように，北海に面するオランダ船で，バルト海地方で生産される
穀物が地中海に輸送された。ここから，地中海が北海・バルト海交易圏
に飲み込まれていったのであって，その逆ではないことがわかる。この
点は，大いに注目すべきである。

北方ヨーロッパの船舶[60]

　近世全体でみると北方ヨーロッパから地中海に航海し，貿易活動に従
事した船でもっとも多かったのはイングランド船であり，ついでオラン
ダ船であった。しかここで取り上げるのはスウェーデンである。それは，
地中海における海運業の研究がおそらく英蘭の船舶よりもすすんでいる
こと，そして近世のスウェーデンは，ヨーロッパ有数の海運国家となっ
たからである。1724年にスウェーデン航海法（Poduktplakatet）を発布
すると，スウェーデンの海運業は，さらに活発になった。

　スウェーデンは，地中海へと進出する。17世紀後半になると，地中海
のさまざまな港へと，地中海の産品を運ぶトランプ海運（tramp ship-
ping）がしばしばおこなわれるようになる。このように，スウェーデン
海運業の発展の重要性を主張するのは，レオス・ミュラーである[61]。
スウェーデン西岸ないしスウェーデン領ポンメルンを出航した船は，同
じ航海のシーズン中にスウェーデンと地中海とを行き来したが，ストッ
クホルムや現在のフィンランドからの船は，６月から８月のあいだに航

　60）　ここでの議論に関しては，坂野・玉木「近世ストックホルムの貿易」をみよ。

　61）　レオス・ミュラーの研究としては，以下を参照せよ。Leos Müller, *The merchant
Houses of Stockholm, c. 1640-1800: A Comparative Study of Early-Modern Entrepreneurial
Behavior*, Uppsala, 1998: Leos Müller, *Consuls, Corsairs, and Commerce: The Swedish
Consular Service and Long-distance Shipping, 1720-1815*, Uppsala,2004: レオス・ミュラー著,
玉木俊明・根本聡・入江幸二訳『近世スウェーデンの貿易と商人』嵯峨野書院，2006年など。

6　地中海を飲み込む北海・バルト海　　　115

表2-5　ストックホルムとマルセイユ，カリャリを往来した船舶数

		1760-69年	1770-79年	1780-89年	1790-99年	1800-09年	1810-15年
マルセイユ	西航船数	15	85	111	22	16	6
	東航船数	5	16	19	12	9	1
カリャリ	西航船数	4	7	4	3	1	0
	東航船数	174	199	132	67	36	1

出典）STR-Online

海を開始し，翌年の航海のシーズンになってようやく帰国することもあった。このような船が，トランプ海運に従事したのである。スウェーデン船は，マルセイユとリヴォルノ間の航海のために使用された。

　もっと具体的にトランプ海運についてみていこう。表2-5は，ストックホルムからフランスの地中海側の代表的な都市であるマルセイユ，そしてサルデーニャのカリャリへ向かった西航船の数とマルセイユ，カリャリからストックホルムへ向かった東航船の数を示したものである。

　ここではまず，マルセイユに注目しよう。この貿易港では，スウェーデンの西航船の数が東航船の数を上回っていることがわかる。これは，マルセイユに向かった船舶の多くは，マルセイユから帰港したわけではないことを示している。

　つぎに，カリャリをみよう。カリャリは，マルセイユとは対照的に，西航船数は東航船数を大きく下回っている。マルセイユに向かった船舶やカリャリからきた船舶は，まずエーアソン海峡を通過する際にマルセイユに向かうと宣言し，実際にマルセイユに向かうか，地中海に向かい，さらに地中海でトランプ海運に従事していたと推測される。実際に，スウェーデンの商品を積みマルセイユに向かったスウェーデン船が，マルセイユで積荷を下ろした後，ワインやブランデーといったフランス商品を地中海内の地域に輸送し，南欧の塩を本国に帰港する際に輸送した事例がある[62]。また，マルセイユで降ろされた鉄の一部は，オリエントやバーバリ諸国（北アフリカ）などに再輸出されたこともあった[63]。こ

　62）　Pierrick Pourchasse, "Trade between France and Sweden in the Eighteenth Century", *Forum Navale*, Vol.67, 2011, pp.92-104.

　63）　Karl-Gustaf Hildebrand, "Foreign Markets for Swedish Iron in the 18th Century", *Scandinavian Economic History Review*, Vol.6, 1958, pp.37-52.

の事例からも，マルセイユへ向かった西航船は地中海での海運業や貿易に従事したことがあったと考えられる。

　さらに，ポルトガルに向かったスウェーデン船は，この地で植民地物産を積み，地中海諸都市へ航海し，そこで越冬し，セトゥバルや地中海諸都市から塩を積んでスウェーデンに帰港することもあった[64]。マルセイユと同様に，ストックホルムからポルトガルに向かった船も，地中海におけるトランプ海運に従事したと考えるべきであろう。

　地中海でスウェーデン船が使われたのは，中立船であり，戦争による影響を受けることが少なかったからである。しかしまた，イタリアで造船業に必要な木材が枯渇していったことが理由として考えられよう。イングランド船，オランダ船，さらにはスウェーデン船が活躍し，イタリア船の活動は低下していった。

　さらに，イタリアの毛織物生産量は低下した。それについては，ラップの研究が有名である。ラップはイングランドとヴェネツィアの毛織物競争に焦点を絞って論を展開する。ラップの主張によれば，ヴェネツィアは「成熟した経済」であり，イングランドは「発展途上の経済」である。後者が前者を追い落とすためには非常に安い値段で商品＝毛織物を販売する必要があり，そのため品質を落とした。一方，ヴェネツィアの主眼は，品質維持におかれていた。イングランドはヴェネツィアの商標を真似し，ヴェネツィア製毛織物と比べると粗悪な毛織物（新毛織物）を売り，ヴェネツィア市場を脅かしたというのである[65]。

　だが，そもそも奢侈品の市場と安価な商品の市場とは異なる。また，消費者は，短期的にはともかく，長期的にヴェネツィアの毛織物とイングランドの毛織物の区別がつかなかったとは思われない。むしろイングランドは，新毛織物というより安価な製品によって，より下層の人々のマーケットを獲得していったと考えるべきである。その毛織物は，イタ

　64）　Magnus Mörner, "Swedish Trade and Shipping with the Iberian Peninsula: From the 16th Century to the Early 19th Century", in Enrique Martínez Ruiz and Magdalena Pi Corrales (eds.), *Commerce and Navigation between Spain and Sweden throughout history*, Madrid, 2000, p.112.

　65）　R. T. Rapp, "The Unmaking of the Mediterranean Trade Hegemony: International Trade Rivalry and the Commercial Revolution", *Journal of Economic History*, Vol.35, No.3, 1975, pp.499-525.

リア船ではなく，イングランド船で輸送された。

お わ り に

　18世紀になってもバルト海地方での海運業ではオランダに勝てなかっ
たイングランドであったが，地中海では，互角以上の戦いができた。地
中海にはバーバリ海賊がいたので，バルト海で使用していたフライト船
のような非武装船は使えず，バルト海貿易で享受していた利点を，オラ
ンダは地中海の貿易では使うことができなかった。

　北海に面するイングランド，オランダ，さらにバルト海地方に位置す
る，スウェーデンのほかに，どちらの海にも接するデンマーク船も地中
海海運で活躍した。デンマークもスウェーデンと同様中立政策をとり，
地中海での貿易を伸ばすことができた。

　北海・バルト海諸国の船舶が地中海にどっと押し寄せてきたのに対し，
地中海の船は，ほとんど北の海に行くことはなかった。北海・バルト海
に面する国々によって，この二つの海と地中海が一つの経済圏になった
のであり，その逆ではなかった。イタリア船が地中海で活動しなかった
のではない。北海・バルト海では活動しなかったのである。この点から
も，北方ヨーロッパがヨーロッパ地中海世界に対してもった優越性がわ
かるであろう。ブローデルがいうように，地中海人は，15世紀末にはじ
まった世界支配の勝負で，北方ヨーロッパや大西洋の船員に対して，決
定的に負けることになる宿命であった[65]。

　オランダを中心として16世紀に生まれたヨーロッパ世界経済は，北方
ヨーロッパの海運業の発達により，地中海を飲み込んでいったのである。

---

　65)　ブローデル『地中海』228頁。

第3章

大西洋経済の形成

―――――

は じ め に

　大西洋は北海・バルト海・地中海よりはるかに大きく，約8,860平方キロメートルもある。

　大西洋は北海と同様，開かれた海である。しかしおそらく，北海ほどには外海からの影響は受けない。その面積はこれまで述べた海よりもはるかに大きい。北大西洋は，北米大陸とユーラシア大陸が分離した時期，南大西洋はアフリカ大陸と南米大陸の分離によって生じた。それは，今から1億年以上前のことであった。

　このように，他の三つの海と比較するときわめて古い海であるが，世界の大洋のなかでは比較的新しい海である。そのため，生物の種類は他の大洋よりも少ない。大西洋の水深は，平均で5,000メートルにも達し，この点でも他の三つの海とは大きく異なる。その大西洋がヨーロッパ世界経済に取り込まれるのは，コロンブスが新世界に到達してからかなりたってからのことであった。

　コロンブスが大西洋を横断し，新世界，より正確には，西インド諸島のサン・サルバドル島に到着したのは，1492年のことであった。現実にはアメリカ大陸はヨーロッパ人にとってまったく未知のものとはいえず，漁師のあいだでは，ヨーロッパからずいぶん西側まで航海した場所に，未知の大陸があるということは噂されていたらしい。また11世紀末には，すでにアラブ人にアメリカの存在が知られていたかもしれない[1]。さら

120 第 3 章　大西洋経済の形成

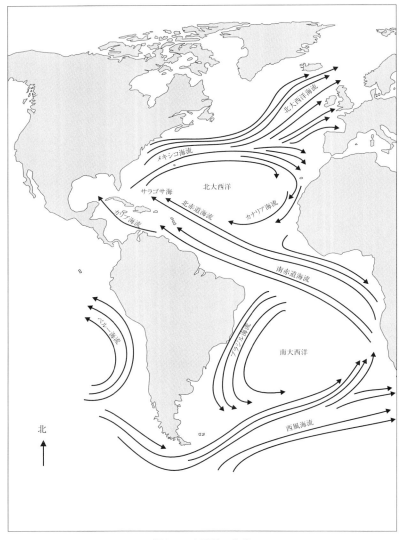

図3-1　大西洋の海流

に，考古学的発掘により，紀元前1500年頃に，西アフリカの黒人が西イ
ンド諸島に渡ったことも明らかになっているといわれる[2]。

　図3-1にあるように，西アフリカからはアメリカ大陸に向かって海流
が流れており，それに乗りさえすれば，西アフリカから新世界に行くこ
とは，比較的容易であったと思われる。現地のアフリカ人が，それを知
っていた可能性は否定できない。ただ残念ながら，彼らがそれを知って
いたのかどうか，現在のところそれを調べるすべはない。

　しかし，コロンブスのアメリカ大陸の「発見」（いうまでもなく，本人
はその地がインドだと信じていたが），さらにはそれに続くヨーロッパ人
の大西洋を横断した諸活動によって，やがてヨーロッパが他地域を圧倒
するほどの経済力・軍事力をもつことを可能にしたこともまた事実なの
である。とはいえ，大西洋経済形成には，かなりの時間がかかった

　16世紀には，現在のボリビアにあるポトシ銀山をはじめとしてさまざ
まな鉱山が開発され，スペインを経由してヨーロッパに大量に銀が流入
した[3]。それは，当時ヨーロッパ最大の銀産出高を誇っていた南ドイツ
の銀生産量を大きく上回るものであった。そのためヨーロッパで銀の流
通量が増え，物価騰貴を招いたという説さえある[4]。

　アジアとの関係でいえば，南米の銀は，アジアとの貿易赤字を補填す
るために必要であった。南米の銀を輸出することで，ヨーロッパはアジ
アとの貿易をおこなうことができたのである。もし南アメリカ大陸が発
見されていなかったなら，ヨーロッパ人がアジアに輸出できるものは，
ほとんどなかったのである。

　さらに，新世界にヨーロッパ産の商品や家畜が流入し，新世界からヨ

---

　　1)　Susanne Billig, *Die Karte des Piri Re'is: Das vergessene Wissen der Araber und die Entdeckung Amerikas*, München, 2017, S. 261.

　　2)　Ivan Van Sertima, *They Came Before Columbus: The African Presence in Ancient America*, New York, 2003; 彼の主張は歴史学界では無視されているが，おそらく，たまたま新世界にまで海流に乗って渡った黒人はいただろうと私は考えている。その頻度についてはわからないものの，ごく稀だったことはほぼ間違いない。ただ西アフリカの黒人が海流に乗れば，新世界に渡れると知っており，その知識をヨーロッパ人が利用するようになったと考えるのが合理的だと思われる。

　　3)　Richard Ehrenberg, *Das Zeitalter des Fugger*, Berlin, 1896（2015）；瀬原義生『中・近世ドイツ鉱山業と新大陸銀』文理閣，2016年。

　　4)　Earl Jefferson Hamilton, *American Treasure and the Price Revolution in Spain, 1501-1650*, Cambridge, Mass., 1934.

図3-2 大西洋世界

ーロッパには、さまざまな作物が輸出された。これは、「コロンブスの交換」とよばれる[5]。

　だが、銀以外の新世界の物産がすぐに大量にヨーロッパに流入してきたわけではない。新世界がヨーロッパに与えたインパクトは、当初はあまり大きいものではなかった。実際、イングランドにおいてさえ、新世界との貿易が北海・バルト海のそれを上回るのは、18世紀後半のことだ

---

5) Alfred Crosby, *The Columbian Exchange: Biological and Cultural Consequences of 1492*, Santa Barbara, 1974.

ったとされる[6]。おそらく一般的に考えられているのとは異なり，新世界からヨーロッパが輸入する商品が大きく増えたのは，ほとんどの国で，18世紀，とくにその後半のことにすぎなかった。

このように長い時間がかかったのは，当時のヨーロッパの技術では，大西洋は大きすぎたからだというのが妥当な結論であろう。ヨーロッパ人が知悉していた北海・バルト海・地中海という海と比較するなら，大西洋はあまりに巨大であった。大西洋経済を形成するシステムは，ヨーロッパ人にとってまったく未知のものであり，完成までにはきわめて時間がかかったのは当然である。したがってパトリック・オブライエンが，大西洋経済形成のコストが，そこからえられた利益を上回るほど大きかったのかという疑問を提起したのも理解できよう[7]。しかしまた忘れてならないのは，膨大なコストをかけて形成された大西洋経済なしには，産業革命もヨーロッパの台頭も考えられないということである。

本章で取り扱われるのは，当然，大西洋経済の形成であるが，大西洋経済形成に参画した国々の特徴，さらにそのような貿易——帝国間貿易——を結びつけた商人のネットワークについても論じる。

1　大西洋経済の勃興

ヨーロッパの内海になった大西洋

大西洋という海を「ヨーロッパ人の内海」に変貌させるための時間と費用は，信じられないほど莫大なものであった。黒人奴隷をアフリカから新世界に運び，彼らにプランテーションなどで労働させ，栽培した商品をヨーロッパに送った。これほど大規模で短期的な人口移動は世界史上はじめてであり，それを完成させたからこそ，ヨーロッパ経済は大きく発展した。言い換えるなら，それほどのコストをかけても，大西洋経

---

6)　David Ormrod, *The Rise of Commercial Empires: England and the Netherlands in an Age of Mercantilism, 1650-1770*, Cambridge, 2003, p.354.

7)　Patrick Karl O'Brien, "The Economics of European Expansion Overseas", V. Bulmer-Thomas et al (eds.), *Cambridge Economic History of Latin America*, Cambridge, 2006, pp.7-42.

済形成は，ヨーロッパ人に見合うほどの利益を与えたのである。

　新世界を征服していった国は多数あるが，まずスペイン・ポルトガルというイベリア諸国が，ついでイギリスやフランスが征服していったのであり，イギリス・フランスという二大国が遅れて登場したことに注意しなければならない。しかも，たとえば七年戦争（1756-63年）の直後でさえ，北米よりもカリブ海諸島の方が経済的に重要だったことにも注目すべきである。要するに，18世紀後半に至るまで，大西洋経済とは基本的には（中）南米経済を意味したのであり，北米経済の重要性はそれと比較すると小さかったのである。

　そして18世紀のヨーロッパが新世界から輸入した商品のなかで，もっとも重要なものは砂糖であった。さらにイギリスが輸入した綿花がイギリスで綿製品となり，産業革命を引き起こすが，大西洋貿易全体をみれば，それは例外的現象であった。イギリスの大西洋貿易だけが，産業革命を生み出したのである。しかしいかに例外的であろうと，それが世界の歴史に大きな変革をもたらしたことも忘れてはならない。

　ジョルジオ・リエロによれば，「ヨーロッパがアジアでの貿易を開始したまさにそのときから，綿が，アジア域内交易ないし故郷ヨーロッパの消費者にとどまらず，アフリカ，南北アメリカ，中東の市場での主要商品になる可能性があると，十分に評価されていたのである」[8]。それを機械化によって成し遂げたのが，イギリスであった。たしかにリエロがいうように，綿はすでに国際商品であったからこそ機械化できたのは疑いの余地のない事実であるが[9]，それと同時に，最初に機械化したのがイギリスであったという事実は，いくら重視してもしすぎることはないのである。

大西洋経済勃興の概観

　17世紀のヨーロッパ経済の中核がオランダであったとすれば，18世紀になると，英仏が抗争を繰り広げるが，最終的に1815年にイギリスが勝利を握る。しかし，18世紀のイギリス経済は，少なくとも表面上は，他

---

[8]　Giorgio Riello, *Cotton: The Fabric that Made the Modern World*, Cambridge, 2013. p.137.

[9]　Riello, *Cotton*, p.149.

1　大西洋経済の勃興

国を圧倒するようにはみえなかったはずである。

18世紀のイギリスの経済発展は，大西洋貿易との関係で論じられることが多い。北米の植民地との貿易増は18世紀イギリス経済の特徴を示すことはいうまでもない。川北稔は，砂糖，タバコ，さらには綿花がカリブ海ないしアメリカ南部の植民地で栽培され，そのための労働力として西アフリカから黒人奴隷が連れていかれるというシステムこそ，イギリスが形成した経済システムであったという[10]。しかし，これは全体しては，イギリスが他国から輸入したシステムであった。

大西洋貿易拡大は，なにもイギリスにかぎったことではなかった。フランス，オランダ，デンマーク，スウェーデン，スペイン，ポルトガルもまた，大西洋に参画していた。あるいは，ハンブルクという小都市でさえ，奴隷貿易をおこなっていた。さらに，すでに現在では，フランスの大西洋貿易の成長率が，フランス革命直前にはイギリスのそれを上回っていたことが明らかになっている[11]。

東インドとの貿易に隠れて目立たなかったオランダの大西洋貿易も，現実にはかなり大きく拡大していたことが明らかになった[12]。18世紀のオランダに富をもたらしたのは，東インド会社ばかりではなかった。

北欧の小国であるデンマークとスウェーデンもまた，西インドに植民地をもち，積極的に大西洋貿易に乗り出した。デンマークは砂糖を生産し，さらに奴隷貿易をおこなった。スウェーデンは，アメリカ独立戦争期に中立貿易で巨額の利益を獲得した[13]。

スペインとポルトガルは，南米との貿易で巨額の利益をえた。おそらく，一般的イメージとしては，18世紀のイベリア両国は経済的な衰退を迎えていたと考えられているであろうが，南米からの砂糖・コーヒーの輸入は，急速に増えていたのである。

---

10)　川北稔『工業化の歴史的前提——帝国とジェントルマン』岩波書店，1983年，159-175頁。

11)　服部春彦『フランス近代貿易の生成と展開』ミネルヴァ書房，1992年。さらに，服部春彦『経済史上のフランス革命・ナポレオン時代』多賀出版，2009年も参照せよ。

12)　Johannes Postma and Victor Enthoven, *Riches from Atlantic Commerce: Dutch Trasatlantic Trade and Shipping, 1585-1817*, Leiden 2003; Wim Klooster and Gert Oostindie, *Realm between Empires: The Second Dutch Atlantic, 1680-1815*, Ithaca and London, 2018.

13)　この点については，レオス・ミュラー著，玉木俊明・根本聡・入江幸二訳『近世スウェーデンの貿易と商業』嵯峨野書院，2006年。

こう考えるなら，やはり大西洋貿易拡大におけるイギリスの地位は，かなり過大視されているといってよいであろう。さらに，少なくとも日本においては，18世紀に関しては，北大西洋貿易と比較すると，南大西洋貿易の研究ははなはだしく遅れている。両地域の貿易額を比較すると，南大西洋の貿易額の方が多かった可能性はきわめて高い。したがって，むしろ問題とすべきは，イギリスと他国との大西洋貿易システムの相違である。さらにそれは，ヨーロッパ内交易における，イギリスの独自性にも関係している。

大西洋貿易とヨーロッパ内貿易の関係

現在もなお，イギリスの大西洋貿易研究は，他国のそれと比較するなら，はるかに進んでいる。それゆえイギリスの貿易システムこそが典型的だと思われがちであるが[14]，現実にはイギリスの貿易システムそのものが特殊であったことに注目すべきである。

18世紀のヨーロッパ内部においては，一人一人の商人は，国家の保護にあまり頼ることなく貿易ができた。しかし大西洋はバルト海や北海と比較するとはるかに大きく，具体的な統計はないが，貿易に投下される資本はずっと多額であったと推測される。そもそもイギリスとフランスは，18世紀をとおして新大陸植民地争奪戦争をおこなっていたのだから，大西洋貿易は，ヨーロッパ内貿易に比べて，はるかに国家間の競争が激しかったのである[15]。

たしかに，商人は，大西洋貿易に従事するとしても，国家というものをあまり意識することはなかったのも事実である。たとえば18世紀ポルトガルのマデイラ諸島から大西洋をへてアメリカに輸出されるワインを扱ったデイヴィッド・ハンコックの『ワインの大洋』では，戦争の話がほとんど出てこない。商人は，非常に自由に貿易に従事できたという印

14）　たとえば川勝平太『日本文明と近代西洋──「鎖国」再考』NHK ブックス，1991年。

15）　さらにまた，この戦争によりイギリスの海上保険制度が整備されていった。A. H. John, "The London Assurance Company and the Marine Insurance Market of the Eighteenth Century", *Economica*, New Series, Vol.25, No.98, 1958, pp.126-141; Geoffrey Clark, "Insurance as Instrument of War in the 18th Century", *The Geneva Papers and Risk Insurance*, Vol.29, No.4, 2004, pp.247-257.

象を受ける。間違いなく，大西洋はコスモポリタンな商人の世界であった[16]。

　だが，大西洋のような広大な地域で貿易するには，国家が軍事力を用いて保護する必要があったことを忘れてはならない。商人が意識せずとも，国家が貿易活動に大きく介入していたのである。商業面からみれば，18世紀のあいだ，ヨーロッパ諸国は大西洋貿易を拡大するために戦争をおこなっていたのであり，それに比べれば，バルト海地方での戦争は，より政治的なものであり，貿易にあまり大きな影響をおよぼすものではなかった。大西洋貿易の拡大によって，ヨーロッパははじめて，世界的規模での経済戦争に突入したのである。大西洋貿易で商人が感じた自由は，国家の保護下での自由だったかもしれないのだ。

　大西洋貿易とヨーロッパ内貿易とでは，このように，大きな差異がみられた。すなわち，18世紀のヨーロッパ諸国は，新大陸との貿易においては，ときには間接的だとしても，国家の強力なバックアップを受けた貿易システムを採用したのに対し，ヨーロッパ内部では，いまだ自由な商人のネットワークが機能していたといえるのである。少なくとも，国家の介入度は低かったと推測される。ヨーロッパ諸国は，大西洋貿易においては自国の船を使っていたとしても，北海・バルト海においては，他国の船を使うことも多かった。不正確ではあるがわかりやすい表現を用いるなら，大西洋貿易は規制貿易（regulated trade），北海・バルト海貿易は自由貿易（free trade）であった。しかし，イギリスにはこの法則はあてはまらない。イギリスは，例外的な国であった。しかしこれまでの歴史学では，その例外こそスタンダードだと思ってきたのである。

　以下で提示されるのは，大西洋貿易の外観と，イギリスの特殊性である。

---

16) David Hancock, *The Oceans of Wine: Madeira and the Emergence of American Trade and Taste*, New Heaven, 2009; また，以下もみよ。David Hancock, *Citizens of the World: London Merchants and the Integration of the British Atlantic Community*, 1735-1785, Cambridge, 1995.

2　大西洋貿易の特徴

砂糖革命

　歴史上，「砂糖革命」と呼ばれる現象がある。新世界にサトウキビが持ち込まれ，砂糖の生産が増えたために砂糖の生産量が大きく増えたことを意味する用語である。新世界は，「砂糖の王国」であったというわけだ[17]。

　そもそも砂糖の原産地は東南アジアであった（図3-3を参照）。紀元前8000年頃にこの地で生産された砂糖が，非常に長い時間をかけ，新世界で生産されるようになったのである。新世界では，プランテーションで黒人奴隷に労働させることで，砂糖の生産量は一気に増えた[18]。もち

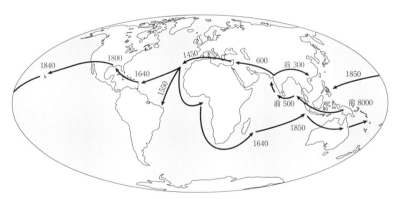

図3-3　砂糖生産の拡大

出典）Urmi Engineer, "Sugar Revisited: Sweetness and the Environment in the Early Modern World", in Anne Gerritsen and Giorgio Riello (eds.), *The Global Lives of Things: The Material Culture of Connections in the Early Modern World*, London and New York, 2016, p. 200.

　17）　B. W. Higmen, "The Sugar Revolution", *Economic History Review*, 2nd ser., Vol.53, No.2, 2000, pp.213-236; シドニー・W・ミンツ著，川北稔・和田光弘訳『甘さと権力——砂糖が語る近代史』平凡社，1988年。川北稔『砂糖の世界史』岩波ジュニア新書，1996年，など。

　18）　Urmi Engineer, "Sugar Revisited: Sweetness and the Environment in the Early Modern World", in Anne Gerritsen and Giorgio Riello (eds.), *The Global Lives of Things: The Material Culture of Connections in the Early Modern World*, London and New York, 2016, p. 200.

2　大西洋貿易の特徴

ろんこの革命には，森林資源伐採を代表とする環境問題が含まれていた。

　15世紀になると，砂糖生産では奴隷が主たる労働力となり，遅くとも17世紀には，新世界が砂糖生産の中心地となった。そして，その一方で中国では，依然として小規模な生産が続いていた[19]。これは，ヨーロッパとアジアの経済力の相違の要因となった一事例としてみられよう。

　15世紀後半のポルトガルの拡大のあいだに，砂糖生産の拠点は，大西洋，とりわけ諸島に移った。砂糖生産は労働集約的，かつ資本集約的であり，とりわけ重要なのは，資本主義社会において奴隷を生み出す点で，砂糖が中心的な役割を果たしたことであった。サトウキビは，一年を通じて労働を必要とし，そのため自由な労働は，たとえそれが安価であったとしても，サトウキビの栽培には適さなかったのである[20]。

　以下に述べる砂糖生産量の増加は，まさに「砂糖革命」の具体的様相を物語る。

砂糖と奴隷

　川北稔は近世のイギリスは「帝国」としてとらえられ，支配階層はジェントルマンであり，「帝国」と「ジェントルマン」は，切っても切り離せない関係にあったと主張した[21]。たとえイギリスの国内史を研究するとしても，植民地との関係を切り離して論じることはできない。そのイギリスの帝国の核は，本国を別とすれば西インド諸島にあった。

　川北の学説の多くはこんにちも受け入れられているものの，西インド諸島をイギリス帝国の核とする見方は，あまり研究が進んでいない。

　西インド諸島には多数の奴隷が労働していたわけであるから，比較史の観点からは，西インド諸島へのアフリカからの奴隷輸送との関係の研究は，本来，きわめて重要なはずであるが，あまり進んでいない。ここでは，この角度からの比較史の視点を導入する。

　さまざまな国が，大西洋貿易を拡大させたことはすでに述べた。北大

---

19)　Engineer, "Sugar Revisited", p. 200.

20)　Jason W. Moore, "Sugar and the Expansion of the Early Modern World-Economy: Commodity Frontiers, Ecological Transformation, and Industrialization", *Review (Fernand Braudel Center)*, Vol. 23, No. 3, pp. 414-415.

21)　川北『工業化の歴史的前提』。

西洋貿易においてはイギリスとフランスが，南大西洋貿易においてはポルトガルとスペインがその代表である。川北のテーゼのうち，「ジェントルマンの支配」という点は，他国とは直接関係ないが，18世紀の大西洋貿易拡大＝大西洋帝国の形成という点では共通している。このような共通基盤をもとに，さらに各国がどのような点で類似しており，違っているのか，また，各国の大西洋貿易は全体としてどう関係していたのかという点をみていきたい。

奴隷貿易

　奴隷貿易については，イギリスの研究が圧倒的に多く，ヨーロッパ全体を見据えた研究はほとんどない。しかし，現在では奴隷貿易に関するデータベースがあり，そのバイアスを修正してくれる。これこそ，まさに画期的な研究であるが，ここで取り上げる数値自体，その信憑性に疑問はある。この数値が，今後，修正される可能性があることは否定できない。しかしながら，おそらく現在のところこれ以上にまとまったデータはなく，このデータベースを出発点とすることに大きな問題点はないであろう。

　表3-1は，奴隷輸送船の船籍を表したものである。まず驚くべきことは，当初はスペイン船，ついでポルトガル船の比率が高いことである。さらに，全時代をみると，ポルトガル船が輸送する奴隷の総数がもっとも多い。これは，おそらく一般の印象とは大きく異なることであろう。イギリス船がポルトガル・ブラジル船よりも多いのは，1726-1800年のことにすぎない。イギリスの奴隷貿易が他を圧倒しているというイメージは，おそらくここに由来する。また，18世紀にはフランス船による奴隷輸送数も多い[22]。これは，イギリスと同様，フランスもこの世紀に大西洋貿易を拡大したのであり，スペイン，ポルトガルと比較すると，新世界への進出が遅かった結果である。イギリスに関する奴隷貿易研究が他国のそれと比較して圧倒的に多く，しかもそのほとんどすべてが世界語である英語で書かれてきたわけであるから，イギリスの奴隷貿易が

---

　22)　イギリスの奴隷貿易を論じた重要な研究として，William A. Pettigrew, *Freedom's Debt: The Royal African Company and the Politics of the Atlantic Slave Trade, 1672-1752*, Chapel Hill, 2016.

過大評価されてきたことは否めない[23]。また，さきに述べた川北の研究自体，このような前提に依拠している。

　さらに表3-2は，奴隷上陸地域を分類している。17世紀において，まずスペイン領アメリカが，つぎにブラジルが多くなることがわかる。スペインから，ポルトガルへと，奴隷貿易の中心が移っていくことが示される。18世紀になると，奴隷輸送数は，イギリス領カリブ海，ブラジル，フランス領カリブ海という順になる。

　もう少し細かくみていこう，イギリスの場合，圧倒的にジャマイカに送られる奴隷が多い。全時代を通して，120万人の奴隷が，この地に送られた。これは，砂糖プランテーションで働く奴隷を輸送したからであろう。フランスに関してはサン・ドマング（こんにちのハイチ）への輸送が圧倒的に多く，全時代を合計して90万人を超える[24]。これも砂糖プランテーションでの奴隷労働の需要の多さを物語る。スペイン領アメリカについては，17世紀には中米が多いが，18世紀になると，そのなかでも急速にキューバの比率が高まる。たとえば1771-80年には64,000人ほどであったが，1826-50年には36万人を超える。一方，スペイン領中米は，1601-25年の15万人をピークとして，以後減少していく。これはそのまま，スペイン領アメリカの中核の移動を示す。ポルトガルの場合，18世紀にブラジル南東部とバヒーア（ブラジル北東部の州）への奴隷輸送数が大きく増える。バヒーアは全時代を通じた奴隷上陸数が170万人以上に達し，他のどの地域よりも多い。

　ここから推測されるように，18世紀になって砂糖プランテーションでの奴隷需要が伸びたために，カリブ海からスペイン領の南米とブラジル東部にかけ，奴隷輸送数が急速に増加した。さらに，奴隷貿易に関しては，北米の比率はかなり低い。18世紀の大西洋経済全体に占める北米の比重は，まだまだ小さかったのである。現在日本でイメージされている大西洋貿易像は大きく修正する必要があろう[25]。

　23）　しかもイギリスの研究は，他国との比較の視点に欠けることがある。典型的な例として，John J. McCusker and Kenneth Morgan（eds.），*The Early Modern Atlantic Economy*, Cambridge, 2001.

　24）　サン・ドマングでは，イギリスのカリブ海植民地を合わせたのと同程度の砂糖を生産していた。Leonardo Marques, *The United States and the Transatlantic Slave Trade to the Americas, 1776-1867*, New Heaven and London, 2016, p.38.

（単位：人）

表3-1　大西洋における奴隷の輸送数（船舶）

	スペイン／ウルグアイ	ポルトガル／ブラジル	イギリス	オランダ	合衆国	フランス	デンマーク／バルト海地方	合計
1501-25	6,363	7,000	0	0	0	0	0	13,363
1526-50	25,375	25,387	0	0	0	0	0	50,763
1551-75	28,167	31,089	1,685	0	0	66	0	61,007
1576-1600	60,056	90,715	237	1,365	0	0	0	152,373
1601-25	83,496	267,519	0	1,829	0	0	0	352,843
1626-50	44,313	201,609	33,695	31,729	824	1,827	1,053	315,050
1651-75	12,601	244,793	122,367	100,526	0	7,125	653	488,064
1676-1700	5,860	297,272	272,200	85,847	3,327	29,484	25,685	719,674
1701-25	0	474,447	410,597	73,816	3,277	120,939	5,833	1,088,909
1726-50	0	536,696	554,042	83,095	34,004	259,095	4,793	1,471,725
1751-75	4,239	528,693	832,047	132,330	84,580	325,918	17,508	1,925,314
1776-1800	6,415	673,167	748,612	40,773	67,443	433,061	39,199	2,008,670
1801-25	168,087	1,160,601	283,959	2,669	109,545	135,815	16,316	1,876,992
1826-50	400,728	1,299,969	0	357	1,850	68,074	0	1,770,979
1851-66	215,824	9,309	0	0	476	0	0	225,609
合　計	1,061,524	5,848,265	3,259,440	554,336	305,326	1,381,404	111,041	12,521,336

出典）http://www.slavevoyages.org/assessment/estimates

表3-2　奴隷上陸地域

（単位：人）

年代	ヨーロッパ	北米大陸	イギリス領カリブ海	フランス領カリブ海	オランダ領アメリカ	デンマーク領西インド	スペイン領アメリカ	ブラジル	アフリカ	合計
1501-1525	637	0	0	0	0	0	12,726	0	0	13,363
1526-1550	0	0	0	0	0	0	50,763	0	0	50,763
1551-1575	0	0	0	0	0	0	58,079	2,928	0	61,007
1576-1600	266	0	0	0	0	0	120,349	31,758	0	152,373
1601-1625	120	0	681	0	0	0	167,942	184,100	0	352,843
1626-1650	0	141	34,045	628	0	0	86,420	193,549	267	315,050
1651-1675	1,597	5,508	114,378	21,149	62,507	0	41,594	237,860	3,470	488,064
1676-1700	1,922	14,306	256,013	28,579	83,472	22,610	17,345	294,851	575	719,674
1701-1725	182	49,096	337,113	102,333	92,948	10,912	49,311	446,813	202	1,088,909
1726-1750	4,815	129,004	434,859	255,092	85,226	5,632	21,178	535,307	612	1,471,725
1751-1775	1,230	144,468	706,518	365,296	132,091	21,756	25,129	528,156	670	1,925,314
1776-1800	28	36,277	661,330	455,797	59,294	43,501	79,820	670,655	1,967	2,008,670
1801-1825	0	93,000	206,310	73,261	28,654	19,597	286,384	1,130,752	39,034	1,876,992
1826-1850	0	105	12,165	26,228	0	5,858	378,216	1,166,636	111,771	1,700,979
1851-1866	0	476	0	0	0	0	195,989	8,812	20,332	225,609

出典）http://www.slavevoyages.org/assessment/estimates

134　　第3章　大西洋経済の形成

　だが，残念ながら，ここで示されているのは，奴隷輸送数にすぎない。そこで次節以降，もう少し大西洋貿易の内容について論じたい。

3　各国の大西洋貿易

ポルトガル[26]

　1450年代に，ローマ教皇は，ポルトガル王室にアフリカの探検と冒険，さらに異教徒を征服し奴隷にすることを認可した[27]。コロンブスに遅れること8年間，1500年にカブラルがブラジルを「発見」し，南米大陸の東側の多くはやがてポルトガル領となった。正確にいえば，南米東側の多くの部分が，「ブラジル」と呼ばれるようになり，ポルトガル領となった。ポルトガル人は，すでに1420年頃に黒人奴隷を用いたサトウキビ栽培をマデイラ諸島でおこなったことがあり[28]，ブラジルでの砂糖生産は，それもあって大きく増加した[29]。

　ポルトガル領ブラジルは，16世紀中葉に経済的に重要な拠点となった。16世紀のうちに，ブラジルの砂糖生産量は大西洋諸島——マデイラ諸島，サン・トメ島——の生産量を圧倒するまでになった。1612年頃になると，ブラジルは，年間67万2,000アローバ（981万1,680キログラム）の砂糖を生産していたと思われる。ヨーロッパでは，砂糖とはほぼブラジルの砂糖を指すようになったのである[30]。

　25）　ただし，現在のアメリカのミシガン州のノヴァイは，1625年から「為替相場表」が発行されており，この地域とヨーロッパとの取引が多かったことを推測させる。J. J. McCusker and G. Gravestrijn (eds.), *The Beginnings of Commercial and Financial Journalism, Amsterdam*, 1991, pp.379-386.

　26）　ポルトガルの大西洋のディアスポラについて，以下をみよ。Daviken Studnicki-Gizbert, *A Nation upon the Ocean Sea: Portugal's Atlantic Diaspora And the Crisis of the Spanish Empire, 1492-1640*, Oxford, 2007.

　27）　Thomas Benjamin, *Europeans, Africans, Indians and their shared History, 1400-1900*, Cambridge, 2009, p.163.

　28）　1490年代のマデイラでは，200人以上の砂糖プランターがいて，およそ80の製糖所があった。Benjamin, *Europeans, Africans, Indians and their shared History*, p.380

　29）　Christpher Ebert, *Between Empires: Brazilian Sugar in the Early Atlantic Economy, 1550-1630*, Leiden, 2008, p.2.

　30）　Ebert, *Between Empires: Brazilian Sugar in the Early Atlantic Economy*, p.3.

3　各国の大西洋貿易　　　135

　ブラジルが砂糖の主要な生産者になったときには，ポルトガルはヨーロッパのエリート家族への砂糖供給者としての地位を確立していた。しかしそのために必要な費用をポルトガルは単独でまかなうことはできず，ドイツ，イタリア，ネーデルラントの商人が拠出したのである。砂糖生産は，全ヨーロッパを巻き込む企てであった。ポルトガルの首都リスボンが繁栄したのは，それが一つの要因であった[31]。

　もともと，マデイラ諸島の砂糖はブルッヘで販売されていたが，1500年頃サン・トメ島での砂糖生産が急速に拡大したときには，同島とマデイラ諸島で産出された砂糖の集積港としては，アントウェルペンが最適となり，地中海産の砂糖がほぼ消滅し，ポルトガルが独占するようになった[32]。フランドル商人がポルトガル人の主要な取引相手となって，アントウェルペンが，16世紀を通じて最大の市場となった。アゾレス諸島，マデイラ諸島，サン・トメ島での経験から，ポルトガル人は，砂糖こそが利益がでる，居留地の存在を保証するのにふさわしい商品であることを知っていた[33]。

　16世紀において奴隷貿易は，スペインによる輸送数も多いが，ポルトガルによる輸送がもっとも多いことがわかり，さらに表3-2によれば，その多くは，ポルトガルの植民地であったブラジルではなく，スペイン領アメリカに送られている。

　興味深いのは，西アフリカの黒人は，スペイン領アメリカに，スペイン船のみならずポルトガル船で送られたということである。この時点では，国家ではなく，商人がみずから組織して商業活動をおこなっていた証拠だと思われる。

　おそらく，ギニアからの金輸入においても，ポルトガル商人とスペイン商人は協同していたのであり，もちろん彼らはギニアから黒人奴隷も

　31）　イングランド商人も，リスボンを通じてブラジルの貿易に参画していた。Gedalia Yogev, *Diamonds and Coral: Anglo-Dutch Jews and Eighteenth Century Trade*, Leicester, 1978, p.26; したがって，ポルトガル商人の比率は，現実にはここで述べているほどには多くはなかったかもしれないが，ポルトガル商人が積極的に大西洋貿易に乗り出していたことは間違いない。

　32）　David Brion Davis, *Inhuman Bondage: The Rise and Fall of Slavery in the New World*, Oxford, 2008, p.114.

　33）　Ebert, *Between Empires: Brazilian Sugar in the Early Atlantic Economy*, p.23.

136 第 3 章 大西洋経済の形成

輸入していた。そして，そのような協同関係が，新世界への奴隷輸送に
おいても継続していたと推測することは，きわめて理にかなっている。

　西アフリカの黒人奴隷をヨーロッパまで輸送する技術はポルトガル商
人に蓄積されていたばかりか，スペイン商人がそれに協力していたと考
えられ，そして大西洋奴隷貿易においては，彼らが協力して，奴隷を輸
送したという推測が成り立つ。

　1550年代には，新世界にプランテーションシステムが導入され，そこ
での砂糖がヨーロッパ市場を席巻する。ブラジル北東部のペルナンブー
コとバヒーアは，16世紀末には世界でもっとも重要な砂糖生産地域とな
った。そして，ブラジルの砂糖をヨーロッパに持ち込み，前述の通り，
アントウェルペンをヨーロッパの砂糖市場の中心としたのである[34]。

　ブラジル産砂糖の市場は，フランスやイタリアを含め，多数存在した。
輸送先の中心は，その後，アントウェルペンからアムステルダムへと変
化し，1609年以降，ブラジル産砂糖の半分以上を吸収した。アムステル
ダムに次いで重要なのはやはりアントウェルペンであり，またハンブル
クであった。しかも両都市は，アムステルダムと密接に結びついていた。
アントウェルペンをヨーロッパの砂糖マーケティングの中心にしたのは，
オランダ人であった。

オランダ

　1621年に，オランダは西インド会社（WIC）を創設し，ポルトガルの
アフリカ領とアメリカ領を奪い取ろうとした。WIC は1624年に南大西
洋へと多くの戦隊をはじめて送った。オランダは，やがてブラジルのレ
シーフ，さらにはペルナンブーコを領土にすることに成功する。ポルト
ガルの砂糖貿易の競争相手になったオランダは，ついでポルトガル領ア
フリカの占領に成功し，奴隷貿易の支配者として君臨する。

　1609年には，のちのハドソン湾とマンハッタン島を「発見」し，ここ
をニーウ・ネーデルラントと名づけた。さらに1625年，マンハッタン島

---

34)　Herbert S. Klein, *The Atlantic Slave Trade*, Cambridge, 1999, p. 27; Eddy Stols, "The
Expansion of the Sugar Market in Western Europe", in Stuart B. Schwartz (ed.), *Tropical
Babylons: Sugar and the Making of the Atlantic World, 1450-1680*, Chapel Hills London, 2004,
pp. 258-267.

3　各国の大西洋貿易　　　137

をデラウェア先住民から購入し，ニーウ・アムステルダムと名づけた。
しかしイギリスが同市を占領した。さらに，南米のスリナムはイギリス
人の植民地であったが，第二次イギリス―オランダ戦争を終結させたブ
レダー条約で，ニーウ・アムステルダムと交換された。この都市は，以
降，ニューヨークと改名された。こののち，オランダは北米への進出を
断念することになる[35)]。

　オランダの西インド貨物船が，砂糖の完成品をアムステルダムの砂糖
精製所まで運搬した。ペルナンブーコが再度ポルトガルの手に落ちた
1654年には，カリブ海諸島にオランダ人のプランターと彼らが所有する
奴隷が到着した。オランダ人の到着以前にも砂糖は栽培されていたが，
彼らこそ，カリブ海諸島に砂糖生産を定着させた人々であったといわれ
る[36)]。

セファルディムの役割

　1640年代になるまで，オランダは一時的にではあれ，ペルナンブーコ
とポルトガル領アフリカを占領した。それは，アメリカの砂糖生産とア
フリカの奴隷制度に大きな影響をおよぼした。オランダによる占領で，
ペルナンブーコに取って代わって，バヒーアが主導的な奴隷貿易と砂糖
生産をおこなう地域となった。オランダ人は，アムステルダムまで完成
品の砂糖を運んだ。いや，正確にいうと，どうもオランダ人ではなかっ
たようなのである。

　サトウキビ栽培の移植に大きな役割を果たしたのは，おそらくはオラ
ンダ人ではなくユダヤ人であるセファルディムであった[37)]。スペイン
とポルトガルを追放されたセファルディムは，アムステルダムとロッテ
ルダムに避難先を見つけ，元来のイベリア半島の故国と外国の植民地と
の貿易に大きく寄与した。そしてセファルディムはまた，ブラジルから
西インド諸島にサトウキビ栽培が拡大し，オランダの海外のプランテー

---

　35)　Klein, *The Atlantic Slave Trade*, p.27.

　36)　John J. McCusker and Russell R. Menard, "The Sugar Economy in the Seventeenth Century: A New Perspective on the Barbarian 'Sugar Revolution'", in Schwartz (ed.), *Tropical Babylons*, p.289.

　37)　ブラジルのユダヤ人の数については，Arnold Wiznitzer, "The Number of Jews in Dutch Brazil (1630-1654)", *Jewish Social Studies*, Vol.16, No.2, 1954, pp.107-114.

ション植民地が発展するために大きな貢献をした。セファルディムがブラジルから出ようとしたとき，カリブ海一帯に移住先を求めた[38]。

　明らかに，セファルディムの一部は，ブラジルのプランテーションで奴隷を所有していた。彼らは，サトウキビの栽培法を知っていた。そのセファルディムの一部が，オランダ，イギリス，フランスの植民地に移住したのである。「ユダヤ人の奴隷所有者」と，彼らはしばしばジャマイカ島などで批判された。カリブ海から北米・南米にかけて，ユダヤ人共同体がみられた[39]。彼らはセファルディムであり，そのネットワークにより，サトウキビの栽培方法が新世界に広められたと推測できるのである。カリブ海諸島で砂糖が生産されるようになったので[40]，ブラジル産砂糖の独占は崩れていくことになった。

増加する黒人

　表3-1と表3-2からも推測できるように，新世界における黒人の数は大きく増加した。

　西インド諸島の奴隷数については，ギャロウェイによる推計がある[41]（表3-3参照）。砂糖産業と人口密度は18世紀のアメリカでは，密接な関係があった。ここにあげたどの植民地をみても，黒人の増加が著しい。とくに，ジャマイカとサン・ドマングの増加率が目立つ。この二地域は，それぞれイギリスとフランスの代表的な砂糖植民地であった。

　ジャマイカは，1700年から1775年のあいだに黒人人口は6倍以上に増え，サン・ドマングでは，1686年から1791年に141倍以上になった。それは，ほぼすべて，砂糖生産の増加が要因であった。砂糖植民地の人口増のためには，絶えず労働力としての黒人奴隷が供給されることが必要

　38）　Gordon Merrill, "The Role of Sephardic Jews in the British Caribbean Area during the Seventeenth Century", *Caribbean Studies*, Vol. 4, No. 3 ,1964, p. 38.

　39）　Lois Dubin, "Introduction: Port Jews in the Atlantic World 'Jewish History'", *Jewish History*, Vol. 20, No. 2, 2006, p. 4; Peter C. Emmer, "The First Global War: The Dutch versus Iberia in Asia, Africa and the New World, 1590-1609", *E-Journal of Portuguese History*, Vol. 1, 2003, pp. 8-9.

　40）　Stuart B. Schwartz, "A Commonwealth within Itself", in Schwartz (ed.), *Tropical Babylons*, pp. 193-194.

　41）　J. H. Galloway. *The Sugar Cane Industry: An Historical Geograpty from its Origins to 1914*, Cambriclge, 2005.

3 各国の大西洋貿易

139

表3-3 18世紀の西インド砂糖植民地の人口

	アンティグア		セント・キッツ島		ネイヴィス島	
	白人	黒人	白人	黒人	白人	黒人
1678	2,308	2,172	1,897	1,436	3,521	3,860
1708	2,909	12,943	1,670	3,258	1,104	3,676
1720	3,652	19,186	2,800	7,321	1,343	5,689
1745	3,538	27,892	2,377	19,174	857	6,511
1756	3,435	31,428	2,783	21,891	1,118	8,380
1775	2,590	37,808	1,900	23,462	1,000	11,000

	バルバドス		ジャマイカ	
	白人	黒人	白人	黒人
1700	15,000	40,000	7,000	40,000
1713	16,000	45,000	7,000	55,000
1722				80,000
1734		46,400		
1754				130,000
1757	16,772	63,000		
1775				190,000
1789				
1792		64,300		

	マルティニーク		グアドループ	
	白人	黒人	白人	黒人
1686		8,000		4,600
1720		36,000	5,000	1,700
1767	12,450		10,000	
1789	10,634	83,400	13,712	85,500

	サン・ドマング		キューバ	
	白人	黒人	白人	黒人
1681	4,000			
1686		3,400		
1713	5,000			
1720		47,000		
1730	10,000	80,000		
1775	20,000		95,419	44,336
1789	30,381	452,000		
1791		480,000		
1792				84,590

注) 1792年の総人口：27万2,301人
出典) J. H. Galloway, *The Sugar Cane Industry: An Historical Geography from its Origins to 1914*, Cambridge, 2005, p. 114, Table 5.1.

であった。男性の方が圧倒的に多かったということも理由の一つであったが，満足な栄養もとれずにたえまない労働を余儀なくされたため，短命に終わることが多かったことも大きな理由であった。たとえばバルバドスでは，1700年の奴隷人口は40,000人であった。それから100年間に263,000人の黒人奴隷を輸入したが，1800年の黒人人口は60,000人にすぎなかったのである[42]。これほど死亡率が高かったことが，黒人奴隷を絶えず輸入しなければならない最大の要因であったろう。

スペイン

いうまでもなく，スペインの新世界との関係は，コロンブスの新世界到達によってはじまる。フランシスコ・ピサロやアンリ・コルテスに代表されるコキスタドールがアメリカ大陸の黄金を略奪し，南米の多くの地域を植民地としていった。

スペインの新世界との貿易では，一般に貴金属の取引に関心が寄せられている。その研究はきわめて多い[43]。元来，カリブ海地方は金の生産地であった。しかしいうまでもなく，スペインも奴隷貿易に従事しており，1517年には，はじめて西アフリカからジャマイカに，黒人奴隷を連行した。

すでに1493年の第二次航海で，コロンブスはサトウキビを積載していた[44]。そのためイスパニョーラ島から，スペインの砂糖生産ははじまった。スペイン政府は，カリブ海域における精糖業を支援した。さらに精糖業は，イスパニョーラ島からジャマイカ，プエルト・リコへと広がった。水力工場である「インヘニオ」型工場があちこちで使われた。この「インヘニオ」型工場で，多数の黒人奴隷が使用されたのはいうまでもない。1717年に至るまで，セビーリャが新世界との貿易をほとんど独占することになった[45]。けれどもセビーリャで活動していたのは，ほとんどが外国人商人であった[46]。そしてこの1717年にカディスが植民

---

42) Galloway, *The Sugar Cane Industry*, p. 115.

43) この分野の研究は枚挙にいとまがないが，古典的なものとして，Hamilton, *American Treasure and the Price Revolution in Spain*.

44) エリック・ウィリアムズ著，川北稔訳『コロンブスからカストロまで――カリブ海域史 1492-1969』I，1978年，17頁。

45) ウィリアムズ『コロンブスからカストロまで』20-22頁。

3　各国の大西洋貿易　　141

地貿易の行政上の中心になると，カディスの取引量のみならず，人口も
増えた。1700年には23,000人であったが，18世紀末には，70,000人にな
った[47]。

　カディスでは多数の外国人が商業活動に従事した。そのなかでもっと
も活躍したのは，ジェノヴァ人であった。ジェノヴァ人はカディスを通
して，大西洋貿易に参画していくことになった[48]。カディスは，以前
にセビーリャが有していた独占的な地位を徐々に自分のものにしていっ
たが，その貿易自体は，スペイン王室から多数の特権をえている外国人
の手中に入るようになった[49]。

　スペインがハプスブルク帝国に編入されると，フッガー家をはじめと
するドイツの金融業者とのつながりができた。さらにアントウェルペン
という，世界金融の中心と直接結びつくことができた。そのためスペイ
ン経済はスペイン領ネーデルラントのいわば衛星となった。セビーリャ
の商人は，フランス，イギリス，ポルトガル，ドイツ，オランダなどの
商人の代理商と化す。植民地からスペインに輸入された商品は，主とし
てアントウェルペンを経由して全ヨーロッパに輸出されてしまい，さら
に戦争も加わり，スペイン財政は著しく悪化した[50]。

　最初に新大陸にサトウキビをもたらしたスペインであったが，他国と
は大きく異なり，砂糖の輸出が経済的にもっとも重要だとはいえなかっ
た。新世界原産のカカオの輸出こそがスペインの中米貿易の生命線であ
った。17世紀に現在のベネズエラからメキシコへのカカオの輸出量は大
幅に上昇する[51]。

---

　46)　Arturo Giraldez, *The Age of Trade: The Manila Galleons and the Dawn of the Global Economy*, London, 2015, p.34.

　47)　Lamikiz Xabier, *Trade and Trust in the Eighteenth-Century Atlantic World: Spanish Merchants and Their Overseas Networks*, London, 2013, p.73.

　48)　さらに，新世界では，ジェノヴァ人はブエノスアイレスで商業活動をおこなった。ジェノヴァ商人は19世紀初頭になっても，国際的な規模で活躍していたのである。Catia Brilli, *Genoese Trade and Migration in the Spanish Atlantic in the Spanish Atlantic, 1700-1830*, Cambridge, 2016.

　49)　J・H・エリオット著，藤田一成訳『スペイン帝国の興亡』岩波書店，1982年，409頁。

　50)　この見解には，新世界で生産された銀はほとんどがヨーロッパに流出したという前提があった。しかし最近では，植民地で使用された銀も多かったという研究も出ている。

　51)　Murdo J. MacLeod, *Spanish Central America*, Berkerley, 1973, p.243.

1728年には，スペインのカカオ市場とカラカス州のカカオ経済の法的機関であるカラカス会社が設立された[52]。18世紀になっても，カラカスからのカカオ輸出量は上昇傾向にあった。カカオの総輸出量は，1710年が約20,000ブッシェル，1740年が約54,000ブッシェル，1770年が約60,000ブッシェルである[53]。

スペイン領中南米の砂糖輸出は，むしろ19世紀に重要になる。たとえば1820年代には，キューバからハンブルクに大量の砂糖が流入している。さらに1840年代になると，キューバは世界最大の砂糖生産地となった。キューバの奴隷貿易数が大きく上昇するのは，このようなことが原因だと考えられよう。さらに19世紀中頃には，キューバには約1,500の製糖所があり，甜菜糖を合わせても，世界の砂糖生産量全体の25パーセントを占めていた[54]。その多くを輸送していたのは，アメリカ船であり，そのなかには反奴隷州の船も含まれていた[55]。

フランス

18世紀のフランスにおいては，大西洋貿易が台頭した。とくに，ボルドーの貿易額が大きく増えた。たしかにマルセイユも増えてはいるが，ボルドーと比較するなら，その増え方はかなり少ない。ボルドーは大西洋貿易の，マルセイユは地中海貿易の代表的港湾都市であるので，これは，地中海貿易と比較した場合の大西洋貿易の重要性を端的に示す。ボルドーが貿易を拡大させた基盤は，アンティル諸島，とくにサン・ドマングの発展にあった。この島の砂糖生産は1714年の7,000トンから1750

---

52) Eugenio Pinero, "The Cacao Economy of the Eighteenth-Century Province of Caracas and the Spanish Cacao Market", *Hispanic American Historical Review*, Vol.68, No.1 1988, p.77.

53) Pinero, "The Cacao Economy of the Eighteenth- Century Province of Caracas and the Spanish Cacao Market", Appendix A; さらに，アマゾン流域でのカカオ生産については，Dauril Alden, "The Significance of Cacao Production in the Amazon Region during the Late Colonial Period: An Essay in Comparative Economic History", *Proceedings of the American Philosophical Society*, Vol.120, No.2, 1976, pp.103-135

54) Galloway, *The Sugar Cane Industry*, pp.164-165; スペインは，太平洋岸のリマとの貿易も拡大させる。それについては，Xabier, *Trade and Trust in the Eighteenth-Century Atlantic World* をみよ。

55) Kalevi Ahonen, *From Sugar Triangle to Cotton Triangle: Trade and Shipping between America and Baltic Russia, 1783-1860*, Jyväskylä, 2005.

3 各国の大西洋貿易   143

年には40,000トンに，さらに1789年には80,000トンと驚異的に伸びた。

　フランス史家のクルゼが「18世紀の経済的奇跡」と表現したほどに，ボルドーの貿易量の伸びは印象的であった[56]。ボルドーの伝統的な輸出品は後背地で産出されるワインであり，1700年頃には，輸出品の大半がワインであった。ところがこの都市は，急速に植民地物産の再輸出を増大させたのである。しかしそれは，以前からのワイン貿易のネットワークをそのまま利用したものであり，この点では，旧来の貿易システムを延長したものであった[57]。18世紀のボルドーは，植民地物産の輸入と再輸出が重要な港湾都市になったのである。ボルドーに輸入された砂糖はさらにフランス人ないしドイツ人の手によって輸送された。

　アンティル諸島には，大量の奴隷がアフリカ西岸から送られた。奴隷は，1719年に設立されたフランス・インド会社によって運ばれた。同社は1726年に奴隷貿易にかかわる特権をセネガルのみに縮小されたが，なお1767年まではこの特権を保持した。黒人奴隷が生産した砂糖は，フランス船でフランスまで運ばれた。1730年に6,000万ポンドに近かった砂糖輸出量であったが，1790年には1億8,000万ポンドにまで急増した。輸出量は戦争のため，大きく変動することになった。

　フランスが輸入した砂糖の多くは再輸出された。すなわち，フランスは，輸入された砂糖の30-40パーセントを消費したにすぎない。これに対しイギリスは，約75パーセントを国内で消費した。フランスの砂糖はヨーロッパ各地に再輸出され，なかでもハンブルクへの再輸出量が多かったことが知られる[58]。ハンブルクには多数の製糖工場があり，さらにフランスから追放されたユグノーの亡命地として重要だったこともその理由となろう。ただし，フランスの製糖工場は，ヨーロッパの精糖業で主導的地位についたことは決してなかったのである。

---

　56)　F. Crouzet, "Bordeaux: An Eighteenth Century Wirtshaftswunder?", in F. Crouzet., *Britain, France and International Commerce: From Louis XVI to Victoria*, Aldershot, 1996, pp.42-57.

　57)　Silvia Marzagalli, "French Merchants and Atlantic Networks: The Organisation of Shipping and Trade between Bordeaux and United States, 1793-1815", in Margrit Schulte Beerbühl and Jörg Vögele (eds.) *Spinning the Commercial Web: International Trade, Merchants, and Commercial Cities, c. 1640-1939*, Frankfurt am Main, 2004, pp.149-173.

　58)　Robert Louis Stein, *The French Sugar Business in the Eighteenth Century*, Baton Rouge and London, 1988, p.110.

イギリス

　イギリス経済史において1660年の王政復古以降の百年あまりは，「商業革命」とよばれることが多い[59]。「商業革命」によりイギリスの貿易量は飛躍的に増大したが，そのなかでもっとも重要なことは，おそらく大西洋貿易の増加であったろう。

　エリザベス・ブーディー・シュンペーターが作成した貿易統計によれば，18世紀イギリス（イングランド・ウェールズ）の輸入先としては西インド諸島が最大になる。1701-05年には，イギリス全体の輸入額が457万1,000ポンドであり，そのうち西インド諸島からの輸入額が60万9,000ポンド，ドイツ（おそらくハンブルクが大半である）からの輸入額が65万5,000ポンドと，ドイツからの輸入額の方がやや多い。一方，東インドからの輸入額は，55万1,000ポンドである。しかし1796-1800年の輸入額は，西インド諸島からが589万8,000ポンド，東インドからが483万4,000ポンド，アイルランドからが238万5,000ポンド，ドイツからが206万3,000ポンドと，西インド諸島からの輸入額が非常に多い[60]。ついで，東インドからの輸入が目立つ。イギリスの帝国化が現れており，そのなかに占める西インド諸島の大きさが読み取れる。イギリスにとって，西インド諸島，とりわけジャマイカからの砂糖の輸入こそ重要となり，それが，奴隷貿易の拡大と強く結びついていたことは間違いない。

　川北によれば，近世のイギリス重商主義帝国には，三つの三角貿易が存在した。西アフリカから西インド諸島への奴隷供給を核とする「本来の三角貿易」により，砂糖の輸入が急増した。第二の三角貿易は，本国と北米と西インド諸島を結ぶルートであった。初期のニューイングランドは，食料と木材を西インド諸島に輸出することで，大きな購買力をえた。第三の三角形は，アイルランド-西インド諸島-本国から形成される[61]。

---

[59]　Ralph Davis, "English Foreign Trade, 1660-1700", *Economic History Review*, 2nd ser., Vol.7, No.2, 1954, pp.150-166; Ralph Davis, "English Foreign Trade, 1700-1774", *Economic History Review*, 2nd ser. Vol.15, No.2,1962,pp.285-303; Ralph Davis, *A Commercial Revolution: English Overseas Trade in the Seventeenth and Eighteenth Centuries*, London,1967; Ralph Davis, *The Rise of the Atlantic Economies*, London, 1973.

[60]　E. B. Schumpeter, *English Overseas Trade Statistics 1697-1808*, Oxford, 1960.

[61]　川北『工業化の歴史的前提』140-145頁。

3　各国の大西洋貿易　　145

　これらは，すべて本国と西インド諸島を結ぶ一辺を共有しており，西インド諸島が，本国を別にすれば，帝国経済の核をなしていたことを物語る。さらに西インド諸島の台頭は，東インド貿易の発展ももたらした。18世紀になるとイギリスで飲茶の風習が広がり，東インドから大量の茶が輸入された。その茶に入れられたのが，西インド諸島産の砂糖であったことはいうまでもない。1700-1809年のあいだに，イギリスの一人あたり砂糖消費量は，4ポンドから18ポンドに伸びた。これは，1世紀間で400パーセントの増加であり，砂糖は多くの人々が入手可能な食品へと変わったのである[62]。

　イギリスが輸入した砂糖の多くは，国内で消費された。そのため消費生活のパターンが大きく変化する「生活革命」がおこった。それに対し他の国々の砂糖は，いったん本国に送られたのち，再輸出されることが多かった。18世紀において，オランダに関する詳細は不明だが，スペイン，ポルトガル，フランスについては，輸入砂糖のうち，少なからぬ割合がハンブルクに再輸出され，製糖されてまた輸出されたと推測される。その一部はエーアソン海峡を通る海上ルートで，また一部はハンブルク-リューベック間の陸上ルートを通りバルト海地方に輸出された。さらにエルベ川経由で中欧に送られる砂糖もあった。イギリス以外の国々は，少なくとも砂糖の輸入によって，イギリスのような生活革命を生じさせることはなかったのである。

「長い18世紀」とイギリス

　イギリス史では，1688年の名誉革命から1815年のウィーン条約締結までの二世紀間は，「長い18世紀（long eighteenth-century）」と呼ばれる[63]。イギリスは，この間にフランスと何度も長期の戦争をして，そのほとんどに勝利し，1815年にはヘゲモニー国家になった。フランスとの戦争は，基本的に新世界植民地の争奪戦であった。大西洋貿易は，それほどまでに重要であった。この戦争に勝ったからこそ，イギリスはヘゲモニー国家になれたのである。しかしフランスの人口はイギリスの

---

　62)　ミンツ『甘さと権力』143-144頁。
　63)　邦語文献として，近藤和彦編『長い18世紀のイギリス──その政治社会』山川出版社，2002年。

2 - 4倍もあり，対仏戦争は，イギリスの財政に大きな負担となった。したがってこの時代のイギリスの国家財政に占める軍事費の割合はきわめて高く，財政＝軍事国家と呼ばれることさえある[64]。

七年戦争（1756-63年）は，イギリスにとって新世界植民地を保護するための戦争であった。この戦争で巨額の借金を背負ったイギリスは，その負担を植民地に負わせようとした。それは，イギリスにとっては当然の行為であったが，植民地側から，「代表なくして課税なし」といわれ，のちにアメリカ独立戦争が勃発することになった。イギリス人は，自分たちが護ろうとした相手から大きな抵抗を受けたのである。

この時代は，イギリスもフランスも大西洋貿易を大きく伸長させた。したがってイギリスではなく，フランスが大西洋経済を大きく伸ばし，最初の工業国家になった可能性すらあったかもしれない。

イギリスの経済的比重は，18世紀のあいだに，大西洋へと傾いていった。イングランドのバルト海貿易が17世紀後半になって黒字から赤字に転換したのも[65]，イギリスにとって，バルト海地方の輸出市場としての価値が低下し，海運資材の輸入地域としての地位が確立されていったからである。それは，ある程度北海貿易にもあてはまる。

イギリスは，大西洋貿易を増加させるためにも，北海・バルト海地方から海運資材の輸入を増やした。大西洋から砂糖や綿花を輸入する一方で，イギリスの貿易相手としてロシアが台頭し，とりわけサンクト・ペテルブルクからの海運資材の輸入が増大することになった。しかも，この都市から輸入された鉄は，イギリス産業革命のためにも使用された。

ロシアという国があったからこそ，イギリスは近世の重商主義帝国の形成，さらには産業革命に成功したのである。大西洋貿易の拡大により，ヨーロッパ大陸では，ロシアこそがイギリス経済の生命線となったのである[66]。

一方，北海とバルト海は，このように，おもにイギリスによって大西

---

64) ジョン・ブリュア著，大久保桂子訳『財政＝軍事国家の衝撃——戦争・カネ・イギリス国家1688-1783』名古屋大学出版会，2003年。

65) 玉木俊明「イギリスのバルト海貿易（1600-1660年）」『文化史学』47号，1991年，72-92頁。玉木俊明『北方ヨーロッパの商業と経済 1550-1815年』知泉書館，2008年，249頁。

66) 玉木『北方ヨーロッパの商業と経済』265頁。

洋貿易と大きく関連づけられることになった。これらの海もまたロシアと同様，イギリス帝国形成に必要な地域として位置づけられるようになっていく。

4　イギリスの特徴——三つの例外性

　フランスとの比較によりイギリスの優位性を明らかにしたが，それは，現在の歴史学では，「例外的なイングランド」と呼ばれることがある。その第一の理由は，イギリスが他のヨーロッパ諸国とは異なり，18世紀のうちに金融財政システムの中央集権化に成功していたからである[67]。

　1651年に最初の航海法を発布して以来，イングランド（1707年以降はイギリス）は1660年，1663年，1733年，1764年と，何度も同法を発布した。この法の根幹は，オランダ船の排除にあったことはよく知られる。当時，ヨーロッパで最大の商船隊を有していたのはオランダ共和国であり，多数の商品が，オランダ船を使って輸送されていた。イギリスは航海法のもとで，オランダ船を排除する体制を築き上げていったのである。

　イギリスは，大西洋貿易のみならず，ヨーロッパ内部の貿易でも，オランダ船の排除に成功していく。他の国々と異なり，イギリスは，大西洋帝国とヨーロッパ内部の貿易圏で，国家が貿易活動そのものを管理するシステムの構築に成功したのである。これこそ，イギリスの独自性だというべきであろう。すなわち，イギリスの第二の「例外性」である。

　これは，自由貿易を原則としたオランダとは大きく異なるシステムであったことはいうまでもない。そしてそのイギリスが，オランダのつぎにヘゲモニー国家になったことはきわめて重要である。

　19世紀のイギリスは，たしかに自由貿易を唱えた。それは，イギリスが世界経済の中核である以上，自由貿易によって最大の利益を受けるのがイギリスであったからだとよくいわれる。しかしまた，自由貿易を維

---

　67)　Patrick K. O'Brien, "The Nature and Historical Evolution of an Exceptional Fiscal State and its Possible Significance for the Precocious Commercialization and Industrialization of the British Economy from Cromwell to Nelson", *Economic History Review*, 2nd ser., Vol. 64, No. 2, 2011, pp. 408-446.

持するために，イギリスは世界最大の艦隊を維持する必要があったこと
を忘れてはならない。それは，イギリス経済にとって大きな負担となっ
た。だからこそオブライエンが，イギリスの帝国主義的拡大は，イギリ
スにとって利益をもたらしたのか，それとも損失をもたらしたのかとい
う疑問を提起したのである[68]。だがそれは，イギリスがイギリスにも
たらしたと想定される利益と損失を考察の対象としたものであり，イギ
リスが他国にもたらした利益と損失については，考察の対象外にあった。

　19世紀後半のイギリスは，世界の多くの地域をヨーロッパが母体とな
った「世界システム」に取り込んでいった。それは，イギリスが七つの
海を支配する「帝国」を形成し，世界をイギリスのシステムにある程度
従属させたからこそ可能になったのである。17世紀のオランダは，一体
としての構造をもつ「帝国」は有していなかった。

　さて，ここでふたたび，18世紀に話を戻そう。この頃のイギリスは，
他国と決定的に異なり，大西洋だけではなくヨーロッパ内部においても，
イギリス船が活躍し，他地域ではなく，主としてイギリスの繁栄に貢献
する経済システムを形成していった。

　たとえば，イギリス領西インド諸島の砂糖は高価であり輸出すること
ができず，イギリス国内で食された。それは，イギリスの生活水準上昇
の一つの指標となる。それに対しフランスの場合，フランス領西インド
諸島でできた砂糖は，フランス国内で消費されるものは多くはなく[69]，
主としてアムステルダムないしハンブルクに再輸出され，そこからまた
他地域に輸送されたのである。スペイン領アメリカやポルトガル領ブラ
ジルから母国に輸出された植民地物産は，さらにヨーロッパ各地に再輸
出されたのである。ピエリク・プルシャスによれば，1775年から90年に
フランスに輸入された植民地物産のうち，70パーセント以上が再輸出さ
れた[70]。

　おそらく通常のイメージとは異なり，イギリス帝国はおもにイギリス

　68）　Patrick K. O'Brien, "The Costs and Benefits of British Imperialism 1846-1914", *Past & Present*, No. 120, 1988, pp. 163-200.

　69）　Stein, *The French Sugar Business in the Eighteenth Century*, p. 109.

　70）　Pierrick Pourchasse, *Le commerce du Nord: Les échanges commerciaux entre la France et l'Europe septentrionale au XIIe siècle*, Rennes, 2006, p. 34.

4 イギリスの特徴——三つの例外性

自身の経済成長に寄与し，フランスの帝国は，他地域の経済成長にも寄与した。この違いは，きわめて大きい。フランス以外の国々も，ヨーロッパ内部では旧来の商人ネットワークに依存していた以上，イギリスのような新しいシステムは取り入れていなかった。イギリス帝国とは，イギリスの利益のために機能するシステムなのであり，同じヘゲモニー国家といっても，オランダとはこの点で決定的な違いがある[71]。

イギリスの第三の例外性は，新世界で綿花を栽培し，それを本国で最終製品にして，世界中の市場に売り出した点にも見いだされる[72]。他の諸国が新世界の植民地でアフリカ西岸から連れてきた奴隷を使って砂糖を生産していたのに対し，イギリスはそればかりか，新世界植民地における綿花の生産にも成功した。もし新世界が綿花を生産していなかったとしたら，やがて綿製品をインドに売り，インドからアヘンを輸出して茶の代価とするという三角貿易をおこなうことはできなかった。

一般にイギリスの産業革命は，インドの綿製品であるキャラコの輸入代替として論じられることが多い。しかし，インド・キャラコはイギリスのみならずヨーロッパ全体に輸入された商品であった。P・J・トマスによれば，インド・キャラコは，ほとんどのヨーロッパ諸国に流入したのである[73]。インド・キャラコは，その肌触りと品質の良さ，さらには比較的安価なことから購入された手織りの綿織物であった。

それに対しイギリスは，機械生産をすることで輸入代替に成功し，綿製品をイギリス船で（イギリスの例外性の一つ）世界市場に輸出することができたのである。綿織物は何度でも洗濯ができ，通気性がよく，暑い地域でも寒い地域でも着ることができた。綿織物の販売により，ヨーロッパはアジアとの貿易収支を黒字にすることができたといわれる。

イギリス産業革命は，このようなシステムのもとで誕生した。それは，

---

71) この構造は，19世紀イギリスにおける直接投資・間接投資を含めた海外への投資額の大きさとはまったく対象的である。

72) イギリス，フランス，ポルトガルは，ブラジルの原綿を輸入していたが，それがヨーロッパの産業革命に大きな影響をおよぼすことはなかったように思われる。José Jobson de Andra Arruda, "Brazilian Raw Cotton as a Strategic Factor in Global Textile, Manufacturing during the Industrial Revolution", Paper presented to XIV International Economic History Congress, Helsinki 2006 Session 59.

73) P. J. Thomas, *Mercantilism and East India Trade*, London, 1926 (1963), p. 52.

世の中を，イギリスのために機能させるシステムであった。イギリス国家が，経済に介入し，そのようなシステムを形成していったのである。

5　帝国間貿易の重要性

　ヨーロッパのさまざまな国が大西洋貿易に参加した。ここにあげたポルトガル，スペイン，オランダ，フランス，イギリス以外にも，ブランデンブルク・プロイセン，デンマーク，スウェーデンなどが，おもに砂糖貿易により利益を求めて争っていた。

　このような貿易を横断する，「帝国間」貿易も存在した。それは，各国の利害とは別の，商人による活動が中心であった。オランダのアムステルダムを根拠地とするセファルディムが，その代表例であった。彼らは早くも1580年代に，西アフリカ，スペイン領アメリカ植民地などで活躍していた。彼らが，帝国の枠組みを越え，さかんに別の国々と取引したのである。

　そもそも，近世にいくつもの国で創設された貿易会社は，いわば穴だらけの存在であり，その網の目をかいくぐって他国と貿易することは，決して難しいことではなかった。さらにヨーロッパ諸国は，商人のそのような活動を見逃したことがあったと考えられる。そもそも密輸は，この時代にはふつうのことであった。それが問題を生じさせなければ，各国政府がいちいち取り締まる必要はなかったのである。

　戦時になると異文化間交易は難しくなったが，平時には日常のことになった。商人たちは，ブラジル，カリブ海，北米，スペイン領アメリカ，西アフリカなどに，自分が属する国に関係なく投資したことに注目すべきである。

　帝国横断的なコミュニティは，すでに16世紀には存在していた。15世紀に北西ヨーロッパとイベリア半島を結んでいた経済的絆が，ポルトガル領の大西洋の島々とブラジルにまでおよんだのである。そればかりか，レコンキスタ後に改宗したニュークリスチャンと，もとからのキリスト教徒であるオールドクリスチャンが取引関係を結ぶことさえあった。さらにニュークリスチャンとオールドクリスチャンが結婚することもあっ

5　帝国間貿易の重要性　　151

た。それは，大西洋は新しい貿易地域であり，そのぶん，宗派の壁は低くなったからだと考えられよう。

　コンベルソ（改宗ユダヤ人）は，イベリア半島を逃れヴェネツィア，リヴォルノ，ロンドン，アムステルダム，ハンブルク，ジャマイカ，スリナム，レシーフェ，ニーウ・アムステルダムに移動した[74]。逆にいえば，ユダヤ人のネットワークは，近世の宗教的迫害によって，大きく拡大したのである。17世紀最初の数十年間に，ポルトガルの隠れユダヤ人は，移住，旅行，さらに貿易を通じて，アムステルダムとさまざまな港とのあいだでのコネクションを確立した[75]。オランダの植民地に定住したユダヤ人は，ポルトガル，ブラジル北西部，アムステルダムのあいだで商業活動に従事した。ポルトガルとブラジルのセファルディムは，オランダが大西洋で使用する港の創出と拡大に寄与することになった[76]。

　大西洋貿易とは，たしかにヨーロッパ諸帝国の貿易であった。それには，重商主義国家の政策が大きく反映していた。しかしその「帝国」は，それぞれの国を超えた商人ネットワークが存在していたからこそ維持することができた。そのような商人のなかで，もっとも大きな役割を占めたのは，おそらくセファルディムであった。それが，重商主義社会という観点からとらえた大西洋経済の実像であった。

　15世紀末にイベリア半島から追放されたセファルディムのネットワークは広範に拡大し，新世界からインドにまでおよんだ。ヨーロッパにおけるセファルディムの拠点としてもっとも重要な都市はアムステルダムであり，ついでリヴォルノ，それについでハンブルク，さらにロンドンであった。彼らのネットワークに現実的にどの程度の紐帯があったのかということについては，慎重になるべきであろう。とはいえ，大西洋貿易との関係では，セファルディムのネットワークは，セファルディムが関係した都市数から判断しても，北方ヨーロッパの方が地中海よりも重要であったように思われる。

---

　74)　Wim Klooster, "Communities of Port Jews and Their Contacts in the Dutch Atlantic World", *Jewish History*, Vol. 20, No. 2, 2006, p. 130.

　75)　Klooster, "Communities of Port Jews and Their Contacts", p. 140.

　76)　Klooster, "Communities of Port Jews and Their Contacts", p. 130.

152   第3章　大西洋経済の形成

　おもにアムステルダムを根拠地としていたセファルディムが，大西洋における帝国間貿易で大きな役割を果たした。彼らはたしかにオランダ共和国に拠点をおく商人ではあったが，オランダの大西洋貿易の一部だけとしてではなく，むしろ帝国間貿易で大きな役割を果たしたコスモポリタンな商人としてとらえるべきなのである。

6　アメリカ海運業の発達とフランス革命・ナポレオン戦争

　T・H・ブリーンの研究が示すように，イギリスから独立する以前には，アメリカではいわば「イギリス化」と称すべき現象が生じていた。イギリスの上流階級の生活スタイルの真似をし，紅茶を飲むなどしていた。大西洋で，いわば一つの文化圏が形成されつつあった[77]。しかし，アメリカの独立により，それが崩壊することになった。

　植民地時代にはイギリスの法のもとで商業活動をしていたアメリカであったが，1783年のパリ条約で正式に独立すると，若き共和国は，イギリスの傘がなくなり，独立した商業行為をおこなわなければならなくなる。イギリスはまだ航海法体制下にあり，アメリカ商品をイギリス植民地に輸送することはできなかった。したがってアメリカは，独立後早くも経済的危機に直面することになった。

　しかしアメリカは，国内に大量の天然資源を有していた。たとえばイギリスは，アメリカ植民地からタールを輸入しようとしたが，バルト海地方から輸入されるタールの方が安く，帝国内部でのタールの自給自足には成功しなかった[78]。

　アメリカ合衆国だけではなく，アメリカ大陸そのものに，大量の資源があった。ポトシ銀山の銀は，その一例にすぎない。ポルトガルは，ブラジルから海運資材としての木材を輸入しようとしたが，成功しなかった。ヨーロッパ諸国は，新世界の植民地を海運資材の供給地，いわば第

　77）　T. H Breen, "An Empire of Goods: The Anglicization of Colonial America, 1690-1776", *Journal of British Studies*, Vol.25, No.4, 1986, pp.467-499.

　78）　Staffan Högberg, *Utrikeshandel och sjöfart på 1700-talet: Stapelvaror i svensk export och import 1738-1808*, Lund, 1969, s.241.

6　アメリカ海運業の発達とフランス革命・ナポレオン戦争　　153

二のバルト海地方にしようと試みたが，あまりに距離があったために，それは不可能であった。そのためヨーロッパ諸国は，自国領ではないバルト海地方から海運資材を輸入せざるをえず，帝国の拡大のための安定性を欠くことになった。アメリカ合衆国は，すでに植民地体制下で，造船業が発展していた[79]。それが圧倒的にアメリカに有利な状況をもたらすことになった。

　ここでは，シルヴィア・マルザガリの研究に依拠しながら，アメリカ海運業とヨーロッパ商業との関係について論じたい。

　アメリカが利用できたのは，中立政策であった。戦争の時代に中立をとることで，アメリカの海運業は非常に伸びた。アメリカ商人は，自己

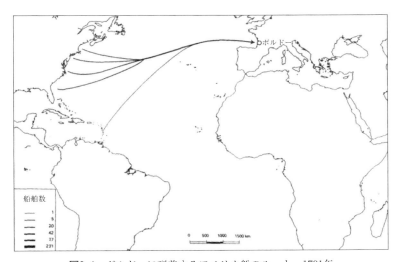

図3-4　ボルドーに到着するアメリカ船のルート　1791年
出典) Archives départementales de la Gironde (Bordeaux, France), 6 B 281, cited in Silvia Marzagalli, "American Shipping and Trade and Warlare or the Benefits of European Conflicts for Neutral Merchants: The Experience of the Revolutionary and Napoleonic Wars, 1793-1815",『京都産業大学経済学レビュー』創刊号，2014年，p. 16.

---

79)　James F. Shepherd, *Shipping, Maritime Trade and the Economic Development of Colonial North America*, Cambridge, 1972; Cary M. Walton and James F. Sheperd, *The Economic Rise of Early America*, Cambridge, 1979.

第3章 大西洋経済の形成

図3-5 ボルドーに到着するアメリカ船のルート　1795-1815年
出典）National Archives of the United States, College Park, Maryland, RG 84, and privately owned consular register of arrival, cited in Marzagalli, "American Shipping and Trade", p. 16.

勘定で貿易した[80]。また、アメリカの港としては、ニューヨーク、フィラデルフィア、ボストン、ボルティモアの比率が高い[81]。アメリカは、ボルドーとの海運を発展させた。とりわけ、1793年からはじまるフランス革命戦争で、それが顕著にみられた。

　図3-4と図3-5は、1791年と1793年のアメリカからボルドーへのルートを示す。基本的に、アメリカ船のルートだと考えて差し支えない。そのアメリカ船は、1791年の段階では、同国東海岸とボルドーとのあいだを航海するだけであった。1793年には、ボルドーから西インドへと船を送

---

80) Silvia Marzagalli, "American Shipping and Trade in Warfare, or the Benefits of European Conflicts for Neutral Merchants: The Experience of the Revolutionary and Napoleonic wars, 1793-1815",『京都産業大学経済学レビュー』創刊号, 2014年, p.3.
81) Silvia Marzagalli, *Bordeaux et les Etats-Unis 1776-1815: Politique et stretégies négociantes dans la genese d'un réseau commercial*, Paris, 2015, p.209.

6 アメリカ海運業の発達とフランス革命・ナポレオン戦争

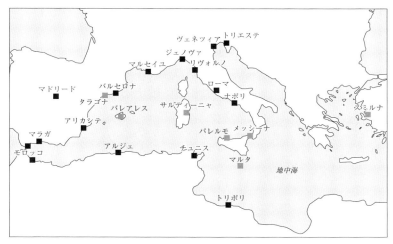

図3-6 地中海におけるアメリカ領事館 1790-1810年
(■1790年代に設立，▨1800年代に設立)

出典) Journal of the executive proceedings of the Senate of the United States of America, cited in Marzagalli, "American Shipping and Trade", p.8.

ることはなくなった。1795-1815年においては，アメリカ以外で製造された商品を積載することが一般的になる。アメリカのボルドーからの輸入品は，おおむね東海岸に着いてから，最終市場へと再輸出されたのである。アメリカの港は，世界の倉庫となった。商品は，さらにアメリカから再輸出されることになった。

アメリカ船のボルドーへの到着は，1795年が351隻でピークとなり，1800年には2隻になった。そして，大陸封鎖令の影響で，1809-14年には大きく下がるが，ボルドーへの来航数は1795-1815年で合計2,410隻であり，年平均115隻ほどである[82]。

地中海においては，図3-6に示されているように，領事館を設立し，スウェーデンやデンマークと同様，中立政策を利用して，貿易を伸ばしたのである。しかも，ここにあげた地中海の港は互いに代替機能があり，ある港が使えなくなったとしても別の港を使えばよかった。だからこそヨーロッパは，戦時中にも商業活動を継続することができたのである。

---

[82] Marzagalli, *Bordeaux et les Etats-Unis 1776-1815*, pp.176, 187.

アメリカの船主は，中立政策を最大限に利用した。商船の数はうなぎ
のぼりに上昇した。たとえば，南米最南端にあるホーン岬に行き，太平
洋を横断して喜望峰をまわり，地中海とバルト海に到着することさえあ
った[83]。アメリカ合衆国の海運業は，1790年には同国の外国貿易の59
パーセントを運んでいたが，その比率は，1807年には92パーセントに高
まった[84]。

大西洋とヨーロッパとの結合には，アメリカ船が大きく寄与したので
ある。

おわりに――四つの海の結合

北海・バルト海・地中海・大西洋という四つの海は，このようにして
一つの商業圏として機能するようになった。

たしかに，多数のイギリス船，オランダ船が，これらの海で使われて
いたことも事実である。しかしまた，スウェーデン，デンマーク，さら
にはアメリカいう中立国の船があったからこそ，貿易を継続することが
できたことも忘れてはならない。

ヨーロッパの港は，地中海にかぎらず，ある港が使えなくなったとし
ても，別の港を使うことができた。それこそ，戦争を継続しながら経済
成長を達成することができたヨーロッパの特徴を如実にあらわす。

たとえば，アンティル諸島からボルドーをへてハンブルクに送られて
いた砂糖は，フランス革命戦争の勃発により，イギリスへと中継地点を
替えた。それは，まずアンティル諸島からアメリカに送られ，そこから
アメリカ船でイギリスに輸送され，さらにハンブルクに送られたと考え
られる。もちろん，イギリス植民地から直接イギリス本国に輸送され，
そこからハンブルクに再輸出されたものもあった。だが，それらの具体
的な比率はわからない。

さらに，ジョージ・ウェリングの研究では，1795年にフランス軍に占

83）　Marzagalli, *Bordeaux et les Etats-Unis 1776-1815*, p.191.
84）　Douglas C. North, *The Economic Growth of the United States 1790-1860*, New York and London,1966, p.41.

領されたオランダであったが，アムステルダム商人の一部は別の都市に
逃れて貿易を続けた。たとえば，アムステルダムの船舶の半数が，ドイ
ツのエムデンの船舶として登録されたことさえあった。また，ナポレオ
ンが大陸封鎖令を発布する前年の1805年には，アムステルダムは空前の
貿易量を誇ることになった。この年が，平和であったからである。アム
ステルダム商人は，アメリカ合衆国にまで渡ってヨーロッパ大陸と商業
を営んだ。アムステルダムという都市が衰退しても，アムステルダム出
身の商人はなお活躍していた[85]。

　このようなシステムが形成されていたことは，ヨーロッパの経済成長
にとってきわめて重要であり，それが世界の他地域と決定的に異なると
いうことは，おそらく間違いないであろう。ヨーロッパには，戦争が起
こっても商業活動を継続するシステムが形成されており，それが，持続
的経済成長に大きく寄与したのである。

　地中海のイタリア商人が，イベリア諸国が大西洋貿易に乗り出すとき
に，ある程度寄与したことは間違いない。しかしイタリア商人は，大西
洋経済形成との関係では，だんだんと聞かれなくなってしまった[86]。
決定的に重要なことは，地中海諸国ないし諸地域が，大西洋経済の形成
にあまりかかわっておらず，18世紀末になって，アメリカ合衆国が地中
海に自国船で進出し，さらには領事館をつくり，事業情報を入手しよう
としていたことである。

　それに対し北方ヨーロッパ諸国は，イベリア半島の国々のあとで，積
極的に大西洋貿易に乗り出していった。そのためには海運資材は不可欠
であったが，ノルウェーのマスト材，バルト海地方の木材，さらに鉄は，
北方ヨーロッパ諸国が新世界まで到達するために，おそらく欠かせない
ものであったろう。

　大西洋貿易とは，基本的には砂糖の貿易を意味し，その生産は，西ア
フリカから新世界まで輸送された黒人奴隷が担った。そのシステムを形
成したのはブラジルのポルトガル人であり，それがセファルディムのネ

　85）　George Maria Welling, *The Prize of Neutrality Trade Relations between Amsterdam and North America 1771-1817: A Study in Computational History*, Ph. D thesis, Groningen University, 1998.

　86）　Brilli, *Genoese Trade and Migration in the Spanish Atlantic in the Spanish Atlantic*.

ットワークを通じてブラジルからカリブ海のオランダ・イギリス・フランスの植民地にまで伝わった。

そのなかで，イギリスだけが綿花を黒人奴隷が生産し，それを本国に送って最終製品である綿織物にすることに成功したのである。しかもそれは，世界中で販売されることになった。この点から考えるなら，イギリスが，最終的には大西洋経済形成の覇者になったと考えられよう。

そしてイギリスは，綿製品を世界中に販売することで，大きな経済成長を実現することができた。それには，多数の黒人奴隷労働という犠牲がともなっていたことは言を俟たない。しかし，まだイギリスはヘゲモニーを握ったわけではなかった。

大西洋は，ヨーロッパの内海になっていった。新世界の商品は，ヨーロッパ人のために生産された。その点からいえば，すでに18世紀後半には，新世界の経済は明らかにヨーロッパに従属していたように思われるかもしれない。したがってヨーロッパによる支配＝従属関係が成立していたと主張される可能性はある。しかし，たとえそうであっても，新世界−ヨーロッパ間の情報流通にはなお一方向でおそらく100日間以上かかることも珍しくはなかったはずであり，ヨーロッパと新世界が，一つの同質的な商業空間になったことから生じる本書でいう支配＝従属関係とは意味が違う。少なくともこの時代の新世界のヨーロッパへの従属度は，まだ高いものではなかった。

最後に，大西洋経済におけるユダヤ人——基本的にはセファルディム——が果たした役割について述べておきたい。

フランチェスカ・トリヴェラートによれば，セファルディム商人をはじめとするユダヤ人は，旧世界よりも多くの経済的可能性と大きな文化的・宗教的・政治的自由をえた。南北アメリカのどこにおいても，ユダヤ人が，彼らの血統を表す衣服を着ることを強制されることはなかった。また，ゲットーに集住する必要もなかった。オランダとイギリスの新世界植民地では，フランス革命以前に，ユダヤ人は市民と認められた上で年季奉公に出されたのである[87]。

---

87) Francesca Trivellato, "Sephardic Merchants in the Early Modern Atlantic and Beyond: Towards a Comparative Historical Approach to Business Cooperation", in Richard L. Kagan and Philip D. Morgan (eds.), *Atlantic Diasporas: Jews, Conversos, and Crypto-Jews in*

おわりに——四つの海の結合　　　159

　たしかに，おそらく18世紀になっても，セファルディムのカリブ海居
住者がたった2,000-3,000人しかいなかったことを考えるなら[88]，大西
洋貿易における彼らの役割を過大評価すべきではなかろう。しかし，セ
ファルディムは，大西洋における砂糖革命の担い手であったことにも疑
いの余地はない。また，補論Ⅱでも論じるように，イベリア半島から追
放されたために，ユグノーやアルメニア人，さらにスコットランド人な
どとは異なり[89]，「中核」なき民族であったため，そのネットワークは
かなり柔軟性が高く，文化や技術の伝播においてその実数以上に大きな
役割を果たしたと推測できるのである。
　セファルディムは，同質性のある商人集団であった。さらにセファル
ディムが，少なくとも旧世界よりも自由に貿易できたことは，大西洋経
済が，全体として，ある程度同質的な商業空間になることに寄与したと
考えられる。大西洋は，帝国内貿易，さらに帝国間貿易を通じて，ヨー
ロッパ世界経済の一部となっていったのである。

---

the Age of Mercantilism, 1500-1800, Baltimore, 2008, p. 120.
　　88)　Trivellato, "Sephardic Merchants in the Early Modern Atlantic and Beyond".
　　89)　スコットランド移民に関しては，Tom M. Devine, Scotland's Empire, 1600-1815,
London, 2003.

補論　I

プロト工業化とは何だったのか

は じ め に

　今はもうなくなってしまったが，かつて社会経済史学会で，個別報告以外に，主催校が組織する「共通論題」というものがあった。そこでしばしば取り上げられたのが，プロト工業化ないし農村工業であった。もともと大塚史学は農村工業から近代世界がはじまったという前提に立っていたので，農村工業を重視するプロト工業化は，瞬く間に日本でも受け入れられるようになった。プロト工業化の研究をすれば，工業化の研究につながるという思いがあったはずである。

　しかし，現在の経済史学界で，プロト工業化の研究は，ほとんど顧みられなくなった感さえある。かつての勢いは，どこへ行ってしまったのか。なぜ，プロト工業の研究は流行らなくなったのか。

　単純にいえば，プロト工業化がいくら進展しても，工業化には行きつかないということがわかってきたからである。プロト工業化の研究者として第一人者である斎藤修自身，この学説が過去のものだということを認めている[1]。

　では，プロト工業化とは果たして何だったのか。それは，経済史研究，ひいては歴史研究において，どのような意味があるのか。この補論では，それについて述べたいと思う。

---

1)　斎藤修『プロト工業化の時代——西欧と日本の比較史』岩波現代文庫，2013年，316頁。

1 経済史研究の手法をめぐって

　大塚史学の影響が強かった世代においては，プロト工業化の研究に，大塚史学の再興の夢を託したのかもしれない。ヨーロッパの自生的発展を実証したかったのかもしれない。だが，それは果たせなかった。それは，端的にいえば，ヨーロッパが自生的な経済発展をしたわけではなかったからである。

　プロト工業化の研究者のあいだに，比較史を重視する傾向がしばしばみられることは注目に値する。いくつもの地域が比較され，それぞれの地域の特徴，さらには地域間を通じた共通性が呈示される。けれど，それ以上のものは結局出てこなかったといえば，果たして失礼であろうか。

　経済史において比較をするとき，私の考えでは，マクロ経済的状況が同じようなものでなければならない。いくつかの一見共通する事象があるとしても，そのマクロ経済的背景が異なるものであれば，事象の意味は違ってくる。たとえばある二国で捕鯨業が発展していたとしよう。A国はクジラを食料のために，B国は鯨油をとるために捕獲する。A国のクジラは食料として，B国のクジラはランプ用の油として使われる。前者は，主としてタンパク質をはじめとするカロリー摂取のために用いられ，後者は人々が夜間にも昼間と同様の生活ができるという便益を供給する。同じ捕鯨業の発展でももつべき意味は違う。しかし単純な比較史では，A国もB国も，捕鯨業が発展したということで終わってしまう。これでは，正確な意味での比較史はできまい。

　捕鯨業の事例は，適切ではなかったかもしれない。だが，比較史の陥穽を示すことはできたと思う。では，プロト工業化研究には，どのような問題点があったのか。この分野の研究者もまた，異なった歴史状況をあまり考慮しなかったと，私には思われるのである。

　たとえば，それを表すものとして，以下の文章がある。

　　西欧の一角で産業革命が始動しつつあった18世紀，中国ではすでに
　　市場経済の活性化が進み，17世紀以降の人口急増にもかかわらず，

1 経済史研究の手法をめぐって 163

生活水準は世界的にみて決して低水準でなく，ヨーロッパに匹敵する水準にすら達し，当時のヨーロッパと同程度のプロト工業化が進展していたことも指摘されている[2]。

　ここでは，ヨーロッパ世界が海上ルートによって拡大していったのに対し，中国は東南アジアへの華僑の移住はあっても，海上ルートにより進出がなかったという重要な相違点が見逃されている。ただし彼らはプロト工業化の研究をしていたのだから，これはあまり大きな問題ではないかもしれない。だが，ヨーロッパとアジアの比較をするにあたり，決定的な相違点が捨象されていることが私には気になるのである。さらにまた，内生的な要因をあまりに強調する意見が，プロト工業化の論者から出ていたことも事実である。たとえば，石坂昭雄はこういう。

世界史上最初に，内生的に達成された西ヨーロッパの「工業化」を論じるにあたって，とくに注意すべき点として，それがすぐれて「地域」を基盤として——とりわけ農村工業地域を母体とし——形成されてきたこと，その後の展開のなかでも，長期にわたって絶えず持続してきたことが挙げられる。こうした「地域」は，同一の「国民国家」内部はもちろん，その領域を越えて，様々な形で相互に結びつき絡み合いながら，工業化を達成し，その後もこのような形で全体として西ヨーロッパ内の原熱料や完成品，労働力，資金，技術の交流と循環を形成してきた[3]。

　ここに引用した石坂の文章は，内生要因を強調する観点からみても，理解できないものとなっている。とくに最初の「世界史上最初に，内生的に達成された西ヨーロッパの『工業化』」というくだりは，アプリオリに自説の正しさを前提としており，およそ学問的とはいえまい。ヨー

　2）　篠塚信義・石坂昭雄・高橋秀行『地域工業化の比較史的研究』北海道大学図書刊行会，2003年，iii頁。
　3）　石坂昭雄「西ヨーロッパの国境地域における工業地帯の形成と展開：トゥウェンテ／西ミュンスターラント綿業地帯とザール＝ロレーヌ＝ルクセンブルク＝南ベルギー鉄鋼・炭鉱地帯を例に」『社会経済史学』第64巻1号，1998年，28頁。

ロッパの工業化が農村工業を中心に発展してきたかどうかが、本来問われるべき問題であろう。

さらにそもそも、内生的な工業化と断言すべき根拠が、どこにあるというのか。世界最初の工業化地帯といえるランカシャーは農村工業地帯であったのか、ランカシャーはリヴァプールとの結びつきが強くなかったのか。綿花は、新世界から輸入していた事実をどう考えるのか。石坂は、こういった疑問に答えられないのではないか。これは、重要な問題点だと指摘せざるをえない。

しかも石坂は、プロト工業化は、「大洋を越える交易によって、『世界経済』が組織されたことにより、西ヨーロッパの工業生産は、強い刺激を受けた」[4]という、プロト工業化の提唱者の一人ピエール・デーヨンの言葉をも無視しているのである。石坂の文章は、現実の研究史を表したものとは到底いえないのである。

プロト工業化においては、すでに引用した二つの文章が、そもそも大きな問題点を提示していると私は感じている。むろん、これらの叙述は、やや特異なものであったと考えられるかもしれない。けれども、ここで私が指摘した問題点は、程度の差はあれ、少なくとも日本のプロト工業化論全般にみられたと私は解釈している。

2　プロト工業化論

工業化以前に工業化があった

とはいえ、国際的にみて、「工業化以前の工業化」として、1970-80年代にかけ、プロト工業化論が世界的に流行したこともたしかである。

この概念を最初に提起したのは、周知のようにアメリカの経済史家フランクリン・メンデルスであった。1969年にウィスコンシン大学に提出した博士論文のタイトルは、「18世紀フランドルの工業化と人口圧」[5]で

---

4)　ピエール・デーヨン著，二宮宏之訳「『原基的工業化』モデルの意義と限界」『社会経済史学』第47巻1号，1981年，2頁。

5)　Franklin Mendels *Industrialization and Population Pressure in Eighteenth-century Flanden*, Ph.D Dissertation, University of Wisisconsin 1969; published version, New York, 1981.

あり，このときにはまだ，タイトルには「プロト工業化」という言葉は
使われていない。

　明確な形で「プロト工業化」という用語が使われたのは，1972年のこ
とである。すなわち，*Journal of Economic History* に「プロト工業化
——工業化の第一局面」が掲載されたときのことであった[6]。これ以降，
「プロト工業化」という用語は，経済史家のみならず，歴史家一般のあい
だにまで定着するようになった。1982年に開催された国際経済史学会
では，メンデルスはP・デーヨンとともに，プロト工業化に関するセッ
ションをオーガナイズした。

　このように急速な研究の進展がみられたプロト工業化について，ここ
ではまず日本の代表的なプロト工業化研究者である斎藤修の『プロト工
業化の時代』に従ってみていきたい。

　斎藤によれば，プロト工業化とは，次の三つの特質が結合した歴史現
象として定義される。

（イ）　域外市場向工業生産——それは，自給自足的な経済活動ではも
　　　はやなく，またたんに地域内の市場のための生産でもない，域外
　　　の，とりわけ地域国際貿易市場に向かって行われる生産活動であ
　　　る。
（ロ）　農村立地——その生産活動は，農村において小農（ペザント）
　　　によって営まれる家内手工業である。多くの場合（しかしつねに
　　　というわけではない）それは，都市の問屋商人によって組織され
　　　る，問屋制家内工業の形態をとった。それゆえ，第二局面への移
　　　行は，工場制工業への転換として特徴づけられることになる。
（ハ）　同一地方経済内における商業的農業地域の内包——この現象は
　　　通常，一方では農村工業，他方では生産性の高い大規模な主穀生
　　　産へと特化する，二つの地域間における分業というかたちで進展
　　　する[7]。

　6）　Franklin Mendels, "Proto-Industrialization: The First Phase of the Industrialization
Process", *Journal of Economic History*, Vol.32, No.1, 1972, pp.241-261；石坂昭雄訳「篠塚・
石坂・安元「プロト工業化——工業化過程の第一局面」『西欧近代と農村工業』」北海道大学
図書刊行会，1991年，1-28頁に所収。

プロト工業化では，このような一般モデルが前提とされる。プロト工業化は，地域的な（regional）現象であり，農村工業で繊維工業が発展することが特徴である。

ではつぎに，斎藤の論に依拠しながら，このモデルについてやや詳しく見ていきたい。

穀物生産と工業の発展

農村工業が広まっていくのは，穀物生産に向かない地域であった。プロト工業化における特徴の一つは，穀物を生産する地域と，農村工業が発展する地域とに分離することにある。これは，地域間分業が進んだと言い換えることもできる。その大きな理由として，人口増加がある。農作物の生産に適していない土地では，プロト工業化が進むということがあった。たとえば，軽砂土質で痩せた土地のフランドルの内陸部では，リネン生産が増加した。メンデルスはフランドルのプロト工業化を基盤として，この論をさらに進展させることになった。

農業地帯が，穀作地域と工業地域に分離することは，メンデルス以前から知られていた。たとえばイギリス史家ジョーン・サースクは，イングランドにおいてローランドとハイランドで，明確な農工間分業が進展していたことを示している。その際の重要点は，工業活動がハイランドに定着したという面ではなく，ローランドにおける穀作農業の生産が拡大し，特化が進行するという面にあった。

メンデルスらはこのような農業発展が，資本主義的な大農経営の成立をうながしたと主張しているが，斎藤はその考え方がどこまでの現実妥当性をもつかはまた別問題だとして，メンデルスらの意見にはくみしない。そして斎藤は，18世紀か19世紀にかけて，西欧全体で主穀生産が増大したことは事実ではあるが，それが資本主義的な大規模農業を発展さ

---

7) 斎藤『プロト工業化の時代』45-46頁。また，邦語文献として参照すべきものに，斎藤修・安場保吉著『数量経済史論集3　プロト工業化期の経済と社会』日本経済新聞出版社，1983年。L・A・クラークソン著，鈴木健夫訳『プロト工業化——工業化の第一局面?』早稲田大学出版部，1993年。英文の文献としては，Sheilagh Ogilvie and Markus Cerman (eds.), *European Proto-Industrialization: An Introductory Handbook*, Revised version, Cambridge, 1996; Mats Isacson and Lars Magnusson, *Proto-Industrialisation in Scandinavia: Craft Skills in the Industrial Revolution*, Oxford, 1987など。

せたという仮説は，かぎられた地域にしか当てはまらないという[8]。

　農村工業の成長が地域社会におよぼした影響としてまず観察されるのは，高い人口成長率である。通常，隣接する穀作農業地帯よりも貧しく，その結果，豊かな平地の農村よりも貧しい山間・丘陵の農村の方が，人口密度が高くなった。

　耕作地が拡大する可能性がかぎられている地域で人口が増大すれば，農民は貧しくなる。さらに零細化の程度が上層農民と下層農民とで同じだとは考えられないので，必然的に不十分な土地しかもたない農民層を拡大させることになった。

　プロト工業化論はまた，結婚と農村工業の発展のあいだに観察される非対称的な関係，すなわち農村工業が拡大すれば，結婚数は増加するが，その拡大が停止しても（あるいは縮小しても），結婚数は減少しないという関係にあった。

　斎藤の考えでは，就業機会の結婚性向への効果が，賃金率のそれとは別に認められ，しかも前者の効果が後者のそれよりも大きいかぎり，農村工業の発展が実質賃金水準の上昇（したがって生活水準の改善）を伴わずに，農村部における人口成長を引き起こした可能性はある。そのような状況は，それまでに市場経済の浸透が比較的遅れており，それゆえ家内手工業の登場が衝撃的な効果をもつような農村地域において観察される蓋然性が高いのではないかと，主張する[9]。

プロト工業化論の現在

　プロト工業化論については，かつての勢いはかなり衰えた。現在では，プロト工業化とは，ヨーロッパでみられた亜麻・麻・リネンなどの繊維産業の発達を意味し，それが直接工業化につながったとは，考えられていない。斎藤によれば，メンデルスのプロト工業化論は，本格的な工業化を説明するためのモデルとしての資格に欠けるのである[10]。現在，このような結論がすでに出ている。プロト工業化から工業化が生まれるという考え方は，否定されているのだ。

---

　8)　斎藤『プロト工業化の時代』50頁。
　9)　斎藤『プロト工業化の時代』155-158頁。
　10)　斎藤『プロト工業化の時代』281-282頁。

補論 Ⅰ　プロト工業化とは何だったのか

　私はかつて，イギリスの産業革命に関して一論を書いたときに「産業
革命はイギリスの綿織物工業からはじまった」という趣旨のことを述べ
た[11]。しかしそれに対して，ある経営史家から「経済史では，工場制
生産が重要だとされているので，綿織物工業からはじまったというと，
批判されるのではないですかね」といわれたことがあった。

　正直，この指摘にはあきれた。「綿織物から産業革命がはじまったの
は事実であるし，工場制というと，どんな製品でも当時の世界市場で売
れたと思っているのか」と感じたからである。あまりに生産方法・形態
に偏った暴論だと思えたのである。

　私に対するこの批判は，ある面，プロト工業化の理論に似ている。す
なわち，マクロ経済的な差異を無視し，よりミクロな観点から論を立て
るのである。そうすると，与件の相違は見逃され，時代を超えた一般理
論のみを探究することになる。もとより，歴史家は個別事例と一般化の
あいだで叙述をしなければならない。しかし，それと同時に，一般化し
すぎるなら，歴史学ではなく，社会学や経済学と同様，一般理論を求め
る学問になる。

　産業革命は，間違いなく綿織物工業からはじまった。18世紀後半以降
の多くの国の工業化における綿織物の重要性を無視することはできない。
毛織物と違って何度も洗え，暑い土地でも極寒の地でも着ることができ
る衣類だからこそ，世界製品となったのである。少なくとも18世紀後半
において，工場制度で製造された商品で，綿製品以外のものが世界製品
になったとは到底考えられない。このようなマクロ経済的側面に目がい
かないような研究では，決して説得力がある議論は展開できまい。

　綿織物は，もともとインドから輸入されていた。とくにインド製の手
織りの綿織物であるキャラコは，安価で肌触りが良かったので，多くの
ヨーロッパ人がそれを欲した。イギリスは大西洋で三角貿易を完成させ，
西アフリカから奴隷を新世界の植民地に送り，綿花を栽培させ，それを
本国の工場で動力を用いて綿織物という完成品にして，世界市場で販売
するという形態をとった。イギリスの綿織物は，インド綿の輸入代替品
であった。プロト工業化で代表的だった亜麻・麻・リネンの生産から，

────────────
　　11)　「イギリスのバルト海貿易（1731-1780年）」『社会経済史学』第63巻6号，1998年，
86-105頁。

直接，綿織物生産へと移行するということはなかったのである。

　たしかに，プロト工業化地域から工業化地域へと転換した場合もあったかもしれない。しかし，そもそもイギリスのランカシャーで産業革命がおこり，そのランカシャーは少なくとも代表的な農村工業地帯ではなかったことがきわめて重要である。ランカシャーの綿織物生産を真似ることができたから他にも工業化する地域が出現したのである。プロト工業化から工業化へと直接転換した地域でも，ランカシャーの工業化があったからこそ，その成果を利用して工業化できたということが考えられよう。だが，比較史家は，しばしばこの当たり前の事実を忘れてしまう。

　また，さまざまな地域を比較するなら，同時代での比較にしなければならないと私は思う。それは，マクロ経済的状況が似ていると推測されるからである。あるいは，少なくともマクロ経済的状況が類似した社会どうしの比較でなければなるまい。あまりに時代や社会状況が違う場合の比較史は，本来比較できないものを比較することになりかねないからである。メンデルスらによる比較史には，この点で大きな問題があると指摘せざるをえない。比較の方法が，あまりにナイーヴであった。これは，欧米人にはしばしばみられることでもある。

　では，いわゆるプロト工業化はなぜ起こったのだろうか。それには，どういう意味があったのか。

3　プロト工業化の時代のヨーロッパ経済

ヨーロッパの人口増

　プロト工業化論では，人口圧が大きな鍵を握る概念である。この人口圧の増加は，単に地域的なものではなく，ヨーロッパ全体に及んだことをここで指摘しておきたい。

　すでに第2章で論じたように，16世紀から17世紀中頃にかけ，ヨーロッパ全土で人口が著しく増大したために，食糧不足に陥ったことは，こんにちではほぼ通説となっている。

　このような状況にあって，非常に重要な地位を占めだしたのがバルト海地方であった。16世紀後半から17世紀前半にかけてバルト海地方の経

済的中心であったポーランドは，ヨーロッパ随一の穀倉地帯であった。そのポーランドから，穀物がまずアムステルダムへとオランダ船で輸出され，そこから他地域に輸送された[12]。

したがって，ヨーロッパにおいては，以前なら近隣地方から穀物を出していた地域が，バルト海地方から穀物を輸入するようになってきたと推測することができる。たとえばオランダでは，ドイツやフランスではなく，バルト海地方からの穀物輸入量が増加した[13]。フランドルでは，15世紀にはバルト海地方からの輸入は無視できるほど少なかったが[14]，16世紀後半になると，ほぼ間違いなくバルト海地方の穀物が輸入された。

プロト工業化論の重要な理論的支柱は，これにより崩れるのではないか。人口圧の解決は，地域内部での穀物生産の増大ではなく，国際的な貿易の拡大によって解決された。メンデルスらは，個々の地域の比較を重視するあまり，かえってヨーロッパの全体を見る目をもたなかったと考えられよう。

対外進出の影響

ついで，もっと重要な亜麻・麻・リネンの生産増大の理由についてみていこう。

ヨーロッパ外世界への進出につれ，西欧諸国は，海運資材をバルト海地方やノルウェーなどの北海沿岸から輸入することを余儀なくされた。そのため，バルト海地方の貿易収支は，西欧側の赤字になっていった。ポーランドの貿易収支が黒字だったのは穀物を輸出したことが主な要因だったが，バルト海に面するその他の地域は，むしろ海運資材の輸出によって貿易収支が黒字であった。これにより，バルト海地方に住む人々の可処分所得は上昇したと推測される。

プロト工業化において生産された主要な産品として，亜麻・麻・リネンなどがある。これらは，ロープやマストなどに使われる海運資材であ

---

12) 玉木俊明『北方ヨーロッパの商業と経済　1550-1815年』知泉書館，2008年。

13) Milja van Tielhof, *De Hollandse Graanhandel, 1470-1570: Koren op de Amsterdamse Molen*, Den Haag, 1995.

14) 奥西孝至『中世末期西ヨーロッパの市場と規制——15世紀フランデレンの穀物流通』勁草書房，2013年。

3　プロト工業化の時代のヨーロッパ経済　　171

った。さらにリネンは，奴隷が着る服にも使用された。ここから，プロ
ト工業化とヨーロッパの対外進出が大きく関係していたことが示されよ
う。

　バルト海貿易で活躍した港湾都市に目を転じると，ドヴィナ川沿いに
あるリーガは，亜麻と麻の輸出港として知られた。この二つの製品は，
ドヴィナ川に沿った地域で栽培された。ドヴィナ川の後背地は非常に広
大であり，リーガは川を使うことで広大な地域と経済関係を保つことが
できた。

　またドイツ人の歴史家であるクラウス・ヴェーバーによれば，シュレ
ジエンの繊維製品であるリネンは，ハンブルクに輸送され，アフリカ人
奴隷がそれを着た。彼らは大西洋貿易で西アフリカからアメリカに送ら
れるときに，リネン製の服を着たのである[15]。現在，ヴェーバーが考
えた方向からの研究がドイツの歴史学界では進んでいる。そこでこの議
論についてもう少し詳しく説明しよう。

　神聖ローマ帝国と大西洋経済の関係は，これまでほとんど無視されて
きた。ポンメルン，シュレジエンのリネンは，生産者の賃金が低かった
ので，西欧市場でインドの綿と競争することができた。さらにフランス
やポルトガル経由で中欧のリネンがアフリカに売られ，奴隷が着ること
になり，大西洋経済に組み込まれることになった。そのため，中欧自体
の経済構造が変わったというのであり，ヴェーバーらは，この方向での
研究を進めているのだ[16]。

　彼らの研究は，大西洋経済と中欧のプロト工業化の関係を明らかにし
ようとしている点に特徴がある。内生要因を重視するプロト工業化から，
研究はここまで変化しているのである。

　おそらく日本では大塚久雄の影響力があまりに強く，プロト工業化が
地域的（regional）というより国際的（international）な出来事である
とは考えがおよばなかったのであろう。また理論経済学のフレームワー

　15）　Klaus Weber, "Linen, Silver, Slaves, and Coffee: A Spatial Approach to Central
Europe's Entanglements with the Atlantic Economy", *Culture & History Digital Journal*,
Vol. 4, No. 2, pp. 1-16.

　16）　2018年1月31日，フランクフルト・オーダーにおけるヴェーバーと玉木の会話よ
り。

クの内部で説明しようという意図が強く働きすぎ，それでは説明できない多数の条件を処理できなかったか，捨象したことが考えられる。

バルト海地方から輸出される海運資材やリネンがなかったとすれば，大航海時代，さらには18世紀の大西洋貿易拡大を西欧が実現することはできなかったであろう。

スウェーデンの場合，プロト工業化で重要な製品は鉄であった。スウェーデン語で brük と呼ばれる製鉄集落（英語では通常 iron-works と訳されるが，単なる製鉄所ではない。それは一つの集落であり，住居はむろん，場合によっては学校や病院までも含む。したがって，集落としての機能をもつ）では，多くの農民が働いていた。スウェーデン鉄はイギリスやフランス，さらにはポルトガルに売られた。その一部は，船舶用の釘や錨として使用された。スウェーデンの農民は，バルト海地方の他地域の農民と同じく，大航海時代の世界経済と結びついていたのである。そして明確な証拠はないものの，スウェーデンでも可処分所得が上昇したと考えられる。

ストックホルム近郊にメーラレン湖という湖がある。この湖は，ヴァイキング時代以前から，港湾都市ストックホルムを支える海運力の源泉であった。近世においては，メーラレン湖北方の後背地が，森林資源のほかに，鉱物資源である鉄と銅をバリースラーゲン（Bergslagen）と呼ばれる中央鉱山地帯から供給し，さらにそれは，ストックホルムから西欧に輸出されたのである[17]。

ここに述べたことは，じつはウォーラーステインの説に対する重要な反論になる。ウォーラーステインによれば，バルト海地方は，西欧に第一次産品を供給する周辺ないし半周辺の地域であった。工業製品と原材料輸出地域という国際分業体制を重視するウォーラーステインであれば，このような発想は当然のことといえる。しかし，ウォーラーステインは具体的に貿易収支を算出した上でバルト海地方が西欧に従属した，とは論じていないため，実証性に乏しいといわざるをえない。

ウォーラーステインはマルキストであるといっても差し支えないが，彼の従属理論のモデルになるのはリカードの比較優位説である。この説

---

17) 坂野健自・玉木俊明「近世ストックホルムの貿易　1721-1815年『二層貿易』の展開と崩壊」川分圭子・玉木俊明編『商業と異文化の接触』吉田書店，2017年，104-110頁。

によれば，工業製品を輸出している国のみならず，農作物を輸出している国も利益をえることができる。したがって，工業国に従属することで，第一次産品輸出国が潤うこともありうるのだ。近代世界システムにおいて，周辺になることと，貧しくなることは必ずしも同じではない。

北方ヨーロッパにおける川のネットワーク

　北方ヨーロッパは，地中海地域と異なり，大きな川がいくつもあった。川の長さを比較するなら，ハンブルクが位置するエルベ川の長さが1,123キロメートルであるのに対し，イタリアを流れるポー川の長さは650キロメートルである。北海とバルト海の後背地の広さを考えれば，北方ヨーロッパにおいては，海と川との結びつきが，地中海地域よりもはるかに強かったことがわかる。

　たとえばダンツィヒはヴィスワ川，シュテッティンはオーダー川，サンクト・ペテルブルクはネヴァ川，リーガはすでに述べたようにドヴィナ川沿いに位置する港湾都市である。これらの都市から，川をたどって，亜麻，麻，リネンなどの海運資材が輸送された。

　周辺や半周辺と位置づけられたこれらの地域から輸出される海運資材は，これらの地域で生活する労働者の可処分所得を増大させたと推測できる。だが残念ながら，現時点ではあくまで推測にすぎず，具体的な数値の算出は今後の研究を待たなければならない

　貿易港によって後背地の大きさは異なる。サンクト・ペテルブルクの場合，ネヴァ川があるとはいえ，その後背地が非常に広かったとは考えられず，植民地物産は，同市ないしせいぜいモスクワで消費されただけだったろう。スウェーデン（ストックホルム）については，この首都の消費量がもっとも多かっただろうが，メーラレン湖を中心とする水路を使い，スウェーデンのバルト海沿岸部に輸送された。さらに，北海に面するハンブルクも合わせるなら，新世界から送られた植民地物産が，バルト海ないし北海沿岸から河川さらには陸路を伝ってヨーロッパ大陸内部に輸送され，しかも，そのうちフランス領西インド諸島から輸送される量がもっとも多かったと考えられる。たとえば砂糖は，フランス領サン・ドマングからボルドーに送られ，さらにハンブルクに輸送されて製糖所で完成品となり，ヨーロッパ各地に輸送されたのである[18]。

このように，砂糖に代表される植民地物産がバルト海地方の諸地域に送られたのは，これらの地域の貿易収支が海運資材の輸出によって黒字になり，そのため植民地物産を輸入するための余剰が生まれたからだと考えられるのである。この図式は，たとえ非合法貿易が多くなっても変わらない。もし余剰が生まれなければ人びとの購買力は上昇せず，密輸といえども，植民地物産を購入することは不可能であったからである。

商品は，需要と供給がなければ移動しない。北方ヨーロッパからみれば，海運資材は需要が増大したために供給が増え，そしてその余剰があったため，砂糖などの食料品を購入できる購買力をもつようになり，それらの需要が増えたため，新世界などからの購入が増大したのである。

ここで述べたことはまだまだ荒っぽいスケッチにすぎないが，プロト工業化はこのような結果をヨーロッパ経済にもたらしたと，私は推測している。

近世のヨーロッパ経済の多くが，ヨーロッパの対外的拡張と結びついていた。すでに随分前から，そして比較的最近ではポメランツの『大分岐』[19]によって，大西洋貿易の拡大という観点から主張されていることである。プロト工業化論にはこのような視点がなく，グローバル経済の変化に応じてプロト工業化が生じたということを論じていないのが，問題点であろう。

プロト工業化と工業化の関係

メンデルスらの主張とは異なり，プロト工業化が工業化の第一局面で，イギリスの産業革命が第二局面だという見方は，もはや否定されている。プロト工業化は，イギリスの産業革命（工業化）を生み出しはしなかった。それが，現在の経済史学界のコンセンサスであろう。

とはいえ，ここに述べたように，プロト工業化とのちの「工業化」には直接的なつながりはなかったとしても，間接的な意味では関連してい

18）　サン・ドマングに関する注目すべき文献として，Karsten Voss, *Sklaven als Ware und Kapital: Die Plantagenoekonomie von Saint-Domingue als Entwicklungsprojekt*, Münich, 2017.

19）　ケネス・ポメランツ著，川北稔監訳『大分岐——中国，ヨーロッパ，そして近代世界経済の形成』名古屋大学出版会，2015年。

た。

　すなわち，プロト工業化がなければ，大西洋経済の形成はなく，大西洋経済が形成されなければ，イギリス産業革命は発生しなかった。こういった意味で，プロト工業化は工業化の第一局面を形成したのである。われわれは，この点にこそ注意を向けるべきではないだろうか。

　メンデルス以降，プロト工業化の研究が進み，問屋制家内工業に分類可能な経済現象が世界のあちこちで発生したことがわかってきた[20]。だからこそなおさら，なぜヨーロッパで，とりわけイギリスで世界最初の工業化（産業革命）が生じたのかという問いに対して，ますます回答が出しにくくなっているように思われる。

　しかし，もし私の提示した仮説が正しいとすれば，解答を出すことは不可能ではない。すなわち，ヨーロッパの農村工業は，ヨーロッパの対外的進出と強く結びついており，ヨーロッパ経済が拡大すればするほど発展することができたのだ。

お　わ　り　に

　ヨーロッパの工業化（産業革命）には大西洋経済の形成が不可欠だったのであり，ヨーロッパが大西洋に進出しなかったならば，他地域に先んじてヨーロッパで工業化がはじまることはなかった。他の地域の農村工業の発展には，このようなダイナミズムがなかった。

　したがって，たとえば江戸時代から明治時代にかけての日本と近世のヨーロッパの農村工業の発展を比較することは，不可能だといえよう[21]。ヨーロッパの農村工業の発展は，ヨーロッパの対外進出によっ

　20）　たとえば，以下をみよ。Frank Perlin, "Proto-Industrialization and Pre-Colonial South Asia", *Past & Present*, No.98, 1983, pp.30-95; David L. Howell, "Proto-Industrial Origins of Japanese Capitalism", *Journal of Asian Studies*, Vol.51, No.2 ,1992, pp.269-286; Gavin Kitching, "Proto-Industrialization and Demographic Change: A Thesis and Some Possible African Implications", *Journal of African History*, Vol.24, No.2, *The History of the Family in Africa*, 1983, pp.221-240; D. C. Coleman, "Proto-Industrialization: A Concept Too Many", *Economic History Review*, 2nd ser. Vol.36, No.3, 1983, pp.435-448

　21）　このような観点から批判的に参照すべき研究として，斎藤修『比較経済発展論』岩波書店，2008年をみよ。

て可能になった。しかし，日本の対外進出は江戸時代にはなく，明治期においても，ヨーロッパよりははるかに小規模であった。しかも，日本は最初から蒸気機関や鉄道を使用することができた。これらの点の相違は，無視できないほど大きい。マクロ経済的な状況が決定的に違っているのである。

　こういう状況を考慮に入れず，ヨーロッパのある地域と日本のある地域を比較するとすれば，決定的に重要な与件の相違を見落とすことになる。私の仮説が正しくなかったとしても，この問題点は見逃されるべきではない。

　グローバル・ヒストリーとは，文字通りグローバルな観点から歴史をみるからこそ，その名に値する。大きな歴史状況の差異を無視して，自分の研究に都合が良いデータだけを出して比較することは，グローバル・ヒストリーとしてだけではなく，歴史の見方としても，大きな問題点があると指摘しておきたい。

第4章

商業情報の中心アムステルダム[1]

は じ め に

　序章ですでに述べたように，本書では，情報の非対称性が少ない商業空間が16世紀の西欧で生まれ，それが拡大したことを近代世界システムの拡大ととらえる。そのような社会は，具体的にはアントウェルペン商人のディアスポラによって誕生し，17世紀にオランダがヘゲモニー国家になることで完成した。16世紀前半の西欧経済の中心都市はアントウェルペンであり[2]，そこから生まれた同質的な商業空間が拡大していったのである[3]。

　これに対しては，16世紀前半であれば，イタリア諸都市の方が経済水準が高かったという批判が出てくるかもしれない。実際，その通りであろう。しかし，イタリアのシステムは，決してそのまま近代のヨーロッパの覇権へとつながったわけではない。イタリアの銀行制度は信用創造を生み出さなかったし，海上保険は，その利率設定に必要な確率論がな

---

　　1)　アムステルダムにおける情報の重要性については，以下をみよ。Woodruff D. Smith, "The Function of Commercial Centers in the Modernization of European Capitalism: Amsterdam as an Information Exchange in the Seventeenth Century", *Journal of Economic History*, Vol.44, No.4, 1984, pp.985-1005.

　　2)　Cf., W. Brulez, "Anvers de 1585 à 1650", *Vierteljahrschrift für Sozial-und Wirtschaftsgeschichte*, Bd.54, H.1, 1967, p.75.

　　3)　アントウェルペン市場については，現在もなお以下の著作が重要である。Herman van der Wee, *The Growth of Antwerp Market and the European Economy: Fourteenth-Sixteenth Centuries*, 3 Vols., Louvain, 1964.

かった。

　それに対し，アントウェルペンで生まれた商業システムは，アムステルダムに受け継がれ，やがて世界中を覆うようになったのである。ここから，近代世界システムの開始を，アントウェルペンに求めることに十分な意味があることが理解できよう。アムステルダムの台頭も，ロンドンの成長も，「アントウェルペン商人のディアスポラ」なしでは考えられないのである。

　一般に，カトリック国スペインが，プロテスタントのネーデルラントを弾圧したことで，ネーデルラントの独立運動がはじまったとされる。現実には，経済的利害の対立が主要因であったともいわれるが，宗教的対立を無視することはできない。ここに，「アントウェルペン商人のディアスポラ」という用語を使用する正当な理由がある（補論Ⅱをみよ）。

　これまでの諸章では，ヨーロッパの対外進出について論じてきた。それは，ヨーロッパ内部で形成されたシステムが，ヨーロッパ以外の世界に拡大する過程でもあった。

　本章では，「アントウェルペン商人のディアスポラ」を契機として，どのようにして近代世界システムが誕生し，西欧になぜ情報の非対称性が少ない社会が誕生したのかを，みていくことにしたい。ここでは，ヨーロッパ外世界のことは扱わず，考察の対象は，ヨーロッパ内部にかぎられる。換言すれば，オランダのヘゲモニーがなぜ誕生したのか，「情報」をキーワードとしてヨーロッパの内生要因から探究することが，本章の課題となる。これまでの諸章の叙述を，ヨーロッパの内生的な発展に照らした場合，どのようにみえるかという視点を提示する。

1　アントウェルペンの役割と特徴

　中世の北方ヨーロッパの中心となる市場は，「中世の世界市場」と呼ばれたブルッヘであった[4]。近世になると，それがアントウェルペンに変わった。アントウェルペンで活躍したのは，南ドイツのケルン商人で

---

　4)　James M. Murray, *Bruges, Cradle of Capitalism, 1280-1390*, Cambridge, 2009.

1 アントウェルペンの役割と特徴 179

あった[5]。南ドイツ商人が，チロルやハンガリーの鉱産物を販売すると
き，アントウェルペンを選んだのである[6]。ここに，アントウェルペン
台頭の一つの鍵があった。アントウェルペンはいわば，「近世の世界市
場」とみなすことができよう。そのアントウェルペンの地位をさらに上
昇させる出来事があった。

　中世のイングランドは羊毛の輸出国として知られていたが，16世紀初
頭から中葉にかけ，未完成の毛織物の輸出国に変わる。そのためイング
ランドの経済的地位は，ここで一段と上昇した。イングランドの輸出毛
織物は，ほとんどがアントウェルペンに輸出された。アントウェルペン
の台頭は，イングランド産の毛織物輸出と切っても切り離せない関係に
あった[7]。中世の北方ヨーロッパの中心となる市場はブルッヘであった
が，その後を継いだのが，アントウェルペンであった[8]。さらに，アン
トウェルペンには，リスボンを経由してアジアの産品が流入したのであ
る[9]。この都市は，ヨーロッパにおける商品集散地として機能した。

　12-13世紀は，フランス北東部のシャンパーニュで大市が栄えた。そ
れは，毎年6回開催された。それに対してアントウェルペンの取引所で
は，毎日のように取引がおこなわれた。これは，年に数回開催される大
市では，もはや商品流通量の増大に対応できなかったためだと考えられ
る。それはヨーロッパの経済成長の反映であり，その中心にアントウェ
ルペンが位置したのである。

　5）　Katsumi Nakazawa, "The European World Economy and the Entrepot of Antwerp", *Mediterranean World*, Vol. 14, 1995, p. 80.

　6）　中沢勝三『アントウェルペン国際商業の世界』同文舘出版，1993年，33頁。

　7）　これについては，邦語文献として，越智武臣『近代英国の起源』ミネルヴァ書房，1966年。

　8）　James M. Murray, *Bruges, Cradle of Capitalism*.

　9）　J. A. van Houtte, "Anvers aux XVe et XVIe siècles: Expansion et apogée", *Annales. Histoire, Sciences Sociales*, Vol. 16, No. 2, 1961, p. 253.

2 アントウェルペンからアムステルダムへ

アントウェルペン商人のディアスポラ

アントウェルペンは1531年に，他都市に先駆けて取引所（bourse）をつくった[10]。それを，「資本主義の象徴」とまでいう歴史家もいる[11]。さらに取引所における商品の価格を記した「価格表」を作成した。最初は，手書きであった。そのすぐあとに，アムステルダムとハンブルクでも取引所がつくられた。これは，アントウェルペン商人の影響であろう。アムステルダム・ハンブルク商人がアントウェルペンに来ることで，ないしアントウェルペン商人がアムステルダム・ハンブルクに赴くことで，この二都市の取引所ができた。

アントウェルペンは，オランダ独立戦争中の1585年に，スペイン軍によって陥落させられた。これ以降，アントウェルペンで商業に従事していた商人が各地に移住する現象に注意が向けられた。ベルギーの中世史家ブリュレは，これを「アントウェルペン商人のディアスポラ」と名づけた[12]。

しかし現在では，オランダ人オスカー・ヘルデルブロムにより，早くも1540年代から，アントウェルペンからアムステルダムに商人が移住していたことがわかっている[13]。「アントウェルペン商人のディアスポラ」は，1540年代にはじまったのである。

---

10) Mark Häberlein, *Aufbruch ins globale Zeitalter: Die Handelswelt der Fugger und Welser*, Stuttgart, 2016, S.20.

11) E. Coornaert, "Les bourses d'Anvers aux XVe et XVIe si
ècles", *Revue Historique*, T.217, 1957, p.20.

12) W. Brulez, "De Diaspora der Antwerpse kooplui op het einde van de 16e eeuw", *Bijdragen voor de Geschiedenis der Nederlanden*, Vol.15, 1960, pp.279-306.

13) Oscar Gelderblom, *Zuid-Nederlandse kooplieden en de opkomst van de Amsterdam stapelmarkt (1578-1630)*, Hilversum, 2000; Oscar Gelderblom, "From Antwerp to Amsterdam: The Contribution of Merchants from Southern Netherlands to the Rise of the Amsterdam Market", *Review (A Journal of Fernand Braudel Center)*, 26, No.3, pp.247-282; Oscar Gelderblom, "Antwerp Merhants in Amsterdam after the Revolt", in P. Stabel and B. A. Greve (eds.), *International Trade in the Low Countries (14th-16th Centuries); Merchants, Organization, Infrastructure*, Leuven, 2000, pp.223-241.

2 アントウェルペンからアムステルダムへ

　ヘルデルブロムの関心はこの二都市の商人の移動にあり，他都市への関心は薄い。だが，私が2006年に直接ヘルデルブロムにアントウェルペン商人がハンブルクに移住したのではないかと訊ねたところ，「自分としては，そのような史料に直接あたったわけではないので確実なことはいえないが，その可能性は高い」と答えた。アントウェルペン商人は，しばしばロンドンを訪れていた。二都市の商人の移動が活発でなければ，ロンドンからアントウェルペンへの毛織物輸出は不可能だったはずである。

　1600年頃になると，南ネーデルラントからハンブルクへと移住する商人が増え，その中核をなしたのがアントウェルペン商人であったことはほぼたしかである。さらにアントウェルペンには，イベリア系ユダヤ人のセファルディムも移住してきた[14]。彼らは，1492年にはスペインから，1497年にはポルトガルから追放された。いわばレコンキスタの完成こそが，セファルディムの離散をうながし，居留地を増やし，交易離散共同体を形成したのである。

　またアントウェルペンは，歴史家によって「ジェノヴァ人の世紀」（1557-1627年）と呼ばれる全盛期を迎えたジェノヴァとの商業関係も密接であった。

　イングランドの毛織物輸出を独占したマーチャント・アドヴェンチャラーズ（冒険商人組合）の指定市場（ステープル）が1567年にアントウェルペンからハンブルクに移動したときも，アントウェルペンの有名な商家が，ハンブルクにまで移動していた。また，ハンブルク商人も，アントウェルペンまで出かけて商業に従事していた。ここから，イングランドの取引相手は，あまり変わらなかったと考えられるのである。

　したがって，マーチャント・アドヴェンチャラーズの指定市場の移動が，商人のネットワークに変化をおよぼしたとは思われないのである。むしろ，北西ヨーロッパ商人のネットワークの拡大とみなすべきであろう。これも，「アントウェルペン商人のディアスポラ」の一部とみなせよう。

　14）　Hans Pohl, "Die Portugiesen in Antwerpen（1567-1648）: Zur Geschichte einer Minde=he", *Vierteljahrschrift für Sozial-und Wirtschaftsgeschichte*, Beiheft Nr.63, Wiesbaden, 1977.

182　　　第4章　商業情報の中心アムステルダム

　これまでの研究では，取引都市が変わると，大きな商業構造の転換があったと想定されてきた。しかしじつは，取引する商人は同じであり，現実には商業構造の転換とはいえないことが多かったのではないか。さらにこれは，ヨーロッパの貿易構造とも大きく関係している。

　近世ヨーロッパの貿易では，ある貿易港が衰退しても，別の貿易港がその代替港として活躍することが多かった。商人の流動性が高く，彼らは国境をやすやすと越え，別の貿易都市に移住することは，よくあったのである。そしてヘルデルブロムは，アントウェルペンの貧民がアムステルダムに移住したと主張しているが，クレ・レスハーの，ヘルデルブロムは貧民の所得基準を高くしすぎているという意見に私は賛成である[15]。アントウェルペン商人が，アムステルダムの発展に対し多大な貢献をしたことは間違いない[16]。「アントウェルペン商人のディアスポラ」は，アルプス以北の北方ヨーロッパ（Northern Europe）の経済発展に大きく寄与した。彼らの商業技術・ノウハウ，さらには商人ネットワークが，他地域の商人にも使えるようになったからである。

アムステルダム商人の移住

　アムステルダムは，人口流動性がきわめて高い都市であった。16世紀後半においては，アムステルダム生まれの商人は少なく，取引の多くは，アムステルダム外の出身者の手によってなされた。南ネーデルラントやドイツを中心とするとはいえ，さまざまな地域出身の商人が同市での取引に従事した。また彼らのなかには，アムステルダムで商業を営んだのち，他地域に移動したものもいた。現在のベルギーに位置するリエージュ出身で，アムステルダムに移動し，わずか3年間だけ同市に滞在し，さらにストックホルムに渡ったルイ・ド・イェールは，その代表例である[17]。

　15）　Clé Lesger *The Rise of the Amsterdam Market and Information Exchange: Merchants, Commercial Expansion and Change in the Spatial Economy of Low Countries, c. 1550-1630*, Aldershot, 2006.

　16）　Wantje Fritschy, *Public Finance of the Dutch Republic in Comparative Perspective: The Viability of an Early Modern Federal State (1570s-1795)*, Leiden, 2017.

　17）　E. W. Dahlgren, *Louis de Geer 1587-1652: Hans lif och verk*, 2 vols., 1923, repr. Stockholm, 2002; 上野喬『オランダ初期資本主義研究』御茶の水書房，1973年。

　　　　　　　2　アントウェルペンからアムステルダムへ　　　　　183

　商人がアムステルダムに一時的ないし数世代滞在し，その後別の地域
に移動したことも多かった。この都市を通して数多くの商業上の情報・
ノウハウが流れたと考えられる。近世アムステルダム最大の機能の一つ
は，まさにこの点にあった。
　アントウェルペンとアムステルダムの最大の差異は，基本的に後者の
商業規模が圧倒的に大きかった点にある。フィリップ・ブロムによって，
「最初の世界的取引所」[18]と呼ばれたオランダ東インド会社のヨーロッ
パの根拠地はアムステルダムにあったことからも判明するように，アム
ステルダムは世界に開かれた商業都市であった。アントウェルペンの商
業規模は，それと比較するとはるかに小さかった。
　アントウェルペンは，たしかにヨーロッパ外世界とも結びついていた。
たとえば，ここを商業拠点の一つとするフッガー家は，新世界に進出し
ていた。しかし，アムステルダムと比較するなら，新世界との紐帯は明
らかに弱かった。本質的にアントウェルペンは，ヨーロッパの諸都市と
強く結びついた商業都市にとどまった。
　アムステルダムの取引相手は，それこそ全世界におよんだ。1602年に
は連合東インド会社が，1621年には西インド会社が創設されたことがそ
れを証明しよう。
　しかし，すでに第2章の表2-2で示したように，少なくとも1580年代
には，アムステルダムの輸出入額としては——とくに輸入額については
——，バルト海地方の比重が非常に大きい。アムステルダムの全輸入額
のうち，1580年には64.5パーセントが，1584年には69.1パーセントが，
バルト海地方からの輸入によるものであった。おそらく，穀物輸入がも
っとも重要であったろう。それに対しアントウェルペンは，あまり積極
的にバルト海貿易に参画することはなかった。
　アムステルダムとアントウェルペンの貿易構造は大きく違っていた。
貿易構造だけをみれば，アントウェルペンの後継者とは思えないほど異
なっていた。しかし「アントウェルペン商人のディアスポラ」がなけれ
ば，アムステルダムがこれほどまでに貿易を発展させることは不可能だ

　　18）　Philipp Blom, *Die Welt aus den Angeln: Eine Geschichte der kleinen Eiszeit von 1570
bis 1700 sowie der Entstehung der modernne Welt, verbunden mit einigen Übelegungen zum
Klima der Gegenwart*, München, 2017. S.91.

ったであろう。

情報のステープルとしてのアムステルダム

さらにクレ・レスハーは，アムステルダムは情報のみならず重要なニュースのステープルであったと述べている[19]。

有形財の貯蔵には巨大な空間が必要である。しかし無形財である情報の貯蔵には，大きなスペースはいらない。したがって，アムステルダムは，「情報のステープル」になることができた。しかしまた，情報という財は，アムステルダムにとどまることなく，他地域にもそのままないしは加工して輸出されることになった。アムステルダムは，商業情報の中心となったのである。では，それがなぜ可能になったのか。

アムステルダムは，近世のヨーロッパ都市としては驚くほど宗教的寛容に富んだ都市であった。オランダ共和国はカルヴァン派の国家であったので，同派に属する改革派教会はカトリックに敵対的であった。しかしながらオランダは，宗教的には他国よりもはるかに寛容であった。1579年のユトレヒト同盟結成時に，「何人も宗教的理由で迫害されることも，審問されることもない」と決められていたからである。その代表がアムステルダムであった。たとえばこの都市は，ヨーロッパ最大のセファルディム居住地であった。これは，「禁止は最小に，導入はどこからでも」というオランダ人の商業上の原則のおかげであった[20]。

アムステルダムにはさまざまな出身地，宗派の商人がアムステルダムに移住してきた。場合によっては，彼らは出身地と緊密な関係を築いた。そのため，出身地の商業情報が比較的容易に入手できた。さまざまなバックグラウンドをもつ商人が，アムステルダムで取引に従事したのである。プロテスタント商人とカトリック商人，場合によってはユダヤ人，さらにはアルメニア人までもがアムステルダムという狭い空間で商業活動をした。アムステルダムこそ，ヨーロッパの商業情報の中核であった。このような場所は，18世紀になってもヨーロッパのどこにも存在しなかった。

---

19) Lesger, *The Rise of the Amsterdam Market and Information Exchange*, p.215.

20) Ｉ・ウォーラーステイン著，川北稔訳『近代世界システム──重商主義と「ヨーロッパ経済」の凝集』名古屋大学出版会，2013年，69頁。

そのアムステルダムに，商品にかかわる情報がヨーロッパ各地から流入したのである。アムステルダムを通じて，ヨーロッパのさまざまな宗教・宗派に属する商人の取引が可能になったと考えるべきであろう。

ロンドンとの関係

ロンドンは，アントウェルペンの従属都市と呼ばれた。そしてイングランド経済がアントウェルペンの影響下から抜け出す過程もまた，「アントウェルペン商人のディアスポラ」の一部とみなせよう。それは，アントウェルペン商人のノウハウがロンドンに移植されたからこそ可能になったことだからである。たしかにこのような見解に対しては，イングランド在地商人の役割を過小評価しているとの批判ができよう。しかしその一方で，アントウェルペンの商業ノウハウを十分に身に付けたからこそ，ロンドンは自立化が可能だったことを忘れてはなるまい。換言すれば，この「ディアスポラ」の完成形態こそが，じつはロンドンの自立化であった。とはいえここでは，ロンドンの自立化でさえ，アントウェルペンの役割を考慮せずに論ずることは不可能だと指摘するにとどめよう。

　しかもロンドンは，「アントウェルペン商人のディアスポラ」の主要都市であるアムステルダムとの関係を強めていったのである。しかも，この二都市の商業関係を考えれば，ロンドンがアムステルダムに従属していたことも疑いの余地がない。すなわち，アントウェルペンから自立しようとしたロンドンであったが，アムステルダムに対しては——アントウェルペンと比較すると程度は低いとはいえ——，従属化傾向を免れることはできなかった。さらに，アムステルダムには，アントウェルペンからの移民が押し寄せていたのである。

3　近代世界システムの成立

近代世界システムのはじまり

ブルッヘからアントウェルペンへという北方ヨーロッパの中心市場の転換は，より広大な経済圏の誕生を意味した。イングランドから未完成

の毛織物がアントウェルペンに輸出され，それに対して南ドイツの鉱産資源と，さらに新世界からの銀が輸入された。

このように考えるなら，近代世界システムとは，「アントウェルペン商人のディアスポラ」からはじまったといえよう。アントウェルペン商人が，ロンドンとアムステルダムに移住し，この三都市の関係が強まっていくことが，16-17世紀世紀前半の北方ヨーロッパ経済では非常に重要な出来事であった。すでに述べた通り，ロンドン，アントウェルペン，アムステルダム間の商人の移動は大変活発になり，一つの経済圏が生まれたのである。

「近代世界システム」が16世紀中葉から17世紀中葉にかけてのヨーロッパに誕生した時点での，この三都市のネットワークの重要性は軽視されるべきではない。同質性のある商業空間が，北西ヨーロッパの一角に生まれたからである。

ウォーラーステインの議論は，「世界システム」という名称を用いているものの，その根幹にあるのはナショナルヒストリーである。国家を越えた商人ネットワークという視点はあまり感じられない。しかし，商人は，中世だけではなく近世においても，やすやすと国境を越えて活動していたのである。

国家と国家が競争するにせよ，そもそも国境を越えてさまざまな資源を入手しなければならなかったのだから，コスモポリタンな商人は，国家の維持のためにも必要だったはずである。国家の歴史がいわば歴史の縦糸だとすれば，商人の歴史は，歴史の横糸ということになろう。この二つの織りなす歴史こそ，「近代世界システム」だったとはいえないだろうか。少なくとも，私の考える「近代世界システム」はそういうものを意味する。

北西ヨーロッパで生まれた商人ネットワークには，南ドイツの市場との強い結びつきがあり，それに比べれば重要性は劣るが，アルプスを越え，イタリア市場との関係もあった。アントウェルペンとアムステルダムとの経済関係は強く，さらにそれは，イベリア半島を通じて，南米の市場ともつながっていた。

16世紀初頭から中葉にかけてはアントウェルペンが，それ以降少なくとも17世紀末まではアムステルダムを中心とし，北西ヨーロッパの三都

市の商業関係は強化され，ますます多くの地域との経済的結合を強めていく。それこそ，ヨーロッパ世界経済が拡大する過程であった。

　ヨーロッパ世界経済が完成したときには，アントウェルペン・アムステルダム・ロンドンという三都市のなかで，アムステルダムの力が圧倒的に強くなった。その頃に，主権国家体制が成立した。そしてロンドンが19世紀後半に世界金融の中心になったとき，ヨーロッパ世界経済ではなく，世界の多くの地域を覆い尽くす「世界経済」が誕生したということができよう。そのときには，世界は帝国主義時代に突入していたのである。

都市のネットワークから中核都市へ

　世界システム論の考え方に対しては，ラース・マグヌソンによる強力な批判がある。ブローデルからウォーラーステインに至る世界システムのアプローチは，経済力の中核地域と，特定の時代にその地域を支配していた特定のリーダーを同一視する。そして，ヨーロッパの北西部に世界システムが誕生したと考える。

　マグヌソンによれば，たしかに，このような解釈には発見的な性質があり，世界システム論に役立つかもしれない。世界システムのアプローチが，とくに16世紀のあいだに地中海世界ではなくヨーロッパの北西の隅におけるはるかに高い成長率を強調することは，疑いの余地なく正しい。しかし，主導的な都市こそ特定の時期のシステムの中核だと明確に同一視することはできない。貿易面では，多数の中核都市のあいだで，競争ではなく，協力関係があった。16世紀においては，ヴェネツィアとジェノヴァは，依然として重要な都市であった。バルト海地方の諸国のあいだでは，ハンザ（同盟）内部の協力が，依然として強力な要素であった。ヨーロッパ北西部では，アントウェルペンがたしかに巨大な中心であったが，ブルッヘなどの都市もまた，貿易のハブとして非常に重要であったのである。したがって，都市国家間の複雑な相互関係こそが重要だと考えるべきだという[21]。

　とはいえマグヌソンのこのような批判が，世界システム論に対する批

　21）　ラース・マグヌソン著，玉木俊明訳『産業革命と政府──国家の見える手』知泉書館，36頁。

判として有効だとは思われない。むしろ，多数の都市が併存する状況から，一つの都市が圧倒的に重要になっていくことこそが，近代世界システムの特徴といえるからである。「アントウェルペン商人のディアスポラ」からはじまった近代世界システムは，17世紀中頃にアムステルダムが他を圧倒する商業都市になったときに完成し，それ以降，現在まで続くシステムとなった。

さまざまな都市がネットワークを形成して発達していくのではなく，中核となる都市があり，その都市が他都市の経済活動までも大きく決定していくのが近代世界システムの特徴である。マグヌソンは，近代世界システムの特徴について，誤解しているといえよう。

近代世界システムのヘゲモニー国家がオランダ，イギリス，アメリカであるとすれば，中核都市は，いうまでもなく，アムステルダム，ロンドン，ニューヨークとなる。これらは，工業都市ではなく，金融都市である。したがって中核国の中核都市は，金融拠点ではあっても工業拠点ではない。この点からも，経済を工業・商業・金融に分け，ヘゲモニー国家は，この三部門で他を圧倒している国だというウォーラーステインの理論は，成立しがたいことが理解できよう。

4　情報とグーテンベルク革命

共有される情報へ

序章で示したように，本書では，近代世界システムを情報のシステムとしてとらえる。もっとも大切なことは，情報が容易に蓄積されるようになったことである。

おそらく数万年前，クロマニョン人は言葉を発した。その理由は，現在のところわからない。しかし発話の誕生により，ごくかぎられた範囲での情報の伝達しかできない動物や昆虫とは異なり，無限ともいえる情報を伝えることが可能になった。

さらに数千年前から，人類は文字を使うようになった。発話との決定的な違いは，情報の蓄積にある。言葉を発したとしても，たいていの場合，その場限りでの行為で終わってしまう。しかし文字にして記録すれ

ば，半永久的に残る。たしかに，恐るべき記憶力を持つ人物がいて，自分たちの祖先の歴史を事細かに記憶していることもあった。だが，そのような人たちでさえ，すべての出来事を記憶していたわけではない。むろん，文字によってありとあらゆる事件や出来事が記録されるはずもないが，記録として残されるものは，記憶として残される範囲よりも大きく広がることになった。

15世紀のドイツでグーテンベルクが活版印刷術を開発して，文字はかぎられた人だけが読むものではなく，徐々にではあるが，一般の人々が読むものに変わっていった。歴史家はこれを，「グーテンベルク革命」と呼ぶ。この革命により，たとえ少しずつではあっても，知識は少数の人が独占するものではなくなっていった。文字という情報は，独占された財ではなく，一般の人々が有する財へと転換した[22]。

グーテンベルク革命の影響により，修道士が書物を筆写するという仕事の意味はほとんどなくなった。修道院のモットーとして，「祈りかつ働け」というものがあるが，「働く」ことのなかで，筆写の占める割合は極端に小さくなった。

グーテンベルクの活版印刷については，たとえば，つぎのようにいわれる。活版印刷術が誕生したため，書物の量は著しく増加した。以前には一部の聖職者にかぎられていた読み書き能力が，それ以外の階層へと大きく広がった。さらにプロテスタントの側に立てば，聖書の自国語への翻訳のきっかけとなり，宗教改革へとつながっていった。

グーテンベルクが開発した活版印刷がなければ，マルティン・ルターは，ドイツ語訳聖書を完成しようとは思わなかったかもしれない。グーテンベルクは，宗教界のみならず，世の中全体を大きく変えた。

プロテスタントとカトリックの両者による経済成長

それでは，このグーテンベルクの活版印刷は宗教改革にどのような影響を与え，そして商人たちの世界にどのようなインパクトを与えたのだろうか。

22）印刷術の普及が経済に与えた影響については，Jeremiah E. Dittmar, "Information Technology and Economic Change: The Impact of the Printing Press", *Quarterly Journal of Economics*, Vol.126, No.3, 2011, pp.1133-1172.

中世以来，カトリックに対する不満が高まり，やがてルターにはじまる宗教改革へとつながったことは，やはり否定すべくもない。

元来，神の恩寵はローマ教会を通じて，信徒に与えられていた。ただし信徒が救われるかどうかについては，パウロをへてアウグスティヌスによってとなえられた予定説が正統な教義とみなされた。すなわち，信徒が救われるかどうかは，信徒の意志や能力によるのではなく，もっぱら神の意志によって決められるとされたのである。

近世になり，プロテスタントが登場すると，予定説は継承され，さらに強化された。どのような教派に立とうとも，いやしくもキリスト教を名乗るのであれば，神がすべてを決定するのだから，予定説が正統な教義たらざるをえない。この点では，強弱の差はあれ，カトリックとプロテスタント諸教会のあいだに本質的相違はないはずである。

カトリックとプロテスタントの最大の相違は，前者が救済は神によってローマ教会を通じて与えられるとしたのに対し，後者は，神の救済は直接個人に与えられるとしたことであろう。だがそれは，教義の相違であって，信徒がそのことをどこまで理解していたかとは，別の問題である。

言い換えるなら，キリスト教の教義の歴史と，信徒がその教義を実際にどうとらえていたのかは別問題なのである。本書は，教義ではなく信徒が現実にどう信仰していたのかが大切だという立場に立つ。信徒が現実に教義をどの程度正確に理解していたのかは，史料からはなかなかわからない。教義が，そのまま信徒の生活を規定したと考えるのは，はなはだ現実性を欠く。

本書との関係でほぼ確実にいえるのは，カトリックであれ，プロテスタントであれ，その商業活動が，ヨーロッパの経済成長に寄与したということである。やや詳しく述べるなら，情報の非対称性が少ない社会ができあがっていくことで，カトリックの商人であれ，プロテスタントの商人であれ，商業活動がしやすくなったという事実が大切なのである。実際，カトリック信徒の商人とプロテスタント信徒の商人が商取引をし，さらにはこの両者とユダヤ人商人が取引していた（異文化間交易）という事実を考慮に入れるなら，特定の宗派が経済成長に貢献したと主張すべきではなく，異なる宗派間の商取引が，どのようにして経済成長を生

4 情報とグーテンベルク革命

み出したのかと問われるべきであろう。

マックス・ヴェーバーの影響により，日本では現在でもなお，プロテスタント，とくにスイスの宗教改革者カルヴァンの教義の影響でヨーロッパは経済成長したと思われているかもしれないが，こんにちのヨーロッパの歴史学界では，カトリックが信仰される地域でも高い経済成長があったということが，ほぼ定説になっている。

この時代の経済統計としてもっとも信頼性のある指標は，貿易統計である。18世紀のカトリック国フランスと，プロテスタント国イギリスを比較すると，時期によっては，フランスの方が貿易額の伸びが大きい。しかしフランス革命によって，フランスの貿易量が大きく低下し，イギリスがヘゲモニー国家になれたのである。

マックス・ヴェーバーは，『プロテスタンティズムの倫理と資本主義の精神』という書物を上梓したが，じつは『カトリックの倫理と資本主義の精神』という本を書くことさえ可能である。

宗教改革によって，西欧キリスト教世界がカトリックとプロテスタントに分離し，そのあいだで戦争があったにもかかわらず，ヨーロッパは全体として経済成長を遂げたのである。それは，カトリックとプロテスタントを問わず経済成長を実現しただけではなく，彼らがともに取引をし，ヨーロッパ世界を拡大したことを意味しよう。ヴェーバーに決定的に欠けているのは，この歴史的事実の認識であろう。

近世の世界史をみるうえで重要なことは，ヨーロッパの対外的拡張であろう。それこそが，長期的にみれば，ヨーロッパを他地域よりも優勢にしたのである。

さらにまた，近年の研究によれば，アムステルダム商人の場合，カトリックとプロテスタントが共同して商業活動に従事することは，ヨーロッパ内部よりも大西洋貿易の方が多かった（逆にいえば，ヨーロッパ内部でも，彼らは一緒に商業をすることもあった）ことがわかっている[23]。それは，ヨーロッパが拡大するときには，カトリックやプロテスタントを超えて協同して商業を営んでいたことを意味するのである。

---

23) たとえば，Francesca Trivellato, Leor Halevi, and Catia Antunes (eds.), *Religion and Trade: Cross-Cultural Exchanges in World History, 1000-1900*, Oxford, 2014.

誰でも入手可能な商業情報

　印刷術の発展は，宗教改革をもたらしただけではなかった。より世俗的な面にも大きな影響をおよぼしたのである。商業の世界に与えた影響も，きわめて大きかった。

　大分岐の議論からも明らかなように，近世のヨーロッパが他地域よりも高い経済成長率を維持したとすれば，それはどうしてだろうか。ここでは，その問題をグーテンベルクによる活版印刷の普及（グーテンベルク革命）との関係から論じてみたい。

　商人は，みずからが所有する商品に関する情報が他の人々よりもすぐれていると判断するからこそ，市場に参入する。重要なのは，商人がそのように主観的に考えるということである。もちろん，商人の判断それ自体が正しいとはかぎらない。いつも正しいとすれば，破産する商人など存在しない。

　新古典派が前提とする経済学のように，市場に参入するすべての商人のもつ情報が同じであるということはありえない。しかし一方で，人々のもつ情報の量と質があまりに違うとすれば，市場への参入は容易ではなく，経済はなかなか成長しない。

　経済成長のためには市場の成長が欠かせない。もし，市場で商業活動を営むための情報が不足していたとすれば，市場の存在そのものが危うくなる。専門家が情報を独占していたならば，市場に参入する人はいなくなり，経済活動そのものが崩壊してしまう。したがって市場の発展による経済成長のためには，情報の非対称性の少ない社会の誕生が必要とされる。

　近世のヨーロッパでは，比較的同質の商業情報が多くの人々に共有される社会が形成され，そのために経済成長が促進された。商人が，比較的容易に市場に参入できる社会が形成されていったのである。もっと簡単に言えば，誰もが安価に商業情報を入手して，商業活動をおこなえる社会となったのである。

5　情報が独占されていた世界からの解放

聖職者から商人へ

　ハンザ（同盟）研究の第一人者である高橋理によれば，この頃のバルト海貿易の担い手であったハンザ商人は，みずから商品を携えて取引相手の居住地を転々とする「遍歴商人」であったという。遍歴商人のギルドは武装能力がある人々から構成され，商業旅行をするときには相互に援助をする義務があった[24]。

　ところが13-14世紀になると，定着商人がふつうの姿になった。穀物，海産物，織物類，木材などの商品の取引量はきわめて多く，商人が全商品に目を配ることは不可能であった。さらに，取引が恒常化すれば，商人が常に取引に立ち会う必要はなくなった。ハンザ商人は都市に定住し，取引相手とは通信すればすむようになったのである[25]。

　しかし，文書で通信するためには，商人が文字の読み書きをできるようになる必要がある。けれどもハンザ商人は文字を書けなかったので，12世紀中頃までは，聖職者が代行していたのである。ハンザ商人が文字を書くようになった正確な時期はわからないが，14世紀には，彼らは，ラテン語に加え，低地ドイツ語で文書を書くようになった。15世紀になると，低地ドイツ語が支配的になったと思われる。商業界でも，聖職者の地位の低下がみられたのである。

　イタリアに目を向けると，1427年のカタスト（フィレンツェの直接財産税）の申告書提出義務から判断すると，もはやフィレンツェでは読み書きができない者に生きにくい社会となっており，俗語であるイタリア語がふつうに使われる社会になっていたようである[26]。このようにヨーロッパの北部と南部では，俗語の世界が広がっていった。そのためますます，ラテン語の担い手であった聖職者の社会に占める地位は低下したものと想像される。

　24）　高橋理『ハンザ「同盟」の歴史』創元社，2013年，89頁。
　25）　高橋『ハンザ「同盟」の歴史』91頁。
　26）　大黒俊二『声と文字』岩波書店，2010年，134-142頁。

市場への参入が容易な社会

　こうして情報発信・知識の担い手としての聖職者の力が衰退していった。かわって商人自らが新しい情報発信を担うことになった。次にそれを，もう少し広い文脈でとらえてみよう。

　商業情報そのものに，大きな価値があったことはいうまでもない。なかなか正確な情報を入手できない近世社会において，商人に正確な情報を提供する手段が現れてきた。グーテンベルクによって改良された，活版印刷術がそれである。活版印刷の導入以前には，手紙でしか知られなかった商業情報が，広く社会に伝わるようになった。誰でも，必要な商業情報が安価に入手できるようになった。そのため，市場への参入が容易な社会が生まれたのである。

　この時代のヨーロッパ史の特徴として，ヨーロッパ外世界への拡大があることは繰り返し述べてきた。ヨーロッパ各国が，そしてさまざまな地域の商人が，ヨーロッパ外世界へと出かけていった。ヨーロッパ以外の世界に関する商業情報は，商人によってヨーロッパにもたらされただけではなく，ヨーロッパ商業の情報が，商人をとおしてヨーロッパ以外の世界へともたらされた。

　ヨーロッパの商人は，ヨーロッパ内部においても，ヨーロッパ外世界においても，宗派や宗教の異なる商人間での取引をしなければならなかった。ヨーロッパにおいては宗教改革の影響により，西欧は大きくみれ ばカトリック圏とプロテスタント圏に分かれ，プロテスタント圏はさらに細かな宗派に分かれた。ヨーロッパ以外の世界では，ムスリム，ヒンドゥー教徒，仏教徒らの商人と取引する必要があった。宗派や宗教が異なる人々が取引するのを容易にしたものの一つに，グーテンベルクによる活版印刷によって可能になった，「商売の手引」——商業に関する事典のようなもの——の出版があった。

　ヨーロッパ内部では，多くの商人が「商売の手引」を読んだ。そのため，彼らの商取引の慣行は同じようなものになった。その中心となったのがアムステルダムであり，この都市を媒介として，ヨーロッパの商業社会が一体化していった。このようなヨーロッパ商業社会の変容は，グーテンベルク革命があったからこそ，可能になったのである。

　そして，ヨーロッパ外世界でも，ヨーロッパ商人は，その慣行を押し

つけていった。だからこそ，ヨーロッパ商人が出かけていったヨーロッパ外の世界でも，同じような商取引がおこなわれるようになった。

　さらに，ヨーロッパ人が作り上げた同質的な商業空間が，世界に広まった。ヨーロッパは単に軍事力というハードパワーだけではなく，活版印刷術によっても世界を支配していった。グーテンベルクの偉業は，それほど大きな変革を世界にもたらしたのだ。

　以下では，まずそれを可能にした「グーテンベルク革命」についてみてみよう。グーテンベルク革命がなければ，宗教改革は生まれなかった。そして宗教改革とは，出版活動による自説のプロパガンダも意味したのである。

6　グーテンベルク革命

グーテンベルク革命の影響

　ヨハネス・グーテンベルク（1398年頃-1468年）は，世界で最初に活版印刷を発明した人物ではない。すでに1400年頃の高麗で，銅活版印刷がおこなわれていたことは，現在では広く知られる。

　グーテンベルクの生涯については，じつはあまりわかっていない。おそらくマインツで生まれたといわれる。グーテンベルクの一家はかなり裕福であり，父親と伯父は，大司教の造幣局で役人をしていた。グーテンベルクは，造幣局で，貨幣製造のために溶けた金銀が鋳型に注がれ，プレスされ，やがて仕上げの磨きがかけられる様子を観察したことが，活発印刷発明の基礎になったと思われる。

　1428年，グーテンベルクは，マインツを去り，ライン川上流に位置するシュトラルブルクに居を構えた。そしてその後20年間に及び，活版印刷術の開発を進めていった。そして1443年には，活版印刷術を完成していたと考えられている。そして最初の聖書印刷に取り掛かったのは，1450年頃であった。

　ヨーロッパ史においては，グーテンベルクが改良した活版印刷術が，社会に大きな影響を与えた。高麗での銅活版印刷は，そこまでの影響を社会におよぼすことはなかった。「革命」と呼べるほどの社会変革につ

ながったのは，グーテンベルクの力による[27]。

グーテンベルク革命と「商売の手引」

ヨーロッパでは，なぜ比較的容易に商人が市場に参入できる社会が形成されていったのか。ここではその理由の一つとして，「商売の手引」を取り上げたい。商売の手引には，商業に関する方法，商人の教育法などが書かれている。商業全般にかかわる，百科全書かつマニュアルである。

イタリア史の研究者である森新太によれば，商売の手引は，ヨーロッパ商業が，12世紀頃に「遍歴型」から「定着型」へと変化するときに作成された。商人がみずから各地をまわって取引していたのが，一定の場所に定着し，代理人を介して商業活動をするようになったため，「商売の手引」が書かれるようになったのである。

定着型の商業においては，商人たちは本拠地となる都市に定住し，各地に派遣した代理人や支店と郵便網を介した連絡や情報の収集を通じて活動に従事するようになった。彼らの活動は広範囲化し，多角化した。そのため，各市場の情報や商品に関する知識，商業技術という点で精通すべき内容は非常に膨大かつ多岐にわたるものとなった[28]。

このような商人たちは，遠隔地との書簡の交換や情報の記録といった必要性から，読み書き能力を重要視し，また習得していくようになる。彼らはそうして身につけた読み書き能力を用い，日々変動する経済状況に応じて更新される情報や活動の記録を書き残すようになった。このような情報をまとめたのが，いわば商売の手引なのである。

商売の手引は，13世紀後半のトスカナとヴェネツィアで作成されはじめた。当時のイタリアが，ヨーロッパ商業の先進地帯であったためである。

森は，*Zibaldone Da Canal* と呼ばれる史料を取り上げる。その大半は14世紀に編纂されたものだとして，以下のように述べる。

27）　マイケル・ポラード著，松村佐知子訳『グーテンベルク——印刷術を発明，多くの人々に知識の世界を開き，歴史の流れを変えたドイツの技術者』偕成社，1994年。

28）　森新太「ヴェネツィア商人たちの『商売の手引』」『パブリック・ヒストリー』第7号，2010年，77頁。

6　グーテンベルク革命

　この『手引』の特徴的な点として，まず商業に直接関係しないもの
も合めて，非常に多岐にわたっている内容構成が挙げられる。全体
の約四割が各市場の解説を含む商業の情報であり，三割弱ほどが算
術指南に当てられており，これらを合わせた三分の二ほどがいわば
「商人的内容」となっている。残る部分は，文学作品の写しや，ヴ
ェネツィアの短い年代記といった文学的な記述や，占星術，薬草学，
そして十戒などが含まれる教訓的な記述といった，いわば教養的な
内容が占めており，最後にラテン語による習字の練習と思われる15
世紀の記述が加わる形である[29]。

　ここにみられるように，この「手引」には，商業情報と，計算方法と
いう商人の生活に必要な事柄と，商人として必要な教養が書かれている。
おそらくこのようなタイプからはじまり，多様な形態の「商売の手引」
が書かれたものと推測される。しかしその中核になったのは，商人とし
て活動するために必要な情報であっただろう。
　国際貿易商人の活動が活発になり，取引量が増え，取引のためのスピー
ドが上がれば，情報は増え，情報の流通速度は上昇する。それどころ
か，同じような商業技術をもつ商人が活動するなら，情報が同質化して
いった。そのため，より取引がしやすい社会が誕生することになる。グ
ーテンベルク革命は，それにも寄与したといえるのである[30]。

『完全なる商人』への道

　イタリア中世史家として名高い大黒俊二は，諸国家のうえにそびえ立
ち，国境を越えた共通の利害と強い連帯感で結ばれた商人の共同体の姿
を，イタリア人デ・マッダレーナに倣い，「国家の上の国家」，「貨幣の
国際共和国」と呼んだ。この共和国には固有の領土も明文化した法も存
在しないが，成員を律する厳しい規範，さらには外部からの脅威に対す

　29）　森「ヴェネツィア商人たちの『商売の手引』」78-79頁。
　30）　グーテンベルクの発明した印刷機は，綿の捺染にも使用された。「印刷」も「捺染」
も英語では print ということから，それは簡単に了解されよう。インドでは手で捺染がされ
ていたのに対し，ヨーロッパでは機械で捺染されるようになった。そのため，大量に捺染す
ることが可能になり，ヨーロッパ，とりわけイギリスの綿工業が発展したのである。Giorgio
Riello, *Cotton: The Fabric that Made the Modern World*, Cambridge, 2013, pp.164-181.

る相互防衛の組織，そして成員が共有する高度な商業技術，一定の行動様式や「哲学」などがあり，そのためこの共同体には，国家に似た外観が与えられていたのである[31]。

　私は，これを商人のネットワークそのものととらえてよいと思う。近世のヨーロッパ商人のあいだには，共通の経済的利害や行動様式を通じて形成されたネットワークがあったと考えられるからである。本項は以下，大黒の説に従って論を立てる。

　大黒は，貨幣の「国際共和国」というべきものが存在したかを考えるうえで重要な史料群が，「商売の手引」であるという。イタリアではじまったこのジャンルは，16世紀以降になると全ヨーロッパに拡大し，18世紀に至るまで，途切れることのない伝統を形作った。

　たとえば，15世紀中頃のベネデット・コトルリの『商業技術の書』は，全編が商業・商人論といってよい。商業とは，「きわめて有益であるばかりか，人間の統治にも必要欠くべからざるものであり，したがっていとも高貴なもの」であった。この当時，ラテン語は必ずしも不可欠な教養ではなかったものの，コトルリは，ラテン語は商人に不可欠な前提であるといい，人文主義的な教養が必要だとするのである[32]。

　さらに17世紀中頃にジョヴァンニ・ドメニコ・ペリが著した『商人』においても，ラテン語は必須の知識であった。本書では，商品，貨幣，税，商習慣までも書かれていた。もし商業がなければ，人類は絶滅しないまでも減少し，生活は厳しく辛いものとなり，文明は野蛮化するであろう。それゆえ商業は，人類の生存にとって必要不可欠なものである。そして，国際貿易・大資本・金融業の三つの条件を備えてはじめて「真の商人」となれるとしたのである[33]。

　これらに対して，フランスのジャック・サヴァリの手になる『完全なる商人』は，内容の豊かさからいっても流布した範囲や影響力の大きさにおいても，他の「商売の手引」とは比較できないほど重要であっ

31）　大黒俊二「コトルッリ・ペリ・サヴァリ──『完全なる商人』理念の系譜」『イタリア学会誌』37号，1987年，57-70頁。

32）　大黒俊二『嘘と貪欲──西欧中世の商業・商人観』名古屋大学出版会，2006年，225-227頁。

33）　大黒『嘘と貪欲』221-224頁。

た[34]。1675年から1800年に至るまで，11回の版を重ねた。ここでは，人文主義的な商人教育観はすっかり影を潜め，実践にそくした教育が中心になる。サヴァリによって，イタリアからフランスへと「商売の手引」の伝統が移しかえられたことで，「商売の手引」は大きく発展することになった[35]。

商業拠点の移動と手引

「商売の手引」は，商業拠点の移動とともに，16世紀になると，アルプスを越え，アントウェルペン，アムステルダム，ロンドンなどでも作成されるようになった。しかも，中世においては手書きであり，商人の覚書の域をあまり出ていなかったのが，グーテンベルク革命によって活版印刷がおこなわれるようになると，多くの商人がその手引を利用するようになった。そのためヨーロッパでは，商人・商業慣行の同質性が増加した。すなわち，同様の商業慣行をもつ商人が多数誕生したのである。

イタリアを起源とする商売の手引は，先に述べたように1675年にフランス人ジャック・サヴァリが著した『完全なる商人』により，頂点に達した。この書物は各地でさまざまな言語の複製版がつくられた。たとえば，1757年に出版された，イギリス人マラキ・ポスルウェイトの『一般商業事典』[36]は，『完全なる商人』の翻訳だとされる[37]。

もとより著作権という概念がなかった時代なので，正確な翻訳が作成されたわけではなく，各地の事情を考慮した改訂が施されていることが多い。したがってむしろ，翻案といった方が正確な表現となろう。またこのような大部な書物は必ずしも実用的でなく，より小型の書物が作成されることになった。

商売の手引は，（国際）商業のマニュアル化を促進した。どのような土地であれ，同じようなマニュアルに従って教育された商人であれば，同じような商業習慣に従って行動した。そのため，取引はより円滑に運

---

34) Jacques Savary, *Le Parfait Negociant*, Paris, 1675 (rep. 1995).

35) 大黒『嘘と貪欲』228-234頁。

36) Malachy Postlethwayt, *The Universal Dictionary of Trade and Commerce*, London, 1764.

37) 玉木俊明『北方ヨーロッパの商業と経済 1550-1815年』知泉書館，2008年，50-51頁。

んだのである。さらに，商業帳簿・通信文・契約書類などの形式が整えられていき，取引は容易になった。なおかつ契約書類は，手書きから印刷物に変わり，商人はそれにサインするだけで済む場合も出てきた。商人はさまざまな言語を習得しなければならなかったが，商業に関連する書類の形式が決まってさえいれば，学習はより簡単になる。比較的少数の商業用語を習得すれば，他地域の商人と取引することが可能になった。

　しかも忘れてはならないのは，このような手引が，やがてカトリック・プロテスタント商人，さらにはおそらくユダヤ教徒を問わず読まれるようになったことである。そのために，ヨーロッパ全体での商業取引が円滑におこなわれるようになったと考えられる。異なる宗派に属する商人の取引が容易になり，取引コストが低下し，経済成長につながったのである。換言すれば，異文化間交易が容易な社会が誕生したのである。

　こんにちの研究では，ヨーロッパの商人は，たしかに同一宗派との取引も多かったが，宗派の違う商人どうしの取引もなされていたことがわかっている。ヨーロッパ人どうしであれば，取引を遂行するうえで，言語による障壁はあまり高くはない。したがって，グーテンベルク革命によって，ヨーロッパ市場は，近世のあいだに徐々に統合されていったと推測されるのである。

商業情報伝達の容易な社会の誕生

　また，情報の集積・伝播についても，ヨーロッパ社会，とりわけ北方ヨーロッパにはさらに注目すべき現象があった。商品と価格にかんする情報が印刷され，それが当初は1年に4回発行されていたのが，1週間に1回，やがて1週間に2回になった。もともとイタリアではじまったこのような商業新聞は，北方ヨーロッパにも広まり，16世紀前半にはアントウェルペンが，17世紀初頭から18世紀初頭にはアムステルダムが，18世紀初頭から2世紀間はロンドンが支配的になった[38]。

　中世ヨーロッパの商業史研究において，大市（年に数回開かれる国際的定期市であり，多数の商品が取引される）の研究はずいぶん盛んにおこ

---

38) John J. McCusker and Cora Gravesteijn, *The Beginnings of Commercial and Financial Journalism: The Commodity Price Currents, Exchange Rate Currents, and Money Currents of Early Modern Europe*, Amsterdam, 1991.

なわれている。それと比較すると研究は少ないが、近世になると、取引所（bourse）がつくられ、毎日が市であるような情勢が生まれた。さらに、取引所どうしのネットワークが、商業新聞発行により密接になった。

アントウェルペンでは他都市に先駆けて取引所がつくられ、さらに取引所における商品の価格を記した「価格表」が作成された。当初、「価格表」は手書きであったが、徐々に印刷されたものに変わっていく。グーテンベルク革命の影響は、商業においても大きかったのである。

この「価格表」はヨーロッパ各地に広まっていった。商業新聞と「価格表」は安価に購入することが可能であり、商人が市場に参入する大きな手助けになった。「価格表」に関する本格的な研究は、ヨーロッパ史においてもあまり多くはない。日本においてはむろん、その実態はよくわかっていないので、ここでもう少し詳しく説明したい。「価格表」に書かれているのは、取引所で取引された商品の名称とその価格だと考えてよい。たとえば、図4-1は、1787年8月3日にハンブルクで発行された「価格表」である。ここには600ほどの商品と、その価格が書かれている。この当時、ヨーロッパの製糖業の中心はハンブルクであったが、この都市で、15種類の砂糖が取り扱われていることがわかる。

ジョン・マカスカーと、コラ・フラーフェステエインの研究は、ヨーロッパ全体で、このような「価格表」が33の都市で発行されたことが確認されている[39]。少なくとも西欧に関しては、重要な都市の商品価格はすべてわかっていたのであり、しかもそれは、比較的安価な価格で、誰でも購入できたのである。人々は、西欧各地の市場でどのような商品がどのくらいの価格で取引されているのか、よくわかるようになっていった。

したがって、特定の商人が商業情報を独占していたわけではなく、情報の非対称性が少ない社会が成立していたと考えられるのである。このように近世の西欧では、情報優位者（専門家）と劣位者（素人）がもっている情報量の差がなくなっていった。これは、グーテンベルク革命がもたらした大きな成果であった。多くの人々が商業活動に参加しやすい社会が誕生したのである。しかも、国境を越えて多数の商品に関する商

---

39) McCusker and Gravesteijn, *The Beginnings of Commercial, Financial Journalism*.

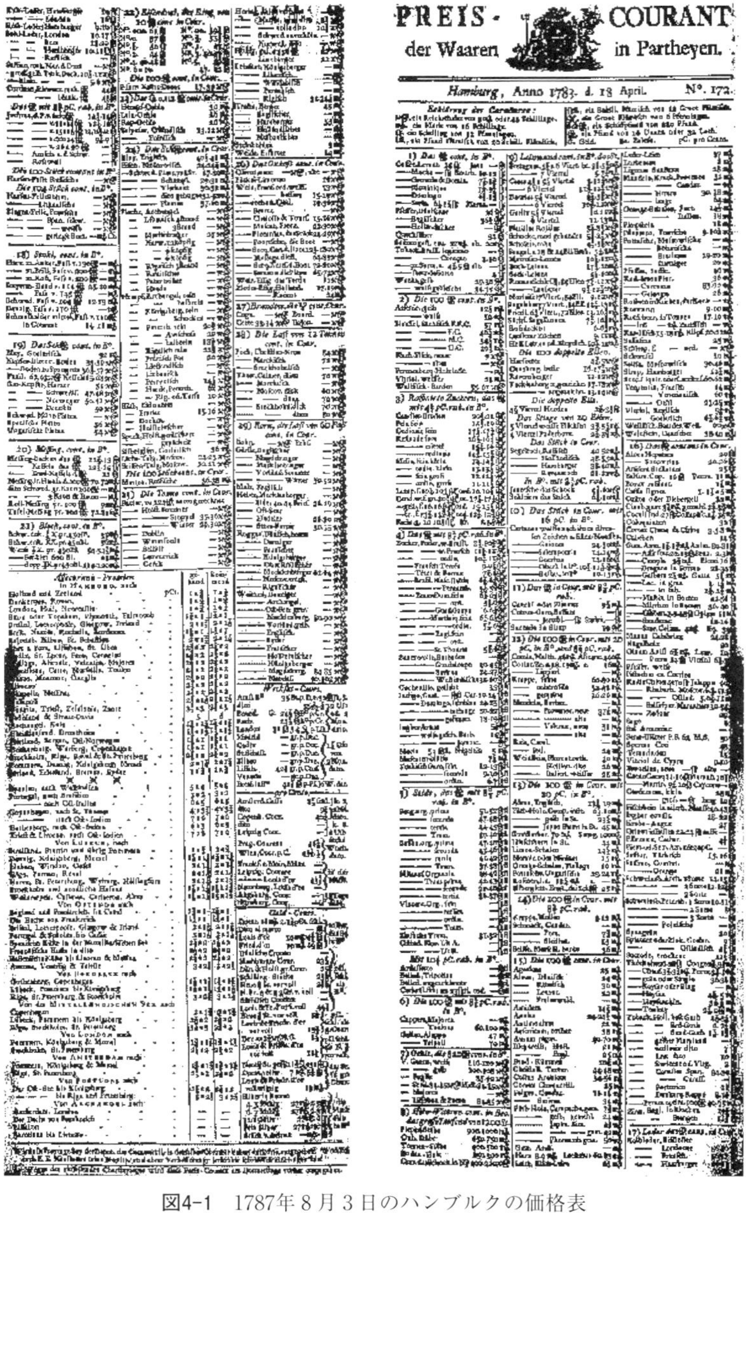

第 4 章　商業情報の中心アムステルダム

図4-1　1787年8月3日のハンブルクの価格表

業情報が広まった。これはおそらく，世界中でヨーロッパだけの特徴であった。

　序章では，近代世界システムの誕生によって，主権国家が経済的に競争する社会が誕生したことをみた。だがその一方で，商業情報は国境を越えて入手できるようになっていたのである。

7　ヘゲモニーと情報の関係

活版印刷の普及

　ウォーラーステインによれば，オランダは，世界最初のヘゲモニー国家であった。それは，私の考えでは，活版印刷の普及と関係していた。

　ヨーロッパで活版印刷が生まれたのは，15世紀のドイツであり，その開発者はグーテンベルクであった。しかし，17世紀から書物の生産の中心となったのはオランダであった。

　図4-2は，人口100万人あたりの書物の新刊出版点数を示している。ここからわかるように，15世紀から1550年頃まではイタリアとベルギーの出版点数が多いけれども，17世紀から18世紀中頃にかけて，オランダの

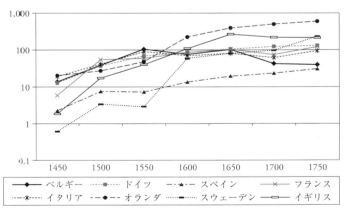

図4-2　人口100万人あたりの書物の新刊出版点数

出典) Joerg Baten and Jan Luiten van Zanden, "Book Production and the Onset of Modern Economic Growth", JEL: O14, O40, N10. Figure 1. http://econ.upf.edu/docs/papers/downloads/1030.pdf

出版点数がもっとも多くなる。

　オランダは，そもそも宗教的寛容の国であった。そのため，他の国なら出版できないような内容の書物であっても，出版することができた。そのために，たとえばロンドンで出版された場合でも，出版地をオランダのアムステルダムとすることもあった。

　アムステルダムの取引所で取引された商品の名前と価格が印刷された「価格表」が作成され，比較的安価に提供された。したがって西欧の商人は，アムステルダムの商業動向を比較的容易に知ることができたのである。そのためにアムステルダム商業は，西欧全体の商業に大きな影響をおよぼすことができた。アムステルダムで活版印刷業が発展しなければ，そのようなことは考えられなかったのである。

　オランダのヘゲモニーは，これらの事実と大いに関係していた。すなわち，活版印刷が普及し，アムステルダムが商業情報の中心となったことで，オランダはヘゲモニー国家になったのである。ヨーロッパもとくに西欧の多数の地域は，アムステルダムから発信される情報を使わざるをえなかった。

アムステルダムと商業情報

　17世紀ヨーロッパ商業の中心地となったアムステルダムにとって，もっとも重要な機能は，商品の流通と情報の集約・発信地という点にあった。たしかに16世紀後半から17世紀にかけて，アムステルダムの機能と人口は拡大した。それはさまざまな地域から，人々が移住したからである。

　アントウェルペンにはジェノヴァの商業技術が受け継がれていたので，ジェノヴァ→アントウェルペン→アムステルダムと，商業技術の伝播があった。さらに，現実にアントウェルペンで活発に取引をしていたのは，ケルン商人などの外国商人であったことから，アムステルダムが，ハンザの商業技術を導入した可能性が高かった。さらに，アムステルダム商人と婚姻関係を結んだダンツィヒのハンザ商人がいた[40]。アムステルダム市場は，このような商業関係のなかで成立したのである。

　それは，オランダやアムステルダムにとって何よりも商業活動が重要

---

　40)　Milja van Tielhof, "Der Getreidehandel der Danziger Kaufleute in Amsterdam um die Mitte des 16. Jahrhundert", *Hansische Geschichtsblätter*, Bd. 113, 1995, S. 93-110.

だったからである。彼らは，少なくとも同時代の他地域と比較すれば，より多くの経済活動の自由をえた。アムステルダムを通じて，ヨーロッパのさまざまな宗教・宗派に属する商人の取引が可能になったと考えるべきであろう。多種多様な商人の商業技術がこの都市に蓄積された。

　アムステルダムには，たしかに多くの移民が流入した。しかしまた一方，多数の人々がアムステルダムから別の地域に移動したことも事実である。アムステルダム出身でない商人のなかには，アムステルダムに定住する者もいれば，他地域に移住する者もいた。アムステルダムに移住した商人は，その世代のうちに別の地域に移住することもあれば，数世代をへて移住することも，あるいは定住することもあった。

　アムステルダムに移り住んだ商人は，出身地の商業ノウハウ，ネットワークなどをアムステルダムに持ち込んだ。それは，アムステルダムの重要な資産となった。ただしその資産は，商人がアムステルダムから移動することによって，必ずしもアムステルダムないしオランダにとどまることなく，他国に輸出された。しかもアムステルダムでは，比較的自由に情報が伝達された。情報の伝達形式として，「発話」から「印刷」という形式に変わっていった。そのため，情報の確実性は急速に増大していった。そのような情報が，ヨーロッパ各地に伝播していったのである。アムステルダムは，ヨーロッパの出版の中心であり，情報センターであった。

　近世には大量の植民地物産が新世界やアジアからヨーロッパに流入した。すでにヨーロッパに輸入されていたアジアからの商品であったが，その規模は著しく拡大する。それに対し，新大陸の物産は，ヨーロッパ人には初めてのものばかりであった。そのため，商品連鎖はより長く複雑になり，情報連鎖はより精密になった。そのために，ヨーロッパ諸都市は，商品の価格を掲載した価格表を発行した。さらには，商業新聞を出した。その拠点となったのが，アムステルダムだったのである。

　アムステルダム市場の価格動向は，他のどの市場よりも重要であった。それが，価格表によって他の地域にも伝えられたのである。各地の商人は，価格表の情報を欲しがった。価格表に記載されているデータは「公的」な性質を帯びるようになっていった[41]。そのため，ヨーロッパにおいては，商人がもつ商業情報は同質的になり，商業活動に必要な費用

が大きく削減された。

さらに商人は、取引する商品の品質について、商業書簡を用いて伝達した[42]。それを支えたのが、ヨーロッパ全土に広がる商人の私的なネットワークであった。情報連鎖は、国際貿易商人が織りなす私的ネットワークによっても広がった。

この時代のヘゲモニー国家は、オランダであった。オランダの都市アムステルダムは、ヨーロッパ経済の中心都市として機能した。そのアムステルダムを中核として、ヨーロッパの商業・経済情報はヨーロッパ全体に拡大し、ヨーロッパ全体が同質的な商業空間になることに貢献した。

商業情報の伝達は、発話から手書き、さらに印刷に変わった。それにより、以前よりも商業情報はスムースに、そして確実に伝達されるようになった。

知識社会の形成とオランダ

オランダ経済史の泰斗であるヤン・ライテン・ファン・ザンデンは、「有用な知識」を表す尺度として、書物の出版数を対象にする。ヨーロッパにおいては、むろん中世から書物という形態は存在していたが、グーテンベルク革命後、書物の数は急増した。政治的騒乱も、書物数の増加に大きく貢献した。たとえば図4-3にみられるように、1640年代のイングランドの内乱後、さらにはフランス革命後、それぞれの地で書物の出版点数は大きく増えた。書物の出版点数が増大することで、情報の入手がより安価になった。

1522年から1644年にかけて、書物の新刊点数は約3,570タイトルであり、それは同時代の中国に関するもっとも高い推計値よりおよそ40倍も多かった。年平均の新刊数は474である。

西欧の一人当たりの出版点数は、清や日本のようなアジアの諸国と比較して、はるかに多かった。しかも、活版印刷術の改良により、書物の

---

41) McCusker and Gravesteijn, *The Beginnings of Commercial and Financial Journalism*, p.29.

42) 商業書簡の重要性については、Francisco Bethencourt, Florike Egmond, Robert Muchemble and William Monter (eds.), *Correspondence and Cultural Exchange in Europe, 1400-1700*, Cambridge, 2013.

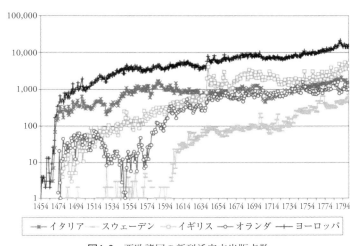

図4-3 西欧諸国の新刊活字本出版点数
出典）Jan Luiten van Zanden, *The Long Road to the Industrial Revolution: The European Economy in a Global Perspective, 1000–1800*, Leiden 2009, p. 185.

価格は安価になった。要するに，西欧はアジアよりも著しく進んだ知識社会，ないし「有用な知識」が普及した社会であったという。

ファン・ザンデンの主張は，たった一つの指標から社会全体の構造を判断するという，欧米の歴史家にありがちな陥穽に陥っている。別の指標を用いれば，異なる結論が導き出されよう。しかし，出版される書物の数と種類が増え，知識社会の形成に役立ったことは間違いない。

8　コミュニケーションの問題

情報入手までの時間

ヨーロッパ商人は，情報の入手にかなりの時間がかかった。この点は，時代は少し古くなるが，イタリア史家である徳橋曜の研究をみればよくわかる。徳橋は，14世紀中頃，ヴェネツィア在住の商人ピニョール・ズッケロに宛てて，彼の代理人・取引相手の送った67通の書簡をもとに，その手紙の到着日数について論じる。

海上通信は，陸上通信以上に不安定であった。海上交通には，気象条

件がきわめて大きく影響した。そもそも船が拿捕されたり，難破することは稀ではなかった。もし天気が良ければ，船はスムースに航海できたが，そうでなければ，船の到着が，すなわち手紙の到着は遅れた。たとえば，ヴェネツィアからクレタ島のカンディアまでの通信所要時間は，最低11日間，最高で44日間であった。平均は，24日間であった[43]。

　手紙を送るときには，原本だけではなく複製を送った。それは，陸上通信でも同じであった。複製とは英語で duplicate という。そして，2通目の複製は triplicate というが，日本語ではそれにあたる言葉はない。日本と違って，中近世のヨーロッパでは，数通の複製を作成するのは当たり前であり，そのうちの1通が届けばよいと考えられていた。場合によっては，複製が先に来て，オリジナルがあとで届くこともあった。もし1通しか送らなかったとすれば，手紙が確実に当人に届くという保証は，どこにもなかったのである。

　船舶も，いつ着くのかは，正確にはわからなかった。ヴェネツィアからクレタ島までの移動距離はあまり長いとは思われないが，それでも36日間もの幅があったのだ。船が目的港に着いたときには，貨物を載せ替える予定の船がすでに出港しており，次の船を待たなければならないことなど，中世はむろんのこと，近世においても，まったく珍しいことではなかった。船舶がいつ港に到着するのかは，その船舶の姿がみえてはじめてわかることであった。このような光景は，グーテンベルク革命によっても，変えられることがなかった。

　西欧では，情報の非対称性が少ない社会が誕生した。しかし，事業を営むうえでの正確な情報の入手はなお困難であった。したがって，事業計画を立てるときに，それを遂行するために十分なほどに正確な商品の移動時間がわかっていたわけではないのである。こんにちのビジネスパーソンと比較するなら，近世の商人は，信じられないほど不確実な情報しか付与されていなかったのだ。

　それが変わったのは，電信の発明と，蒸気船の登場であった。船舶がいつ着くのかということが，かなり予測可能になり，事業に必要な時間が大きく短縮されることになった。これは，第6章の課題となる。

　　43）　徳橋曜「中世地中海商業と商業通信──14世紀前半のヴェネツィアの場合」『イタリア学会誌』36巻，1986年，196-212頁。

ヨーロッパ外世界との通信

　商人は情報の担い手であった。ヨーロッパ商人は，1日何時間も手紙を書いた。実際に商業に従事する時間よりも，もしかしたら手紙を書いている時間の方が長かったかもしれないほどである。それは，遠隔地にいる商人に正確な情報を伝えるためであった。とりわけヨーロッパ外世界にいる商人は，ヨーロッパにいる同僚や家族にせっせと手紙を書き，商業情報を伝えたのである。

　ヨーロッパ人がヨーロッパ以外の地域で遭遇したコミュニケーション上の問題は，ヨーロッパの内部よりもはるかに深刻であった。ヨーロッパ内であれば，通訳を見つけることはあまり難しくなかったであろうし，そもそもその必要がないことの方が多かったと思われる。しかしひとたびヨーロッパを越えると，ヨーロッパ商人は語学上の問題に遭遇することになった。

　しかも，おそらく新世界よりもアジアとの取引の方が，困難が大きかったと考えられる。大西洋貿易では，ほとんどヨーロッパ人との取引ばかりであった。それに対しアジアとの貿易では，ヨーロッパ人以外と取引する必要があった。

　ヨーロッパ商人は果たしてどうしていたのか。ここでその事例を一つ提示したい。

　スウェーデン人の歴史家リサ・ヘルマンによれば，中国政府は広州に4-5名の通訳しかおかなかった。そのため，広州との貿易が増大すると，役人はアシスタントを雇うほかなかった。たとえば1748年に，イギリス商人のチャールズ・フレデリク・ノーブルが，「外国語を話せる中国商人はほとんどいなかったので，英語ないしポルトガル語を話すことができる人を雇っていた。だから，フランス人，オランダ人，デンマーク人は，このどちらかの言語を話す必要があった」といったほどである。

　通訳は，コミュニケーションの媒介者となり，中間商人は，知っていることを役人に伝えた。そして，税関の役人は，すべての商品の価格と量を記録した。最終的には，中国人の役人が絶えず情報の掌握という点で有利な地位にいたのである。さらに，中国政府に有利になるように，通訳がわざと誤訳をすることさえあった。ヨーロッパ人にとって中国語はきわめて難しい言語であり，中国人がヨーロッパの言語を話せたとす

ればどれだけ楽になるかと考えたヨーロッパ商人も多かった。

そこで，中国役人からの干渉を避けるために，中国商人とヨーロッパ商人は通訳をできるだけ使わないようにし，共通の言語を創出したのである[44]。その言語とは，中国語やマレー語，ポルトガル語，英語などが混ざった人工的な言語であった。

ここからわかるように，商業活動においては，中国政府と中国人商人の利益が一致しているわけではなかった。国家の網の目をくぐり，商業を営むという行為は，18世紀中頃になっても続いていたのである。

このように，18世紀においても，ヨーロッパ内部の商業情報が，そのままヨーロッパ以外の世界と直接結びつくということはなかった。アジアはヨーロッパとは独立した商業を営んでおり，いかにアジアの情報をせっせとヨーロッパに伝えたところで，簡単にアジアの状況が変わるというわけではなかった。

詳細は第6章に譲るとして，アジアで次第にヨーロッパ人勢力が拡大していったことも事実である。より正確には，ヨーロッパを源とする同質的な商業空間がアジアにまで拡大していったのであった。

お わ り に

ウォーラーステインによれば，中核国とは，あるいはヘゲモニー国家とは，強大な権力を有する国家のことである。

しかし現実には，オランダは決して強力な権力を有する国家ではなかった。オランダ国家は，分裂国家という方が正しく，中央集権化傾向を示すのは，18世紀末になってフランス革命軍によって占領されてからのことであった[45]。

1568年に，ネーデルラントがスペインからの独立戦争を開始した。そのうち，北部7州が，1579年にユトレヒト同盟を結成，81年に独立を宣

---

44) Lisa Hellman, *Navigating the Foreign Quarters-the Everyday Life of the Swedish East India Company Employees in Canton and Macao 1730-1830*, Stockholm, 2015, pp. 168-169.

45) J. M. F. Fritschy, *De patriotten en de financiën van de Bataafse Republiek: Hollands Krediet en de smalle marges voor een nieuw beleid (1795-1801)*, Den Haag, 1988.

　　　　　　　　　　　おわりに　　　　　　　　　　211

言した。それが，オランダ共和国であった。この国は，独立宣言を出す
以前から，すでに独立国家のように振る舞っていた。正式に独立するの
は1648年のヴェストファーレン条約のときのことであった[46]。この条
約で，オランダはヘゲモニー国家として承認されたともいえよう。

　しかし，オランダの国力は，決して強いものではなかった。17世紀の
オランダ国家は，商業活動を武力によって保護することができるほどの
国力はなかった。この時代のオランダは「商人の共和国」であり，オラ
ンダ国政府は，「来る者は拒まず，去る者は追わず」というポリシーを
貫いた。それが，オランダの国制であった。

　グーテンベルク革命により，西欧の商業社会の取引方法は同質化した。
さらに，ヨーロッパ商業・経済の中心都市であったアムステルダムの商
業情報は，「価格表」や商業新聞で西欧各地に流通することになった。
アムステルダムの情報は，結局西欧全体に拡大したのである。西欧の商
人が商業を営むうえでの情報の非対称性を少なくし，多くの人々が市場
に参入することを可能にしたのであった。

　オランダの中央政府の力は弱く，そのため，商人が重要な商業情報を
他地域にもたらすことを妨げられなかった。しかし，そのため逆に，西
欧は経済成長することができたのである。西欧の商業世界には同質的な
情報が流通し，さまざまな取引のためのコストが下がった。さらには，
イギリスがヘゲモニー国家になることを助けたのである。

　この点から参考になる研究として，ラリー・ニールの『金融資本主義
の勃興』がある[47]。長年にわたり，オランダは他国に投資した。それ
は，オランダの利子率が他国と比較して低かったからである。ニールは，
こんにちの「バブル経済」の語源となったイギリスの南海泡沫事件
(South Sea Bubble) 以前には，オランダはイギリスだけではなくフラン
スにも投資していたが，この事件以降，もっぱらイギリスに向かうよう
になった。オランダ人は，外国人として，イギリスの国債を購入した最

　46）　ヴェストファーレン条約については，伊藤宏二『ヴェストファーレン条約と神聖ロー
マ帝国――ドイツ帝国諸侯としてのスウェーデン』九州大学出版会，2005年。明石欽司
『ウェストファリア条約――その実像と神話』慶應義塾大学出版会，2009年。
　47）　Larry Neal, *The Rise of Financial Capitalism: International Capital Markets in the
Age of Reason*, Cambridge, 1990.

212　　第4章　商業情報の中心アムステルダム

大の集団であった[48]。

　残念ながら，ニールはその理由を明確には示していない。しかし，も
しオランダからの投資がなければ，イギリスはヘゲモニー国家にならな
かったかもしれないと推測できる十分な理由がある。名誉革命が発生し
た1688年から，ナポレオン戦争が集結した1815年まで，イギリスとフラ
ンスは戦争状態にあった。イギリスは戦争遂行のために国債を発行し，
オランダ人はその国債を購入したからである。換言すれば，最初のヘゲ
モニー国家オランダが，次のヘゲモニー国家イギリスの誕生を促進した
といえる。オランダ国家は，オランダ商人の活動をうまく統制できず，
そのためより利子率の高いイギリスに投資したのである。

　オランダは，たしかにヨーロッパの商業情報の中心であった。そのた
めにヘゲモニー国家になることができた。オランダ，とくにアムステル
ダムに集まった重要な商業情報が近代世界システムに属する地域に拡散
するまで，オランダは優位を保った。情報拠点という優位性によって，
オランダは他国を従属させることができたのである。

　しかしそれは，非中央集権的国制も相まって，オランダ国家が，オラ
ンダ商人をコントロールできないという事態に追いやったのである。オ
ランダは，イギリスに投資した。それはオランダ人がもつ商業情報によ
って，もっとも有利な投資先がイギリスであるとわかったからかもしれ
ない[49]。それは，イギリスに経済成長にとって効率的な重商主義社会
が誕生することを意味したといって過言ではなかろう。

　ヨーロッパ以外の世界への進出においては，ポルトガルを嚆矢として，
スペイン，オランダ，イギリス，フランスなどが参加した。オランダだ
けではなく，他の諸国の対外進出も，同質的な商業空間の拡大に寄与し

　48）　Alice Carter, *Getting, Spending and Investing in Early Modern Times: Essays on Dutch, English and Huguenot Economic History*, 1974, Assen.

　49）　オランダ共和国の歴史については，Jonathan I. Israel, *The Dutch Republic: It's Rise, Greatness, and Fall 1477-1806*, Oxford, 1995; Marjolein't Hart, *The Making of a Bourgeois State: War, Politics, and Finance during the Dutch Revolt*, Manchester and New York, 1993; オランダのヘゲモニーにとって重要なものに，海運業があった。16世紀中頃から18世紀末に至るまで，オランダはヨーロッパ最大の海運国家であった。それは，商業情報の獲得に大きく役立ったと思われる。しかしここでは，情報に焦点を絞って論じたので言及されていない。オランダの海運業の重要性については，玉木俊明『北方ヨーロッパの商業と経済』をみよ。

た。それは国家というより，むしろ商人の独自のネットワーク拡大によって可能になったのである。

第5章

重商主義社会から帝国主義時代へ
——数量化・可視化傾向がもたらした変化——

は　じ　め　に

　第4章では，オランダを中心とするヨーロッパ経済の内生的な発展が重視された。しかしその場合においても，ヨーロッパ以外の世界との関係を考慮しなければならないと述べた。

　本章の立場も，それと同じである。ただしここでは，オランダがヨーロッパの商業情報の中心になったあとの時代が扱われる。すなわち，対象とされる時代は17世紀の重商主義時代から19世紀の帝国主義時代にかけてである。この時代のヨーロッパ社会がどのように変貌したのかということを，「数量化し可視化する社会の誕生」という観点から論じる。副次的には，重商主義時代が19世紀ヨーロッパとどのようのような点で関係していたのかということも考察する。とりわけ注目するのが，決済システムの発展である。ただしその解答は，本章と第7章の両方で提示する。

　また，ヨーロッパ，とりわけイギリスが，ヨーロッパの対外進出との関係でより働く社会になっていった経緯を説明する。イギリスでは工場制度の成立により，労働時間が可視化されるようになった。それとともに余暇というものも生まれた。その余暇は，ヨーロッパ世界の拡大と緊密に結びついていたのである。本章で，重商主義時代から19世紀末までを一挙に論じるのは，そのためである。

　とはいえ，序章で述べたように，重商主義という言葉の定義は非常に

困難である[1]。重商主義理論のベースにあったのは，当然，当時の社会状況である。たとえヘクシャーが重商主義を近世社会に生まれたものだととらえなかったとしても，現実に重商主義政策がとられたのは，近世のヨーロッパ世界であったことを否定することはできないのである[2]。とすれば，とりあえず重商主義という用語を使って，ヨーロッパ近世を論じることに問題はないであろう。

　重商主義時代から政治算術の時代をへて，イギリス，ヨーロッパ大陸の産業革命へと至る時代のヨーロッパの内生的変化の一面をとらえることこそ，本章の課題となる。

　重商主義研究の泰斗ラース・マグヌソンによれば，重商主義とは言説でもあった。さらにマグヌソンは，1620年代イギリスの輸出不況の際に，トマス・マンが，実体経済からは独立した領域に現代の経済学にも通じる需要=供給の世界を発見したという。現代的な経済学は，重商主義時代に生まれたと考えるのである[3]。

　それに対し私は，重商主義とは，17-18世紀のヨーロッパでみられた国家の経済政策・状況も付け加えたい。これは，基本的にはパトリック・オブライエンと同じ立場である[4]。すでに序章で重商主義社会という概念を提示し，さらに補論Ⅱで，重商主義社会を国家と商人が共棲する社会として扱っているので，本章では商人の活動に言及することはない。

　重商主義時代とは，戦争が絶え間なく続く時代でもあった。ヨーロッパ諸国は，そのようななかで，おそらく世界の他地域よりも高い経済成長率を維持したのである。その時代にヨーロッパは財政・金融システムの近代化を必要とした。いうまでもなく，19世紀の世界金融の変化は，それよりはるかに劇的であった。ヨーロッパはそのような経験をしなが

---

　1)　本書の32頁をみよ。

　2)　重商主義の定義をめぐる問題については，ラース・マグヌソン著，玉木俊明訳『重商主義の経済学』知泉書館，2017年をみよ。

　3)　これがマグヌソン『重商主義の経済学』の主要な論点である。

　4)　これはパトリック・オブライエンがかねてから主張している論点であるが，残念ながら欧米の歴史学界で理解されているとはいい難い。オブライエンの問題意識については，さしあたり，パトリック・オブライエン著，秋田茂・玉木俊明訳『帝国主義と工業化1415-1974──イギリスとヨーロッパからの視点』ミネルヴァ書房，2000年をみよ。

ら，大きく変貌することになった。

重商主義時代から帝国主義時代にかけ，ヨーロッパでは市場経済が発展し，市場での労働が増加した。そのため，農業労働者は都市で働くようになり，女性の市場労働も増えた。労働とそれ以外の時間が明確に分離されるようになり，その状況のなかで余暇が誕生した。余暇もまた，市場経済の発展と大きく関連していた。

まずは，重商主義から政治算術の時代への変化をどのようにとらえるかという私なりの視座を提示しよう[5]。

1　重商主義から政治算術へ——数量化傾向

17世紀後半から18世紀にかけてのイギリスで，政治算術が大きく発展した。

川北稔は，政治算術についてこう述べる。

> 「政治算術」とは，国家社会のあり方を，「数量と重量と尺度とによって」可能な限り徹底的に数量化して示そうとする試みである。もっとも，同時代に入手可能な統計資料は限られていたから，今日からみれば，まったく客観的根拠を欠いた数値も出てくるし，そこに露骨に見えるある種のイデオロギー性を指摘することもたやすいが，その基本精神は「国家」すなわち「政治体」のありようをあくまで客観的に数値で示すことにあった[6]。

また川北は，「『政治算術』は，近世国家の成立とともに生まれた学問であり，国力の測定がその最大の目的でもあった」という[7]。

しかし，よく考えてみれば，これらは重商主義の特徴でもある。マグ

---

　　5)　本章では，17世紀を政治算術の世紀ととらえている。18世紀の政治算術については，Julian Hoppit, "Political Arithmetic in Eighteenth-Century England", *Economic History Review*, 2nd ser., Vol.49, No.3, pp.516-540.
　　6)　川北稔「『政治算術』の世界」『パブリック・ヒストリー』創刊号，2004年，1頁。
　　7)　川北「『政治算術』の世界」5頁。

ヌソンがいうように，重商主義と政治算術を明確に区別することは不可能だからである[8]。

　川北は，政治算術と解剖学との類似性を指摘する。前者は国家を，後者は人体を解剖する。国家とは生き物であり，この点で，人体と国家の解剖はかなりの一致をみる[9]。さらに重商主義者であったマリーンズとトマス・マンは，貨幣を貿易の「血液」だとし，経済活動を身体にたとえた[10]。また，政治算術家であるウィリアム・ペティは医師であり，『政治算術』の執筆に際し，解剖学の知識があった。

　このような思想が発展した背景には，世界を数量化し，さらに可視化して観察するという傾向があった。たとえば，その一例はフランシス・ベーコンである。彼の『ノヴムオルガズム』はヨーロッパ思想に多大な影響を与えた書物であり，その影響で，ヨーロッパは多くの物を数量化した[11]。統計学者の竹内啓によれば，「経済学は最初から，数量化された概念，価格，利潤などを扱っていたため，仮設的な数量によって論理的に議論を進めることにおいて最も進歩した。それはペティによってもすでに自覚的に行われている」のである[12]。しかし私の考えでは，それはすでにマンやミッセルデン，さらにはマリーンズらの1620年代に活躍した重商主義者にもみられる特徴であった。

　また，国家を人体にたとえるという傾向は，絶対主義思想の発展と大きく関係していたように思われる。すでにカントローヴィチの書物によって，国王に二つの身体——現実の肉体と神聖な国王としての身体——[13]があったということは，いわば西洋史研究の常識とさえいえるようになった。

　8）　マグヌソン『重商主義の経済学』また，これはとくにドイツで流行した官房学の特徴でもある。ヨーロッパ大陸の官房学とイギリスの重商主義との比較は興味深いテーマであるが，ここでは論じられない。

　9）　川北「『政治算術』の世界」6-7頁。

　10）　Andrea Finkelstein, *Harmony and the Balance: An Intellectual History of Seventeenth-Century English Economic Thought*, Ann Arbor, 2000, p.87.

　11）　マグヌソン『重商主義の経済学』，208-209頁。

　12）　竹内啓『増補新装版　社会科学における数と量』東京大学出版会，2013年，41頁。さらに，竹内啓『歴史と統計学——人・時代・思想』日本経済新聞出版社，2018年。

　13）　エルンスト・H・カントーロヴィチ著，小林公訳『王の二つの身体』筑摩書房，1992年。

絶対主義の発展とは，国王の神聖な身体こそが国家であるという思想に行き着いたと考えることは，十分に理にかなっていよう。この時代に生物学的な意味での解剖学が進んだ。それは，「人間」の身体の分析である。国王という存在を媒介とすることで，人間の解剖という行為が，国家の解剖という学問——政治算術の特徴の一つ——にまで至ったと考えられるのである。

絶対主義と政治算術がほぼ同時代に並存した理由は，おそらくここに見出される[14]。

西欧社会の数量化傾向

アルフレッド・W・クロスビーによれば，数量化革命とも呼ぶべき現象は，すでに中世後期からルネサンス期にかけて生じていた。事物の特性を重視する旧来のモデルに取って代わり，事物を数量的に把握するモデルが登場したのである[15]。

1250年頃に，西欧にインド・アラビア数字がもたらされたことが，数量化の大きなきっかけとなった。そもそもローマ数字では，複雑な計算は不可能である。古代から中世にかけての経済成長には，この点でも大きな障害があった。

シュンペーターは，すべてはスコラ学にはじまるとして近代的思想の起原をスコラ学に求めた[16]。さらに15世紀のイタリアでは，十進法が実用化された[17]。数量化に大きな飛躍があったのは，スコラ学の誕生のときであった。スコラ学者は，書物の内容を目次にして表すという方法を考案した[18]。このような転換は，おそらく本質的には十二世紀ル

14）　これはイギリスについて，もっとも強く当てはまる。ヨーロッパ大陸の場合は，「官房学」の方が重要である。官房学の研究は日本ではほとんど進んでいないが，欧米では重要な研究が出現しつつある。最新の研究として，Marten Seppel and Keith Tribe（eds.），*Cameralism in Practice: State Administration and Economy in Early Modern Europe*, Woodbridge, 2017.

15）　アルフレッド・W・クロスビー著，小沢千重子訳『数量化革命——ヨーロッパ制覇をもたらした世界観の誕生』紀伊国屋書店，2003年，9-10頁。

16）　J・A・シュンペーター著，東畑精一・福岡正夫訳『経済分析の歴史』上・中・下，岩波書店，2005-6年。

17）　クロスビー『数量化革命』157頁。

18）　クロスビー『数量化革命』89頁。

220 第 5 章 重商主義社会から帝国主義時代へ

ネサンスに由来するものと思われる。それに，ある程度ヨーロッパ独自
のものが加えられ，ルネサンスで開花したのかもしれない。

　ヨーロッパで財政国家が存在しえた根幹には，計算方法の発展があっ
たはずである。多くの事柄を数量的に把握する傾向が，近世のヨーロッ
パ，少なくとも西欧で広まったのはたしかである[19]。国家予算の正確
な把握ができるようになってきたのも，それが背景にあった。重商主義
時代のヨーロッパ諸国は戦争の継続のために多額の戦費を必要とした。
そのため国家財政の数量的な可視化は不可欠の条件となった。

　重商主義時代は，このように，数量化傾向を帯びた時代である。だか
らこそ，重商主義者は，後代の経済学者と比較すれば劣るとはいえ，数
量的に経済を把握しようとした。たとえば，貿易収支（差額）は，正確
な数値がなければ出せない。とはいえ，トマス・マンの『外国貿易によ
るイングランドの財宝』でも，正確な数値を表にして出しているわけで
はない[20]。同書が書かれたと推定される1620年代には，まだ正確な数
値を出す方法がなかったのであろう。たとえば，ミッセルデンは，「も
し，10万ポンドがここから送られ，東インド[21]から50万ポンドを購入
するなら，王国はせいぜい四分の一しか使わない」[22]といい，具体的な
数値をあげているものの，なお数値を十分に可視化しようという意図は
みられない。

　しかし，政治算術家として名高いグラントの時代をへて[23]，1696年
にグレゴリー・キングによって書かれた統計では，貿易の統計がきちん
と書かれている。たとえば，

　19）　この点に関して参照されるべき文献として，Richard Bonney（ed.），*Economic
Systems and State Finance*, Oxford, 1995.

　20）　トーマス・マン著，渡辺源次郎訳『外国貿易によるイングランドの財宝』東京大学
出版会，1965年。

　21）　重商主義と東インド貿易の関係については，P. J. Thomas, *Mercantilism and East
India Trade*, London, 1926（1963）.

　22）　Edward Misselden, *The Circle of Commerce or Balance of Trade*, London, 1623
（New York, 1971）, p.36.

　23）　グラントの確率論については，Anders Hald, *A History of Probability and Statistics
and their Applications before 1750*, New York, 1990, pp.85-104.

第1　1688年の国民の貨幣の増大ないし輸入された十分な財宝

　　　貨幣ないし十分な財宝の総輸入額……1,250,000ポンド

　　　貨幣ないし十分な財宝の総輸出額………550,000ポンド

　　　貨幣ないし十分な財宝……………………700,000ポンド

　　　　　　　　　　　　（中略）

　　　商品の総輸入額……………………………5,870,000ポンド

　　　再輸出を引いた額…………………………1,280,000ポンド

　　　商品の輸入額………………………………4,590,000ポンド[24]

とあり，明らかに，貿易収支（差額）の概念が視覚化されていることがわかる。むろん，重商主義者と，政治算術家の明確な区分ができるわけではない。だが，あえていえば，前者よりも後者の方がずっと視覚化したということはいえるであろう。とはいえ，数量化傾向という点では同じであった。

　政治算術はやがて統計学，そして経済学によって取って代わられた。より高度な数学的確率を使うことで，政治算術はなくなっていったのである。

　そもそもフランシス・ベーコンは，17世紀後半のフェルマーやパスカルとは異なり，高度な数学を使おうという意志はなかった。そのような時代は，まだ到来していなかったのかもしれないし，また，ベーコン自身の資質によるのかもしれない。この点は明らかではない。いずれにせよベーコンは，ウィリアム・ギルバートの磁石やウィリアム・ハーヴェイの血液循環の重要性に気づかなかったのである[25]。

　17世紀において，社会分析に数学を利用する方法として，二つの道が考えられた。一つは高度な数学的手法を使わず，政治算術家のための程度の高くない算術を使うことである。ベーコンは，後者を選んだ。この点では，グラントも同じであった。したがって政治算術の発展には，大きな限界があった。それに対しフランスのパスカルは，実証的論拠にもとづきながら，より高度な数学を使用した。パスカルは，当時としては

---

　24)　John A. Taylor, *British Empiricism and Early Political Economy: Gregory King's 1696 Estimates of National Wealth of Population*, Westport, 2005, p.116.

　25)　Taylor, *British Empiricism and Early Political Economy*, p.78.

最新の数学的確率論を導入した[26]。

　結局，政治算術家が誕生した背景には，イギリスで戦争が絶え間なく続くなか，国家の支出や収入を，数字の使用によって明確化する必要があったということがあろう。この点においては重商主義者も同じであったが，政治算術家は，表の作成により，それを明確に視覚化できた。国家経営の分析においては，高度な数学を使う必要はそもそもなく，重商主義者も政治算術家も，当時の必要性には十分に対応していたのである。おそらくこのことは，他の多くのヨーロッパ諸国にも当てはまる[27]。

貿易統計の増加

　数量化傾向がもっとも顕著にみられたのは，貿易統計の出現であった。もとよりこれは，関税や通行税などの税金をかけるために作成されたものである。それが増加したのは，取引量が増加したためであり，当然，より増えたのはヨーロッパ外世界との取引であった。それを端的に表すのがイギリスの貿易統計の Customs 3 である。

　この種の統計でもっとも有名なものは，おそらくエーアソン海峡通行税であろう。15世紀中頃から1857年まで，現在のデンマークとスウェーデンのあいだに位置するエーアソン海峡で，デンマーク王室が通行税をかけた。この通行税は，デンマーク王室の重要な財政源となった[28]。この通行税は，すでに第2章で述べたハンザのポンド税の延長線上ととらえるのが妥当であろう。

　むろんエーアソン海峡通行税以外にも，多数の通行税・関税記録がある。私の印象では，地中海よりも，北方ヨーロッパにその記録が多数残

---

　26)　Taylor, *British Empiricism and Early Political Economy*, pp.78-79; このような相違は，イギリスで政治算術が発達し，フランスではそうならなかった理由の一端を説明するであろう。

　27)　19世紀になるとこのような状況は変化し，比較的高度な数学を使う必要が生じた。それについては，本書の第7章をみよ。

　28)　この通行税は，20世紀になって，バンクとコーストにより書物の形態をとり出版された。Nina Ellinger Bang and Knud Korst (eds.), *Tabeller over Skibsfart og Varetransport gennem Øresund 1497-1660*, 3 vols., Copenhagen and Leipzig, 1906-1933; Nina Ellinger Bang, and Knud Korst (eds.), *Tabeller over Skibsfart og Varetransport gennem Øresund 1661-1783 og gennem Storebaelt 1701-1748*, 4 vols., Copenhagen and Leipzig 1930-1953; 現在は，デジタルアーカイヴによるデータ入力が進行中である。http://www.soundtoll.nl/index.php/en/

1 重商主義から政治算術へ——数量化傾向　223

っている[29]。それは，北方ヨーロッパ諸国の方が都市国家ではなく領域国家としての形成が早く，国家が貿易を管理し，その収入を国庫に納めるという傾向が強かったからではないかと推測される。

たとえば，スウェーデンでは17世紀のうちにあまり数は多くないが統計でデータが残っており，それはヘクシャーとボエティウスによって編纂された[30]。18世紀になると，1738-1807年までの貿易統計が残っている[31]。18世紀のフランスでは，散発的にではあるが，全国貿易のデータが残存している[32]。

国家が貿易を管理するという観点からのデータは，やはりイギリスが一番豊富である。イギリスには，輸出入総監（Inspector Generals of Imports and Exports）という役職があった。それは，イギリスの港で輸出入された商品情報の会計を維持・管理するためにできた官職であり，1696年から1782年まで存在した。その義務は，イングランドとウェールズで輸出入された商品の量と額を季間で測定し，1年間の合計を出すことにあった。その史料として残っているものが，イギリス史上最も有名な貿易統計の Customs 3である。この貿易史料の特徴は，他国とは異なり，再輸出が掲載されていることである[33]。

マグヌソンによれば，重商主義者と呼べるような人物は，ヨーロッパ各地にいた。しかし，その数がもっとも多かったのがイギリスであったことも間違いのない事実である。それは，イギリス社会に数量化傾向がもっとも強く現れたことと，無関係ではあるまい。さらに，イギリスの金融財政政策が中央集権化し，国家が税金に関係する多くのことに関与したことも，重要な要因であったと考えられよう。

---

29)　地中海のうち，イタリアについては，F. Braudel et R. Romano, *Navires et Marchandise a l'entree du port du Livourne (1547-1611)*, Paris, 1950. をみよ。

30)　B. Boethius och Eli. F. Heckscher（red.）, *Svenskhandels Statistik 1637-1737*, Stockholm, 1938.

31)　Kommerskollegium, Utrikeshandel: Series I, Riksarkivet（Stockholm）.

32)　服部春彦『近代フランス貿易の生成と展開』ミネルヴァ書房，1992年。

33)　歴史史料としての Customs 3の特徴については，玉木『北方ヨーロッパの商業と経済』234-236頁。

イングランド経済の転換

　重商主義が16-18世紀のヨーロッパ経済に一般的にみられた現象だとすれば，この時代の経済変化と大きく関係していることに，疑いの余地はない。ここでは，マグヌソンの『重商主義の経済学』に依拠しながら，イングランド経済の転換についてみていくことにしたい。

　この時代のヨーロッパ経済は，オランダのヘゲモニーから，英仏の経済抗争の時代への転換点にあったといえよう。重商主義の著述家の言説は，このような図式を完全に反映していたわけではないが，ある程度の関連性があったと考えられよう。西欧の多くの国々が，オランダに追いつくために経済に介入した。それが，重商主義時代の西欧の特徴であった。

　転換を表すための興味深い概念として，デイヴィッド・ヒュームがいった「貿易の嫉妬」がある。ヒュームによれば，「商業においていくらかの進歩を遂げた国家のあいだで，近隣諸国の進歩を疑いの目で見て，すべての商業国（trading states）を競争相手とみなし，近隣諸国の犠牲なしにはいずれの国も繁栄できないと考えることほど，ありふれた者はないのである」[34]。

　イングランドの側からみれば，「貿易の嫉妬」の対象が，オランダからフランスに移ったことになる。しかしこの場合，「貿易」という言葉は果たして正しいのだろうか。

　すでにトマス・マンのいう貿易差額には，手数料収入などのみえざる収入（invisible earning）が含まれていたことは，広く認められている[35]。すなわち，マンの balance of trade は，より正確に国際収支と訳すべき場合があった。少なくともマンに関しては，trade という用語の意味も再検討する必要がある。

　一般に，近世のオランダ経済にとってもっとも重要な取引相手地域はバルト海地方であった。なかでも，ポーランドから穀物を輸入し，それをヨーロッパ各地に再輸出したことが，オランダ経済に大きな利益をもたらした。だからこそバルト海貿易は，オランダの「母なる貿易」と呼

　　34）　デイヴィッド・ヒューム著，田中秀夫訳『ヒューム　政治論集』京都大学学術出版会，2010年，311頁。
　　35）　マグヌソン『重商主義の経済学』202頁。

1　重商主義から政治算術へ──数量化傾向　　225

ばれたのである。

　マグヌソンは，オランダが多数の商品を輸出していたと考えている。
だが，より正確には，オランダは商品を「輸送」していたのであり，そ
れは，オランダの海運業が他を圧倒するほど優勢だったことを意味する。
それに対し，イギリスは，1688年から1815年まで，フランスと植民地争
奪戦争のみならず，貿易上の競争をしていた。すなわち，マグヌソンは
海運業と貿易を混同して論じているばかりか，「貿易の嫉妬」という語
を考案したヒュームも，この点の区別がついていなかったことになる。
現実にはイギリスは，17世紀初頭のオランダとの競争では海運業で劣っ
ていたのに対し，同世紀末のフランスとの競争では海運業ではまったく
引けを取らず，貿易差額が赤字であったかもしれないと恐れていたので
ある[36]。おそらくこのような状況のために，イングランドでは保護主
義が台頭したのである[37]。

　しかしまた，マグヌソンは，重要な論点を，おそらく本人は気づかな
いまま，提示している。『疲弊せるブリテン』（おそらくウィリアム・ペ
ティト著）を引用しながら，「オランダは自由港，自由貿易，国民がも
つその他の全ての自由を外国人に許している」ことが重要だと示唆す
る[38]。オランダは宗教的寛容によって，多くの優秀な商人を引きつけ
たのである。また，人口が多かったことが，オランダの奇跡の背景にあ
った。人口の多さが，富の獲得を容易にした。より多くの産業と貿易に
よって，さらに人口を増大することを可能にすることであった。人口と
経済成長のあいだにあるこのようなスパイラルの過程こそ，オランダの
経済発展の基盤となった[39]。

　フランスとの競争が激化した1690年代のダヴナント，ジョン・ポレク
スフェン，ジョン・マーティンらの経済学のパンフレット作者と著述家
のあいだでの論争は，世界市場の価格競争の激化にイギリスがどう対応

---

　36)　これについては，John V. C. Nye, *War, Wine, and Taxes: The Political Economy of Anglo-French Trade 1689-1900*, Princeton, 2007.

　37)　Ralph Davis, "The Rise of Protection in England, 1689-1786", *Economic History Review*, 2nd ser., Vol. 19, No. 2, 1966, pp. 306-317; Julian Hoppit, *Britain's Political Economies: Parliament and Economic Life, 1660-1800*, Cambridge, 2017, p. 74.

　38)　マグヌソン『重商主義の経済学』80頁。

　39)　マグヌソン『重商主義の経済学』80-81頁。

していたのかという戦略的問題に対する異なった反応であった。そのなかでダヴナントは，イギリスの未来を，インドと他の公式・非公式のイギリスの植民地とプランテーションからの安価なキャラコなどの商品集散地になることにあると考えたのである[40]。私の考えではここに，イギリスの未来は帝国化にあるという主張が出されているのである。

　貿易収支（差額）黒字は，17世紀前半の重商主義思想としてもっとも重要なことであったが，後半になると，結局，「黒字」の計算そのものが不可能だということがわかり，別の概念に取って代わられる。それが，「労働の貿易差額」ないし「外国が支払う所得」である。

　「労働の貿易差額」，あるいは「外国が支払う所得」という概念をつくったのは，Ｅ・Ａ・ジョンソンであった。貿易「差額」は，「黒字」でなければならず，それはむしろ完成品と原材料ないしは半製品の差額であった。完成品は，雇用を上昇させ，工場の収入が商人，製造業者，労働者の懐に入ると考えられた[41]。要するに，外国から原材料ないし中間財を輸入し，それを完成品にすることで，利益が出るという思想が誕生したのである。これはおそらく，イギリスが徐々に工業化への道を歩んでいたことの表れであろう。

　価値を付加された財の輸出とは，外国の国々が，輸出国の賃金と利益を支払うことを意味した。このような商品が輸出されるほど，ポルトガル，スペインや他の国々からイングランドに多くの所得がもたらされることになった。

　それは，工場労働者が増加していく世界である。だが，それが社会にもたらした影響は，19世紀になるまではまだあまりみえなかった。

2　重商主義時代の決済システム

重商主義時代の決済システムとは

　貿易の増大は，決済システムの進化を促進した。そのため重商主義時代の決済システムに関する激しい議論が，1940年代末から60年代初頭に

40）　マグヌソン『重商主義の経済学』276-277頁。
41）　マグヌソン『重商主義の経済学』164-165頁。

2 重商主義時代の決済システム

かけてみられた。現在ではこの種の論争はまったく下火であるが、重商主義時代のヨーロッパ経済、さらにはのちの帝国主義時代とのかかわりから、この論争について言及する価値は十分にある。

　まず1949年に、イギリスの著名な経済史家であるチャールズ・ウィルソンが、イングランドの貿易は双務貿易が中心であり、そのために貴金属が使用されたと主張した。彼は、バルト海貿易を中心に論じる。バルト地方に輸出できるものといえば毛織物しかなかったのに対し、そこから多数の穀物と木材を輸入していた。したがってイングランドの貿易赤字であり、それを補填するために貴金属を輸出することを余儀なくされていた。また、東インドとの貿易赤字でも、貴金属が輸出されたと主張した[42]。

　それに対してヘクシャーは、1950年、18世紀の重商主義時代には、多角貿易決済機構が発展しており、為替手形を使った決済メカニズムが発展していたという反論を出した[43]。

　1951年にウィルソンはそれに対しさらに反論し、商品輸出の赤字を埋め合わせるために、地金の輸出が19世紀まで続いていたといった。彼は、国際貿易のさまざまな部門で、貴金属による決済が大きな役割を果たしたと論じた[44]。

　このように、二人の意見は平行線のままであり、決着がついたとはいえなかった。

　彼らの論争が、ヘクシャーの有利な方向へと展開したのは、1962年のことであった。この年、ジェイコブ・プライスが、以下のように主張した。まず、1697-1730年のイングランドと北欧との貿易収支を計算し、これらの地域では、イングランド側の赤字だったと結論づけた。イングランドが貿易赤字なのは、この地域だけであった。その一方で、オランダとの貿易では黒字であったが、そのオランダに多額の貴金属が輸送されていた。ヘクシャーは地金の輸出にあまりに小さな役割しか与えず、

---

　42)　Charles Wilson, "Treasure and Trade Balances: The Mercantilist Problem", *Economic History Review*, 2nd ser., Vol. 2, No. 2 1949., pp. 152-161.

　43)　Eli F. Heckscher, "Multilateralism, Baltic Trade, and the Mercantilists", *Economic History Review*, 2nd ser., Vol. 3, No. 2, 1950, pp. 219-228.

　44)　Charles Wilson, "Treasure and Trade Balances: Further Evidence", *Economic History Review*, 2nd ser., Vol. 4, No. 2, 1951, pp. 231-242.

その一方で，為替の重要性を強調しすぎた。しかしどちらも，時代の設定があいまいであったという批判は免れない。

　中世においても，為替は使われていた。しかし，1660年代からは，北西ヨーロッパで大量の銀が使用されるようになった。だが，為替手形が使われなくなったのではなく，銀によって補填されたのである。その後，貿易が拡大したのに対し貨幣のフローが減少し，それを補う形で多角貿易決済のメカニズムが発展した。1690年代には，イングランドと北欧との貿易で，多角貿易決済が主流になった[45]。

　このように，近世イングランドの決済システムとして，多角貿易決済が有力な学説になった。それを決定づけたのが，スパーリングの論文であった。

スパーリングの主張

　図5-1は，18世紀初頭のヨーロッパの為替手形のネットワークを示したものである。ここから，オランダを中心とする決済システムが成立していたことが読み取れる。

　イングランドの貿易赤字地域は，東インド，アフリカ-アメリカ，バルト海地方，レヴァント地方であったが，これらの地域にはあまり貴金属は輸出されていない。例外は，東インドであった。それに対し，大量の貴金属が，イングランドの貿易が黒字であったオランダに送られている。一般にそれは，オランダを通して，イングランドの貿易収支（差額）が赤字の地域に貴金属が送られていたからであり，これこそ多角貿易決済があった証拠だとみなされているようである[46]。

　すでに17世紀初頭から，為替手形を使用した十分な水準の多角貿易決済機構が発展しており，その水準は，19世紀初頭と十分に比較できるほどであった。したがって，ウィルソンのいう，貴金属による双務決済という理論は支持できないというのが，スパーリングの見解である[47]。

---

　45)　Jacob M. Price, "Multilateralism and/or Bilateralism: The Settlement of British Trade Balances with 'The North', c.1700", *Economic History Review*, 2nd ser., Vol.14, No.2 (1961), pp.254-274.

　46)　たとえば，川北稔『工業化の歴史的前提』249頁。

　47)　J. Sperling, "The International Payments Mechanism in the Seventeenth and Eighteenth Centuries", *Economic History Review*, 2nd ser., Vol.14, No.3, 1962, p.446-468.

2 重商主義時代の決済システム 229

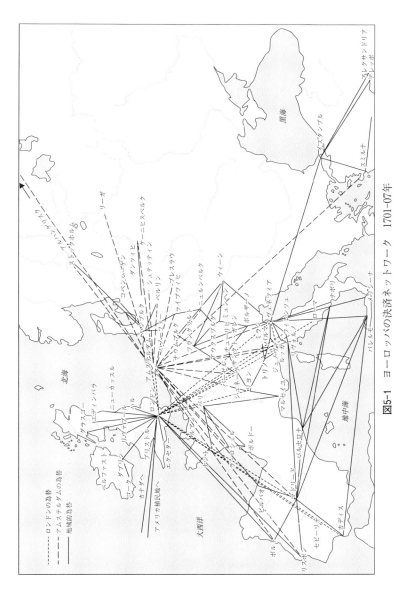

図5-1 ヨーロッパの決済ネットワーク 1701-07年

出典) J. Sperling, "The International Payments Mechanism in the Seventeenth and Eighteenth Centuries", *Economic History Review*, 2nd ser., Vol. 14, No. 3, 1962, p. 452.

230　第5章　重商主義社会から帝国主義時代へ

表5-1　イングランドとウェールズからのオランダへの輸出額
（再輸出を含む）と輸入額（年平均）　　　　　（単位：1,000ポンド）

年度	1701-05	1711-15	1721-25	1731-35	1741-45	1751-55	1761-65	1771-75
輸出	2,048	2,214	1,908	1,877	2,252	2,786	2,066	1,846
輸入	562	531	551	510	415	306	440	457
収支	1,486	1,683	1,357	1,367	1,837	2,480	1,626	1,389

出典）E. B. Schumpeter, *English Overseas Trade Statistics, 1697-1808*, Oxford,1960, Tables V and VI より作成

　彼らの議論以降，決済システムに関する国際的な論争は出現していない。スパーリングの説が，おおむね認められているといってよかろう。
　ただし，私には，次の二点でなお問題があると感じられる。一点目は，貿易収支（差額）の問題である。
　そもそもここにあげた4人の論者は，簡単にイングランドとオランダの貿易収支（差額）は，イングランド側の黒字であったと主張しているが，それは正しいのだろうか。
　表5-1は，18世紀のイギリス・オランダの貿易額を示したものである。ここから，イングランドの黒字であり，オランダの赤字であると考えられるかもしれない。しかし，それでは，史料をきちんと読んだことにはならない。イングランドからオランダに輸出された商品がオランダにとどまることなく別の国に再輸出された可能性は，きわめて高いのである。したがってこの表でいう「貿易収支（差額）」とは，イングランドとオランダの真の貿易収支（差額）を意味してはいない。中近世の貿易を研究するにあたっては，われわれは常にこの問題点に直面する[48]。ウィルソン，ヘクシャー，プライス，スパーリングは，この点に注目していない。これは，彼らの研究の大きな問題点だといわざるをえない。
　イギリスの貿易統計であるCustoms 3から判断するかぎり，イギリスは，18世紀中頃までは，間違いなく正貨を他国に輸出していた。その多くは，おそらくアムステルダムに向かった。しかし，イギリスとオランダとの貿易収支（差額）がわからない以上，オランダとの貿易赤字を補填するために地金が輸出されたのかどうかはわからない。
　アムステルダムがヨーロッパの貿易決済の中心であった。それゆえ，

---

48)　この点については，本書第2章をみよ。

たとえヨーロッパ全体としては為替手形での決済が進展していたとして
も，アムステルダムで貿易決済をするために，いくつもの国からこの地
に貴金属が輸出された可能性は否定できまい。すなわち，貴金属による
双務決済がなかったことと，貴金属が輸出され，それが決済のために用
いられることは矛盾しないのである。したがって貴金属による「双務」
貿易という点さえのぞくなら，ウィルソンの主張は間違っているとはい
えないのだ。貴金属は，依然として大きな役割を果たしたというべきで
あろう。

多角貿易決済

　さらにハンブルクが北方ヨーロッパにおける重要な金融市場であった
ことを考慮するなら，ロンドンとアムステルダムだけではなく，ロンド
ンとハンブルクの決済について言及する必要があろう。スウェーデン経
済史家のクルト・サムエルソンは，スウェーデン商家の信用取引につい
ての研究をした。彼の研究をみれば，アムステルダムやハンブルクの商
人が手形割引仲買人（discount broker）として活躍することがわかる。
また，スウェーデンからイングランドへの鉄輸出が多かったにもかかわ
らず，ロンドンへの振出手形はあまりみられなかった[49]。

　18世紀において，ストックホルム最大の輸出品は鉄であり，その輸出
は数社によって独占されていた[50]。その決済が，ロンドンやアムステ
ルダムだけではなく，鉄輸出をしていなかったハンブルクでもおこなわ
れていた[51]。ただし，サムエルソンが扱っている時代は1730年以降で
あり，18世紀初頭については，為替決済の図式はやや異なるかもしれな
い。

　ともあれこのような証拠ではあるが，このようなハンブルク金融市場
の存在が，多角貿易決済機構が存在した傍証になるであろう。そして，
為替が利用されていたことを示すのである。しかも，おそらくロンドン

　　49）　Kurt Samuelsson, "Swedish Merchant-Houses, 1730-1815", *Scandinavian Economic History Review*, Vol. 3, No. 2, pp. 163-202.

　　50）　レオス・ミュラー著，玉木俊明・根本聡・入江幸二訳『近世スウェーデンの貿易と商業』嵯峨野書院，2006年。

　　51）　Kurt Samuelsson, *De Stora köpmanshusen i Stockholm 1730-1815: En Studie i svenska handelskapitalismens historia*, Stockholm, 1951.

からハンブルクへと，正貨は輸出されていなかった。

これまでの研究では，イギリスの貿易決済に関して，イギリス側の史料のみを用いるという重大な問題点があった。ヨーロッパ人にとっては当然となるこのような研究手法では，スウェーデンの鉄がイギリスに輸出され，その決済のおそらく三分の一から半分がハンブルクでなされていたような状況を想定されてはいなかった。そのため視野狭窄に陥り，イギリス側の貿易統計を用いて論を展開することになったために，貿易決済の研究としては不十分な成果しか残せなかった。決済手段の発展には，貿易統計だけではなく，貿易商会の決済のメカニズムを分析する必要があったはずである。

スパーリングの多角貿易決済の図は，平時であればおそらく正しい。だがひとたび戦争が起き，アムステルダムがそれに巻き込まれたなら，ハンブルクへの送金が増えた可能性も十分にあるのだ。図5-1は，あくまでイギリスの平時を前提とした多角貿易決済システムととらえるべきである。この点が見逃されてきたのは，残念というしかない。

ヨーロッパ商業の決済においては，17世紀はアムステルダムが圧倒的に優位だったのが，次第にロンドンとハンブルクを加えた三都市を基軸とする多角貿易決済システムに変化したと考えるべきであろう。

16-18世紀の重商主義時代に，国際貿易の決済システムはこのように変化したのだ。18世紀になり，ヨーロッパ外世界との貿易が増えていったのだから，アムステルダムだけではなく，ロンドンとハンブルクという都市も，国際貿易の為替決済の中心となったものと思われる。もしこれらの都市のうち一都市が戦争に巻き込まれたなら，ヨーロッパの決済機能は大きく低下する。それを防ぐためのリスクヘッジとしてもこのシステムが有利に作用したのである。ヨーロッパ商業は，このように，戦争による影響を回避するためのさまざまな方法を考案していた[52]。

---

52)　その一つとして中立というあり方があった。好戦国どうしでは貿易ができなくても，中立国を利用して貿易をすることにより，貿易量の低下を防ぐことができた。さらに，戦時中に，商人は中立国や中立都市に移動して商業を続けた。だからこそ，ヨーロッパは戦争の時代に経済成長を続けることができたのである。これらの問題については，本書の第3章をみよ。

さらに，このことは，現在のヨーロッパ金融史研究のあり方に疑問を投げかける十分な理由となる。たとえば，アムステルダムとロンドンの金融市場は，それぞれ別のものとして研

しかし1815年のウィーン議定書調印によってヨーロッパ経済の中核にイギリスが位置し，ロンドンが金融の中心になると，ロンドンを中心とした金融システムへと収斂していくことになる。それは，重商主義時代から帝国主義時代への転換を意味する。すなわち，図5-1の世界から，第7章の図7-8の世界へと変貌するのである。それは，いうまでもなく，ヨーロッパの経済的拡大によって生じた現象であった。

3　より働く世界への変貌

反転労働供給の世界からの脱出

　現在の経済学ではあまり目にしなくなった言葉であるが，ときおり使われる概念に，「反転労働供給」というものがある。これは，開発経済学においてより重要なタームになる。

　近代社会では，賃金が上昇しても，労働時間は減ることはなく，そのため生活水準は上昇するということが前提とされている。だからこそ，経済は成長し続けることができる。持続的経済成長が前提とされる社会では，それが当然の態度となる。

　しかし，持続的経済成長があるとはかぎらない前近代社会では，労働者は給料が2倍になると労働時間は半分になってしまう。労働者は，生活水準の上昇ではなく，その維持のために働く。これでは，経済は成長しない。経済成長を実現するためには，賃金が増えても労働時間が減ってはいけないのである。

　したがって，反転労働供給からいかに脱するかということが，経済成長にとってきわめて重要な問題になってくるのである。このような開発経済学の理論の応用は，現在の経済史研究ではほとんどおこなわれなくなった[53]。オランダを「最初の近代経済」と位置づけたヤン・ド・フ

究されている。しかし，この二つの都市，さらにはハンブルクのあいだの人口の流動性がきわめて高かったという事実を考慮に入れるなら，少なくともこの三都市の金融市場は一体化していたとみなすべきであろう。そのような研究がないことは，ヨーロッパ人の研究スタイルが，なお一国史観にとらわれていることの証拠になっているというのが私の考えである。

　53）　この観点から近世イギリスをみた研究として，川北稔『工業化の歴史的前提——帝国とジェントルマン』岩波書店，1983年がある。イギリスが経済成長をした前提には，イギ

リースとファン・デル・ワウデが，本来ならこの問題を取り上げるべきであったろう[54]。

　給料を上げても労働者が働かないなら，経営者は低賃金で労働者をこきつかったほうが良いと考えるであろう。重商主義時代は，人々の労働に関する言説が変化した時代でもある。17世紀後半には，重商主義者は，労働者は怠惰であり，反転労働供給に従って行動し，待遇が良くなると，労働しなくなるといわれていたのが[55]，18世紀後半には，人々は勤勉に働くという思想が重商主義者のあいだで一般的になった[56]。

　すなわち，コールマンによれば，17世紀イングランドの重商主義者であるチャイルド，ペティ，ポレクスフェンらは，低賃金で人々を働かせることが良いと考えた[57]。しかし18世紀中頃になると，低賃金では，労働者が働くインセンティヴが湧かないので，高賃金にすべきだという主張が重商主義者のあいだの主流になった[58]。おそらく高賃金にしても良いほどに，イギリス社会の生産性は高まったのであろう。そして，反転労働供給の世界から脱し，高賃金になっても市場での労働時間を減らさない，ここから，右上がりの労働供給曲線になっていったと判断できるのである。だが，そのように判断して良いのだろうか。

リス人が，より長時間労働してでも生活水準を高めようとしたことがあると主張する。ただし川北のこの主張は，それ以降の日本のイギリス史研究，のみならずヨーロッパ史研究にも活かされなかったことは，きわめて残念というほかない。

　54）　その著書にはオランダ語版と英語版がある。その書名は，前者が *Nederland 1500-1815: De Eerste Ronde van Moderne Economische Groei*『ネーデルラント　1500-1815——近代的経済成長の第一段階』であり，後者が *The First Modern Economy: Success, Failure, and Perseverance of the Dutch Economy, 1500-1815*『最初の近代経済——オランダ経済の成功・失敗・持続力』である。同書の特徴は，オランダ語の副題に表れている。すなわち，オランダ経済は，近代的経済成長の第一段階を表すというのである。とすれば，オランダ人がどのようにして反転労働供給から脱出したかが問題になるはずである。しかし彼らは，それを論じてはいない。

　55）　D. C. Coleman, "Labour in the English Economy of the Seventeenth Century", *Economic History Review*, 2nd ser., Vol. 8, No. 3, 1956, pp. 280-295.

　56）　W. Coats, "Changing Attitudes to Labour in the Mid-Eighteenth Century", *Economic History Review*, 2nd ser., Vol. 11, No. 1, 1958, pp. 35-51.

　57）　D. C. Coleman, "Labour in the English Economy of the Seventeenth Century", p. 280.

　58）　Coats, "Changing Attitudes to Labour in the Mid-Eighteenth Century", pp. 35-36.

勤勉革命とは——速水融

　ヨーロッパ人は，本当に勤勉になったのだろうか。そもそも「勤勉」という言葉にはどういう意味があるのか。これらの問題について解答するためには，「勤勉革命」について言及しなければなるまい。

　「勤勉革命」という用語は，まず速水融によって1976年に提唱された[59]。これに速水の議論の影響を受けてアメリカ人の歴史家ヤン・ド・フリースも1993年以降勤勉革命論を展開しているが，二人の「勤勉革命」の内容は違っている。ここではまず，速水の説を取り上げることにしたい。

　速水の議論を単純化していうなら，かつて水田耕作には家畜が用いられていたが，農民が耕作するようになったという事実から，農民の労働時間は長くなったと速水は結論づけた。さらに日本人は，資本集約的な（機械化を進めた）イギリスタイプの産業革命（industrial revolution）ではなく，労働集約的な勤勉革命（industrious revolution）を経験したということを主張したのである。日本では，労働時間を長くするという形態での経済成長があったということになろう。

　このような速水の説は，現在の日本経済史研究者はおおむね認めているものと思われる。

　江戸時代初期の日本の人口はおそらく1,700万人程度であり[60]，それが100年間で3,000万人程度にまで増加した。当初は沖積平野を開拓し，田畑にしていたが，それも不可能になり，生産量拡大のためには，たくさん働いて生産量を増加させるほかなかったというのである。

　しかし，本当にこの解釈で良いのだろうか。よく知られているように，現在では「百姓は農民ではない」（網野善彦）ということは，歴史学界全体で認められているといってよい。単純にいえば，人々には複数の生業があった。したがって，百姓一人あたりの労働時間が増えたかどうかは，じつは明らかではない。

　ある百姓が，水田の稲作と漁業で生計を立てていたとしよう。そして

　59）　速水はこの説をさまざまな箇所で論じているが，たとえば，速水融『近世日本の経済社会』麗澤大学出版会，2003年。
　60）　斎藤修「1600年の全国人口——17世紀人口経済史再構築の試み」『社会経済史学』第84巻1号，2018年，2-23頁。

この人物が，稲作のほうが儲かるということで漁業での労働時間を減らしたが，一人当たりの総労働時間は同じであったと仮定しよう。もし歴史家が，この人物が水田耕作にしか従事していないという前提で史料を読めば，より勤勉になったという結論を導き出すかもしれない。

　労働者の一人当たりの総労働時間が増えるということが，労働者が勤勉になるということである。とすれば，一人当たりの総労働時間の計測こそ，勤勉革命を論じる場合にもっとも大事になるはずである。しかし，私の知るかぎり，日本の歴史家はこうした考え方はしていないようである

　また，江戸時代の村落では自分たちで祭日を決めることができた。そして，その数は一般に増えたといわれる。この事実を考慮すれば，日本の百姓の労働時間が増えたとはいえないのである。

ヤン・ド・フリースの勤勉革命論

　速水の説に影響を受け，ヤン・ド・フリースは新しい勤勉革命論を1994年に論文にした[61]。さらに2008年には，『勤勉革命』として，ケンブリッジ大学出版局から上梓した[62]。この書物は，過去数世紀にわたる経済史を扱っている。ド・フリースの論は，世界的に受け入れられているといって良かろう。そこでここでは，やや詳しくド・フリースの論を取り上げたい。ド・フリースの勤勉革命論については，日本では永島剛が手際よくまとめているので，その論考を参照しながら紹介したい[63]。

　ド・フリースは，経済学者G・ベッカーの家系時間配当理論を用いて論を展開する。ベッカーのモデルでは，世帯メンバーはその労働時間を「市場での労働供給」と「家計内生産」のための時間に配分する。労働市場でえられた稼得によって消費財市場から購入したX財を家計内生産と組み合わせて，最終的に消費される商品であるZコモディティをつく

61）　Jan de Vries, "The Industrial Revolution and the Industrious Revolution", *Journal of Economic History*, Vol. 54, No. 2, 1994, pp. 249-270.

62）　Jan de Vries, *The Industrious Revolution: Consumer Behavior and the Household Economy, 1650 to the Present*, Cambridge, 2009.

63）　永島剛「近代イギリスにおける生活変化と〈勤勉革命〉論——家計と人びとの健康状態をめぐって」『専修経済学論集』第48巻2号，2013年。

りだす。

　従来は家計内生産の割合が大きかったが，市場経済の発展とともに，それをX財で代替してZコモディティの効用を高めようとするようになる。そうなると，X財の購入に必要な収入をあげるため，世帯メンバーが世帯外で使う時間の配分が大きくなる。市場から財を購入し家計の効用を高めるために，人びとは余暇よりも労働を選んだ。

　要するに，世帯が市場からより多くの消費財を購入するためにより長時間働き，収入の増大を図ったというのである。

　しかし，この勤勉革命論も，私には納得できない議論である。ド・フリースの理論に従うなら，結局のところ市場での労働時間が増加することが勤勉革命なのであり，家庭内労働が含まれていないからである。市場経済が発展していった以上，彼の定義に従うなら，労働者が勤勉になるのは当然なのである。これは所詮，トートロジーではないのか。

　経済史家は，おうおうにして，経済理論を現実の歴史分析にそのままあてはめようとする。それは，ド・フリースのいう勤勉革命はむしろ家計革命とすべきだと主張する斎藤修の主張[64]にも当てはまるように思われる。彼らの議論では，長時間働くということは，市場での労働時間の増大を意味する。だが，本来重要なことは，家庭内労働を含めた一人当たりの総労働時間の計測ではないか[65]。

勤勉革命とは何か

　農業労働者は，タイムカードで管理することはできず，どこまでが労働でどこまでが余暇であるのかはわからない。市場化が進むことで，あ

---

　64)　斎藤修『比較経済発展論——歴史的アプローチ』岩波書店，2008年，62頁，注18。

　65)　たとえばそれは，次に引用するブロードベリとグプタの発言にも当てはまる。「ド・フリースにとって，勤勉革命は家計の効用を最大限にするための新しい戦略なのである。そのため，余暇の時間を削減し，労働を非市場活動から市場活動に振り向け，市場が供給する消費財の購入の増加が可能になったのである」(Stephen Broadberry and Bishnupriya Gupta, "The Early Modern Great Divergence: Wages, Prices and Economic Development in Europe and Asia, 1500-1800", *Economic History Review*, 2nd ser., Vol. 59, No. 1, p. 8)。私の考えでは，人々が豊かになったということを史料から証明できても，余暇の時間を削減したことは証明できない。彼らは無意識のうちに，労働と余暇が明確に区別できるという前提に立っているように思われる。けれども農業が国民経済計算に占める割合が高い農業社会においては，余暇と労働を明確に区別することは不可能である。これは歴史家が，史料の性質をよく吟味しない場合に陥る陥穽であるように思われる。

るいは工場制度が確立することで，労働時間と余暇が明確に分かれ，労働時間が「可視化できる」ものとなっていった。ド・フリースの勤勉革命論は，そのことにより生じた労働と余暇の分離を当然の前提としている。そもそもこの前提自体を，私は問題視したいのである。

　速水とド・フリースの勤勉革命論は，家庭内労働の重要性を理解していない。家庭外での労働について，あまりに大きなウエイトをおいている。家庭内の労働が減り，そのため市場で働くようになれば，市場労働こそが労働だという経済学の定義上，労働時間は増えることになる。したがって，市場経済が進展するほど，人々は勤勉になったようにみえる。斎藤修は，ヤン・ド・フリースの図式に従うなら，北西ヨーロッパの家族は，17世紀後半から18世紀にかけて，生産と市場規模が拡大し，市場で購入できる消費財が増加すると，それに反応して貨幣収入を増やすために，労働供給を増加させることになるという[66]。しかし，このような理論展開自体に，経済学の手法をそのまま現実に当てはめるという問題点があるように思われる。現実の経済を論じる場合，「労働」を，市場での労働のみに限定させるべきではない。

　経済学の理論は，その他の学問のモデルと同じく，あくまで現実を分析するための道具にすぎない。モデルと現実とのあいだには，いくばくかの距離がある。だからこそ経済史家は，そして一般の歴史家も，モデルと現実の相違に慎重にならねばならないし，現実をモデルに都合の良いように合わせてはならないのである。また，モデルに適合する事実だけをピックアップしてもいけない。

　家庭内労働を含めた人々の労働時間が長くなったかどうかは，現在の研究状況ではわからないであろう。ただし，市場労働の時間が増えたことはほぼ確実である。とはいえ速水もド・フリースも，史料の使い方には，問題があったと私には思われる。

　マックス・ヴェーバーのいうように，人々は，禁欲の結果として市場向けの労働を増やしたのか，あるいは川北稔がいうように，欲望を満足させ，より良い生活を求めて，反転労働供給の世界から離脱し，勤勉になったのだろうか。

---

　66)　斎藤修『新版　比較史の遠近法』書籍工房早山，2015年，311頁。

ともあれこの二人も、「労働時間」のなかに「家庭内労働」を入れていないこともたしかである。もし家庭内労働を捨象して論じるなら、余暇よりも労働を選んだのではなく、家庭内労働の時間を減らして市場での労働に精を出したというべきである。それは、以前なら家庭内で製造していたものが、市場で入手できるようになった結果かもしれない。しかし少なくとも、ヨーロッパ外の産品がヨーロッパで売られるようになったことで、市場でコーヒーや砂糖などの日常生活品が入手できるようになったことは間違いない。おそらくそれもあって、「価格表」が印刷されるようになったのであろう。しかしたとえばコーヒーカップのような形で、遺産目録に残ったとしても、それが表すのは、ある一定以上の階層に属する人々の消費が豊かになった可能性がある、ということにすきない。消費社会が、社会のどの階層にまでおよんだのかを研究することは、きわめて難しい[67]。

人々が市場に参入しやすい社会がどのようにして形成されたのかは、第4章ですでにみた。市場の拡大は、ヨーロッパ外世界への拡大というところで、大きく結びついていた。西欧の人々が市場に向けての労働を拡大した一因は、そこに求められよう。新世界の商品が大量にイギリスに流入する時期と、重商主義者が高賃金の方が労働者のモティヴェーションが高まるといった背景には、市場化の進行と労働者の市場に向けての労働の増加があったと考えるべきであろう。

人々は、家庭ではなく市場での労働を選んだ。これは、市場の発展と同時に発生した。さらに市場で取引されるもののなかで、ヨーロッパ外からくる商品比率が増えていった。

ヨーロッパ史でいう勤勉革命とは、労働時間が全体として延びたかどうかは別として、市場向けの労働時間の比率が増えたことであるのは、ほぼ間違いない。それはまた、贅沢が許される社会である。イギリスであれフランスであれ、インド・キャラコの輸入禁止は、最終的には成功

---

67) アジアからの消費財の輸入に関しては、たとえば以下をみよ。Maxine Berg and Felicia Gottmann (eds.), *Goods from the East, 1600–1800: Trading Eurasia*, London, 2015; ヤン・ド・フリースは長年にわたり、近世における消費社会誕生を主張してきた。その消費財の多くはヨーロッパ外世界から輸入されたものであり、その点でアジアからの消費財がヨーロッパに与えたインパクトを強調するマクシン・バーグと同じ立場に立つ。私見によれば、その相違は、ド・フリースが市場経済の成立をより重んじている点にある。

しなかったことが，それを実証する[68]。

　自分たちの生活を豊かにしたいという思いから，家庭ではなく，市場での労働を選んだ。その豊かさとは，より多くの消費財を購入できるということであり，この点でド・フリースの主張は正しかった。

4　19世紀の労働者の世界

イギリスの状況

　1688年の名誉革命以降1815年のウィーン条約に至るまで，イギリスとフランスは何度も戦争を戦い，そのほとんどすべてにイギリスが勝利した。そしてイギリスはヨーロッパの，やがては世界経済のヘゲモニー国家となった。イギリスは対仏戦争をはじめとするいくつもの戦争を経験しながら，工業化の時代に突入していたのである。

　フランスはイギリスの2-4倍ほどの人口があったのだから，ふつうに考えれば，フランスが対英戦争に勝利してもまったく不思議ではなかった。むしろ，勝利しなかったことが不思議なのである。しかもフランスは，イギリスのような形での工業化には成功しなかった。

　その理由としてあげられるのが，両国の農業制度の相違である。英仏の比較経済史の専門家でもあるパトリック・オブライエンによれば，イギリスの農場の方がフランスよりも大きく，農業労働者の比率は少なく，そのため農業の生産性はイギリスの方が高かった[69]。

　19世紀になっても，この傾向は続いた。ここで1815年から1913年のイギリスとフランスの，一人当たりの農業労働者の生産性を比較してみよう。イギリスが年間1パーセントであったのに対し，0.25パーセントにすぎなかった。イギリスの方が，農業の生産性は明らかに高かったのである[70]。

　68）　Girogir Riello, *Cotton: The Fabric that Made the Modern World*, Cambridge, 2013.

　69）　Patrick Karl O'Brien, "Path Dependency, or Why Britain Became an Industrialized and Urbanized Economy Long before France", *Economic History Review*, 2nd ser., Vol. 49, No. 2, 1996, pp. 213-249

　70）　Patrick Karl O'Brien and Caglar Keyder, *Economic Growth in Britain and France 1780-1914: Two Paths to the Twentieth Century*, London, 1978.

したがってイギリスは，フランスよりも農業労働者の比率が少なくてすんだ。農業に，余剰労働者が生まれたのである。彼らは，基本的には都市の工業労働者として雇用されるようになった。

これが，英仏の決定的な違いであった。

イギリスにおける労働者階級の状態

このようにして，イギリスの農業労働者は工業労働者になった。したがって工場労働者の意識はなお農業労働者と当初はあまり変わらなかった。そもそも農民は，時間管理を上司から命令されることなどない。したがって工場での規律を守ることはなかなかできなかった。また，子供の労働は当たり前であった。それを問題視したのは，エンゲルスの『イギリスにおける労働者階級の状態』であった。

エンゲルスは，この本で，イギリスの工場で働く労働者がいかに悲惨な状況にあるのかを描いた。たとえば，次のような叙述がある。

　　機械の導入以前には，原料を紡いだり織ったりする仕事は労働者の家でおこなわれていた。妻と娘が糸を紡ぎ，夫がこれを織った。あるいはその家の主人が自分で織らない時には糸を売った。これら織布工の過程は，たいてい都市の近くの農村に住み，その賃金で十分に暮らすことができた[71]。

エンゲルスは，このような状態が，機械の導入，すなわち工業化により，どれほど悲惨な状態に陥ったのかをルポルタージュした。都市の衛生状態は悪く，平均寿命は短くなり，給料は少なく，労働時間はきわめて長く，工場労働者はきわめて貧しい生活を余儀なくされたというのだ。

　　労働者の衣服もやはり平均的に粗末であり，大部分はぼろぼろである。食事も一般に粗末で，しばしばほとんど食べられないようなものである。そして多くの場合，少なくともときどきは量的にも不足しており，極端な場合には餓死することになる[72]。

　71）　フリードリヒ・エンゲルス著，浜林正夫訳『イギリスにおける労働者階級の状態』上，新日本出版社，2000年，22頁。

プロレタリアの生活に関しては，エンゲルスはこういう。

　　しかし，貧しさ以上にイギリスの労働者にもっと堕落的な影響をお
　よぼしているのは，社会的地位の不安定さ，賃金でその日ぐらしの
　生活をしなければならないこと，ようするに，彼らをプロレタリア
　にしていることである。……，プロレタリアは，両手以外になにも
　なく，昨日稼いだものを今日食べ尽くし，ありとあらゆる偶然に支
　配され，最低限の生活必需品を手にいれることができるという保証
　さえ，まったくない——恐慌がおこるたびに，雇主の気まぐれのた
　びに，彼は失業するかもしれない——プロレタリアは，およそ人間
　が考えうるかぎりの，もっとも腹だたしい，もっとも非人間的な状
　態におかれているのだ（傍点は原文にあり）[73]。

さらに子供の労働については，こう書いている。

　　9歳になると子どもは工場へ送られ，13歳になるまで，毎日6時間
　半（以前は8時間，もっと前は12ないし14時間，それどころか16時間
　も）働き，13歳から18歳までは12時間働く[74]。

　エンゲルスはこのような状況において，子どもに発育障害が生じる可
能性を示唆したのである。
　エンゲルスは，工業化以前の農民よりも工業化のさなかの工場労働者
の方が生活水準が低いばかりか，労働時間が長いと考えている。また，
農業労働者の境遇も悪化したと主張する。しかし彼は，具体的な統計を
示して，それを実証したわけではない。
　ここでは，工場労働者に焦点を当てよう。工場制度の発展こそ，工業
化の大きな特徴であったからである。なるほど，工場労働者の労働環境
はこんにちの目からは非常に劣悪であった。大人だけではなく，子ども
たちも長時間労働を強いられていた。だが，工業化以前よりも，労働者

　72）　エンゲルス『イギリスにおける労働者階級の状態』上，121頁。
　73）　エンゲルス『イギリスにおける労働者階級の状態』上，178頁。
　74）　エンゲルス『イギリスにおける労働者階級の状態』上，224頁。

は劣悪な状況におかれていたといえるのであろうか。

工業化によってなにが生じたのか

このような疑問をもったのが、クラーク・ナーディネリである。ナーディネリは、1835年には56,000人の13歳未満の子どもがイギリスの織物工場で働いていたが、これは織物産業の労働力全体の約16パーセントであったと認める。しかしその一方で、工場での子どもの雇用は、ランカシャーやヨークシャー、チェシアなどの織物工業地帯に集中していたという。

そして、農業や奉公(サーヴィス)といった昔ながらの仕事には、工業化が新たに生み出した雇用以上に多くの子どもが従事していたと主張する。彼は、一般にみられる見解とは逆に、工業化により成立した工場制度は、子どもを親の搾取から免れさせたと考える。

工業化以前には、子どもは親の支配にまかせる以外の選択肢はなかった。家に住むということは——基本的には家庭内労働であるが——、親にこき使われることを意味する。それをナーディネリは、親による搾取だと定義した。工場制度によって、まだ十代のうちに、子どもは家を離れ、親による搾取から免れることができたと主張する。

図5-2　ホガース　ジン横丁

ナーディネリは，工場制度により，子どもたちがたくさん働かされた
ということを否定したわけではない。彼によれば，工場労働は，家庭内
労働やその他の仕事よりも特別過酷ではなかったのである[75]。

また，図5-2は，イギリスの有名な版画家ウィリアム・ホガース
（1697-1764）の手になる有名な「ジン横丁」である。このように，酔っ
払いの労働者は決して珍しくはなかった。月曜日になると働かなくなる
（聖月曜日）という労働者は珍しくはなかった。しかし，それは，労働
時間は企業のものだという意識が定着するとともに，少なくとも理念的
には消えていったのである。

可視化される労働

ナーディネリの主張がどこまで正鵠を射ているのかは，本当のところ
わからない。だが，ほぼ間違いないのは，工場労働は過酷であったが，
それ以外の労働も少なくとも同程度に過酷であったことである。

エンゲルスは，工場制度によって，人々の生活は劣悪になったと断言
した。彼の『イギリスにおける労働者階級の状態』が上梓されたのは，
1844年のことであった。工業化によってイギリス経済が農業経済から工
業経済へと急速に転換したわけではなく，その転換は緩やかなものでし
かなかった。したがっておそらくエンゲルスのルポルタージュは，特殊
な環境を扱ったものであった。

問題は，その特殊な環境が，農業よりも過酷であったかどうかという
ことである。エンゲルスは，それを自明視しているが，ナーディネリが
いうように，決して自明の事柄ではない。われわれには，工場労働がと
りわけ過酷であり，農業労働はそうではなかったと考える根拠はないの
である。

ナーディネリは，工場労働は，家内労働やその他の仕事よりも特別過
酷ではなかったという。また，小規模な製造業やサーヴィス業が，子ど
もたちに大きな雇用機会を提供したということが，ジェーン・ハンフリ
ーズの立場である[76]。

---

75) クラーク・ナーディネリ著，森本真美訳『子どもたちと産業革命』平凡社，1998年。
76) Jane Humphries, *Childhood and Child Labour in the British Industrial Revolution*, Cambridge, 2011, p.366.

　　　　　　　　　4　19世紀の労働者の世界　　　　　　　　245

　労働時間というものは，じつは簡単には計算できない。タイムカード
で算出されるのは，会社や工場で拘束されている時間にすぎない。それ
は，可視化できる。だが，家庭内労働時間の可視化は困難であるし，農
業労働時間の可視化も難しい。可視化される世界とは，他の人々によっ
て労働が監視される世界を意味する。エンゲルスは，それのみを取り上
げたとにいえないであろうか。

　エンゲルスは，工場制度が労働者にとって過酷であったことを自明の
前提としており，農業労働の過酷さには目を向けなかった。子どものと
きから農業労働に従事するのは，現在でも多くの国で当たり前におこな
われている。おそらく，19世紀中頃のイギリスも同じであったろう。こ
んにちの第三世界で子どもの労働が問題視されることがあるが，それは
彼らの世界が基本的にまだ農業社会であるということも，無関係ではな
い。あるいは，漁業社会や林業社会でも，同じことがいえよう。

　19世紀前半のイギリスにおいて，両親は，子どもを農場で働かせるの
と同じような気分で工場労働をさせたのであろう。子どもの頃から働く
というのは，当然のことであり，それが残酷な行為だと思われたのは，
労働が工場制度によって可視化されたからである。そして，労働時間と
いうものが，計量化されたからである。

　労働が可視化されることにより，1833年の工場法をはじめとして，成
人男性さらには少年・女性の労働時間の短縮がはかられた。しかしそれ
は，可視化された労働時間の短縮であり，労働時間が可視化されない農
業には，適応されることはなかった[77]。

────────────
　77)　ジェーン・ハンフリーズの研究は，産業革命期に子どもたちがおかれた悲惨な労働
状況についてあますところなく述べている。Humphries, *Childhood and Child Labour in the
British Industrial Revolution*; また彼女は，産業革命以前からの農業部門，建築部門で子ども
の労働が続いており，場合によってはそれが過酷であったという見解を述べた。Jane
Humphries, "In the Cracks of the Economy: Child Labour in the Past", 12th Sound Economic
History Workshop, September 7, 2017, Jyväskylä.

5　市場での労働の増加

工業化により変わる社会

　工業化により，社会は大きく変化する。工業化が進展すると，それまで物々交換ですんでいたものも，市場と取引されるようになったばかりか，ヨーロッパ外世界の商品は，おそらく市場で取引されるようになった。18世紀に多数流入するようになったヨーロッパ外製品は，19世紀になるとさらにその数を増した。

　このような世の中は，多くの商品が市場で取引される商品である。工業化は，急速に世の中を変えたわけではなかったが，農村から都市へと人々が移動し，都市化が進んだ。そして大塚久雄の描くような農村工業ではなく，都市に工場ができた。

　一般に都市化は，近代化のメルクマールとされる。すでに近世において，ヨーロッパでは都市化が進んでいた[78]。都市化は，19世紀に大きく進んだ。ポール・ベロックの研究をみると，5,000人以上の人々が住む集落を都市と定義づけた場合，ヨーロッパで都市に住む人々の比率は，1800年に12.1パーセント，1850年に18.9パーセント，1880年に29.3パーセント，1900年に37.9パーセント，1910年に40.8パーセントになった[79]。

　農業の生産性が高くなると，農業部門で余剰労働者が生まれる。余剰労働者は，工場で働くことができる。これが，農村から都市への労働力移動の大きな原因であり，都市化が進んだ大きな理由であった。農村から都市への労働力移動は，一見ルイス・モデルに似ているが，ヨーロッパの人々は生存維持水準で生きることを余儀なくされたわけではない[80]。それは，主として新世界に移住できたからである。

---

　78)　Jan de Vries, *European Urbanization: 1500-1800*, Cambridge Mass., 1984.

　79)　Paul Bairoch, *Cities and Economic Development: From the Dawn of History to the Present*, Chicago, 1991.

　80)　Arthur Lewis, "Economic Development with Unlimited Supplies of Labour", *Manchester School*, 1954, pp.139-191.

5　市場での労働の増加

　都市化は，鉄道の発展によっても促進された。労働者が，鉄道により都市に移動することが容易になったからこそ生まれた現象だからである。ヨーロッパ全体を見渡すなら，むろん差異は大きかったが，おおむねこのような変化がみられたのである。

　いうまでもなく，都市労働者は，工場労働者ばかりだったわけではない。しかし工場労働者に代表される都市労働者の労働は「可視化」することができた。労働時間とそうではない時間を，明確に分離することが可能だったのである。

女性の労働者——イギリス

　19世紀における女性労働者の進出は，このような文脈で論じる必要がある。農業社会では，女性も重要な労働力である。そして，都市化が進むにつれ，女性労働者がつく職業は大きく変化した。

　1851年のセンサスでは，15歳から24歳の女性の職業のうち56.5パーセントが記録されており，そのうち8.9パーセントしか，中流階級とよばれるにふさわしい職業はない。7パーセントが仕立屋であり，1パーセントが教師であった。これが，市場社会での女性の労働形態を表すことは，いうまでもない。

　しかしそれ以降，大きな変化が訪れた。中流階級の女性の職業としては，医師，看護婦，薬剤師，公立学校の教師，図書館員，官吏，速記タイピスト，書記，ヘアドレッサー，小売店店員などがあった。このように，女性の労働形態は多様になる[81]。

　図5-3は，15-24歳の女性が就いた職業を示す。ここから，個人向けサーヴィスに属している女性の比率が高いことがわかる。

ガヴァネスの世界

　個人向けサーヴィスに属する代表的職業に，ガヴァネス（住み込みの家庭教師）がある。ガヴァネスは，中流階級の女性が働いてもよい（軽蔑されない）数少ない職業であった。ガヴァネスの誕生は，イギリスが世界で最初に産業革命を経験し，農業に従事しない人々が増えたことと

---

81)　Ellen Jordan, *The Women's Movement and Women's Employment in Nineteenth Century Britain*, London and New York, 1999.

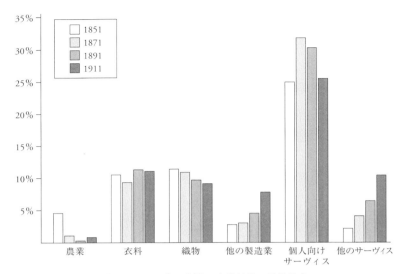

図5-3 15-24歳の女性の産業部門の労働比率

出典) Ellen Jordan, *The Women's Movement and Women's Employment in Nineteenth Century Britain*, London and New York, 1999, p. 76, Figure 4.1.

大きく関係していた。女性の職業として，農業（場合により漁業も含む）以外の職業がいくつか誕生したと考えられるからである。

ガヴァネスの専門家である川本静子によると，19世紀中頃のイギリスで，ガヴァネスといえば，生活の資をえるために教師として働くレディであった[82]。ガヴァネスの数は，1851年のセンサスでは21,000人，1865年のセンサスでは25,000人であった。ガヴァネスの給料は高くはなく，ハウスキーパー程度であった[83]。

ガヴァネスは，そもそも教師としての訓練を受けてはいなかった。さらに，子どもたちの衣類の繕いをしなければならないことも多かった。したがって，家庭教師兼女中といっても過言ではない地位にあった。決して地位が高いとはいえなかったはずである。しかし重要なのは，彼女

---

82) 川本静子『ガヴァネス（女家庭教師）――ヴィクトリア時代の〈余った〉女性たち』中公新書，1994年。

83) M. Jeanne Peterson, "The Victorian Governess: Status Incongruence in Family and Society", *Victorian Studies*, Vol. 14, No. 1, 1970, p. 12.

5　市場での労働の増加　　249

たちが社会的には曲がりなりにもレディとして位置づけられており，階級社会のイギリスでは，レディとみなされる数少ない職業であったことである[84]。

　ところが1848年から53年にかけ，女子中等教育機関が新設されると，ガヴァネスの基準は上がり，基準に満たない者たちは国内ではガヴァネスになることが難しくなった。

　そのため，1860年代になると，植民地であるオーストラリアやニュージーランドでガヴァネスとして働く女性たちが出てきた。イギリス本国では，ガヴァネスになれない人々であった。イギリスでは帆船の時代は終わりを迎えつつあり，蒸気船がオーストラリアやニュージーランドにまで向かうようになっていた。

　本国で食いつぶした人々が植民地に行くということは，18世紀の北米植民地にはすでによくみられていた。あるいはライフサイクルサーヴァントの一環として，新世界に渡った若者たちがいた[85]。19世紀には，インドに渡って巨額の富をえた人が，ネイボッブとしてイギリスに帰国した。そして女性労働者の代表ともいえるガヴァネスは，オーストラリアやニュージーランドに渡ったのである。

　これはイギリスが，世界帝国になったからこそ可能なことだったといえよう。

彼らは本当に働きたかったのか

　イギリス社会は18世紀後半になると，反転労働曲線の世界から脱して，賃金が上昇しても労働時間は減少せず，より多くの賃金を求めて働く社会が誕生したと述べた。イギリスに次いで，ヨーロッパ大陸諸国が反転労働曲線供給から離脱した世界となっていった。

　しかし，労働者は本当に進んで働いていたのだろうか。たしかに労働者はより豊かな生活を目指して働いたと思われる。しかし労働者の目指すものは，勤勉に働くことではなく，その稼ぎで安楽な暮らしをすることであった。

　その事例を示すのは，イギリスの作家チャールズ・ディケンズ（1812-

　84）　川本『ガヴァネス』78-93頁。
　85）　川北稔『民衆の大英帝国』岩波現代文庫，2008年。

1870）の小説である。周知のようにディケンズは，大衆小説家として知られる。もとより，この時代の「大衆」という概念は，こんにちと比較するとずっと高い階層の人々を指す。だが，ディケンズは労働者階級に好まれた作家でもあるので，ディケンズの作品を通して，労働者階級の労働意識がある程度判明すると期待されよう。

　ここで依拠するのは，ジョージ・オーウェル（1903-50年）のディケンズ論である[86]。

　オーウェルによれば，イギリスではプロレタリアートにあたる労働者階級はたくさんの小説に登場するが，ディケンズの小説にはそういう人々は出てこない。ディケンズの物語の中心となっているのは，中産（中流）階級の人々である。ディケンズは，主人公が労働している場面はほとんで書かない。主人公の仕事が何であるのか，実際にはわからないことも稀ではない。物語の中心に，労働する姿は出てこない。主人公はある仕事につくと，それに成功し，いつの間にやら金持ちになるのが，よくあるディケンズの小説の筋書きである。

　そういう小説を書いた人物が，大衆に受けた小説家というのは，考えてみれば奇妙なことである。したがってイギリスの大衆自身，本当は労働そのものにはあまり興味がなかったかもしれない。

ディケンズが描いた世界

　詳しくは第7章で述べるが，19世紀後半からのイギリスで，製造業ではなく，金融業者が経済の中核的存在となった。彼らは，不労所得によって生活していた。あるいは，少なくともそうなる可能性を秘めた人々であった。

　ディケンズが労働の現場を書かなかった理由は，このようなことを考慮に入れると，説明することができる。彼にとっては，ジェントルマンの生活こそ，理想だったのではないか。そして大衆自身も，ジェントルマンのライフスタイルに憧れがあった。

　イギリスは大衆もまたジェントルマンの生活に憧れた。やがて不労所得で生活できると考えたからこそ，一生懸命働き，貯金をし，土地を購

86）　小野寺健編訳『オーウェル評論集』岩波文庫，1982年。

入し，債券を購入し，その利子（の少なくとも一部）を生活の糧にしようとした。そう考えるべきではないか。

イギリスはたしかに世界最初の工業国家であった。しかしそのために必要な技術の水準は，決して高いものではなかった。それに対し19世紀イギリスの金融は，明らかに他国を上回るものであったし，現在もなお，ロンドンの金融街であるシティは，世界の金融において欠くことができない役割を果たしている。

それは，現在のイギリス工業が世界的にはあまり競争力がなくなっているのと，まったく対照的な姿なのである。

世界最初の工業国家は，決して工場労働者を高く評価しない世界から生まれたのである。

お わ り に

本章では，非常に多くのことを論じてきた。だか，その根底にあるのは，重商主義時代から帝国主義時代への移り変わりにおいて，数量化と可視化が果たした役割である。

重商主義社会とは，数量化傾向が強くなってきた社会である。おそらく十二世紀ルネサンスから生じた数学，さらには13世紀のインド・アラビア数字の導入により，そういう社会が誕生した。

近世とは，ヨーロッパで軍事革命がおこり，そのため戦費が急増した時代であった。多くのヨーロッパ諸国は借金をして戦争を戦い，その返済に苦しめられた。ヨーロッパ諸国は，借金額をきちんと数値化し，毎年国家予算をたて，近代的な財政システムによって国家を運営するようになった。それは，数量化・可視化傾向がある社会だからこそ可能になったのである。

イギリスで重商主義が発展したことは，それと大きく関連していたことと思われる。ヨーロッパのいくつかの国で重商主義ないし官房学が盛んになった。イングランドの重商主義者は数字がいくつも書かれた著作を出し，やがて政治算術家によって，それは表という形式をとるようになった。また，数字を用いて，国家そのものを解剖するという思想が発

展した。

　中世末から近世にかけてのヨーロッパにおける知的発展の根幹には数量化傾向があり，それは重商主義社会の母体となった。貿易統計は徴税のために作成されたが，それがイギリスでもっとも整備されているのも，イギリスがヨーロッパでもっとも数量化傾向が進んだ国家であったことを物語るであろう。

　そして，国際貿易決済の為替システムが発展し，アムステルダム・ロンドン・ハンブルクの三都市がその中心になった。一都市にこのシステムの中心が集中していたなら，戦争によって侵略されたとき，国際貿易の為替決済ができなくなる可能性があり，そのリスクをヘッジするシステムとして有効であった。このように，国家と商人の共棲関係は，重商主義社会の主要な要素だったのである。ヨーロッパ諸国の国力は，まだ世界征服をできるほどには強くはなかったのである。

　イギリス重商主義者の労働者の賃金に対する考え方も，17世紀には低賃金が良いとされていたのに対し，18世紀中頃には高賃金を出したほうが彼らのモティヴェーションが上がるという主張が出されるようになった。これは，ヤン・ド・フリースの勤勉革命論を考慮に入れるなら，市場経済が発展したために高賃金での市場労働を重要視するようになってきたことの表れととるべきである。

　19世紀のイギリスで工場制度が成立し，子どもの労働や長時間労働が問題となったのは，農業社会とは違い，労働時間が可視化されるようになってきたからである。

　もし人々の労働に対する意識が変化したのだとすれば，それは家庭内労働も含めてより長時間働くということではなく，家庭内での労働時間を減少させ，市場での労働を増やし，以前ならヨーロッパにはあまりなかった砂糖やコーヒー，紅茶や綿織物などの消費財を市場で購入したと結論づけられるのである。

　農業以外で働く人々が増え，レディの労働としてガヴァネスが出現した。彼女たちは，オーストラリアにまで出かけて働くことがあったのは，イギリスが世界をまたにかける帝国を形成したからである。

　本章では，イギリスを中心に論じてきた。それは筆者自身の能力の問題もあるが，重商主義時代においても帝国主義時代においても，中心と

おわりに　　253

なる国にイギリスだったからでもある。たとえば工場制度の成立による労働問題は，イギリス以外ではほとんどみられなかった。おそらく，イギリスの事例に学んだからであろう。

　本章では，ヨーロッパの内生的発展をイギリスを中心として論じてきた。オランダからイギリスへというヘゲモニー国家の変化とは，ヨーロッパ内部では，ここで述べたようなヨーロッパ社会の変貌があった。それらは，ヨーロッパの対外進出と大きく関係していたのである。

第 6 章

アジア・太平洋とヨーロッパ

―――――――

は じ め に[*]

　1498年，ヴァスコ・ダ・ガマの一行がインドの西岸のカリカット（コーリコード）に到着した。これにより，ポルトガル海洋帝国の基礎が築かれた[1]。さらに，喜望峰ルートでの航路が開拓され，紅海からアレクサンドリアを通り，イタリアに香辛料を運ぶルートはすぐに衰退したと考えられていた。

　それに対し，1933年にフレデリク・レインが発表した論文によれば，新航路――喜望峰を通るインド洋ルート――の発見により一時的にポルトガルが優位に立ったが，やがてこの航路の方が地中海経由の航路よりも輸送コストが高く，結局地中海ルートを使うヴェネツィアが復活した[2]。レインのこの論文については，1976年に C・ウェイクが，レインは単位の換算を間違っており，ポルトガルの香辛料輸送量は非常に多かったと批判した[3]。

―――――――

　　[*]　本章の内容をよりコンパクトにまとめたものとして，Toshiaki Tamaki, "European Maritime Expansion to Asia: From Portugal to the British Empire", *Jahrbuch für Europäische Überseegeschichte*, Bd.17, 2017. pp.219-240.

　　[1]　ポルトガル海洋帝国の歴史については，さしあたり，R. S. Disney, *A History of Portugal and the Portuguese Empire*, 2 vols., 2009, Cambridge, 2009.

　　[2]　Frederic Lane, "Venetian Shipping during the Commercial Revolution", *American Historical Review*, Vol.38, No.2, 1933, pp.219-239.

　　[3]　C. Wake, "The Changing Pattern of Europe's Pepper and Spice Imports, ca 1400-1700", *Journal of European Economic History*, Vol.8, No.2, 1979, pp.361-403.

256 第6章 アジア・太平洋とヨーロッパ

表6-1 東南アジアからヨーロッパへの胡椒輸出量の推計

(単位：メートルトン)

年　代	ケープルート	レヴァントルート	合　計	東南アジアから
1379-89		62	150	0
1391-99		732	800	
1404-05		278(V)	500	0
1497-98		566(V)	800	100
1501-06	586	294	880	100
1517-31	1,174	125	1,300	300
1547-48	1,506	500	2,000	600
1560-64	1,200	1,500	2,700	1,300
1582-90	1,170	1,600	2,800	1,400
1621-22	2,718	300	3,000	1,800
1641-53	2,693(DE)	0	3,300	2,200
1670-78	5,528(DE)	0	6,000	4,000
1680-86	3,191(DE)	0	3,700	2,500

注) V＝ヴェネツィア船のみ　DE＝オランダ船とイングランド船のみ
出典) Anthony Reid, "An 'Age of Commerce' in Southeast Asian History", *Modern Asian Studies*, Vol. 24, No. 1, 1990, p. 16, Table 2.

　どちらの説も，稀少な史料をもとに香辛料輸送量を推計したものであり，信憑性は決して高くはない。とはいえ長期的にみれば確実に，喜望峰ルートを使用して，香辛料をアジアからヨーロッパへと運ぶようになった。

　表6-1に示されているように，東南アジアからヨーロッパへの胡椒輸出量は，16世紀のあいだはレヴァントルートとケープルート（喜望峰周り）のあいだにあまり差異がないが，1621年以降，英蘭の東インド会社がケープルートのみを使用するようになり，レヴァントルートはほぼ消滅する[4]。

　それによってイタリアは，インドと東南アジアのルートから切断されることになった。17世紀初頭には，ヨーロッパから陸上ルートでインドや東南アジアへとつながる異文化間交易圏からイタリアが切り離され，その代わりにポルトガル，イギリスやオランダの商人が一翼を担うようになった。イタリア経済衰退の大きな理由の一つは，ここに見いだされ

――――――――――――
4) これは，とくに香辛料の輸入についてあてはまる。

る。またこの事実は，イタリアが，この広大な異文化間交易圏のなかで，あまり大きな役割は果たしていなかったことを物語る。この時点ではなお，ヨーロッパよりもオスマン帝国，アジアの経済力の方が強かったと推測されるが，ヨーロッパのアジアへの海上ルートでの進出は，この関係を逆転させることになった。

　ポルトガルのアジア進出を皮切りとして，オランダ，イギリス，フランス，デンマーク，スウェーデンなどが，東インド会社などを設立し，アジアとの貿易を促進した。当初はアジアの産品の輸入が主であったが，やがてインドから綿製品，中国から茶を輸入するようになる。この過程は，ヨーロッパのアジアへの進出をそのまま物語る。

　この過程で，商品は，以前ならアジアからヨーロッパに流れていたのが，だんだんとヨーロッパからアジアへと流通経路が逆転する。それは，そのままヨーロッパとアジアの経済力の逆転を示す。

　ところでウォーラーステインの近代世界システムは，国際分業体制を基軸とする。イギリスが工業国となり，アジアが第一次産品輸出地域となった時期を明確に特定することはできないが，せいぜい19世紀中葉のことではないだろうか。もしそうなら，1840年代までしかまだ叙述の対象としていないウォーラーステインが，アジアをヨーロッパ世界経済に取り込めなかった理由もわかるというものだろう[5]。

　本章では，アジアとヨーロッパとの関係を，ヨーロッパのアジアへの進出という点からまとめてみたい。すでに序章でポルトガルの軍事的進出についてはある程度論じたので，ここではそれは所与の事実とし，商業活動の展開に焦点を絞る。重商主義社会の担い手として重要な商人が，アジアでどのような活動をしていたのかということをみていく。まずはインド洋貿易，ついで東南アジア商業に目を向けたい。ヨーロッパの重商主義社会が，アジアとどのような関係にあったのかが示される。

　5）　イマニュエル・ウォーラーステイン著，川北稔訳『近代世界システム』1-4巻，名古屋大学出版会，2013年。

1 アジアにおける商業の発展——インド洋貿易と東南アジア商業

インド洋貿易

インド洋の大部分は南半球に位置する。その平均的な深さは3,900メートルほどである。面積は，およそ7,355平方キロメートルである。水深は約3,900メートルあり，北部はモンスーンの影響が強い。インド洋ではしばしばサイクロンが発生し，多大な損害を被ってきた地域も多い。多数の海流が流れ込んでいるため，塩分濃度はかなり低く，3.1パーセントである。季節風が強く，それがたびたび帆船での航海に影響をおよぼした。

日本のインド洋海域史研究においては，家島彦一が，きわめて高い水準の研究を発表している。家島によれば，9-10世紀のシーラーフ系（シーラーフとは，ペルシア湾なかほどの東岸にある港）商人たちが，紅海，東アフリカ海岸，インド西海岸で活躍していた[6]。そのルートは中国の広州にまでおよんでいた[7]。さらにまた家島によれば，インド海域の主要な港市から中国の銅銭，とくに10世紀中頃から11世紀初頭にかけての

図6-1　ダウ船

---

6) 家島彦一『海が創る文明——インド洋海域史の歴史』朝日出版社，1993年，89頁。インド洋に関する家島の研究として，さらに，以下を参照せよ。家島彦一『イスラム世界の成立と国際商業——国際商業ネットワークの変動を中心に』岩波書店，1991年。

7) 家島『海が創る文明』93頁。

宋代の銅貨が大量に出土している[8]。

　インド洋のイスラーム化は大きく進んだ。むろん，インドではトルコ系イスラーム王朝である奴隷王朝（1206-90年）とサルジー朝（1290-1320年）が建国されるのだから，これは当然の現象であろう。インド洋の航海は，イスラーム勢力が中心になった。だが，その一方で，中国船も増加したように思われる[9]。ただし現在のところ，具体的な数字によって，この時代の中国船の増加について述べることは困難である。

　インド洋で使用されていた船は，一般にダウ船とされる。ダウ船は，沿岸貿易にも長距離貿易にも使われた。アラブ人とイラン人は，東アフリカ海岸とインド西岸の長距離航海のために，インド洋に面する地域に住んでいた多数の人々も，ダウ船を使用した[10]。

　ヴァスコ・ダ・ガマがカリカットに到着したのは，そのような時代であった。彼の到着をきっかけとして，ポルトガル国家がインドに侵入し，オランダやイングランドが続いたのだから，インド洋がヨーロッパ人の海に変貌していったように思われるかもしれない。だが，その一方で，インド人が交易に参画していたことも事実である。

　インドの綿織物は紅海に，さらにはサハラ以南のアフリカにまで送られ，さらにセネガンビアに到着した。途中，カイロと，たぶんヌビアとアビシニアの諸都市の商品集散地を出発し，サハラ縦断のキャラバン隊に使われたと思われる[11]。

　16世紀には，グジャラート商人が，ベンガル湾のネットワークで優勢になり，東アフリカと中東との貿易を拡大していった[12]。このようなグジャラート商人の活躍について，日本では，藪下信幸が，以下のように述べた。

　8）　家島彦一訳注『中国とインドの諸情報Ⅰ　第一の書』平凡社，2007年，169頁。

　9）　Wang Gungwu, "Forward", in Eric Tagliacozzo and Wen-chin Chang (eds.), *Chinese Circulations: Capital, Commodities, and Networks in Southeast Asia*, Durham and London, 2011, p.xii.

　10）　Abdul Sheriff, *Dhow Cultures of the Indian: Cosmopolitanism, Commerce and Islam*, London, 2010, pp.93-95.

　11）　Giorgio Riello, *Cotton: The Fabric that Made the Modern World*, Cambridge, 2013, p.27.

　12）　Kenneth McPherson, *The Indian Ocean: A History of People and Sea*, Delhi, 1992.

グジャラート王国が独立し，インド内陸部からの政治的経済的支配
のくびきから逃れていた15-16世紀は，ヨーロッパが大航海時代に
突入し，アジア交易圏に直接自らの商船を乗り入れて参入を開始し
た時期であり，まさにグローバル・ヒストリーの文脈におけるヨー
ロッパとアジアの経済的紐帯が強まった重要な時期であった[13]。

　ヒンドゥー教徒のグジャラート商人は，マラッカに独自の共同体を形
成し，支配者であるムスリムに，港の運営に関して意見を述べた[14]。
インド洋と東南アジアを結んでいたのは，ムスリムだけではなかったの
である。インド洋にしても，イスラーム以外の宗教を奉ずる人々も多数
いた。家島によれば，インドのマラバール海岸は，インド洋海域世界の
交流の接点であった。そこはムスリム商人はもちろんのこと，シリア正
教，ユダヤ教，ゾロアスター教，ヒンドゥー教などの各種の信仰を異に
する人々が住む地域でもあった[15]。

　16世紀初頭にインドに到達したトメ・ピレスによれば，インド西岸の
カレクト王国では，「取引が盛んで，マラバル人，ケリン人，シェティ
人およびあらゆる地方からのイスラム教徒および異教徒の商人がい
る」[16]のである。さらに，カンベイに住むポルトガル人のなかには，グ
ジャラート商人の代理人であったものがいたと推測されている[17]。

　インド洋は，以下で考察する東南アジアと同様，異文化間交易が盛ん
な場所であった。だからこそ，ポルトガル人をはじめとするキリスト教
徒が比較的容易に進出することができたのである。しかしそれは，長期
的にはヨーロッパの台頭とアジアの衰退をもたらすことになった。

　16-18世紀には，アジア人ではなくポルトガル人が，インド洋貿易で

---

　13)　藪下信幸「近世西インドグジャラート地方における現地商人の商業活動——イギリ
ス東インド会社との取引関係を中心として」『商経学叢』52巻3号，2006年，100頁。

　14)　McPherson, *The Indian Ocean*, p. 155; また，インドの陸上ルートでの貿易について
は，Stephen Frederic Dale, *Indian Merchants and Eurasian Trade, 1600-1750*, Cambridge,
1994; インド商人については，Claude Markovits, *The Global World of Indian Merchants
1750-1947: Traders of Sind from Bukhara to Panama*, Cambridge, 2000.

　15)　家島『海が創る文明』281頁。

　16)　トメ・ピレス著，生田滋ほか訳・注『東方諸国記』岩波書店，1966年，172-173頁。

　17)　M・N・ピアス著，生田滋訳『ポルトガルとインド——中世グジャラート商人と支
配者』岩波現代選書，1984年，61頁。

他を圧倒する地位に達したと，スシル・チャウドリはいう[18]。それは，ダス・グプタの，1500-1750年には，なおインド人商人がインド洋貿易で活躍していたという主張への批判にもなる[19]。この二つのどちらが正しいのか，簡単には決められないが，ポルトガル人の力が徐々に強くなっていったことに間違いはないであろう。それには，ポルトガル国家の軍事力，さらにはポルトガル商人の商業ネットワークの強さが寄与したものと思われる。

　しかも，ポルトガルがインド洋に到来した頃の中国のジャンク船は500-600トンもあり，ポルトガル船よりも大型だったのである。しかしなぜか，1600年頃になるとジャンク船は小型化し，200トンを超えるものは稀になった[20]。

東南アジアの商業

　東南アジアは気温が一年中高く，湿気も多い。雨季と乾季に分かれる地域もある。大きな大陸はなく，多島海であり，島と島を結ぶ船の役割は非常に大きい。場所によって気温はほぼ常に摂氏25度を越え，雨が非常に多く降る。また，その気候のせいもあり，他地域ではみられない産物がとられる。モルッカ諸島の香辛料は，その一例である。

　すでに13世紀には，ペルシア人やアラブ人，さらには中国人が商品をシュリービジャヤ朝に輸送するようになっていた[21]。東南アジアは，

---

18)　Sushil Chaudhury, "Introduction", in Suhil Chaudhury and Kéram Kévonian (eds.), *Armenians in Asian Trade in Early Modern Era*, New Dehli, 2014, p.11.

19)　Asin Das Gupta, *The World of the Indian Ocean Merchant 1500-1800*, New Delhi, 2001, p.80; さらに参考にすべき文献として，K. N. Chaudhuri, *Asia before Europe: Economy and Civilisation of the Indian Ocean from the Rise of Islam to 1750*, Cambridge, 1991; K. N. Chaudhuri, *The Trading World of Asia and the English East India Company*, Cambridge, 2006; Holder Fuber, Sinnappah Arasaratnam and Kenneth McPherson, *Maritime India*, New Delji, 2004; Om Prakash, *Dutch East India Company and the Economy of Bengal, 1630-1720*, Princeton, 1985; Om Prakash, *The New Cambridge History of India: European Commercial Enterprise in Pre-Colonial India*, Cambridge, 1998.

20)　Anthony Reid, "The System of Trade and Shipping in Maritime South and Southeast Asia, and the Effects of the Development of the Cape Route to Europe", in Hans Pohl (ed.), *The European Discovery of the World and its Economic Effects on Pre-Industrial Society, 1500-1800, Vierteljahrschrift für Sozial-und Wirtschaftsgeschichte*, Beihefte 89, 1990, pp.83-84.

21)　Marie Antoinette Petronella Meilink-Roelofsz, *Asian, Trade and European Influence:*

すでにこのときには異文化間交易が発展していたと考えられる。

東南アジア商業の発展については，何よりもアンソニー・リードの研究が重要である。リードが，1450-1680年の東南アジアを，「交易の時代」と呼んだことは，多くの歴史研究者にとって，もはや旧聞に属する[22]。リードの研究が，東南アジア商業史に対して，大きなインパクトを与えたのは，当然のことであった。

その影響を受けた一人であるジェフ・ウェイドは，900-1300年を「初期的な交易の時代」と名づけた[23]。リードが研究対象とする以前の時代に，「初期的」と呼べる交易の拡大の時代があったというのだ。

ここでは，この二人の論を紹介しながら，東南アジアが，900-1680年頃にかけて，どのような展開をしたのかを示したい[24]。

ウェイドは，8-11世紀にインド洋やアラビア湾のみならず，東南アジアにおいてもイスラーム化が進むという。チャンパーや中国，さらに南シナ海，東南アジアにおいても，ムスリム共同体がみられた。11世紀後半には，アラブからの使者が東南アジアをへて，中国を訪れた。この時代には，中国の海上貿易の拠点が，広州から泉州へと移った。泉州には，すぐにモスクが建てられた。12-13世紀の海上貿易のブームにおいても，泉州のムスリムの勢力は非常に強かった[25]。

すでに本章で，インドで中国の銅貨が出土されていることを述べた。宋の銅貨はさらに東南アジアに流入し[26]。平安時代中期からは，日本でも使用されるようになった。中国の銅貨が，海を通じたアジア世界共通の通貨になったということは，この地域の市場が一体化していったことの現れであろう。

In the Indonesian Archipelago between 1500 and about 1630, 's-Gravenhage, 1962, p. 20.

　　22）　Anthony Reid, *Southeast Asia in the Age of Commerce, 1450-1680*, 2vols., New Heaven, 1990, 1995.

　　23）　Geoff Wade, "An Early Age of Commerce in Southeast Asia, 900-1300 CE", *Journal of Southeast Asian Studies*, Vol. 40, No. 2 2009, pp. 221-265.

　　24）　ただし，リードの著作はあまりに大部なので，ここではその要約版ともいうべき，Anthony Reid, "An 'Age of Commerce' in Southeast Asian History", *Modern Asian Studies*, Vol. 24, No. 1, 1990, pp. 1-30を用いる。

　　25）　Wade, "An Early Age of Commerce in Southeast Asia, 900-1300 CE", p. 231; また，桑原隲蔵『蒲寿庚の事蹟』岩波書店，1935年。

　　26）　Wade, "An Early Age of Commerce in Southeast Asia, 900-1300 CE", p. 234.

1 アジアにおける商業の発展——インド洋貿易と東南アジア商業　　263

図6-2　日本のジャンク船
出典）国際日本文化研究センター

　リードによれば，1400-62年は，マラッカ，スマトラ，モルッカ諸島のティドレ島などがイスラーム化した。イスラーム勢力の台頭は続いたのである。さらにブルネイ，マニラ，チャンパーなどもイスラーム化した。そのピークは，17世紀中頃にあった[27]。

　1345年にヴェネツィアがエジプトのマムルーク朝と条約を結んだ。マムルーク朝は，そのためベイルートとダマスクスで活動しているキャラバン隊への支配を強化することになった。こうして，東南アジアと地中海は，イスラームにより強く結びつけられることになった。

　しかしその一方で，東南アジアにとって，中国は最大の市場であった。14世紀後半から，中国は2世紀にわたる人口増を経験することになった。東南アジアの製品に対する中国の需要は，明の皇帝である永楽帝（在位1403-24年）の貿易のための遠征によって，非常に大きくなった。そのためもあり，東南アジアでの交易は大きく発展した[28]。

　1424年に永楽帝が亡くなると，中国の朝貢貿易は縮小した。永楽帝の統治下には宦官でムスリムの鄭和が宝船によってアラビア半島にまで遠征するなど積極的な対外政策をおこなったが，永楽帝の死により，中国は積極的な対外進出をやめる。1436年には，大洋航海用の船舶の建造が

　　27）　Reid, "An 'Age of Commerce' in Southeast Asian History", p.2; 東南アジアにおけるイスラーム教の受容については，弘末雅士『東南アジアの港市世界——地域社会の形成と世界秩序』岩波書店，2015年，36-45頁をみよ。
　　28）　Reid, "An 'Age of Commerce' in Southeast Asian History", p.6.

中止された[29]。

　15世紀末になると，マラッカが重要性を帯びるようになった。この海域はダウ船とジャンク船の結節点であり，海上貿易の最大の要所であった。アラブ人，ペルシア人，インドネシア人などがここに参集した。そのため，アジア域内交易の中心地になった[30]。マラッカでは，米，砂糖，魚と綿織物が，胡椒，樟脳，香辛料，白檀材，中国の磁器，絹，貴金属と交換された[31]。

　東南アジアと北東アジアの重要な結節点となったのは，琉球であった。琉球は中国への朝貢貿易を積極的におこなっていたばかりか[32]，東南アジアの主要貿易港に船舶を送った。そして1430-42年のあいだに，タイのアユタヤ朝に少なくとも17回，スマトラ島のパレンバンに8回，ジャワには8回，使者を送った[33]（琉球の貿易ネットワークについては，図6-3をみよ）。琉球は，中国や東南アジア諸国と同じく，ジャンク船によって貿易をした[34]。

　しかしこのような琉球の活動は，15世紀後半から16世紀前半にかけて頂点に達したものの，それ以降衰退することになった[35]。ただしこのときの琉球の活動が，その後の南洋日本町の生成につながったと推測することは，理にかなっていよう[36]。

　東南アジアの交易の増加は，1400年頃にモルッカ諸島から香辛料が輸出されたことに端を発した。そのピークは，1570-1630年であった。そ

　29）　Birgit Tremml-Werner, *Spain, China and Japan in Manila, 1571-1644: Local Comparisons and Global Connections*, Amsterdam, 2015, p.61.

　30）　Meilink-Roelofsz, *Asian, Trade and European Influence*, p.36.

　31）　Riello, Cotton, p.25; インド綿については，さらに，Giorgio Riello (ed.), *How India Clothed the World: The World of South Asian Textiles, 1500-1850*, Leiden, 2013; また，以下もみよ。Giorgio Riello and Prasannan Parthasarathi (eds.), *The Spinning World: A Global History of Cotton Textiles, 1200-1850*, Oxford, 2011.

　32）　Anthony Reid, *A History of Southeast Asia: Critical Crossroads*, Chichester, 2015, p.67.

　33）　Reid, "An 'Age of Commerce' in Southeast Asian History", p.6.

　34）　赤嶺守『琉球王国——東アジアのコーナーストーン』講談社選書メチエ，2004年。

　35）　Reid, "An 'Age of Commerce' in Southeast Asian History", p.6.

　36）　南洋日本町については，岩生成一『南洋日本町の研究』増補版，岩波書店，1966年。岩生成一『続 南洋日本町の研究——南洋島嶼地域分散日本人移民の生活と活動』岩波書店，1987年。

1 アジアにおける商業の発展——インド洋貿易と東南アジア商業　265

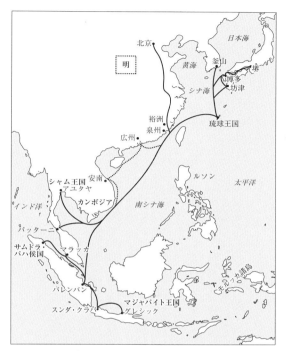

図6-3　琉球王国の主要交易ルート（14-16世紀）
出典）Takeshi Hamashita,"The Lidan Baoan and the Ryukyu Maritime Tributary Trade Network with China and Southeast Asia, the Fourteenth to Seventeenth Centuries", in Eric Tagliacozzo and Wen-chin Chang (eds.), *Chinese Circulations: Capital, Commodities, and Networks in Southeast Asia*, Durham and London, 2011, p.108

の後，世界貿易に占める東南アジアのシェアは縮小し，しかもオランダ東インド会社による長距離貿易の独占で，東南アジアの利益は減少した。1680年代には「交易の時代」は終わり，国際貿易における東南アジアの重要性は低下していくことになった[37]。

そのなかで，マレー–ジャワ群島間の航海においては，非ヨーロッパ船の比率が下がっていった[38]。オランダは，17世紀前半のうちにすで

---

37) Reid, "An 'Age of Commerce' in Southeast Asian History", p.25.
38) Meilink-Roelofsz, *Asian Trade and European Influence*, p.11; Gerrit J. Knapp, *Shallow Waters, Rising Tide*, Leiden, 1996. p.177.

第 6 章　アジア・太平洋とヨーロッパ

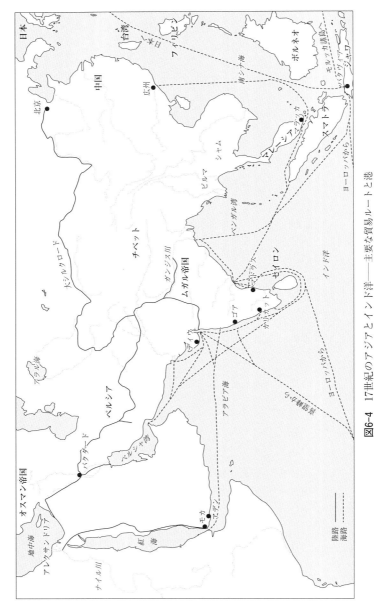

図6-4　17世紀のアジアとインド洋——主要な貿易ルートと港
出典) Ashin Das Gupta, *The World of the Indian Ocean Merchant 1500-1800*, New Delhi, 2001, pp. 66-67.

1 アジアにおける商業の発展——インド洋貿易と東南アジア商業　　267

に，アジア域内における貿易船舶数を約4倍にした[39]。そして，インド洋やマラバール海岸，中国，とりわけジャワ島で貿易船舶数が増える[40]。

　東南アジアとインド洋の一体化はさらに進んでいったと考えられる。図6-4は，17世紀のアジア世界の海上ルートでの発展を示したものである。ここからわかるように，すでにこのときに，インド洋と東南アジアは一つの商業圏となり，それが陸上ルートと結節された。おそらくは，補論Ⅱで論じられるアルメニア人のルートとの結びつきを強めて，ユーラシア世界が一つの商業ネットワークに包摂されていくことになった。だが，17世紀の時点では，まだそれがどこまで強かったのかはわからない。この種のネットワークの強さは過大視される傾向にあるだけに，われわれは慎重に判断すべきであろう。これについては，今後の研究を待つほかない[41]。

　さらにジョルジオ・リエロは，インドの綿が東南アジアまで輸送される方法について，次のようにいう。

> 陸と海は，綿や他の商品の貿易にとって排他的な方法ではなく，補完関係にあり，船舶から荷が降ろされ，ラクダに荷が積まれた。さらに，その逆もあった。第二に，これは，いくつかの媒介に依拠した貿易であった。たった一人の商人がもともとの土地からはるばる最終消費者まで商品を運ぶのは，ごく稀なことであった。商品を扱う人は，数回変わったかもしれない。たとえばグジャラートから，まるまる一シーズンかけてマラッカに到着した。そしてモンスーンのために，商人は戻るまでに翌年の3月まで待たなければならなかった[42]。

---

39)　Robert Parthesius, *Dutch Ships in Tropical Waters: The Development of the Dutch East India Company (VOC) Shipping Network in Asia 1595-1660*, Amsterdam, 2010, p. 32.

40)　Parthesius, *Dutch Ships in Tropical Waters*, pp. 125-143.

41)　17世紀マラッカ海峡の情勢については，さしあたり，Peter Borschberg, *The Singapore and Melaka Straits: Violence, Security and Diplomacy in the 17th Century*, Singapore 2010.

42)　Riello, *Cotton*, p. 23.

これは綿というただ一つの商品の事例にすぎない。しかし他の商品についても，同じような関係があったと考えられる。海と陸は互いに排除するものではなく，相互依存関係にあった。したがって，海域史研究でいわれる「海域」と「陸域」の区別は，あまり意味をなさない。

トルデシリャス条約・サラゴサ条約

大航海時代の先頭に立ったのは，ポルトガルであった。それは，同じイベリア半島に位置するスペインにとって，喜ばしい出来事ではなかった。そのためスペインは，ポルトガルが遠征した地域で妨害をするため，船舶を送った。そこでスペインとポルトガルのあいだに衝突が発生した。それを解決するため，ローマ教皇によって，1479年，アルカソヴァス条約が結ばれ，両国の海外領土が明確に定められた。スペインがカナリア諸島を領有し，ポルトガルが領有するのは，アフリカ沿岸，マデイラ諸島，アソーレス諸島，カボヴェルデ諸島であった。

しかし，1492年にスペインの援助により新世界が「発見」されると，状況が変化した。同年に教皇アレクサンデル6世によって，「教皇子午線を境界として，西側をスペインに優先権をもたせる」ということが決められた。それに対しポルトガルが反対したため，2年後の1494年，境界線を西側に1,900キロメートルほどずらすということに両国が同意し，トルデシリャス条約が結ばれることになった。

ところが1522年にマゼラン一行が世界一周をすると，地球は球体なので，一本の線で分割することはできないということがわかった。また両国にとって，モルッカ諸島の領有はきわめて重要であり，その領有は，両国にとって最大の関心事であった。そこで1529年に，サラゴサ条約により東経145度30分を通過する子午線によって分割されることになり，これより西側はポルトガル領，東側がスペイン領になり，モルッカ諸島はポルトガル領になった。東南アジアのほとんどは，ポルトガルが領有するようになったのである[43]。それはむろん，ポルトガルに巨大な軍事力があったこと，さらには大航海時代を経験し，東南アジアの人々よりもすぐれた航海技術をもっていたからだと考えられよう[44]。

---

43) この問題については，横井祐介『図解大航海時代大全』株式会社カンゼン，2014年。
44) Meilink-Roelofsz, *Asian Trade and European Influence*, p.118.

1 アジアにおける商業の発展——インド洋貿易と東南アジア商業　269

図6-5　トルデシリャス条約・サラゴサ条約の地図

イエズス会の役割

　ポルトガルの世界進出において，イエズス会が果たした役割は大きかった。イエズス会の活動は，単に布教活動だけではなく，商業上の利益も追求していた。日本では，戦国時代に武器を供給する――重要な商業活動――ことで日本の統一に寄与した。マラッカと中国，日本を結ぶ貿易ルートは，ポルトガル商人にとってもっとも利益の出るルートであり，当初は密輸であった。また，このルートは，ポルトガル商人が，1世紀間にわたって独占することになった。さらに，マカオ-日本間のルートでも，ポルトガル商人が活躍した。アジアでの貿易は密貿易が多かったが，イエズス会はそれに従事して利益をえたのである。

　イエズス会がどのような戦略をもって世界的活動をしていたのかということに対して，明確な答えを出すことは不可能である。ただ最近は，イエズス会にとって布教だけではなく，経済的に利益をあげることが重要だったということが主張されるようになっている。イエズス会が，布教，経済的利益，さらに国土の征服を担った組織であった可能性を否定することはできまい[45]。

　アジア，とくに日本の軍事革命でもっとも巨額の利益をあげたのは，イエズス会だったかもしれない。安野眞幸によれば，ゴア→マラッカ→マカオ→長崎がイエズス会の日本布教を支える経済的な補給路，兵站路

---

45)　この問題については，高橋裕史『イエズス会の世界戦略』講談社選書メチエ，2006年をみよ。

となった[46]。

　高橋裕史によれば，イエズス会は，ナウ船を使い，武器をおそらくマカオから日本に輸出し，キリシタン大名に提供した。イエズス会は，日本に対して，ヨーロッパ製の武器を調達する「死の商人」として活躍した。さらには武器貿易にとどまらず，1580年代後半になると，日本準管区長であったガスバル・コエリョが，有馬晴信の領土にある城砦に大砲を配備するようになった。さらに，長崎を軍事要塞化して，長崎を中心としたキリスト教世界の平和を，軍事力によって維持しようとした[47]。日本の為政者が，イエズス会が日本を征服しようとしていると考えたとしても，不思議ではなかったのである。

2　ヨーロッパとアジアの貿易

アジアからの輸入増

　ポルトガル，さらには英蘭の東インド会社がアジアに進出すると，アジアからの輸入船として，ヨーロッパ船が使われるようになった。これは，貿易パターンの大きな変革を意味した。

　アジアとヨーロッパの貿易に関する研究は無数にあり，そのすべてを読み，消化することは，どのような歴史家にとっても不可能である。ここではまずヤン・ド・フリースの研究に依拠しながら，アジアからの海上ルート（喜望峰まわり）で，ヨーロッパがどのような商品をどの程度輸入していたのか，貿易関係に関する考察を加えたい。

　ヤン・ド・フリースによれば，16世紀から17世紀に至るまで，胡椒と香料（ニクズク・丁子・シナモン・メース）が，ケープルートの海運で支配的地位を占めていた。とはいえ，胡椒は成長部門ではなかった。1548年にリスボンで水揚げされるアジア製品の（重量に換算した場合）80パ

---

　46)　安野眞幸『教会領長崎　イエズス会と日本』講談社選書メチエ，2004年をみよ。
　47)　この問題については，高橋『イエズス会の世界戦略』198-237頁を参照せよ。イエズス会の対日武力戦略については，高橋裕史『武器・十字架と戦国日本——イエズス会宣教師と「対日武力征服計画」の真相』洋泉社，2012年。また，以下もみよ。Geoffrey C. Gunn, *World Trade System of the Eastand West; Nagasaki and the Asian Bullion Trade Networks*, Leiden, 2017.

2 ヨーロッパとアジアの貿易　　　　271

表6-2　アジアからヨーロッパに向かう
船舶のトン数

年　度	トン数	年　度	トン数
1601–10	58,200	1701–10	150,168
1611–20	79,185	1711–20	198,677
1621–30	75,980	1721–30	348,024
1631–40	68,583	1731–40	367,367
1641–50	112,905	1741–50	340,012
1651–60	121,905	1751–60	417,359
1661–70	121,465	1761–70	433,827
1671–80	125,143	1771–80	461,719
1681–90	172,105	1781–90	501,300
1691–1700	171,540	1791–95	261,804

出典) Jan de Vries, "Connecting Europe and Asia: A Quantita-
tive Analysis of the Cape-Route Trade, 1497-1795", in Dennin
Flynn, Arturo Giráldez and Richard von Glahn (eds.), *Global
Connections and Monetary History, 1470-1800*, Aldershot,
2003, p. 61, table 2.4.

ーセント以上を占めていたが，18世紀末にはたった13パーセントにすぎ
なくなる。それに対して上昇したのは，オランダ東インド会社とイギリ
ス東インド会社の場合，綿織物であった。1660年代から1720年代にかけ
て，年平均2.5パーセント増加することになった。

　ついで茶についてみていくと，19世紀に，インド，セイロン，ジャワ
でプランテーションが発達するようになり，中国以外でも商業的に利益
が出る商品になった。1701年に康熙帝が広州をヨーロッパ人貿易商人に
開放したあとでさえ，茶は，オランダ東インド会社とイギリス東インド
会社の収入のたった2パーセントしか占めていなかった。少なくともこ
のときには，茶は決して重要なアジアの輸出品ではなかったのであ
る[48]。

　広州では，デンマーク人，フランス人，スウェーデン人，オーストリ
ア領ネーデルラントの人々が取引するようになった。広州は，海禁政策
をとっていた中国で，世界に開かれた唯一の港であった。

　18世紀のあいだに，茶の貿易量は大きく増加していった。包括的デー

────────────
　48)　Jan de Vries, "Connecting Europe and Asia: a Quantitative Analysis of Cape-route
Trade, 1497-1795", in Dennin Flynn, Arturo Giráldez and Richard von Glahn (eds.), *Global
Connections and Monetary History, 1470-1800*, Aldershot, 2003, pp.64～66.

タが利用可能になる1718年には，広州に拠点をおく東インド会社などヨーロッパの特権商事会社を合わせると，ヨーロッパに77万1,000キログラムの茶が陸揚げされるようになった。アジアの茶輸出拠点はいうまでもなく広州であり，1719-25年から1749-55年には，広州からの茶輸出量は，年平均で6.7パーセント上昇した。これらの商品は，ケープルートでヨーロッパに送られたのである[49]。こうして，茶はアジアの主要輸出品として台頭していく。

　コーヒーに関しては，イエメンからの輸出が大きい。1720年頃には，イギリス東インド会社が120万キログラムの，オランダ東インド会社が80万キログラムのコーヒーを船舶で輸送した。オランダ東インド会社は，コーヒーの供給量を増加させるために，モカからジャワへとコーヒーの木を移植した。ただし砂糖は，1780年代には，ハイチからの砂糖の方がアジアの砂糖よりもはるかに安価になり，3,000万キログラムの砂糖をヨーロッパに輸出するようになった[50]。

ポルトガル海洋帝国とアジア

　アジアから喜望峰経由でヨーロッパに送られた商品は，基本的に消費財であり，奢侈品から生活必需品へと変貌していった。砂糖については，新世界での奴隷による生産には勝てなかった。香辛料は，理由は不明であるが，18世紀のヨーロッパでは需要がなくなっていった。コーヒーも砂糖も，新世界産のものに変わっていく。茶と綿だけが，アジアの産品として，新世界よりも多くヨーロッパに輸出されていたが，綿製品は，やがて大西洋貿易を拡大させたイギリス産業革命により，イギリスからアジアに輸出されることになる。したがって表6-2は，ポルトガルから，オランダ，イギリスへという世界最大の海洋帝国の変遷を示すはずなのである。

　残念ながらド・フリースの分析からは，ポルトガルの重要性があまりわからない。ポルトガルは，一般に大航海時代が開始されたときには大いに活躍したが，その後急速に影響力を低下させたというイメージがもたれている。しかし，この頃のポルトガルの海上勢力はなお強力であっ

---

49)　De Vries, "Connecting Europe and Asia", p.66.
50)　De Vries, "Connecting Europe and Asia", pp.64-66.

2 ヨーロッパとアジアの貿易　　273

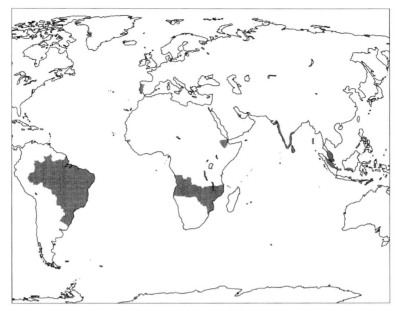

図6-6　ポルトガル海洋帝国
（1410-1990年にポルトガルが領有したことがある地域）

た。また図6-6から想像されることは，ポルトガル海洋帝国が非常に長いあいだ継続したということである。ポルトガルは，決して急に衰退したのではない[51]。大航海時代の先駆けとなったが，その後オランダやイギリスの台頭で落ちぶれていったというイメージは，現実を反映したものではない。

　さらに図6-7は，アジア海事史の大家スブラフマニヤムが作成したものをもとにした図で，オランダとイギリスの勢力がまだアジアで強くなかった時代のイベリア半島の二国の海上ルートである。これらのルートは基本的にポルトガルのルートだったので，ここから，イベリアの二国，とりわけいかに世界の多くの地域に船舶を送っていたのかが推測できる。

---

[51]　ポルトガル海洋帝国についての基本的文献として，A. R. Disney, *Twilight of the Pepper Empire: Portuguese Trade in Southwest India in the Early Seventeenth Century*, Cambridge, 1978; George Bryan Souza, *The Survival of Empire: Portuguese Trade and Society in China and South China Sea 1630-1754*, Cambridge, 2004.

第6章　アジア・太平洋とヨーロッパ

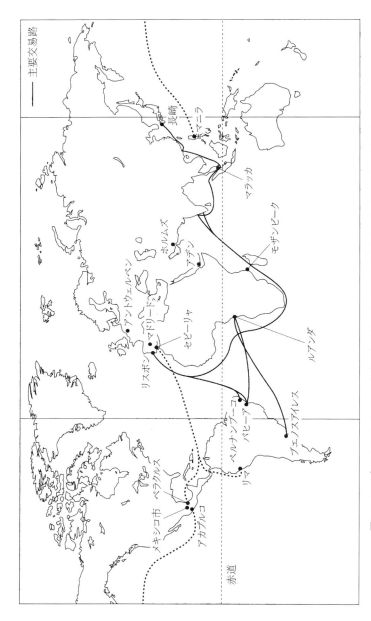

図6-7　1600年におけるイベリア半島の貿易ルート（実線はポルトガル、破線はスペインのルート）
出典）S. Subrahmanyan, *The Portuguese Empire in Asia, 1500-1700*, 2nd edition, Hobeken 2012, p. 327 をもとに作成。

このルートのいくつかは，のちの時代になっても，ポルトガル商人によって使われたものと思われる。

ポルトガル海洋帝国の構造

イタリアが担っていたヨーロッパとアジアとの結節点という機能は，ポルトガルの台頭によって大きく揺らいだ。

ポルトガル海洋帝国については，従来，国家主導型の発展形態が強調されてきた。しかし現在では，商人が，自分で組織をつくり，商業圏を拡大していったという考え方がむしろ主流である。そのような研究の先頭に立つのがアメリア・ポローニアであり，彼女の考え方は，多数の研究者から支持を集めつつある[52]。すなわち，多くの国々で，国家が対外的に進出したことは認められるものの，同時に，それとは無関係に商人は自分たちで組織をつくり，ヨーロッパ外世界へと進出していったのである。

たしかに，ポルトガルがアジアで占領した地域のいくつもが，やがてオランダ，さらにはイギリスの支配下に入った。そのため，ポルトガル海洋帝国は衰退したと考えられてきた。またポルトガルが活躍した期間は，ごくわずかしかないと思われてきた。イギリスやオランダの東インド会社によって，ポルトガル国家はアジアから「追放された」といわれてきたのである。

しかし，そもそもポルトガル海洋帝国が「商人の帝国」であるなら，たとえ領土がとられたところで，ポルトガル人は商業活動を続けることができたはずである。そのことは，多くの人々によって主張されている。また，ユルゲン・オスターハンメルによれば，19世紀初頭に至るまで，ペルシア湾からマカオまでの空間の共通語（lingua franca）は，ポルトガル語であった[53]。

ポルトガル人の商業活動は，公的な海洋帝国の衰退後も続いたのであ

52）　たとえば，Amelia Polónia, "Self-organised Networks in the First Global Age : The Jesuits in Japan",『京都産業大学　世界問題研究所紀要』第28巻，2013年，pp. 133-158; Cátia A. P. Antunes and Amelia Polónia（eds.），*Beyond Empires: Global, Self-Organizing, Cross-Imperial Networks, 1500-1800*, Leiden, 2016.

53）　Jürgen Osterhammel, *Die Entzauberung Asiens: Europa und die asiatischen Reiche im 18. Jahrhundert*, Berlin, 2010, S. 132.

る。インド洋では，ムスリム商人，グジャラート商人らが活躍していた。そのような異文化間交易の繁栄は，東南アジアにもあてはまった。したがって，ポルトガル商人は，このような多様な商人の一部を形成したにすぎない。だが，ヨーロッパ人にとっては，アジアへの進出は非常に重要なことであり，しかもヨーロッパの勢力が，次第に強くなっていったのである。

　東南アジアには，非常に多くの地域からの商人がいた。まず，ムスリム商人がいた。彼らの多くは，もともとインド出身であった。インドには，ムスリムに滅ぼされたとはいえ，マジャパイト王国（1293-1520年頃）というヒンドゥー教王国もあり，また仏教の王朝もあった。さらに中国から，華僑が東南アジアに移住していた。このようななかにポルトガルが参入することは，あまり難しくはなかったであろう。少なくとも，地中海にアジア人が来ることと比較すると，じつに簡単なことであったに違いない。

　むろん，公的なネットワークを軽んじてはいけないが，非公式のネットワークが，きわめて大きな役割を果たしたのである。イエズス会に代表される布教活動にも，非公式のネットワークが密接に関係していた。

　ポルトガルが，西欧列強との競争に敗れて衰退したことはたしかであるが，それが決定的なダメージを与えたわけではない。ポルトガルは，オランダとモルッカ諸島をめぐる争いで敗北したけれども，ポルトガル人はアジア人のネットワークのなかに深く入り込んでいくことができた。

　インドネシアのチモール島——オランダの影響力が強かった——においてさえ，ポルトガル人の代理人が活躍していた。彼らは一人一人が独立してはたらき，貿易ネットワークを維持したのである[54]。

　ポルトガル国王が貿易を独占していた商品は，香辛料，金と銀であった。しかし，香辛料の貿易にも私人である商人が加わっていた。香辛料においてさえ，王室が扱うのは全体の60パーセントにすぎず，残りの40パーセントは，商人が扱っていた。南シナ海で活動していた中国人と日本人の倭寇の仲介者として働いたのも，ポルトガル人であった。

　さらに，1580年から1640年にかけ，ポルトガルはスペインに併合され

---

54)　Polonia, "Self-organised Networks in the First Global Age", p.140.

た。そのためこの間に，アジアにおけるイベリア半島の勢力は大いに拡大した[55]。イエズス会の活動はいうまでもなく，さまざまな商業活動においても，二国の協力が進んだのである。

　ポルトガルの対外進出を支えた人々は，ニュークリスチャン（改宗したキリスト教徒）であった。しかし実際には，彼らのなかには，以前からの宗教を信じていた人々もいた。すなわち，ユダヤ教徒であり，この場合セファルディムだったと考えられる。ニュークリスチャンは，アジアにおける活動を急速に増大させていった。ポルトガル国王はゴアで異端審問をおこなったが，アジアのみならず他のポルトガル領においても，ニュークリスチャンは増えていった。ポルトガル王室の権力とは関係なく，自発的なネットワークを利用して移住した人が多かったためである。インドに行けば本国にいるよりも金持ちになれると信じて，海を渡る人々は多く，そのなかには多数のニュークリスチャンが含まれていた。彼らは，私貿易商人として活躍したのである[56]。

3　一体化する世界

大西洋とアジア

　17世紀中葉になると，ポルトガル王室はアジアではなく，ブラジルを重視するようになったといわれてきた。しかし現実には，この二地域の紐帯はむしろ強化されるようになる。リマ，バヒーア，ポルト・ベロ，カルタヘナ，セビーリャ，リスボン，アムステルダム，アントウェルペン，ゴア，カルカッカ，マラッカ，マニラなどに血縁関係者が居住し，一つのネットワークを形成するようになった[57]。

　ハプスブルク家の支配下において，ニュークリスチャンの貿易網は大

　55）　James C. Boyajian, *Portuguese Trade in Asia under the Habsburgs, 1580-1640*, Baltimore, 1993.

　56）　Polonia, "Self-organised Networks in the First Global Age", p. 138.

　57）　Daviken Studnicki-Gizbert, "La Nacion among the Nations: Portuguese and Other Maritime Trading Diasporas in the Atlantic, Sixteenth to Eighteenth Centuries", in Richard L. Kagan and Philip D. Morgan（eds.）, *Atlantic Diasporas: Jews, Conversos, and Crypto-Jews in the Age of Mercantilism, 1500-1800*, Baltimore, 2008, p. 84.

西洋に広がり，ブラジル，ペルー，メキシコにおよんだ。そして，その
ネットワークが，ポルトガル人が住むマカオとマニラのネットワークと
結びついたのである[58]。ポルトガルのニュークリスチャンは，ヨーロ
ッパ，大西洋，アジアを一つの貿易網として結合する点で，大きな役割
を果たしたのである。

　1690年代にブラジルで金山が発見されると，リスボンの貿易が発展し
た。ポルトガルのイギリスとの貿易赤字は，ブラジルから輸入される金
によって補填されるようになった[59]。この金は，イギリスの金本位制
に大きく役立つことになる。

　1692年に出された指令により，ポルトガル船がインドからバヒーアに
立ち寄り，そしてブラジルからリスボンに帰国するようになった。1697
年から1712年のあいだにリスボンからアジアに向かった39隻の船のうち
22隻が，バヒーアに停泊してからリスボンに帰港した。ブラジルの金と
交換するために，アジアでインド綿，中国製の陶磁器と絹が購入され
た[60]。

　1580年代までに，ポルトガル人は，インド綿を，北アフリカとレヴァ
ントに送っていた。西アフリカにおいて，ポルトガル人は，インドのグ
ジャラート，シンド州（現パキスタン），カンバートで購入した低品質の
織物を販売しはじめ，奴隷と交換した。その利益額は大きく，奴隷は，
ブラジルでは，西アフリカで購入した5倍の，カリブ海とメキシコの市
場では8倍の価格で売れた[61]。さらに，綿は，東南アジアでは，香辛
料を購入するための媒介として使用された[62]。それに加え，ポルトガ
ル人は，金と象牙と引き換えに，西アフリカで，イングランドとフラン
ドルのリネンを販売しはじめた。16世紀後半には，ヨーロッパ人は，ヨ
ーロッパとアジアの両方から西アフリカに布地を運ぶようになったので
ある[63]。

　58）　Sanjay Subrahmanyam, *A Political and Economic History 1500-1700*, Hoboken,
2012, p.171; マニラの重要性については，Tremml-Werner, *Spain, China and Japan in Manila,
1571-1644*.

　59）　Subrahmanyam, *The Portuguese Empire in Asia, 1500-1700*, p.194.

　60）　Subrahmanyam, *The Portuguese Empire in Asia, 1500-1700*, p.194.

　61）　Riello, *Cotton*, p.137.

　62）　Riello, Cotton, pp.137-138.

3　一体化する世界　279

　このように，綿を基軸として，大西洋とインド洋，さらには東南アジアがつながれたのである。それはおそらく緩やかな絆でしかなかったが，ポルトガル船によって結ばれたことは特筆に値しよう。それに対しアジアの商人は，決して喜望峰を超えてヨーロッパや大西洋に進出することはなかった。これは，ヨーロッパとアジアに決定的な差をもたらすことになった。

　非常に重要なのは，17世紀後半から18世紀にかけ，アジア-ブラジル-アジアという直接交易が，国王の許可によりおこなわれるようになったことである。ブラジルは，金以外にもアジアで購入される商品を輸出していた。すなわち，嗅ぎタバコと砂糖が，ゴアとマカオで売られたのである[64]。これらは，18世紀になっても，なおポルトガル商人がアジアばかりか大西洋での貿易で活躍し，この二地域の海を結びつけていたことの証拠ともなる。ヨーロッパの商人は，アジアと新世界を結びつけたのである[65]。

スペイン銀とマニラ――アカプルコ貿易

　ウィリアム・アトウェルによれば，ボリビアのポトシ銀山の銀生産量は，年平均で，1571-75年が41,048キログラムだったのが，1591-95年には21万8,506キログラムになった。16世紀後半から17世紀前半にかけ，中国の鉱山が産出した銀の量は，アカプルコから，たった1隻の船の貿易で運ばれた銀の量と同程度しかなかったのである。さらに，17世紀初頭の多いときには，マニラから中国に年間で57,500-86,250キログラムが流入した[66]。

　新世界から東アジアに銀が送られるもっとも重要なルートは，メキシコ西岸のアカプルコから，太平洋を横断し，直接フィリピン諸島に送られるルートであった。16世紀終わり頃から17世紀前半まで，アカプルコからマニラへの輸出の多くは非合法だったので，輸送量を推計すること

---

63)　Riello, *Cotton*, p.138.

64)　Subrahmanyam, *The Portuguese Empire in Asia, 1500-1700*, p.195.

65)　Riello, *Cotton*, p.159.

66)　William, S. Atwell, "Ming China and the Merging World Economy, c.1470-1650", in Denis Twitchett and Frederick W. Mote (eds.), *The Cambridge History of China*, Vol.8, *Ming Dynasty, 1368-1644*, Part 2, 1998, 376-416.

280　第6章　アジア・太平洋とヨーロッパ

はかなり難しい。だが，1702年のメキシコ当局によれば，毎年の銀輸送
量は，通常14万3,757キログラムであり，1597年の総計は，34万5,000キ
ログラムであった。この銀が，中国の絹や陶磁器，リネンなどと交換さ
れたのである。

　このルートに加えて，かなりの量が，メキシコからパナマ地峡をへて，
セビーリャに送られ，非合法的にポルトガルに輸出された。その銀とと
もに，ブエノスアイレス経由で，地金がペルーからリスボンへと密輸さ
れた。そうした銀は，喜望峰を通り，ゴアまで送られた。ポルトガル人
は，ゴアからマカオに，16世紀後半から17世紀初頭にかけ，毎年6,000-
30,000キログラムの銀を運んだ。

　第三のルートでは，新世界からセビーリャに合法的ないし非合法的に
運ばれた銀が，ロンドンやアムステルダムに送られ，さらにそれを英蘭
の東インド会社が東南アジアに輸送し，中国産の絹，陶磁器と交換した
のである[67]。

　世界的な銀流通の研究で名高いフリンとヒラルデスによれば，1571年
にマニラが建設されたことは，世界史上大きな意味をもった。アカプル
コからマニラまで，スペインの銀を運ぶようになったからである[68]。
その銀は，さまざまなルートをへて，最終的には中国へと運ばれた。ガ
レオン船は4-5本の帆柱をもち，喫水が浅く，スピードが出る船であ
った。そして，砲撃戦にも適していた。そのためカラック船やカラヴェ
ル船に取って代わり，広く使われるようになった。

　マニラは，瞬く間に新世界と中国のあいだの活発で非常に利益があが
る貿易の要衝となった。「マニラは，明らかに，いつか太平洋・インド
洋商業の商業拠点になる運命にある」といわれていた。

　スペインから喜望峰をへて銀が輸出されるルートがあったが，それに
加えて，アカプルコから太平洋を渡りマニラを通じて，やがて中国に送
られるようになった。このルートでは，ヌエバエスパーニャが支配的な
力を行使した[69]。

　67）　William S. Atwell, "International Bullion Flows and the Chinese Economy c.1530-
1650", *Past & Present*, No.95, 1982, pp.68-90.
　68）　Dennis O. Flynn and Arturo Giráldez, "Born with a 'Silver Spoon': The Origin of
World Trade in 1571", *Journal of World History*, Vol.6, No.2, 1995, pp.201-221.

3　一体化する世界

新世界の銀に加えて，日本の銀も大量に中国に輸出されていた。日本銀の産出量は，ボリビアのポトシ銀山に匹敵していたという意見すらある。日本が中国から綿，絹，生糸，茶などを輸入しており，その代価として銀を輸出していたとされる。日本の銀生産高は，世界の三分の一を占めたとさえいわれる。もっとも重要な日本の銀山は，石見銀山であった。日本銀の輸送では，ポルトガル人やオランダ人，中国人も活躍していた。決して，日本の商人が活躍していた

図6-8　ガレオン船

わけではない。日本が外国と正規の貿易をしていた長崎からの輸出には，ポルトガル人の力が必要であった。

　マニラでは，絹と銀が交換された。17世紀初頭にはマニラの人口は28,000人になっており，1620年には，それが41,400人に増えた[70]。さらに1650年のマニラには，約15,000人の中国人，7,350人のスペイン人，20,124人のフィリピン人がいた[71]。さらに，宗教的迫害を逃れたキリスト教徒の日本人がマニラに住み着いた[72]。また，アルメニア人がいたことも確認されている。マニラは，まさに異文化間交易の中心となった。

　スペインにとって，マニラを通じてアジアの市場に参入することが，利益があがるアジアの市場に参入する唯一の方法であった。ヨーロッパ外世界の貿易は，まずポルトガル人によって，ついでオランダ人によっ

---

69) Katharine Bjork, "The Link That Kept the Philippines Spanish: Mexican Merchant Interests and the Manila Trade, 1571-1815", *Journal of World History*, Vol.9, No.1 ,1998, p.44.
70) Shirley Fish, *The Manila-Acapulco Galleons: The Treasure Ships of the Pacific with an Annotated List of the Transpacific Galleons 1565-1815*, Bloomington, 2011, p.78.
71) Flynn and and Giráldez, "Born with a 'Silver Spoon'", p.205.
72) Fish, *The Manila-Acapulco Galleons*, p.79.

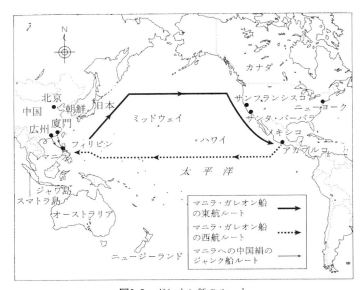

図6-9　ガレオン船のルート
出典）William Lytle Schurz, *The Manila Galleon*, New York, 1959, pp. 12-13.

て支配されていたからである。ガレオン船は，太平洋貿易の誕生を意味した。18世紀末には，多数のマニラ産の葉巻が，アカプルコ経由でスペイン領アメリカに輸送された。

現在の研究では，ガレオン船は毎年200万ペソの銀を輸送していたとされる。その額の多さは，ポルトガル領インド（Estado da India），オランダ東インド会社，イギリス東インド会社のすべての銀輸送を合計した額がほぼ200万ペソであったことからも理解できよう[73]。

図6-9は，マニラへのガレオン船の航行ルートと，マニラから中国へのルートを示している。このように，太平洋と中国はつながっていたのである。奇妙なことにポルトガルは，スペインがフィリピン諸島で独占的な活動をしていたことに反感をもっていたにもかかわらず，太平洋に乗り出そうとはしなかった。ポルトガルは，ブラジルから，マカオ-マ

---

[73] Dennis O. N. Flynn and Arturo Giráldez, "Introduction: The Pacific Rim's Past Deserves a Future", in Sally M. Miller, A. J. H. Latham and Dennis O. Flynn (eds.), *Studies in the Economic History of the Pacific Rim*, London and New York, 1998, pp. 1-2.

ラッカ-モルッカ諸島までを帝国の範囲とするにとどまった[74]。それに対しスペインは，太平洋をスペインの海にしようとしていた[75]。

中国への銀流入の理由

中国に大量に銀が流入した理由として，一般には，中国側が貿易黒字であり，それを補填するためにヨーロッパから銀を輸出する必要があったといわれる。しかしフリンとヒラルデスは，赤字補填のためにヨーロッパ人が新世界の銀を中国まで輸送したという見方を批判する。その証拠に，金は中国からヨーロッパへと輸出されていたというのだ。彼らによれば，主として二つの理由が考えられる。

一つは，中国が世界最大の経済大国だったからである。彼らによれば，この時代最大の経済大国は中国であった。その中国の税制が一条鞭法という銀による納税システムをとっていたため，中国へと世界中の銀が流入したのである。

もう一つは，中国とスペインの金銀比価の相違がある。1592年から17世紀初頭にかけ，広州での金銀比価は，1対5.5から1対7であったのに対し，スペインでのそれは1対12から1対14であった，中国では銀が高く評価されており，そのため，銀が新世界からヨーロッパから喜望峰ルートで，さらに太平洋ルートでマニラをへて中国へと流入したのである。

フリンとヒラルデスは，ヨーロッパ人は，膨大な銀貿易の中間商人（middleman）にすぎなかったという。いいかえるなら，ヨーロッパ人は，新世界とアジアを結ぶ仲介者でしかなかった。主役はあくまでアジアだったというのだ[76]。

---

74) ガレオン船の活動に関する古典的研究として，William Lytle Schurz, "The Manila Galleon and California", *Southwestern Historical Quarterly*, Vol.21, No.2, 1917, pp.107-126; William Lytle Schurz, "Acapulco and the Manila Galleon", *Southwestern Historical Quarterly*, Vol.22, No.1, 1918, pp.18-37; William Lytle Schurz, "Mexico, Peru, and the Manila Galleon", *Hispanic American Historical Review*, Vol.1, No.4, 1918, pp.389-402; Cheong Weng Eang, "Changing the Rules of the Game（The India-Manila Trade: 1785-1809）", *Journal of Southeast Asian Studies*, Vol.1, No.2, 1970, pp.1-19; William Lytle Schurz, *The Manila Galleon*, New York, 1959；さらに，以下もみよ。Angus Konstam, *Spanish Galleon 1530-1690*, Oxford, 2004; Fish, *The Manila-Acapulco Galleons*.

75) Tremml-Werner, *Spain, China and Japan in Manila, 1571-1644*, pp.98-99.

284　第6章　アジア・太平洋とヨーロッパ

　しかし，輸送を重視する立場からは，中間商人に「すぎなかった」という表現は，ヨーロッパ人の役割を軽視したものにほかならない。あるいは，流通を担う商人の役割を軽視している。中国人ではなく，スペイン人が運んでいたという事実が重要なのである。もし，中国が地中海にまで進出し，香辛料の輸送を担っていたとした場合，中国人が中間商人に「すぎなかった」とは，奇妙な表現となろう。見方を変えれば，アカプルコからマニラを経由したスペイン人の船がなければ，明は経済を維持することができなかったかもしれないのである。

　近世においては，正確な計算はできないとはいえ，輸送コストはきわめて高く，すべてのコストのなかで輸送コストが占める割合は，こんにちのそれとは比較できないほど高かったはずである。もし中国船で輸送していたとすれば，中国が獲得する利益は莫大なものになり，スペインの収入はかなり落ち込んだはずである。

　さらに，インドの綿織物，中国の絹，東南アジアからの貴金属は，マニラ-アカプルコルートをたどり，ガレオン船によって輸送された。ここでもまた，太平洋におけるスペインの海運業の活躍が目立つ。インド綿は，17世紀後半から18世紀のスペイン領アメリカで人気があった[77]。

世界の一体化と銀

　すでに16世紀のあいだからスペイン人による太平洋航海は多数あった。なかでも，アメリカ西海岸からの航海が増えていた。イギリス人ジェームズ・クックが南太平洋への航海を開始した1768年以前から，スペイン人による太平洋の航海数が増大していった。

　このようにして，太平洋と新世界はつながった。この海を通じて中国に大量の銀が流入したことは——残念ながらその量を確定することはできないが——，間違いない。新世界の銀は，むろん，ヨーロッパにも流入していた。そして，それらの銀を運んだのは，おおむねヨーロッパ人

　76）　Dennis O. N. Flynn and Arturo Giráldez, "Globalization began in 1571", in Barry K. Gills and William R. Thompson (eds.), *Globalization and Global History*, London and New York, 2006, pp.232-247; Dennis O. Flynn and Arturo Giráldez, "Arbitrage, China, and World Trade in the Early Modern Period", *Journal of the Economic and Social History of the Orient*, Vol.38, No.4 , 1995, pp.429-448.

　77）　Riello, *Cotton*, p.142.

であった。たしかに，17世紀初頭には，中国と比較するなら，ヨーロッパはまだ貧しかったであろう。しかしヨーロッパ人は，ヨーロッパの船で徐々に世界を一つにしていったことも事実なのである。

ただし，18世紀後半の時点でさえ，中国がヨーロッパ世界に組み込まれていたとはいえまい。ウォーラーステインがいうような国際分業体制が成立していないだけではなく，ヨーロッパがアジアの流通を担うという形での，支配＝従属関係が成立するほどの貿易量もなかったからである。

4　ヨーロッパのアジア進出の意味

英蘭の東インド会社

では，ポルトガル海洋帝国と英蘭のアジア進出には，どのような違いがあったのか。

イギリスの東インド会社は1600年に，オランダの東インド会社は1602年に創設された。オランダにはそれ以前から東インドと貿易をおこなう会社はいくつもあったが，イギリスに対抗するため，それらを統合し，正式には連合東インド会社をつくった。

どちらの会社も軍隊をもち，本国からの指令を受けたものの，本国の本部に相談せず，独自の行動をとることもできた。そもそも東インドはヨーロッパから遠すぎて，何か問題が生じたときにいちいち本国に問い合わせていては間に合わない。そのため，一種の国家のようなものとして両国の東インド会社ができあがったのである。ただし，従業員である商人に，アジアでの交易に従事する自由があった。彼らは，それにより巨額の利益を獲得した。おそらく，従業員＝商人にとって，その利益こそが東インド貿易に参画する大きな誘因になった。

1623年，オランダがイギリス商館員を殺害するというアンボン（アンボイナ）事件がおこった。それからしばらくして，イギリスは東南アジアから撤退し，インドをアジアの貿易の根拠地とするようになる。

両国の東インド会社の特徴を理解しやすくするために，ここで，デンマーク人ニールス・ステーンスゴーアの議論を紹介してみよう。ただし

彼の論そのものもわかりやすいものではなく，また研究動向を誤解している点もあるので，それをここで正確に解説することは難しい。

ステーンスゴーアは，「市場の透明性」という概念を用いる。ラクダのキャラバン隊が自由に取引していた中東地域では，商品価格は簡単に変化した。価格を決定できるような機関が存在しなかったからである。それに対し英蘭の東インド会社のような独占企業があれば，取引が確実に遂行されるようになり，価格変動が少なくなり，価格がスムースに決定される。ステーンスゴーアは，それを「市場の透明性」と名づけたのだ。そして，経済人類学者カール・ポランニー[78]に依拠しながら，両東インド会社は再分配のための機関だと主張した[79]。

ステーンスゴーアのこの議論は，フレデリク・レインの理論も援用している。というより，レインの説を利用した方が，ステーンスゴーアの主張は理解しやすい。一般に知られている経済学では，完全競争市場が前提とされており，市場メカニズムを乱すような外界からの妨害は存在しない。しかし，現実の世界では，さまざまなものが市場の健全な働きを抑制する。レインによれば，中世のヨーロッパでは，商人は取引のために移動する際，海賊による略奪から自分たちで身を守るか，そうでなければ誰かに守ってもらうための費用（保護費用）の出費を余儀なくされた。これをレインは，「保護レント（protection rent）」と呼ぶ。イギリスにせよオランダにせよ，東インド会社が保護費用を負担し，会社に雇われた個々の商人＝企業家は保護レントの支払いを，かなりの程度免れたのである。そのため，商人が安心して取引できたと考えられる。これが，独占によるメリットである[80]。

一方，ポルトガル人は，技術革新，すなわち海のルートを利用することで利益を獲得しようとしたのではなく，それ以外のルートを封鎖し，軍事力を用いて独占することでえられる貢ぎ物を入手することで利益をえようとした。この政策は，短期的には成功した。紅海とペルシア湾へ

---

78) カール・ポランニー著，野口建彦・栖原学訳『［新訳］大転換』東洋経済新報社，2009年。

79) Niels Steensgaard, *Asian Trade Revolution of the Seventeenth Century: East India Companies and the Decline of the Caravan Trade*, Chicago, 1974.

80) Frederic C. Lane, "Economic Consequences of Organized Violence", *Journal of Economic History*, Vol.18, No.4, 1958, pp.401-417.

の入り口をパトロールすることで，1560年には，ポルトガルはレヴァント市場に自由に胡椒を送り，西欧への市場を獲得した。ポルトガルは，本来なら他のものに利用できたはずのマンパワー，経営能力を，暴力手段の実行のために使ったのである。

ステーンスゴーアによれば，1620年頃に，アジアで「輸送革命」と名づけてよいほどの輸送システムの転換があった。アジアの物産を運ぶために，キャラバン隊ではなく，英蘭の東インド会社の船舶が使用されるようになったというのだ。これは，巨大な「会社」により効率的な海上輸送システムができたからである。これが，ポルトガル商人との決定的な違いであった。

しかしそれは，英蘭の東インド会社の支配力を著しく過大評価したものだと結論づけられよう。どちらの会社も，完全に従業員＝商人を管理できたわけではない。彼らの活動を完全に保護できるほど，強い管理能力をもっていたとは考えられない。キャラバンルートは，なお存在した。ここに，近世の支配能力の限界があった。特権を有していたとはいえ，一企業がアジアの商人をコントロールできるほど強力なはずもなかったのである。

オランダ東インド会社の四つのハブ

オランダ史家のマーヨレイン・タールトによれば，オランダ東インド会社には，アジアで四つのハブがあった。第一のハブは，インドネシアのバタヴィアである。第二のハブは，インド東岸のプリカットであった。この都市を1612年に征服したため，アジア全土で需要があったインド綿が常に流通するようになった。第三のハブは，インド西岸のスラトであり，1616年にこの都市を手に入れたため，オランダはインドのマラバール海岸，ペルシア，アラビアの市場に接近することができた。そのためオランダは，西インドで巨大なレヴァレッジ効果を生み出すことになった。また，ヨーロッパへのインディゴ輸出をほぼ独占するようになった。第四のハブは台湾であった。1622年に台湾を占領したため，オランダ人は中国と日本の貿易を結びつけ，日本銀の輸送をおこなうようになったというのである[81]。

オランダ東インド会社は，1639年にセイロン（スリランカ）からポル

トガル人を追放することに成功した。シナモンの独占権を手中にした。1660年代になると，オランダ東インド会社は，インド東南部の海上貿易をほぼ独占することになった。オランダ人のネットワークは，紅海から日本にまでつながった。オランダ東インド会社は，1660年代には，アジアにおける資本ストックが2,000万ギルダーを超えた。さらにオランダ東インド会社は軍事力を用いて，ポルトガル人やスペイン人をアジアの都市から追放していった[82]。

　このようにタールトは，アジアにおけるオランダ東インド会社のプレゼンスを重視する。

私貿易商人のネットワーク

　両東インド会社は，1620-30年代に，インド洋から内陸でキャラバンに乗って地中海に達する貿易路を打破することに成功する。それは，結局ポルトガルにはできなかったことである。ただし，このような考え方は，会社からの見方であり，現実の商業活動の次元になると，ポローニアが論じたように，ポルトガル商人はかなり活躍していた。

　オランダ東インド会社の場合，18世紀になると約20,000人の従業員がいた。時代が下るとともに，オランダ人ではなく，ドイツ人の比率が増えた。ドイツ人は，かなり劣悪な状況での労働を余儀なくされており，この会社は，いわばドイツ貧民の救済機関となった。彼らがインドネシアに向かい，そこで働き，この地で死ぬことも珍しくはなかった。一見，イチカバチかの賭けに出たように思われるかもしれないが，ヨーロッパにいても将来は不安定であり，死亡率は高かったのだから，彼らの行動は決して非合理的ではない。

　英蘭どちらの東インド会社も，アジアとの貿易を独占するばかりか，領土経営に従事していた。イギリス東インド会社の方が長続きし，1877年になると，インドは本国政府が直接統治するようになった。蒸気船と電信の発展により，ヨーロッパとアジアの距離が縮まり，東インド会社がなくても，イギリス本国はアジアを直接統治できるようになったこと

---

81)　Marjolein 't Hart, *The Dutch Wars of Independence: Warfare and Commerce in the Netherlands*, London and New York, 2014, p.140.

82)　't Hart, *The Dutch War of Independence*, pp.140-141.

のあらわれである。

　ステーンスゴーアによれば，英蘭の東インド会社は，制度的革新であった。ポルトガルとは異なり，国家のつくった組織がアジアに進出し，恒常的な貿易関係を築いたからである。そのため従業員である商人は，それ以前よりはるかに効率的に商業に従事することができた。

　たしかに，ポルトガルには，イエズス会という組織があったが，軍事力によって征服できるほどの力は持ち合わせていなかった。しかしまたその一方で，ポルトガル商人は，東インド会社のような組織とは異なる，商人独自のネットワークにより商業活動をおこなうことができた。ポルトガル商人は，アジアにおける異文化間交易の中心的役割を果たしていた。この点を，ステーンスゴーアは見落としているように思われる。ステーンスゴーアが制度的革新という概念を出した1970年代には，異文化間交易という言葉が発明されていなかったことも，その一因であろう。

　イギリスとオランダの東インド会社の組織は現在の目からみると穴だらけであり，いたるところに綻びがみられた。その意図をすべての従業員に浸透させるほどの能力は，決してなかった。従業員＝商人と現地人が協力して商売したことが，東インド会社の利益に反することもあったろう。本国からの命令に背くことも簡単であった。会社の命令を従業員が遵守するかどうかは，彼らの自主性にまかされる部分が多かった。そのために，私貿易が許されたのである。国家の力は，まだまだ弱かったのである。ポルトガル商人が活躍できたのは，そのためにほかならない。たとえばインドネシアのバタヴィアにおいて，18世紀第２四半期になってもなお，ポルトガル商人は香辛料を購入していた。

　さらに，マカオのポルトガル人は，インド市場において，イギリス東インド会社とイギリス人のカントリー・トレーダーと密接な関係があった。このように国家という枠組を外したならば，アジアにおけるポルトガル商人の勢力が，18世紀になってもなお強かったことに気づかざるをえない。したがって先述のタールトの主張は，よりミクロな観点からみれば，そのままでは受け入れられない議論だと思われる。

ポルトガルの役割

　中国と東南アジアにおけるポルトガル人の社会は，ポルトガル本国の

290 　第6章　アジア・太平洋とヨーロッパ

制度をそのまま引き継いだ。すなわちそこには，国王の利害と，ローマ
教会の利害があったというのが，ジョージ・ブライアン・スーザの見解
である[83]。だが，彼は，ポルトガル海洋帝国が，商人の帝国であった
という事実にあまり注目していない。18世紀になると，イギリス東イン
ド会社が徐々にオランダ東インド会社に取って代わるようになった。そ
のなかでポルトガル商人は，私貿易商人として生き延びるようになった。

　ポルトガル人は，アジアの金貸しを利用して商売をした。彼らの資本
が，ポルトガル人がアジアで商売を続けていくのに不可欠だったからで
ある。日本での活動と矛盾するように思われるが，17世紀から18世紀前
半のポルトガル商人は，宗教にあまりとらわれずに活動したのである。
したがって，中国商人，他のヨーロッパ人，さらにはアルメニア人とも
取引をした。

　中国におけるポルトガル人の商業活動は，アジアの海上貿易に大きな
貢献をした。すなわち彼らは，中国から日本までの中間商人として活躍
したのである。日本と新世界の銀が，マニラを経由し，中国に到達した。
そのため明代後期の中国，とりわけ広州の貿易が大きく刺激された。ポ
ルトガル領インドから来たマカオのカントリー・トレーダーは，マニラ
の市場とインドとを接合した。これは，アジアの貿易の新軸を意味した。

　ポルトガルはこのように，アジアでの交易において，大きな影響力を
もったのである。

　ただし，長期的にはポルトガル商人の役割は徐々に縮小し，オランダ
商人やイギリス商人の勢力が拡大していったであろう。それは，ヨーロ
ッパにおける，国家の勢力の拡大と軌を一にしていた。とはいえ，ポル
トガルのような小国にとっては，アジアで自国商人が活躍するだけで，
十分な市場がえられたのかもしれない。これは，小国ならではのニッチ
市場といえた。17世紀終わり頃に，ポルトガル商人は，英仏の東インド
会社と協同して貿易をしていた。どちらの東インド会社も，商業的には，
ポルトガルと敵対する必要はなかったからである。

　ポルトガル人が，国家の意向とは関係なく，自分たちで海外に乗り出
して行ったことはすでに述べた。たしかにイエズス会のような公的な組

　83）　Souza, *The Survival of Empire*.

織が，布教活動をしていたのは事実である。しかし，それと同時に，宗教にとらわれず，利潤の獲得を求めてアジアにまで赴いた商人もいた。後者が，アジアの多くの地域に進出し，宗派の壁を越えた貿易活動を担ったと考えられよう。

5　ヨーロッパの拡大

「共通の言語」とヨーロッパ世界の拡大

　商業を営んでいくうえで商人には，共通の商慣行や共通の言語が必要であった。では，「共通の言語」のようなものとして，何があったのだろうか。

　近世においては，言葉というものはまず「発話」という観点から教育されたので，そのスペリングは必ずしも一定ではなかった。これは，当時の原史料を読んだことがある人なら，誰でも知っていることである。しかし，その様子は徐々に変わっていく。

　商人のあいだでの契約が私的なものから公的なものになり，商業取引上の規則が統一化され，それが公表されると，商業書簡のスタイルが徐々に統一されてくることになった。その文章は，より洗練されていった。そしておそらく，スペリングもだんだん統一されていった。

　推薦状や自己紹介の文書が，商人が新しい取引相手とコンタクトをとり，取引地域を拡大するための方法として用いられた。自己紹介の文章のなかには，共通の知人の名前を書くことがふつうであった。商人はそれにより，「信頼」をえることができると考えたのである。

　ここでも，活版印刷機の発明は大いに役に立った。商人が手紙を出すときの規則を印刷したパンフレットなどが出版されることになったからである。商業書簡はマニュアル化された。そしてヨーロッパ商人は，ヨーロッパ外商人との取引でも，そのルールを押しつけることになったと考えられる。たとえばゴアのヒンドゥー商人のなかには，ポルトガル語にひいでた人もいた。さらには，英語やフランス語で商業書簡を書かなければならなかった。それだけではなく，ヨーロッパで発達した為替手形，船荷証券，申告書，委任状の使用を受けいれたのである[84]。

これは，ゴアのヒンドゥー商人が，ヨーロッパの支配に慣れていたというより，ヨーロッパの商業慣行を――進んでかいやいやながらかはわからないにせよ――受け入れていた証拠であるように思われる。

この当時のインドとヨーロッパの経済力を比較したなら，インドの方が上だったかもしれない。しかし，少なくとも商業書簡という商業慣行においてはイタリアの慣行，ひいてはヨーロッパの慣行を押しつけることに成功した。ヨーロッパのアジア支配の理由の一つとしてヨーロッパの商業慣行をアジアにもたらすことができたことがあげられよう。

商業書簡の書き方の規則を守っていれば，はじめて手紙を出す商人も，比較的簡単に仲間として認めてもらえた。そうすることで，手紙を出した商人だけではなく，受け取った商人のネットワークも広まっていった。

ヨーロッパの領土が拡大するにつれ，もともとヨーロッパの言語を話さなかった商人たちも，それを使わざるをえなくなった。ヨーロッパ諸国は，事業の規範というものも，他地域が受容するようにすることに成功したのである。

アムステルダムを中心としてできあがった商業空間は，このようにして拡大した。アムステルダムを中心とするヨーロッパの商業システムは，活版印刷術の普及により，ヨーロッパだけではなく，ヨーロッパ外世界にまで拡大した。

ヨーロッパが，暴力手段を用いて支配地域を拡大していったことは事実である。それは当然，ヨーロッパ人が関係する商業空間が広がったことを意味した。しかし，それと同時に，商人の独自の活動で，ヨーロッパの商業空間が拡大していったことも事実である。

スウェーデン東インド会社と茶

イギリスやオランダ以外にも，「東インド会社」という名称の会社はあった。それらは，英蘭の会社ほど強力な軍隊はもたなかった。スウェーデン東インド会社にいたっては，その規模ははるかに小さかった。

スウェーデン東インド会社という名称は，本国のスウェーデンでさえ

---

84) Francesca Trivellato, *The Familiarity of Strangers: The Sephardic Diaspora, Livorno, and Cross Cultural Trade in the Early Modern Period*, New Heaven, 2009, pp. 170-171.

5　ヨーロッパの拡大　293

あまり知られていない。ましてやこの会社の役割は，さらに知られてはいない。しかし，同社は，イギリスにとって重要な役割を果たした。

　近年のヨーロッパ商業史では，小国が果たした役割が大きくクローズアップされるようになっている。大国なら大した利益が出ない貿易であっても，小国にとっては大きな利益となりえた。ときには中立政策により，海運業を大きく発展させたスウェーデンは，そのような国の代表であった。

　ここでは，スウェーデンの代表的な海事史家であるレオス・ミュラーの研究に依拠しながら，論を展開したい[85]。

　スウェーデン東インド会社は，1731年に特許状を与えられて創設され，1813年に解散した会社である。根拠地は，スウェーデン西岸のイェーテボリにあった。この会社が活動した80年余りのあいだに，132回のアジアへの航海をした。広州へ124回，5回が広州とインドへ，そして3回がインドだけに向かった。特許状ではスウェーデンの喜望峰以東のすべての地域との貿易独占権が付与されていたが，現実にはスウェーデン東インド会社の貿易とは，広州との貿易を意味した[86]。

　しかも，スウェーデンから輸出するものはほとんどなく，ほとんどが中国からの輸入貿易に専心していた。その多くは茶であった。スウェーデン東インド会社の輸入額に占める茶の比率は，1770年には69パーセント，1780年には80パーセントに上昇した。

　同社は，広州に在外商館があったものの，海外領土も植民地もなく，従業員数は250-300人程度であった。広州からの輸入品の多くは茶であり，それはイェーテボリで競売にかけられた。したがって，スウェーデン東インド会社は，決して特権的な商事会社とみなすことはできない。

　この会社は，1722-27年という短い活動しかしなかった，オーステンデ会社と強いコネクションがあった。オーステンデ会社は，その名の通りオーステンデを根拠地とするオーストリア領ネーデルラントの貿易会社であった。スウェーデン東インド会社に参加した人々には，同社で貿易活動を営んでいた人が多かった。

───────────────

　85)　レオス・ミュラー著，玉木俊明・根本聡・入江幸二訳『近世スウェーデンの貿易と商業』嵯峨野書院，2006年。
　86)　ミュラー『近世スウェーデンの貿易と商業』183頁。

スウェーデン人は，茶ではなくコーヒーを飲む人々である。そのため，茶の多くは再輸出された。通常，スウェーデン東インド会社の再輸出額は，総輸出額の20-30パーセントを占めた。これらの茶は，まず，オランダとオーストリア領ネーデルラントに向かった。旧オーステンデ会社との関係からである。そこからさらに，ドイツの後背地，フランス，スペイン，ポルトガル，地中海，さらにイギリスに輸送された[87]。

そもそもイギリスはヨーロッパ最大の茶の消費国であった。イギリスへの茶は，イェーテボリから直接イギリスに輸出されるのではなく，オランダとオーストリア領ネーデルラントに送られ，そこからイギリスへと再輸出された可能性がはるかに高い。それは，密輸品であり，関税はかからなかった。スウェーデン茶は低級品であった。

1745-46年に関する推計によれば，イギリス人が茶の密輸のために支払った金額は年間およそ80万ポンドであった。それは，約1,500トンの茶を輸入するのに十分な額であり，スカンディナヴィアの茶の輸入量と同じであった[88]。

イギリスの茶市場は，イギリス東インド会社が独占しており，関税が高かったので，茶はきわめて高価な商品になった。

しかし1784年にはピットの減税法（Commutation Act）で，茶への税率が110パーセントから12.5パーセントへと削減された。それゆえ，茶の価格は低下した。しかし，それまでは，スウェーデン東インド会社が主としてオランダとオーストリア領ネーデルラントに輸出した茶が，おそらくイギリスに持ち込まれ，低所得者層が飲むものとなっていたのである[89]。

フランス東インド会社とブルターニュ

18世紀のフランスは，大西洋貿易ではイギリスと争うほどに貿易量を拡大した。しかしアジアでは，そこまで大きな活動はできなかった。だが，フランスも英蘭と同様，1604年に東インド会社を創設し，1664年に，それは国営会社となった。1719年には，インド会社となり，東西インド

87）　ミュラー『近世スウェーデンの貿易と商業』188-192頁。
88）　ミュラー『近世スウェーデンの貿易と商業』193頁。
89）　ミュラー『近世スウェーデンの貿易と商業』214頁。

5　ヨーロッパの拡大

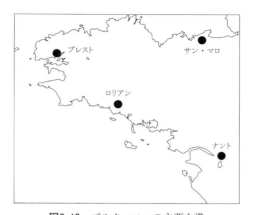

図6-10　ブルターニュの主要な港
出典）Pierrick Pourchasse, "Breton Linen, Indian Textiles, American Sugar: Brittany and the Globalization of Trade in the 18th Century",『京都産業大学　世界問題研究所紀要』第28巻, 2013年, p.159.

の貿易をおこなったが，1731年にはアフリカとルイジアナが切り離され，ふたたび東インド貿易に専念することになる。同社は，1795年に清算された。フランスにおける根拠地は，ブルターニュ地方のロリアンにあった。アジアの拠点としてインド東南部のポンディシェリや東北部のシャンデルナゴルがあった。この会社は，茶の輸入で大きな役割を果たした。しかも，イギリスにその茶を密輸していたのである[90]。

　17世紀終わり頃のブルターニュの人口は約200万人であり，フランスの総人口の10パーセントを占めた。ここにあげた港湾都市のうちサン・マロはスペインに繊維品を供給し，フランス全土の製造品をスペインに送った。サン・マロは，世界中と結びついた都市であり，1713年にこの都市を出港したグラン・ドーファン号が，南米大陸最南端のケープ岬をへて，繊維品（リネン）をペルーに輸送したのち，アメリカ銀で中国商品を購入し，フランスに戻った。

　もともと，アメリカ産の銀は，中国で製品を買いつけるための代価であったが，18世紀のうちにその比率は下がり，代わって繊維品・貴金

---

[90] Donald C. Wellington, *French East India Companies: A Historical Account and Record of Trade*, New York, 2006.

属・奢侈品が使われるようになった。フランスのおもだった輸入品は，コーヒーと茶であり，茶の輸入量は，17世紀終わり頃の10万〔重量〕ポンドから，17世紀後半の200万ポンド弱へと急増した。さらに香辛料と胡椒，そして綿が重要な商品であった[91]。

　ここで注目すべきは，茶の輸入である。いうまでもなくフランスは茶ではなくコーヒーの消費国である。したがってこの茶は，世界最大の茶の消費国イギリスに密輸された可能性が高い。フランスの茶の輸入については，広州とフランスの貿易を扱った博士論文を著したデルミニーの研究をみてみよう。

　1749-64年にかけては，広州からフランスが輸入した総額は，年平均で1,192万5,288リーヴル，1766-75年は1,228万5,739リーヴルであり，そのうちブルターニュが占める割合は，それぞれ42.71パーセント，50.16パーセントであった。この時代を通じて，フランスの茶の輸入のうち，ブルターニュが占める比率は82.46パーセントであった。しかも，その多くはナントに輸出されていた[92]。一般に，18世紀のナントは奴隷貿易の都市として知られるが[93]，広州からの茶の輸入も重要であった[94]。さらにフランス東インド会社の輸入品として，茶は，コーヒーよりも多いことがあった。

　ブルターニュに輸入された茶は，主としてイギリスとオランダに輸送された。イギリスへの輸出は，多くが密輸であった考えられる。オランダからどこにいったかはむろん詳らかではないが，イギリスに再輸出されるものもあったであろう。ブルターニュの茶は，イギリスの富裕層に飲まれたと推測されている。

フランスとスウェーデンのイギリスへの茶輸出
　イギリスは，一人あたりに換算すると，おそらく18世紀の世界最大の

　91）　Pierrick Pourchasse, "Breton Linen, Indian Textiles, American Sugar: Brittany and the Globalization of Trade in the 18th Century", 『京都産業大学　世界問題研究所紀要』第28巻，2013年，pp.159-169.

　92）　Louis Dermigny, *La Chine et l'Occident: le commerce à Canton au XVIIIe siècle: 1719-1833*, T. 2. Paris, 1964, pp.564-565.

　93）　藤井真理『フランス・インド会社と黒人奴隷貿易』九州大学出版会，2001年。

　94）　Dermigny, *La Chine et l'Occident*, p.566.

5 ヨーロッパの拡大 297

　茶の消費国であった。しかし，その茶はイギリス東インド会社が輸入し
たものとはかぎらなかった。そもそも，イギリスやドーヴァー海峡，さ
らに北海に接する国々がおこなう中国との貿易は，イギリス人の多くが
茶を飲むようになったことを基盤としていた。1784年以前には，密輸さ
れる茶の量は，400万–600万ポンドという説があれば，750万ポンドとい
う意見もある[95]。17世紀中頃には，茶の密輸は例外的とはいえない現
象になっていた[96]。

　ヨーロッパ人にとって，茶は，重要な密輸品であった。たとえば，広
州からハンブルクに茶が輸出されているが[97]，この都市の後背地はエ
ルベ川流域，さらにはバルト海地方であるので，そこに茶が輸出された
とは考えられない。ハンブルクは，「小ロンドン」と呼ばれた。それほ
どロンドンとは密接な関係にあったのだから，ハンブルクからロンドン
に密輸されたと推測できる。

　密輸を促したのは，イギリスの茶に対する関税の高さであった。1784
年に減税法が導入されるまで，茶に対する税率は80パーセントを下回る
ことはほとんどなく，100パーセントを超えることも珍しくはなかった。
茶はチャネル諸島，マン島を通って密輸された。どちらもイギリスの関
税とは違うシステムのもとで運営されていたからである。そして，密輸
茶はサセックス，ケント，サフォークに到着した[98]。

　1784年の減税法により，密輸への誘惑は減った。イギリス東インド会
社が販売した茶の額は，1783年が約586万ポンド，1784年が約1,140万ポ
ンド，1785年が約1,508万ポンドと，大きく増加した。これは，密輸量
が大きく低下したためであろう[99]。

　95）　Hoh-Cheung and Lorna H. Mui, "Smuggling and the British Tea Trade before 1784",
American Historical Review, Vol.74, No.1, 1968, p.66.

　96）　W. A. Cole, "Trends in Eighteenth-Century Smuggling", *Economic History Review*,
2nd ser., Vol.10, No.3, 1958, p.407.

　97）　Dermigny, *La Chine et l'Occident*, p.567；また，以下も参照せよ。Hoh-Cheung
and Lorna H. Mui, "'Trends in Eighteenth-Century Smuggling' Reconsidered", *Economic
History Review*, 2nd ser., Vol.28, No.1, pp.28–43.

　98）　Hoh-Cheung and Lorna H. Mui, "Smuggling and the British Tea Trade before 1784",
p.50.

　99）　Hoh-Cheung and Mui, "Smuggling and the British Tea Trade before 1784 ", pp.67–
68；また，以下もみよ。Gavin Daly, "English Smugglers, the Channel, and the Napoleonic
Wars, 1800–1814", *Journal of British Studies*, Vol.46, No.1, 2007, pp.30–46.

しかし，減税法以前には，おそらくイギリスへの最大の茶の密輸国は
フランス，ついでスウェーデンであった。フランスからは高級茶で，ス
ウェーデンからは低級茶が密輸入された。両国は，イギリスが世界最大
の茶の消費国になることを助けたのである。それは，重商主義時代に，
国境を越えた商人のネットワークがあったからこそ実現できたのである。

日本では，川北稔が，東インドの茶と西インドの砂糖が一つのティー
カップに入れられることにより，世界は一つになったと表現した。それ
は同時に，イギリス帝国の拡大を物語る。しかし砂糖とは異なり紅茶は，
イギリスの船で東インドや中国から合法的に輸入したものとはかぎらな
かった。密輸された茶がなければ，イギリス人は，これほどまでに茶を
飲む国民にはならなかったかもしれない。

貿易収支の逆転——中国の入超へ

イギリスは中国から大量に茶を輸入し，その代価として銀を輸出して
いた。18世紀末になると，インドでアヘンを製造させ，本国の綿製品を
インドに輸出してアヘンを購入し，インド産アヘンを中国に輸出して茶
の代価にあてるという三角貿易を開始し，1830年代になると，貿易収支
が逆転し，中国の入超になった。その代価として，茶だけではなく，銀
が中国からイギリスに輸出されるようになった。

これが，アヘン戦争に至る教科書的な説明である。また，加藤祐三に
よると，インドからイギリスが茶の輸入を増やしたのは1780年代であり，
東インド会社によるアヘン専売がはじまるのが1773年である。ここから
も，インドからのイギリスの茶輸入とインドから中国へのアヘン輸出に
大きな関係があることがうかがえるのである[100]。

しかし，この議論には少し無理があろう。この理論は，双務貿易が前
提となっている。しかし，貿易収支とは，二国間の関係だけで決まるも
のではない。これまでの議論では，イギリス以外の国が考慮に入れられ
ていないのである。

ここで議論を簡単にするために，中国がイギリスとそれ以外のAとい
う国としか貿易しておらず，決済には銀しか用いられていない場合を考

100）　加藤祐三『イギリスとアジア——近代史の原画』岩波新書，1980年，120-121頁。

えてみよう。そして，中国のイギリスに対する貿易赤字額と，Ａ国との貿易黒字額が同額であると想定してみよう。この場合，Ａ国から中国に輸出された銀が，そのままイギリスに流れることになり，中国としては何の問題もない。イギリスから中国へと銀が流出していたのに，それが逆転したという議論が根本的に間違っているのは，貿易とは本来多角貿易であり，これほどの銀流出は中国が貿易するすべての国との貿易との関係でとらえなければならないのに，イギリスとの関係でしか論じていない点にある。

　もう一つの問題点として，輸送コストが無視されていることがあげられる。すなわち，輸送コストがゼロだという前提に立っている点にある。銀の輸送コストがどれほどのものであったのか，現実にはわからない。しかし，三角貿易がイギリス船でおこなわれていたのだから，貿易額だけではなく輸送量やサーヴィスを加えた国際収支の次元では，中国船で運ぶよりもさらに中国側の赤字が増えたと思われる。

　しかも，アヘン戦争以前から，中国国内ではケシが栽培されていた[101]。さらに，インドからイギリス東インド会社が中国に輸送するベンガル・アヘンだけではなく，同社の支配下に組み込まれていないマルワ・アヘン——中央インドやラージプート地方で生産される——が，主としてポルトガル人によってボンベイやポルトガル領の港から積み出されていた[102]。そればかりか，表6-3に示されているように，マルワ・アヘンの方が中国の輸入量は多かったのである。

　さらに，現実に中国から銀が流出していたのであるから，イギリスとの貿易赤字だけではなく，本来，他のヨーロッパ諸国との貿易もみるべきである。たとえ中国最大の貿易相手国がイギリスであっても[103]，他国との貿易収支も赤字であれば，この三角貿易，ひいてはアヘンの栽培を中国の貿易赤字のすべての原因のように論じることはできないはずで

　101）　目黒克彦「アヘン戦争前の国内ケシ栽培禁止令について——保甲制と『印結』の有効性に関わって」『愛知教育大学研究報告』38（社会科学編）1989年，21-32頁。

　102）　井上裕正『清代アヘン政策史の研究』京都大学学術出版会，2004年，46-47頁。

　103）　アヘン戦争ののちも，イギリスのジャーディン・マセソン商会は，華南のみならず華中まで進出して，アヘンを売り込んだ。アヘンは，私企業による貿易商品でもあった。石井摩耶子『近代中国とイギリス資本——19世紀後半のジャーディン・マセソン商会を中心に』東京大学出版会，1998年，73頁。

第 6 章　アジア・太平洋とヨーロッパ

表6-3　中国のアヘン貿易状況

（単位：箱，カッコ内はドル）

貿易年度	ベンガル・アヘン	マルワ・アヘン	トルコ・アヘン	合　計
1829-30	7,143（930-800）	6,857（1,030-740）	700（720）	14,700
1830-31	6,660（1,050-790）	12,100（760-400）	1,671（738-565）	20,431
1831-32	5,960（1,060-885）	8,265（800-645）	402（550）	14,627

出典）井上裕正『清代アヘン政策史の研究』京都大学学術出版会，2004年，175頁，表1
＊箱は引き渡し量を，ドルは一箱の販売価格を表す。

ある。中国の銀流出は，通説のように単純なものではないであろう。だが，ここではその可能性を示唆する以上のことはできない。

新世界にならなかったアジア

　図6-11は，東南アジアからの丁子・胡椒・砂糖・コーヒーの輸出額を示したものである。これをみると，コーヒーと砂糖の輸出額が多い。そもそもコーヒーは，東南アジアが産地であった。丁子やナツメグという香辛料の生産は多いが，18世紀になるとヨーロッパでの消費が突如として落ち込むので，需要が大きく落ち込んだ商品を長期間にわたって輸出していたことになる。これだけでも，東南アジア経済が衰退していった理由が読み取れる。

　また，図6-12は，コーヒーベルトを表す。コーヒーベルトとは，コーヒーの木を生産している地域のことであり，ほぼ北緯25度から南緯25度のあいだに位置する地域である。この地域は，熱帯地域である。

　2014年の世界最大のコーヒー豆生産国はブラジルであり，第2位がインドである。同年のサトウキビ生産国はブラジルであり，第2位はベトナムである。また図6-11とは直接関係ないが，茶に関しては，2014年の生産量世界第1位は中国，第2位はインドである[104]。東南アジアにおいて1830年代に砂糖の生産量が増大したのは，強制栽培制度の導入のためであった[105]。

　このような事実を考慮に入れるなら，本来アジアは，コーヒーや砂糖

---

　[104]　インドの砂糖プランテーションについては，Ulbe Bosma, *The Sugar Plantation in India and Indonesia: Industrial Plantation. 1770-2010*, Cambridge, 2013.
　[105]　宮本謙介『インドネシア経済史研究——植民地社会の成立と構造』ミネルヴァ書房，1993年。

5　ヨーロッパの拡大

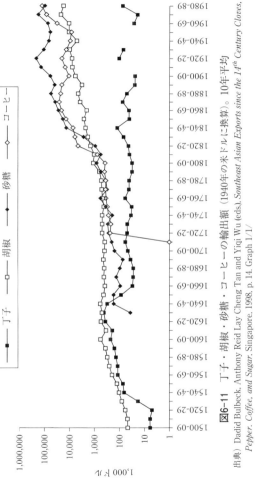

図6-11 丁子・胡椒・砂糖・コーヒーの輸出額（1940年の米ドルに換算）。10年平均

出典）Dadid Bulbeck, Anthony Reid Lay Cheng Tan and Yiqi Wu (eds), *Southeast Asian Exports since the 14th Century Cloves, Pepper, Coffee, and Sugar*, Singapore, 1998, p. 14. Graph 1/1/

第6章　アジア・太平洋とヨーロッパ

図6-12　コーヒーベルト

を近世のヨーロッパに輸出できた可能性はあるというべきであろう。実際，茶は輸出していたのだから，もし新世界さえなければ，アジアで生産されたコーヒーや砂糖が，大量にヨーロッパに輸出されていたかもしれない。

　しかし，生産コストは別にしても，現実には新世界からヨーロッパへの航海ルートの方がアジアからヨーロッパへの距離よりも短く，新世界との競争では，アジアは勝てなかったと考えるべきであろう。しかしそれは，アジアにとってマイナス要因だけをもたらしたわけではない。

　アジア産のコーヒーや砂糖は，結局アジア内で消費されるにとどまった。だが，そうすればなぜこれらの消費財の需要により，ヨーロッパ，イギリスで発生したような「消費革命」がおこらず，生活水準の上昇がみられなかったのかということが，本来問われるべきではないか。

　これに対する私の仮説は，アジアの人口は多く，アジア人にとって十分な量のコーヒーや砂糖が生産できなかったのではないか，というものである。

　アジアからヨーロッパへのコーヒーや砂糖の輸出量が少なかったということは，決してマイナス面ばかりだったわけではない。アジアの商品連鎖は，むろん商品にもよるが，アジア域内で完結することもあった。ヨーロッパに送られる商品でも，アジア人が途中まで輸送することもあった。

　　　　　　　　　　　おわりに　　　　　　　　　　303

　それに対して，大西洋貿易は，ほぼすべての商品連鎖がヨーロッパ人
の手によって担われたのであり，原産国のヨーロッパに対する従属度は，
アジアよりもはるかに大きくなった。
　アジアは，アフリカ，さらにはラテンアメリカよりも，商品連鎖の多
くの部分を自分たちで担い，ヨーロッパの介入度が少なく，そのためヨ
ーロッパからの自立度が高かった。こんにち，アジア経済の台頭が目立
っている歴史的背景には，このような事情があったものと思われる[106]。

　　　　　　　お　わ　り　に

　大航海時代の先駆けとなったのはポルトガル人であった。アジアにお
いても，ポルトガル人がまずいくつもの地域を征服していった。やがて
それらの支配地域のいくつかはオランダやイギリスによって奪取される。
したがってどの程度かは厳密には決められないが，少なくとも近世にお
いて，ポルトガル商人はアジアで重要な働きをした。
　ポルトガルはまた，アジアの海と大西洋を結合した。アフリカ東岸と
西岸を植民地とし，両方の地域にまたがる帝国として機能した。ポルト
ガルは，異文化間交易の中心として機能した。いくつかの国が，ポルト
ガルのあとを追ってアジアやアメリカ大陸に進出した。
　ステーンスゴーアの説によると，ポルトガルは単にホルムズを抑えて
いただけであり，旧来のキャラバンルートによる輸送システムを崩壊さ
せた。一方，イギリスとオランダの東インド会社は，特許状をもち，し
かも軍隊があったので独占市場が保証された。それにより「市場の透明
性」が生み出され，キャラバン隊の時代には不可能であったことだが，
価格が明確に決定される仕組みが出来上がった。ただしステーンスゴー
アは，この概念を用いて，英蘭の東インド会社の活動を明確に分析した
わけではなく，「市場の透明性」が分析手段として有効だと証明したわ
けでもない。
　英蘭の東インド会社設立によって，ポルトガル人の活動の幅がある程

────────────
　　106）　それに加えて，アジアには繊維産業などの伝統は，植民地時代をへてもなお残っ
　ていたと考えられよう。

度狭まったことは間違いあるまい。ポルトガル商人に取って代わって，イギリス商人やオランダ商人，場合によってはフランス商人が活躍するようになったのも事実である。

しかしステーンスゴーアの世代の研究者は，国家の意図を前面に押し出しすぎ，商人が国家の枠組とは関係なく活動していたことを軽視した[107]。そのためポルトガル商人が果たした役割を見逃したのではないかと思われる。ポルトガル海洋帝国は，徐々に衰退したのであり，急速に落ちぶれたわけではない。ポルトガル人は，ニッチを狙い，なおアジア市場で活躍していた。少なくとも，ポルトガルの「商人の帝国」は長期間活躍した。さらに，キャラバンルートははるかにあとの時代まで——いや，現代においても——使われていたのである。

ポルトガル人研究者の側でも，ポルトガル海洋帝国を，世界史の文脈のなかに位置づけようとする意識が低かった。しかし近年，このような意識をもった研究が，英語で多数発表されるようになっており，近世のアジアにおけるポルトガル人の活躍が注目されるようになっている。

近世の特権商事会社は，独占権を付与されたとしても，非合法的な活動を取り締まることはなかなかできなかった。だからこそポルトガル商人が，イギリス商人やオランダ商人と協同できたのである。また，そのために密輸が横行し，スウェーデン東インド会社やフランス東インド会社が，イギリスに茶を密輸することができた。広州からのフランス東インド会社とスウェーデン東インド会社の茶の密輸がなければ，イギリスは茶を飲む国民になれなかったかもしれないのだ。国家を背景とした東インド会社ではあったが，現実にはアジアでの活動は現地の商人にまかされることも多く，決して本国の意向が貫徹したわけではない。重商主義社会におけるアジアとの貿易では，英蘭の東インド会社という国家のエージェンシーの力は，まだ弱かったのである。国家から独立した商人のネットワークが依然として強固であった。重商主義社会とは，商人と国家の共棲関係を特徴としていたのであり，まだ国家の力は弱かったというほかない。

この点に関しては，次のヤン・ド・フリースとファン・デル・ワウデ

107）　たとえば，C. R. Boxer, *The Portuguese Seaborne Empire, 1415-1825*, London, 1973.

おわりに　　305

の言葉が，オランダ東インド会社のみならず，近世のヨーロッパとアジアの貿易の現実をもっとも端的に示す。

　　パトリア〔アムステルダム〕にいる東インド会社の理事たちは，20か月以内で〔インドネシアの〕バタヴィアとの通信に返事が来るとは予期できなかった。もし今日，それにほぼ匹敵するものがあるなら，銀河系でもっとも近い恒星との貿易が確立されてはじめて生じるであろう。この事実が，オランダ東インド会社の行動を理解する際にまず重要なことである。そのために，財政管理の維持ができなくなっていった。それは，一組の会計報告では，東インド会社の活動すべてを理解し，要約することは不可能だったためである。さらに，バタヴィアの総督が主導権を握るために付与される権限の範囲は，しばしば共和国在住の理事たちの意図をはるかに超えた[108]。

　これは17世紀に関する発言であるが，たとえ18世紀になっても，ヨーロッパとアジアの通信には非常に時間がかかった。この時間を大幅に短縮しないかぎり，ヨーロッパ世界経済がアジアを取り込み，文字通りの世界経済になることはできなかった[109]。それは，19世紀後半のイギリスにゆだねられた。しかし，アジアにおける商品連鎖は，徐々にヨーロ

　　108）　Jan de Vries and Ad van der Woude, *The First Modern Economy: Success, Failure, and Perseverance of the Dutch Economy, 1500-1815*, Cambridge, 1997, p. 386.
　　109）　これはまた，近代以前の経済行為に，プリンシパル・エージェンシー理論を持ち込むことが難しい要因となる。プリンシパルとエージェンシーの情報伝達に時間がかかりすぎ，エージェンシー・スラックが常に生じてしまうと推測されるからである。かりに，エージェンシーが必要なすべての情報をエージェンシーに伝えたところで，それがプリンシパルに届くまでには時間がかかり，プリンシパルがその情報を受け取ったときには，状況は以前と異なるのがふつうになる。したがって，近世のプリンシパル・エージェンシー関係は，こんにちのそれとは大きく異なるはずなのである。
　　経済学の概念を用いて歴史現象を分析する場合に気をつけなければならないのは，経済学の理論は，ときとして暗黙のうちに，理論の整合性に都合が良い状況を前提とするということである。しかし，そのような都合の良い状況など，現実世界ではまずありえない。したがって理論の適用範囲はおのずから限定される。それが，経済学にかぎらず，あらゆる理論の限界である。しかし経済史家は，経済理論をもとにして，その理論の限界を視野に入れつつも現実を分析するというのではなく，現実の社会から，理論に都合の良い変数ないし指標を取り出すことがある。だが，そうなると，現実世界の分析ではなく，経済史家の描いた理想の社会の分析となってしまう。それは，歴史学が描くべき世界ではない。

ッパ船にとって変わられたことも事実である。おそらくそれは，アジア経済にボディーブローのように効き，アジア諸国の衰退につながっていった。

17世紀の中国は，おそらく世界でもっとも豊かであったので，銀をひきつけることができたが，18世紀になり貿易赤字になると，銀の輸出国に変わる。銀輸出のメカニズムについてはなお今後の研究の余地が多いが，産業革命によってヨーロッパ経済に対する中国経済の優位が失われていったことはたしかである。それには，イギリスが大西洋経済の開発により綿織物の生産に成功したことも大きく寄与した。だが，産業革命による綿織物輸出によって，イギリスがヘゲモニー国家になったのではない。

ポルトガルのあとで，イギリスもまたアジアと大西洋を結合した。しかもその結合度は，ポルトガルのそれよりもはるかに強かったと推測される。その理由は，第7章で解明される。それはまた，イギリスがヘゲモニー国家になった理由を説明する。

補論　Ⅱ

ディアスポラの経済史
──アルメニア人・セファルディムとヨーロッパ経済の拡大──

────────────

は じ め に

　「ディアスポラ」とは，最近ではかなり広く使われる用語である。さ
まざまな人々が大量に移民した場合，それをディアスポラということも
ある。たとえば，華僑がその代表例とされる[1]。

　しかし華僑の場合，「ディアスポラ」というより「移住（migration）」
という言葉の方が，状況をより適切に表すことができよう。彼らは，宗
教的理由で移住を強制されたわけではないからである。現在では，ディ
アスポラという用語があまりに広く無限定に用いられ，その正確な定義
が不可能になりつつある。ここで，ディアスポラのそもそもの意味をも
う一度確認しておこう。

　「ディアスポラ」とは，ユダヤ人がイェルサレムから追放され，離散
させられる事態に陥ったことを言い表す言葉であった。前586年，新バ
ビロニアの国王ネブカドネザル2世が，最終的にユダヤ人をバビロンに
強制移住させた。これは，バビロン捕囚と呼ばれる。これ以降，ユダヤ
人は，イスラエルの建国まで，非常に長期にわたり，故国なき民となっ
た。

　このように，ディアスポラには，本質的に「宗教的な迫害」を受けた
「強制移住」という意味が含まれる。私が専門とする近世ヨーロッパ史

───────
　　1)　邦語文献によるディアスポラ論については，深沢克己『商人と更紗──近世フラン
ス＝レヴァント貿易史研究』東京大学出版会，2007年，3-50頁。

においても，ディアスポラと宗教的迫害の関係という問題は避けて通れない。宗教改革に端を発する宗教戦争により，国王や領主と異なる宗派の信徒が居住地から別の地域へと移住を余儀なくされたのである。近世のヨーロッパにおいて，そのような強制移住を余儀なくされた事例としてフランスのユグノーがあり，約20万人がフランス国外に移ることになったともいわれる[2]。

　本書では，ディアスポラの対象を「みずからの意志ではなく宗教的理由から強制的に移住させられる」ということに限定して，論を展開する。アフリカから奴隷船に乗らされ新世界に強制移住させられた黒人は，宗教的迫害がないため，考察の対象とはしない。

　比較的最近まで，彼らは元来の居住地から外国に移住することを強制された人々であり，もとにいた地域との関係はなくなったとまではいわないが，かなり少なくなったと考えられてきたように思われる。しかし，そのような発想は，本書の序章で述べたフィリップ・カーティンの『異文化間交易の世界史』が1984年に上梓されたことで，大きく変化することになった。ディアスポラすることにより，むしろ彼らのネットワークは拡大したと考えられるようになった[3]。たとえば，フランスのバルト海貿易の専門家であるピエリク・プルシャスはこう述べる。

　　外国商人は，われわれがしばしばユグノーのディアスポラとみなす家族の連合関係を通じて，真の意味での国際的ネットワークを形成した。彼らは，生まれた町や国と密接な関係を保った。商業的関係が，フランスと北方ヨーロッパに在住し，同じ家族に属するさまざまな分家を結合できた。彼らは，北方ヨーロッパやドイツで，しばしば貿易に従事する人々と永続的関係を保った[4]。

　2）　Philipp Blom, *Die Welt aus den Angeln: Eine Geschichte der kleinen Eiszeit von 1570 bis 1700 sowie der Entstehung der modernne Welt, verbunden mit einigen Übelegungen zum Klima der Gegenwart*, München, 2017, S. 181；ユグノーの亡命先であった，イギリスとオランダは，そのために繁栄することになった。Ina Baghdiantz McCabe, *Orientalism in Early Modern France: Eurasian Trade, Exoticism and the Ancien Régime*, Oxford and New York, 2008, p. 137; Jonathan I. Israel, *The Dutch Republic: Its Rise, Greatness, and Fall 1477-1806*, Oxford, 1995, pp. 627-640.

　3）　フィリップ・D・カーティン著，田村愛理・山影進・中堂幸政訳『異文化間交易の世界史』NTT 出版，2002年。

ここにみられるように，ディアスポラによってユグノーの商業ネットワークは拡大した。そればかりか，ユグノーは，移住した地域でも商人や手工業者として活躍した。ユグノーのディアスポラは，ユグノー自身のネットワークを拡大し，しかも移住先の経済成長に貢献したと推測されるのである。ユグノーの移住先はヨーロッパ内部であった。彼らのディアスポラは，ヨーロッパ内のディアスポラであった。

　ヨーロッパは，ヨーロッパ外世界に進出した。それは，国家的な営みでもあり，商人がみずから組織化しておこなった営みでもあった。ヨーロッパ人は，現地の人々と協力して商業しなければならなかった。そのために不可欠であった二つの集団がいた。セファルディムとアルメニア人がそれである。彼らは，ディアスポラの民として有名である。

　アルメニア人は，中東のユダヤ人とも呼ばれ，おもに中東で活躍した人々である。ヨーロッパ人は，彼らと協力関係を結ぶことで，商業活動の領域を拡大していった。セファルディムとは，イベリア半島から追放されたユダヤ人である。彼らは，すでに第3章で述べたように，大西洋貿易で活躍した。国家なき民の存在があったからこそ，ヨーロッパは対外進出ができたのである。それが，重商主義社会の一つの姿であった。さらに，輸入面でみても，アルメニア人はフランスにコーヒーをもたらし，セファルディムはスペインとポルトガルにチョコレートをもたらした[5]。ヨーロッパ人の食生活の変化に，この二つの民は大きく寄与したのである。

　ここでみていくのは，その簡単なスケッチである。セファルディムにせよアルメニア人にせよ，研究文献はきわめて多く，本格的な研究に必要な言語の数も半端ではない。しかし，日本では研究そのものが少なく，しかもヨーロッパにおいても，ヨーロッパの対外的進出にはこの二集団の存在が不可欠であったという研究はあまり多くはないと思われるので，本論を執筆する意義は十二分にあろう。

---

　4)　Pierrick Pourchasse, "Problems of French Trade with the North in the Eighteenth century", Paper presented to a lecture of Kwansei Gakuin University on 18th May in 2006, pp.13-14.

　5)　Baghdiantz McCabe, *Orientalism in Early Modern France*, pp.183-203.

310 補論 Ⅱ　ディアスポラの経済史

1　なぜディアスポラの民が必要だったのか

　ディアスポラという言葉が使われるのは，対象とする社会が決して平和ではなく，混乱に満ちているからである。社会に混乱をもたらす最たるものは戦争である。さらに近世ヨーロッパには，多数の宗教戦争があった。したがって，近世ヨーロッパでディアスポラが多数発生したのは不思議ではない。さらにヨーロッパが対外進出していたことから，ディアスポラの民の活動領域は，世界全体へと広がっていった。ヨーロッパ人としては，すでにヨーロッパ外世界にいたディアスポラの民のネットワークを利用する必要があった。対外進出にあたって，もともとはヨーロッパにあったディアスポラの民のネットワークをヨーロッパ外世界にまで拡大し，各国がそのネットワークを使って商業活動を活性化させた。

　ヨーロッパは，アジアに進出するにあたり，東インド会社などをつくった。それには，イギリス，オランダ，フランス，デンマーク，スウェーデンの東インド会社，さらにはスペイン領ネーデルラントのオーステンデ会社が含まれた。

　これらのなかで，とくに規模が大きかったのが，英蘭の東インド会社である。彼らは，ロシアから東南アジアに至る貿易において，アルメニア人のネットワークを利用しなければならなかった。

　デンマークの歴史家ニールス・ステーンスゴーアの説[6]とは異なり，キャラバンルートは決して衰退したわけではない。キャラバン隊は，陸上ルートを利用するときに欠くことができない役割を演じたのである。

　イギリス東インド会社は，1623年にオランダとのアンボン事件に敗れ

---

6)　Niels Steensgaard, *Asian Trade Revolution of the Seventeenth Century: East India Companies and the Decline of the Caravan Trade*, Chicago, 1975；以下も参照せよ。Niels Steensgaard, "The Growth and Composition of Long-distance Trade of England and the Dutch Republic before 1750", in J. D. Tracy (ed.), *The Rise of Merchant Empires: Long Distance Trade in the Early Modern World 1350-1750*, Cambridge, 1990, pp.153-173; Niels Steensgaard, "The Dutch East India Company as an Institutional Innovation", in Maurice Aymard (ed.), *Dutch Capitalism and World Capitalism/Capitalisme hollandaise et Capitalism mondial*, Cambridge, 1982, pp.235-257.

たことをきっかけとして，やがてインドに拠点をおくようになった[7]。元来は一回の事業ごとに出資者をつのり，その事業での利益を出資者に返済するようにしていたが，クロムウェルにより，1657年には株主に利潤のみを分配するようになったばかりか，株主は会社経営に参加できるようになった。

　イギリス東インド会社は，現地の商人とも取引をした。その代表例が，アルメニア人であった。アルメニア人は国家なき民であったが，17世紀になるとイランの新ジョルファーを根拠地として，主として陸上貿易で活躍した[8]。サファヴィー朝は，絹の生産地域を支配したからこそ，大きく繁栄したのである[9]。ヴァスコ・ダ・ガマがインドに到着し，16世紀以降インド洋がポルトガル人の海になってから，陸上交易はすたれたように思われがちであるが，現実にはアルメニア人を中心とした陸上交易が活発におこなわれていたのである。たとえば，イギリス東インド会社はアルメニア商人とパートナーシップを結び，ペルシアとの交易をしようと決心した[10]。イギリス東インド会社は，現地の言葉，習慣，当局についてよく知っているアルメニア人を利用した[11]。

　大西洋に目を向けると，ブラジルからカリブ海諸島の港町で，ユダヤ人が住みついた。彼らは 'Port Jew' と呼ばれ，そのほとんどがセファルディムであったと推測される。彼らが，中南米でサトウキビ（砂糖）の栽培（生産）方法を伝え，「砂糖革命」をもたらした中心的人々であっ

---

7)　インドにおける英蘭の競合関係については，Douglas A. Irwin, "Mercantilism as Strategic Trade Policy: The Anglo-Dutch Rivalry for the East India Trade", *Journal of Political Economy*, Vol. 99, No. 6, 1991, pp. 1296-1314；また，以下もみよ。Ann M. Carlos and Stephen Nicholas, " 'Giants of an Earlier Capitalism': The Chartered Trading Companies as Modern Multinationals", *Business History Review*, Vol. 62, No. 3, 1988, pp. 398-419.

8)　イランの歴史とアルメニア人の関係については，Boghos Levon Zekiyan, "The Iranian Oikumene and Armenia", *Iran & the Caucasus*, Vol. 9, No. 2, 2005, pp. 231-256.

9)　Ina Baghdiantz McCabe, *The Shah's Silk for Europe's Silver: The Eurasian Trade of the Julfa Armenians in Safavid Iran and India, (1530-1750)*, Pennsylvania, 1999, p. 2.

10)　R. W. Ferrier, "The Armenians and the East India Company in Persia in the Seventeenth and Early Eighteenth Centuries", *Economic History Review*, 2nd ser., Vol. 26, No. 1 (1973), p. 54.

11)　Muzaffar Alam, "Trade, State Policy and Regional Change: Aspects of Mughal-Uzbek Commercial Relations, C. 1550-1750", *Journal of the Economic and Social History of the Orient*, Vol. 37, No. 3, 1994, p. 214.

た[12]。ヨーロッパの国々が大西洋貿易に参画し，それぞれの貿易＝帝国貿易を拡大させた一方で，大西洋経済が一つの統一体を形成しえたことに，彼らの存在があった。

セファルディムは，アルメニア人とは異なり，拠点をもたないディアスポラの民であった。したがってこの二つのディアスポラの民は，そのあり方が根本的に異なっていたのである。

ヨーロッパ人商人は，アルメニア人やセファルディムを代理商として使ったり，パートナーシップを結んで取引をした。そのため，プリンシパル・エージェンシー関係が生じた。ヨーロッパ外世界とのプリンシパル・エージェンシー関係は，ヨーロッパ内部でのそれとは比較できないほどの困難をもたらした。

東インド会社など近世ヨーロッパの特許会社は自分たちの力だけで商売するということはできず，ディアスポラの民の力を必要としていた。まだ国家の力は小さく，商人と国家の共棲関係があった時代に，このような民の力は大変役に立ったのである。

2　アルメニア人[13]

アルメニア王国は，301年に世界ではじめてキリスト教を国教としたことで知られる。アルメニア正教会は，単性論といわれることもあるが，「自らは単性論派ではなく，むしろ，キリストの二つの本性を不可分とする自身の独特の解釈に従っていると主張した。キリストの人性は強調されなかったものの，それが完全に無視されたのではなかった」[14]というのである。

現在，アルメニア正教徒は約500万人と推定される。彼らの領土は，何度も大きく変わった。しかし一般に「アルメニア」の領域として考え

---

12)　これについては，本書の第3章をみよ。

13)　アルメニア人に関しては，日本では一般にトルコ人によるジェノサイドで知られる。しかし本論では，近世アルメニア人の商業ネットワークの重要性を論ずることを意図しているので，その点については触れられない。

14)　ジョージ・ブルヌティアン著，小牧昌平監訳，渡辺大作訳『アルメニア人の歴史——古代から現代まで』藤原書店，2016年，104頁。

2　アルメニア人　　313

られている領域は，西は小アジアの高原まで，南西はイラン高原まで，
北は南コーカサスの平原，南と南東は，それぞれカカバフの山地とモー
ガンステップ地帯まで広がっている[15]。

　この地は，交通の要所であり，アジアからヨーロッパを人々が陸路で
移動するときに，必ずといってよいほど通らなければならなかった地域
である。アルメニアという国が何度も生まれては消滅したことは，彼ら
がこの地域を拠点としていたことと大きく関係する。

　アルメニア人の国家が最初に誕生したのは，前189年ないし前188年の
ことであった。ローマが，アタシュル１世を，アルメニア王として認め
たのである。しかし同王国は，紀元10年頃までに滅亡した[16]。その後，
アルケサス朝，さらに４世紀末にはササン朝の支配下に入ったものの，
アルメニア正教会をもつなど，独自の文化を発展させていった。

　その後も，いくつかの王朝の支配下にあったが，885年にアショト１
世がアルメニア貴族によって国王に推戴されることになった。それを，
ビザンツ帝国，アッバース朝も追認した。しかし，1064年にはセルジュ
ーク朝によって滅亡させられた。1199年にはレヴォン１世が戴冠され，
キリキア王国（小アルメニア）が成立した。同王国は，1375年まで続い
た。この王国の時代に，アルメニア人は交易の民として広く知られるよ
うになった。

　1606年には，サファヴィー朝のアッバース１世によって，新ジョルフ
ァーが建設され，15万人以上のアルメニア人が，旧ジョルファーからこ
こに移住した[17]。このとき，アルメニア人は国家なき民ではなくなっ
た。すでにこのときには，アルメニア人はユーラシア大陸のいくつもの
地域で商業に従事する民となっていた。アルメニア人の居留地は，中東
を中心として，ヨーロッパにまでおよんだ。たとえばロシアにおいても，
アストラハンを居留地としていた[18]。

　南アジアにおいて，アルメニア人は，イギリスのために，ムガル帝国

　　15）　ブルヌティアン『アルメニア人の歴史』25頁。

　　16）　ブルヌティアン『アルメニア人の歴史』60-70頁。

　　17）　アッバース１世に関する邦語文献として，ディヴィッド・ブロー著，角敦子訳『ア
ッバース大王──現代イランの基礎を築いた苛烈なるシャー』中央公論社，2012年。

　　18）　Cf., Erik Monaham, *The Merchants of Siberia: Trade in Early Modern Eurasia,*
Ithaca and London, 2016, p. 57.

とサファヴィー朝の外交と金融面での交渉で重要な役割を果たし，それは18世紀に至るまで続いたのである[19]。さらにアルメニア人は，その言語能力を生かし，通訳としても活躍したといわれる[20]。ヨーロッパ諸国との商業の発展は，ムスリムであるトルコ人よりもギリシア人とアルメニア人，それにユダヤ教徒の方がはるかに有利であった[21]。

　この時代は，ヨーロッパ人がアジアに進出する時代でもあった。その時代に，アルメニア人がどのような役割を果たしたのか。それについてみていこう。

　アルメニア人は，17世紀においては，おおむね新ジュルファーを拠点として活動した。そして，そのネットワークは，これらの地図に書かれているように非常に広かった。ただし，それぞれの居留地にどの程度のアルメニア人が住んでいたのかは謎である。

　このように多数の居留地をもつ少数民族を研究するときに，貿易統計がなければ——アジア域内の陸上交易の場合それはふつうである——，そのネットワークの重要性を過大視する傾向があるように思われる。すなわち，数少ない荷物を少数の商人が運搬していたとしても，そもそもその貿易に参加している人数も貿易量もわからないので，多くの荷物をたくさんの商人が運んでいたという結論を出したとしても不思議ではないのである。本論においても，この点には留意しなければならない。

　アルメニア人はオスマン帝国の市場に進出し，ヴェネツィア人やジェノヴァ人に取って代わり，有力な外国人商人として活躍するようになった[22]。

　すでに16世紀以来，アルメニア人は絹の貿易商人として有名であった。近世のヨーロッパで紡がれる生糸の大半が，カスピ海沿岸で生産されており，それがイランで絹になった。ヨーロッパで消費される絹は，生糸

---

　19)　Sebouch David Aslanian, *From the Indian Ocean to the Mediterranean: The Global Trade Networks of Armenian Merchants from New Julfa*, Berkerley, 2011, p.4.

　20)　ブルヌティアン『アルメニア人の歴史』。

　21)　永田雄三・羽田正『成熟のイスラーム世界』中公文庫，世界の歴史，第15巻，2008年，257頁。

　22)　Ina Baghdiantz McCabe, "Global Trading Ambitions in Diaspora: The Armenians and their Eurasian Silk Trade, 1530-1750", in Ina Baghdiantz McCabe, Gelina Harlaftis and Ioanna Pepelase Minoglou (eds.), *Diaspora Entrepreneurial Networks: Four Centuries of History*, New York, 2005, p.44.

2 アルメニア人

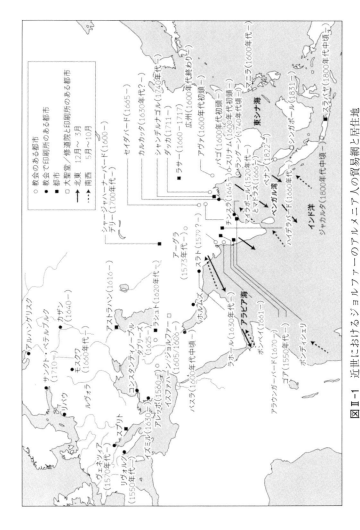

図Ⅱ-1 近世におけるジョルファーのアルメニア人の貿易網と居住地
出典) Sebouch David Aslanian, *From the Indian Ocean to the Mediterranean: The Global Trade Networks of Armenian Merchants from New Julfa*, Berkerley, 2011, p. 84 Map 3 and Map 1.

に換算して毎年20万-25万キログラムであった。そして，ヨーロッパ人が消費する絹の80パーセントがイランから輸入された。その輸送を担ったのがアルメニア人であり，絹との交換で，銀が大量にイランに輸入された[23]。

16-17世紀のイランは，生糸の主要な生産地の一つであった。そして絹を，ヨーロッパ，オスマン帝国，インドに輸出していた。アルメニア人は，レヴァント，ヴェネツィア，リヴォルノ，マルセイユ，アムステルダムへと，絹を輸送した[24]。17世紀のイランは，ロシアとオスマン帝国との貿易収支は黒字であったが，インドとのそれは赤字であった。アルメニア人は，絹と銀の交換を主要な商業活動にしていた[25]。

イランの絹の多くは，アレッポから輸出された。これらのヨーロッパの港に対する輸出量は，ヨーロッパ側の史料で一部ではあれ明らかになっている。それによれば，レヴァントルートでの年間最大輸入量は，1466年のフィレンツェのガレー船の20,000キログラムであった。だが，これは例外的に高い数値であった[26]。けれども，この数値は16世紀後半になると上昇し，ヴェネツィアの輸入額は，年平均12万5,000キログラムを越えた。J・シャルダンによれば，木綿はインドから品質の良いものが流入していたので，綿を生産する誘因はイランにはなかった[27]。

表Ⅱ-1は，イスファハーンを通した輸出額を表したものである[28]。この表によれば，フランス，ついでイングランドへの輸出額が多い。1660年代になると，イズミルに取って代わって，アレッポがイラン製の絹の輸出の中心になり，イングランドが最大の輸出先となった。絹輸出は，さらに増大した。1675年には，イズミル経由で全体として42万2,000キログラムの絹が輸出され，イングランドへは14万6,000キログラ

---

23) Baghdiantz McCabe, "Global Trading Ambitions in Diaspora", p.27.

24) Edmund M. Herzig, "The Volume of Iranian Raw Silk Exports in the Safavid Period", *Iranian Studies*, Vol.25, No.1/2, *The Carpets and Textiles of Iran: New Perspectives in Research*, 1992, p.63.

25) Baghdiantz McCabe, *The Shah's Silk for Europe's Silver*, p.XX.

26) Herzig, "The Volume of Iranian Raw Silk Exports", p.66.

27) J・シャルダン著，岡田直次訳注『ペルシア見聞記』平凡社，1997年，288頁。

28) イスファハーンに関する邦文の研究として，羽田正『シャルダン「イスファハーン誌」研究——17世紀イスラム圏都市の肖像』東京大学出版会，1996年。さらに，以下の文献もみよ。羽田正『冒険商人シャルダン』講談社学術文庫，2011年。

2　アルメニア人　　317

表 II-1　イスファハーンを通した輸出額

（単位：ピアストル）

	1626年	1628年
フランス	527,000	581,400
イングランド	358,100	481,700
ヴェネツィア	184,100	302,100
オランダ	177,500	4,100
非ヨーロッパ	10,500	19,500
合　計	1,257,400	1,388,800

出典）Gy Kildy Nigy, "Dannye k istorii levpo istorii levantin-skoi v nachale XVII stoletiya" *Vostochnye istochniki po istorii Yugo-vostochnoi i Tsentral'noi Evropy* cited in Edmund M. Herzig, "The Volume of Iranian Raw Silk Exports in the Safavid Period", *Iranian Studies*, Vol. 25, No. 1/2, *The Carpets and Textiles of Iran: New Perspectives in Research*, 1992, p. 68.

ムが輸出された。データは乏しいが，16-17世紀のあいだに，絹貿易が増加したことはほぼ間違いない[29]。1610年には，イズミルとアレッポに，それぞれ100世帯と200世帯の家族がいたといわれる[30]。

ロシアとの貿易

　ロシアとの貿易に関しては，アストラハンが中心であった。だが，データが散発的であるばかりか，17世紀最後の四半期に至るまで，量も少なかった。けれども，ジョルファーのアルメニア人とロシア政府のあいだで商業協約が成立したことも手伝い，その後，貿易量は急速に増えた。

　ロシアは，1676年には，アストラハンを通し，41,000キログラムを輸入していた。1712年には，44,000キログラムの生糸がアストラハン経由で輸入された。17世紀末までに，ロシアルートで，かなりの量の絹が輸出されるようになった。1700年には，10万キログラムであったと推計されている。また，ヴォルガ川を航行するルートの開拓により，英蘭の東

---

29)　Herzig, "The Volume of Iranian Raw Silk Exports", pp. 70-71.

30)　Rudolph P. Matthee, *The Politics of Trade in Safavid Iran: Silk for Silver 1600-1730*, Cambridge, 1999, p. 91；また，J・シャルダンは，オランダ人は，17世紀後半に，インド洋経由で，50万-60万リーヴルのペルシア製の絹をヨーロッパまで運んでいた。シャルダン『ペルシア見聞記』295頁。

インド会社，オスマン帝国の両方を混乱させた。オスマン帝国は，1721年，アルメニア人の絹商人がロシアルートではなくレヴァントルートを使わせるために，ロシアルートに5パーセントの税金をかけた。ロシアルートは，レヴァントルートに対する脅威になっていたのである[31]。

さらにアルメニア人は，アルハンゲリスクを通して，大量の絹を輸出するようになった。しかし，1687年には，アルハンゲリスクはその地位をナルヴァに譲ることになった。ナルヴァの台頭は，中継貿易の中心を白海からバルト海に移動させようというスウェーデン政府の政策を反映していた[32]。

インド，チベットと東南アジアとの関係

17-18世紀の国際貿易において，インドはもっとも重要な拠点の一つであった。インドの繊維品と絹糸は，世界市場で最良かつもっとも安価であったので，アジアやヨーロッパのさまざまな地域から多様な商品を求めて，商人がインドにやってきたのである[33]。

アルメニア商人は，ムガル皇帝アクバル（在位1556-1605年）によってインドに誘致されたといわれる[34]。ジョルファー商人は，17世紀前半にインドでもっとも豊かなベンガルに定住した[35]。マドラスは，インド洋のジョルファー商人の貿易ネットワークの中核の一つであった。東南アジア，しかもマニラやアカプルコと取引するジョルファー商人は，マドラスを拠点にした[36]。そしてベンガルは，アルメニア人の重要な商業拠点となり，彼らは，この地を根拠地として，オランダ東インド会社と通商上の競争をした[37]。

---

31) Herzig, "The Volume of Iranian Raw Silk Exports", pp.72-73.

32) Matthee, *The Politics of Trade in Safavid Iran*, p.197.

33) Sushil Chaudhury, "Trading Networks in a Traditional Diaspora: Armenians in India, c.1600-1800", in Baghdiantz McCabe, Harlaftis and Ioanna Minoglou (eds.), *Diaspora Entrepreneurial Network*, p.52.

34) Aslanian, *From the Indian Ocean to the Mediterranean*, p.47；インドにおけるアルメニア人の歴史については，Mesrovb J. Seth, *History of Armenians in India: From the Earliest Times to the Present Day*, London, 1895 (2007).

35) Aslanian, *From the Indian Ocean to the Mediterranean*, p.49.

36) Aslanian, *From the Indian Ocean to the Mediterranean*, pp.51-52.

37) Iaghdiantz McCabe, "Global Trading Ambitions in Diaspora", p.34.

17世紀末になると，明らかに，新ジョルファーのアルメニア人が宮廷で代理人として現れるようになった。アルメニア人の共同体は，アグラで教会と隊商宿を所有していた。

　新ジョルファーのアルメニア人は，インド洋の海上貿易にも従事していた。ボンベイ，マドラス，カルカッタに商館を建設し，17世紀後半には，ボンベイ，さらに18世紀にはカリカットにも商館を立てた。

　彼らは，陸上・海上ルートの両方を貿易ルートとし，インドの国境を越えた。チベットでは，貴金属と中国の金がインドの繊維品，琥珀，真珠と交換されただけではなく，アルメニア人の共同体があった。

　コロマンデルに拠点をおくアルメニア人は，フィリピンとの貿易で重要な役割を果たした。17世紀には，バタヴィアにアルメニアの船舶があったことが記録されている[38]。

3　セファルディム

ヨーロッパ内部におけるセファルディム

　スペインに最初にイスラーム勢力が進行したのは，7世紀のことであった。一時期はイベリア半島のほとんどがイスラームの支配下に入り，8世紀初頭には北部のアストゥリアスだけがキリスト教圏として残った。それ以降，レコンキスタがおこなわれ，イベリア半島から徐々にユダヤ人が追い出されていった。スペインが統一された1492年は，ユダヤ教徒が同国から追放された年でもあった。

　セファルディムは，アルメニア人と違い，中核がないディアスポラの民であった。正確にいうなら，17世紀初頭から18世紀中頃にかけて，アルメニア人は，新ジョルファーを根拠地としたディアスポラの民であっ

---

[38]　Edmund M. Herzig, *The Armenian Merchants of New Julfa, Isfahan: A Study in Pre-modern Asian Trade*, Ph. D. Thesis, Oxford University, St. Antony College, 1991, pp. 147-149；新ジョルファーの貿易組織については，Ina Baghdiantz McCabe, "Silk and Silver: The Trade and Organization of New Julfa at the End of the Seventeenth Century", *Revue des études arméniennes* n. s. 25, 1994-1995, pp. 389-415；シャルダンによれば，アルメニア人は金貸しも営んでいたようであるが，本論ではそれについては触れられない。J・シャルダン著，岡田直次訳注『ペルシア王スレイマーンの戴冠』平凡社，2006年，164-168頁。

補論 Ⅱ　ディアスポラの経済史

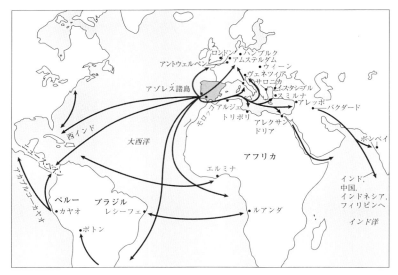

図Ⅱ-2　セファルディムの居留地

出典）Jonathan J. Israel "Empires", in Ina Baghdiantz McCabe, Gelina Harlaftis and Ioanna Pepelase Minoglou (eds.), *Diaspora Entrepreneurial Networks: Four Centuries of History*, New York, 2005, p. 2.

た。それに対し，セファルディムは，おそらくアムステルダムにもっとも多く居住していたが，そのほか，ロンドン，アントウェルペン，リヴォルノなど，いくつもの都市に居留地をもつ，拠点のないディアスポラの民であった。だからこそセファルディムは，図Ⅱ-2にみられるように，アルメニア人よりも多くの地域に広がることができたのである。

　スペインにおけるユダヤ人の人口は，レコンキスタ完成以前の200年間にわたり減少し続け，名目上，1492年にはいなくなった[39]。

　1478年，スペインでは，約20万人のユダヤ人のうち，およそ10万人が改宗を拒否し，10万人がポルトガルに流れた。しかし，ポルトガル国王のマニュエルとスペインのフェルナンド王とイサベラの娘が結婚したため，ポルトガル国王マニュエルは，11か月のうちにユダヤ人を国外に追放すると宣言した。しかしマニュエルは，ユダヤ人の経済的重要性を認識していたので，彼らを何とかして国内にとどめようとし，ポルトガル

---

[39] Ron. D. Hart, *Sephardic Jews: History, Religion and People*, Santa Fe, 2016 p. 92 p. 93.

政府は，1497年3月19日，4-14歳のすべての子どもはカトリックとして
洗礼を受けるという命令を出し，ユダヤ人を国外追放しないでおこうと
したのである[40]。

　このように改宗したニュークリスチャンは，1500年代初頭，最初はア
ントウェルペンに貿易をするために定住しはじめた。彼らは，スペイン
人，ポルトガル人による迫害を逃れて北アフリカ，トルコ，地中海の他
の地域に逃亡した家族たちとの経済的絆を維持した。ただ，このように
スペインとポルトガルの支配を逃れた人々のなかには，決してユダヤ教
を捨てることがないか，その後再びユダヤ教に改宗する人々もいた。こ
うしたニュークリスチャンは，1540年代には比較的自由にアントウェル
ペンで暮らしていたが，この都市がスペイン領になると，そのような自
由はなくなった。

　ニュークリスチャンがアムステルダムに定住するようになったのは，
スペイン国王フェリペ2世が1585年に南ネーデルラントを陥落させたか
らである。しかし，ニュークリスチャンがアムステルダムに居住してい
るという証拠は，1590年代までは見当たらない。おそらくその数は，ま
だ大変少なかった。1598年にアムステルダムの行政長官がニュークリス
チャンの定住について言及した最初の史料が残っている。彼らは現実に
キリスト教徒であり，市民権を付与されることになった[41]。

　その一方で，1579年以降，ニュークリスチャンと隠れユダヤ人
（Crypto Jews）が，イベリア半島とスペイン領ネーデルラントから逃げ
出し，アムステルダムとオランダ共和国に居住するようになったという
意見もある。しかし，たとえそうだとしても，このときはまだ宗教的自
由は現実には実現されておらず，20年間にわたり，アムステルダムに居
住するポルトガル系ユダヤ人は，ユダヤ人であることを隠さなければな
らなかった。とはいえ，オランダ人は，その多くが改革派教会に属して
いたにもかかわらず，ユダヤ人を迫害する気はなかったようである。そ
れは，ユダヤ人がもたらす富のためであった。17世紀になると，ユダヤ

　40）　Rachel Erika Snyder, "The Portuguese Jewish Community in Amsterdam during
the First Century of the Dutch Republic", NEH Seminar For School Teachers, 2013, London
and Leiden, p.3.

　41）　Snyder, "The Portuguese Jewish Community in Amsterdam", p.3.

図Ⅱ-3 ヨーロッパ内部でセファルディムが居住する主要都市
出典）Francesca Trivellato, *The Familiarity of Strangers: The Sephardic Diaspora, Livorno and Cross-Cultural Trade In Early Modern Period*, New Heaven, 2009, p.44, Figure 2.1.

人はオランダ共和国にさらに受け入れられるようになり，1639年には，公にユダヤ教を信仰することが許されるようになったのである。ユダヤ人は，アムステルダムで積極的に経済活動に従事した[42]。

　セファルディムは，ハンブルクにも居住するようになった。16-17世紀のハンブルクでは，すでにポルトガル系・スペイン系の名前がみられた[43]。17世紀初頭には，アムステルダムから，ポルトガル系・スペイン系の人物が，ハンブルクにまで来ていたようである[44]。ハンブルクも宗教的寛容の都市であり，セファルディムは市民権は取得できないものの，商業に従事することはできた。そのため，迫害を逃れてこの地に到来する商人もいた。ヘルマン・ケレンベンツによれば，ハンブルクの

　42）　アムステルダムのユダヤ人の経済活動については，Herbert I. Bloom, *Economic Activities of the Jews of Amsterdam in the Seventeenth and Eighteenth Centuries*, Port Washington, New York and London, 1937.

　43）　Hermann Kellenbenz, "Spanien, die nordischen Niederlande und der skandinavisch-baltische Raum in der Weltwirtschaft und Politik um 1600", *Vierteljahrschrift für Sozial-und Wirtschaftsgeschichte*, Beiheft, Bd. 41, 1954, S.13.

　44）　Kellenbenz, "Sephardim an der unteren Elbe", S.43.

ポルトガル人の仲介商人の比率は，アムステルダムのそれより多かったのである[45]。またハンブルクは中立都市であったので，戦争になるとアムステルダムからハンブルクに来て取引するユダヤ人商人もいたといわれる。

　また，ジョナサン・イズラエルは，17世紀から18世紀前半にかけ，ユダヤ人はヨーロッパのグローバルな海洋帝国形成に大きく関与していたという。その中心となる都市は，アムステルダムとリヴォルノであった[46]。

大西洋におけるセファルディム

　すでに第3章で述べたように，セファルディムは大西洋貿易において大いに活躍した。スペイン，ポルトガルの新世界への進出とともに，より自由な土地での活動を求め，セファルディムが大西洋貿易に従事し，さらに新世界に移住したことは間違いない。

　16世紀後半から，ユダヤ人とコンベルソが，ポルトガル，ブラジル，さらにオランダとのネットワークを形成していった。

　しかし，大西洋貿易における彼らの役割は，18世紀になると弱まっていった。それは，各国の軍事力が強くなり，大西洋が戦場となっただけではなく，国家の大西洋貿易への介入度が高くなったためだと考えられる。そうなると，国家からの独立度が強いセファルディムの立場は弱体化することになった。

　しかもセファルディムは，新世界に住みつくようになった。とすれば，次第にヨーロッパの商人たちとのコネクションは弱まっていった。したがって，国境を越えたネットワークをもつセファルディムのレーゾンデートルが失われていったのである。

　西セファルディム（ニュークリスチャンとして知られるイベリア系ユダヤ人の一部であり，スペインからは1492年に，ポルトガルからは1497年に追

---

45)　Kellenbenz, "Sephardim an der unteren Elbe", S. 200.

46)　Jonathan I. Israel, "Diasporas Jewish and the World of Maritime Empires", in Ina Baghdiantz McCabe, Harlaftis and Ioanna Minoglou (eds.), *Diaspora Entrepreneurial Networks*, pp. 4-5：また，重商主義時代のヨーロッパのユダヤ人に関する基本的著作として，Jonathan I. Israel, *European Jewry in the Age of Mercantilism 1550-1750*, Oxford, 1985.

324 補論 Ⅱ　ディアスポラの経済史

放された）は，ディアスポラにより，海上ルートでの移動を中心として，国際貿易，海運業，金融業で大いに栄えた。彼らは，諸帝国のエージェントとなることもあれば，それらの犠牲者となることもあった[47]。だが，18世紀中頃になると，大西洋におけるセファルディムのネットワークは弱体化した[48]。

インドとの関係

そのため全体として，セファルディムのネットワークは東方にシフトしたように思われる。もともとポルトガルが取引していたダイヤモンドを，リヴォルノ在住のセファルディムが取り扱うようになり，その対価として地中海のサンゴを輸出するようになったのである。

フランチェスカ・トリヴェラートは，リヴォルノのセファルディムが地中海のサンゴをインドのヒンドゥー教徒に輸出し，ヒンドゥー教徒がダイヤモンドをセファルディムに輸出したことを跡づける著書を出版した。

トリヴェラートによれば，インド洋でのヨーロッパの貿易が増加したので，地中海のサンゴの重要性が高まった。そもそもヨーロッパからアジアに輸出できる商品はほとんどなく，赤サンゴの需要はきわめて割合が高かったからである。

さまざまな種類のサンゴが，ポルトガル船に積載されてゴアに到着した。サンゴはまた，西アフリカで奴隷を購入するためにも使用された。サンゴはさらに，白海のアルハンゲリスクにまで輸出された[49]。18世紀中頃になると，リヴォルノが，世界のサンゴ貿易と製造の中心地になった。一箇所にサンゴの採取から製造までのすべての過程が集中することで，サンゴ輸出のコストは大幅に低下した[50]。

インド亜大陸は，1728年にブラジルからの最初のダイヤモンド輸送がおこなわれるまで，ダイヤモンド生産の中心地であった[51]。さらに，

47）　Israel, "Diasporas Jewish and the World of Maritime Empires", pp.4-5.

48）　Israel, "Diasporas Jewish and the World of Maritime Empires", p.23.

49）　Francesca Trivellato, *The Familiarity of Strangers: The Sephardic Diaspora, Livorno and Cross-Cultural Trade In Early Modern Period*, New Heaven, 2009, pp.225-226.

50）　Trivellato, *The Familiarity of Strangers*, p.227.

51）　ダイヤモンドの貿易については，Gedalia Yogev, *Diamonds and Coral: Anglo-*

3 セファルディム

そのなかでもっとも重要な場所はインド中央部のゴルコンダであった。ポルトガルは当初からインドのダイヤモンドに目をつけていた。インドのダイヤモンドは，レヴァント経由でヨーロッパに送られた。中世においては，インドのダイヤモンドのほとんどはヴェネツィアでカットされ，研磨され，いくらかはアントウェルペン，リスボン，パリに送られた。このように，ポルトガルとヴェネツィアは競合関係にあった。

1660年代になると，イギリス東インド会社では，私貿易商人にインドからイングランドにダイヤモンドを輸入させた。イギリス東インド会社は，私貿易商人に金を貸し，彼らがダイヤモンド貿易に従事することを促進したのである。イギリス東インド会社はまた，サンゴのインドへの輸出にも従事した。

セファルディムは，アルメニア人と異なり，ダイヤモンドの世界市場での不規則な取引に必要ないくつかの要素を兼ね備えていた。秘密を厳守し，高い水準で協力・接近・統合し，情報を利用し，長距離貿易での長期の信用を提供し，貿易形態の地理的変化に対応することができた。彼らは家族企業を経営していたので，徒弟がいなくても，専門的知識を伝達することができたのである。

17-18世紀において，西セファルディムは，ディアスポラがもたらしたヨーロッパにおける地理的問題のために，サンゴとダイヤモンドの貿易をおこなったばかりか，それに影響されるようになった。リヴォルノは，マルセイユとジェノヴァに取って代わってサンゴ貿易と製造の中心になり，アントウェルペンに取って代わり，アムステルダムがダイヤモンドのカットと研磨の中心になった。セファルディムはダイヤモンド産業をコントロールし，増大していたアシュケナージの避難民を雇用したのだ。セファルディム—イタリア人—ヒンドゥー教徒が連合することで，非常に大きな商業ネットワークが形成された[52]。

Dutch Jews and Eighteenth Century Trade, Leicester, 1978; Tijl Vanneste, *Global Trade and Commercial Networks: Eighteenth-Century Diamond Merchants*, London and New York, 2016.

52) Trivellato, *The Familiarity of Strangers*, p.234-248.

4　セファルディムとアルメニア人のネットワークの違い

　セファルディムは，近世においてもっとも柔軟性があり，広範囲にお
よぶネットワークを有した。このネットワークは，近世の広大な帝国を
網羅した。オスマン，ヴェネツィア，ポルトガル，スペイン，オランダ，
イギリス，フランスの諸帝国である。ネットワークという点でみると，
アルメニア人よりも広かった。そして，この二つのネットワークには，
二つの点で大きな差異があった。第一に，セファルディムの活動の中心
は当初大西洋であり，インド洋ではなかった，それは，新ジョルファー
を拠点としたアルメニア人と違っていた。

　第二の差異は，セファルディムは求心力がある特定の中心があるわけ
ではなかった。セファルディムは，ネットワークの中核があったわけで
はなく，いくつもの中心があった。リスボン，アムステルダム，リヴォ
ルノ，ハンブルク，ロンドン，サロニカ，イスタンブルがそれに含まれ
る。このように，特定の中核がないということは，突発的な出来事があ
ったときのリスクヘッジになった。

　セファルディムのネットワークは，中世のスペインとポルトガルに起
源があったが，1492年にスペインからユダヤ人が追放されてから，本格
的に拡大した。アシュケナージ（東欧のユダヤ人）とは異なり，何度も
迫害されたにもかかわらず，セファルディムは，他のユダヤ人よりは恵
まれていた。1492年に追放されるまで，ユダヤ人の多くは，強制的にキ
リスト教に改宗させられていた。追放されたユダヤ人のほとんどは，ス
ペインのオスマン帝国領内に逃れ，サロニカやイスタンブルに居住した。
あるいは，ポルトガルで，1497年にニュークリスチャンとして洗礼させ
られた[53]。

　セファルディムは，貿易形態の変化と大きく関係していた。1550年に，
ポルトガルの隠れユダヤ人は，ブラジル，インド，西アフリカ，低地地
方にニッチを見出した[54]。オスマン帝国に避難したセファルディムは，

---

　53)　Aslanian, *From the Indian Ocean to the Mediterranean*, pp.226-227.

　54)　Cf., Jonathan I. Israel, *Diasporas Within a Diaspora: Jews, Crypto-Jews, and the*

ヴェネツィア人，ジェノヴァ人，フィレンツェ人に取って代わり，帝国の庇護をえた。1580-1640年のスペインとポルトガルの合同は，セファルディムのネットワーク拡大にとってもっとも重要な出来事であった。ポルトガルのコンベルソがスペイン経由でスペイン領アメリカに移住することになったのである。ポルトガルの隠れユダヤ人は，ヌエバエスパーニャとペルーにまで勢力を拡大することができた[55]。

セファルディムのネットワークの特徴は，その海上ルートでの発展にあった。この点で，新ジョルファーのアルメニア人とは大きく違っている。セファルディムの世界貿易への参画は，17世紀後半から18世紀前半において頂点に達した。そのときの二つの中心は，リヴォルノとアムステルダムであった。この二都市と比較すると，ロンドンの重要性は劣った。ロンドンは，セファルディムがマドラスのサンゴとダイヤモンドの交換をするために重要であった。イギリス東インド会社の独占権は，ダイヤモンドにまではおよんでいなかったのである。ロンドンのセファルディムは，このときに，リヴォルノのセファルディムの助力をえることができた[56]。

お わ り に

セファルディムとは異なり，新ジョルファーのアルメニア人は，委託代理商よりもコンメンダ代理商を利用した[57]。コンメンダとは，商業上の契約のための資本を所有する定住商人と労働力を有する代理人との契約である。コンメンダ代理商は長距離を移動し，利益の出る商売をしようとした[58]。

コンメンダ契約を結ぶことで，新ジョルファーの商人は，さまざまな

World of Maritime Empires 1540-1740, Leiden 2002.

 55) Aslanian, *From the Indian Ocean to the Mediterranean*, p.227.

 56) Aslanian, *From the Indian Ocean to the Mediterranean*, p.228.

 57) Trivellato, *The Familiarity of Strangers*, p.150.

 58) Aslanian, *From the Indian Ocean to the Mediterranean*, pp.138-139；アルメニア人のコンメンダ代理商については，Herzig, *The Armenian Merchants of New Julfa, Isfahan,* Chap.3をみよ。

補論 Ⅱ　ディアスポラの経済史

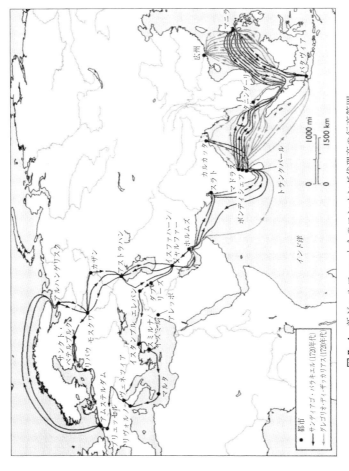

図Ⅱ-4　新ジョルファーからのコンメンダ代理商の行商範囲

出典）Aslanian, *From the Indian Ocean to the Mediterranean*, p. 143, Map 4.

おわりに

地域と取引をした。図Ⅱ-4は，新ジョルファーからのコンメンダ代理商の旅行記録である。これはそのまま，彼らの商業ネットワークの広さを示す。

フランチェスカ・トリヴェラートの研究によれば，少なくともリヴォルノのエルガス＆シルヴェラ商会（Ergas & Silvera）がインドと貿易をするとき，委託代理商を利用したようである[59]。そのため当然，プリンシパル・エージェンシー関係が生じた。

プリンシパル・エージェンシー関係とは，いうまでもなく，依頼人（プリンシパル）とエージェンシー（代理人）のあいだの関係である。プリンシパルは，エージェンシーに商行為をゆだねる。しかし，エージェンシーがプリンシパルの期待にそくした行動をするとはかぎらないので，エージェンシーがプリンシパルとの契約をどうすれば裏切らないのかなどが研究の対象となる。

非常に長距離の貿易をおこなうにあたっては，プリンシパルがエージェンシーを管理することはかなり困難であるばかりか，別のエージェンシーを見つけることも難しい。そもそも，プリンシパルがエージェンシーをうまく管理できるとは期待できない。

しかし，アルメニア人と違い拠点をもたないセファルディムは，リヴォルノにいたとはいえ，定住商業を営んでいたわけではないので，よりリスクの高い委託代理商を利用するほかなかったように思われる。プリンシパルである彼らは，エージェンシーとして委託代理商を利用せざるをえなかったのである。

では，アルメニア人やセファルディムはなぜ近世においてこれほど国際的に活躍したのか，まとめておこう。

この時代は，ヨーロッパが積極的に対外進出した時代であった。そのための機関として，英蘭の東インド会社などがあった。けれども，これらの会社は，決して単独で商業ができたわけではなく，現地の商人と協同する必要があった。新ジョルファーのアルメニア人も，セファルディムも，英蘭の東インド会社と協同で事業をしたことがあった。そればかりか，現地の商人自身も，コンメンダ契約や委託代理商を用いて，商業

---

59) Trivellato, *The Familiarity of Strangers*.

を拡大させたのである。それは，ヨーロッパの対外進出とも大きく関係していた。すなわち，特許会社は，現地の商人を利用したばかりか，その商人も特許会社を利用して商業をしていたのである。

重商主義社会とは，国家と商人との共棲時代であった。ヨーロッパ諸国が設立した特権商事会社も，その独占力は決して強くはなく，現実には抜け穴だらけであり，彼らを出し抜いた密輸は簡単であったし，現地商人との商業上の協同作業もしなければならなかった。おそらくそのためにもっとも重要だったのが，アルメニア人とセファルディムだったのである。

重商主義社会において，彼らのネットワークも拡大した。ヨーロッパの対外進出とは，その主流とはいえない人々のネットワークも世界的に拡大させたのである[60]。そのような人々とヨーロッパは互いに結びつき，相互依存関係を強めた。これが，重商主義社会の特徴であった。それが明らかにヨーロッパ側の優位に変わるのは，19世紀の帝国主義時代のことであった。

---

[60] 本論では触れられていないロシアからアジアの商人ネットワークについては，森永貴子『イルクーツク商人とキャフタ貿易——帝政ロシアにおけるユーラシア商業』北海道大学出版会，2010年。さらに，時代は少しあとになるが，塩谷昌史『ロシア綿業発展の契機——ロシア更紗とアジア商人』知泉書館，2014年。

第 7 章

世界を変えたイギリス帝国と情報
——蒸気船と電信——

は じ め に

　グローバル・ヒストリアンとして名高いパトリック・オブライエンによれば，フランスとの1世紀以上にわたる戦争ののち，イギリスは1815年にヘゲモニー国家になった[1]。ただし，オブライエンがいう「ヘゲモニー」とは，ヨーロッパの政治経済で他国よりもはるかに強力になったという程度の意味であり，ウォーラーステインのいうヘゲモニーとは異なる。

　1815年以降，イギリスは帝国主義政策を推し進め，文字通りの世界帝国になっていった。近代世界システム論にもとづくなら，イギリスはオランダのあとでヘゲモニー国家になった。それは，私の表現を使うなら，あるいはスーザン・ストレンジの理論にもとづくなら，世界商業の規範を決定する構造的権力をもつようになったということなのである。

　1415年にセウタを攻略してから400年以上かかって，ヨーロッパ諸国のなかで，イギリスがそのような地位にたどり着くことができたのである。

　図7-1は，1921年時点のイギリス帝国の地図を表したものである。イギリスが，いかに広大な領土を有していたのかがわかるであろう。19-20世紀初頭の世界史の特徴としてもっとも重要なことの一つに，イギリ

---

　1)　たとえば，パトリック・オブライエン著，秋田茂・玉木俊明訳『帝国主義と工業化——イギリスとヨーロッパからの視点』ミネルヴァ書房，2000年。

332　第7章　世界を変えたイギリス帝国と情報

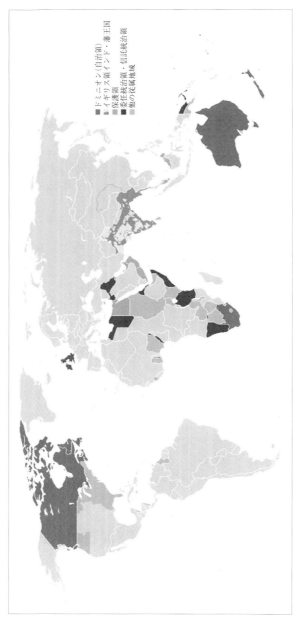

図7-1　イギリス帝国地図（1921年時点）

333

図7-2　オランダ海洋帝国

334 第7章 世界を変えたイギリス帝国と情報

ス帝国の存在があることはいうまでもないであろう。

　イギリスは，ここにあげた植民地やドミニオン（自治領）だけではなく，政治的には植民地ではないが，経済的には植民地同然であるという中国のような半植民地もその経済圏に加えた，文字通りの世界帝国を形成した。さらに，イギリスの半植民地であったラテンアメリカへの投資額がかなり多かったことも知られる[2]。

　より正確にいえば，1893-1913年のイギリスの投資先として重要な国は，第1位がアメリカ合衆国，ついでカナダ，南アフリカ，アルゼンチン，オーストラリア，インドであった[3]。また，国債への投資が全体の36パーセント，鉄道への投資が全体の32パーセントを占めた[4]。

　比較的最近までの研究では，イギリスは，国家が経済に介入することがなく，自生的に経済を成長させ，産業革命を成し遂げた国だとされていた[5]。社会に対する国家の介入は最小限にするという「夜警国家」がイギリスの特徴であったとされていた。ところが現在の研究では，イギリスは，国家が自国経済に介入したからこそ，経済が成長したのだという意見の方が強い。その最たる例が，パトリック・オブライエンである。彼は，その長い研究者生活で，絶えずこの点を強調してきた。

　また，スウェーデンの経済史家ラース・マグヌソンは，国家は，産業活動を保護し，経済成長率を高めるために，重要な機能を果たしているという。マグヌソンはこれを，「国家の見える手」[6]と呼んだ。イギリスは，政府が経済活動に介入することで産業革命に成功し，19世紀に経済成長も果たしたというのだ。イギリスのヘゲモニーは，国家があまり大きな役割を演じなかったオランダのヘゲモニーとは，大きく異なる。

　最初の世界的海洋帝国はポルトガルであった（図6-6を参照）。オランダも世界各地に進出したけれども，その広がりは，ポルトガルほどでは

　2）　この時代のイギリスの国際投資については，S・B・ソウル著，堀晋作・西村閑也訳『世界貿易の構造とイギリス経済——1870-1914』法政大学出版局，1974年。

　3）　Irving Stone, *The Global Export of Capital from Great Britain, 1865-1914*, London and New York, p.9.

　4）　Stone, *The Global Export of Capital from Great Britain, 1865-1914*, p.21.

　5）　もっとも代表的な例が，大塚久雄『近代欧州経済史序説』上，時潮社，1944年。

　6）　ラース・マグヌソン著，玉木俊明訳『産業革命と政府——国家の見える手』知泉書館，2012年。

ないように思われる。それは，オランダ海洋帝国の広がりを示した図7-
2からも読み取れるであろう。

　ここにみられるように，オランダの植民地は，東南アジアに集中して
おり，アメリカ大陸やアフリカにはほとんどない。たしかにアジアでは
インドネシアを長く領有したが，大西洋貿易ではポルトガルほどには活
躍しなかった。オランダ東インド会社はアジア経済で大きな役割を果た
した。それとともに，ポルトガル商人の私的なネットワークも広大であ
った[7]。

　近代世界システムの母体となり，「最初の近代経済」と呼ばれ[8]，そ
の立場に立つなら，世界ではじめて持続的経済成長を遂げたのはオラン
ダであったと思われるが，世界システム論からみれば，それはあくまで
ヨーロッパの内部での出来事にすぎなかった。より正確には，オランダ
の植民地は，なお世界システムの内部には入っていなかったと考えるべ
きであろう。

　ウォーラーステインの理論では，国際分業体制のなかに組み込まれる
ことが，世界システム内部に入れられることを意味する。単にアジアの
商品がヨーロッパに来たからといって，アジアがヨーロッパ世界経済の
一部になるわけではない。

　ポルトガルの海外進出は，ポルトガルによる世界規模での支配＝従属
関係をもたらしたわけではない。ヨーロッパの商業慣行をアジアに押し
つけることに成功したことは，ヨーロッパの影響力の拡大は意味しても，
なお支配＝従属関係の成立はなかったと考えられよう。重商主義社会に
おいては，ヨーロッパ諸国は，ヨーロッパ外世界と支配＝従属関係にな
れるほどの経済力はなかった。あるいは，ゲームのルールを押しつける
ほどの力を有してはいなかった。

　17世紀において，商業・経済面でのゲームのルールを決めたのはオラ
ンダであった。オランダは，商業資本主義の時代にヨーロッパ最大の海
運国家であった。多くの国々はオランダの船舶を利用しなければ商業活
動を遂行できなかった。そういう点では，この時代にゲームのルールを

　7）　これについては，本書の第5章をみよ。
　8）　Jan de Vries and Ad van der Woude, *The First Modern Economy : Success, Failure,
and Perseverance of the Dutch Economy, 1500-1815*, Cambridge, 1997.

決定したのは，オランダが商業情報の拠点だったことに加えて，海運業ないし輸送業の中心であったからだといえよう。

だがオランダは，ヨーロッパ経済内部においてのみ支配＝従属関係を実現できたにすぎない。オランダ人はとくに東南アジアで活発に商業活動に従事していたものの，アジアを従属させることができるほど強い経済力をもってはいなかった。オランダのイデオローグともいえるグロティウスは『海洋自由論』のなかで，ヨーロッパにおいては自由貿易を主張していたのにもかかわらず，アジアでは保護貿易を提唱した。これは，アジアがオランダを中核とする世界経済のなかには入っていなかったことの傍証となろう。ヨーロッパではアジア（中東を含め）やアフリカを世界システムに組み込んだのは，帝国主義時代のイギリスであった。

ではイギリスは，どのようにしてそれを実現したのだろうか。

オランダやポルトガルとは異なり，イギリスの情報流通には，商人ではなく，国家が大きく関与した。イギリス帝国は，決して「商人の帝国」ではなかった。イギリス帝国とは，電信によって維持される帝国であった。電信の敷設は，国家の軍事政策と大きな関係があった。海外の電信敷設を担ったのは私企業であったが，電信によって，帝国の一体化がはかられたのである。電信を，「見えざる武器」と呼んだのは，イギリス史家ヘッドリクであった[9]。この武器で，イギリスは世界制覇をすることができたのである。国際貿易商人の世界を，イギリス帝国というシステムのなかに組み入れることに成功したのである。

イギリスは，世界中に蒸気船の商船を送った。20世紀初頭においては，世界の船舶のトン数の半分がイギリス船であった[10]。さらに海上保険[11]，さらにはそれに対する再保険の世界的な中心であった。そしてイギリスは世界の電信の大半を敷設した。電信により，世界の多くの商業情報はイギリス製の電信を伝って流れた。電信のおかげで，イギリスは世界の情報の中心となったばかりか，あとで述べるように，送金をお

---

9)　D・R・ヘッドリク著，横井勝彦・渡辺昭一監訳『インヴィジブル・ウェポン――電信と情報の世界史　1851-1945』日本経済評論社，2013年。

10)　Peer Vries, *Escaping Poverty: The Origins of Modern Economic Growth*, Vienna, 2013, p.32.

11)　この時代の海上保険の実務としては，Frederick Templeman, *Marine Insurance: Its Principles and Practice*, London,1923（2010）をみよ。

こなうことをはじめとする[12]，さまざまな経済的利益をえることができたのである。

　電信は，たしかに世界の商業情報の流通スピードを飛躍的に増加させた。そのため取引コストは大きく削減され，世界経済の成長に大きく寄与した。しかしそれと同時に，イギリスは，世界経済の活動を自国の利益にできるようなシステムを構築したのである。スーザン・ストレンジに倣うなら，イギリスは，構造的権力を手に入れることができた。

　本章の課題は，それを証明することにある。

1　海運業の発展

縮まる世界

　15世紀以降，ヨーロッパは対外的拡張を遂げた。それにより，ヨーロッパ世界は大きく変わった。貧しかったヨーロッパ人の食卓には，新世界からの穀物や砂糖，コーヒー，アジアからの紅茶などが並ぶことで，だんだんと豊かになっていった。それは，ヨーロッパ人の生活を大きく変えた。ときに歴史家はこれを，「生活革命」と呼ぶ。

　しかしヨーロッパの対外的進出があったとはいえ，通信速度のスピードアップには簡単にはつながらなかった。フィンランドの海事史家の泰斗イルヨ・カウキアイネンの研究によれば，18世紀まで，ヨーロッパ船の速度はあまり変化しなかったとされている[13]。19世紀になってようやく船舶のスピードアップが実現した。だが，スピードアップと，船がそれ以前よりも確実に早く到着予定港に入港するということは，必ずしも同じことではない。帆船は，たとえスピードアップしたとしても，風向きや天候の影響を受けやすく，その速度は，決して安定していたわけではない[14]。

---

　12)　鈴木俊夫「第4章　国際銀行とロンドン金融市場」西村閑也・鈴木俊夫・赤川元章編『国際銀行とアジア　1870-1913』慶應義塾大学出版会，2014年，223-314頁。

　13)　Yrjö Kaukiainen, "Shrinking the world: Improvements in the Speed of Information Transmission, c. 1820-1870", *European Review of Economic History*, Vol. 5, 2001, pp. 1-28.

　14)　この点については，本書の208頁をみよ。

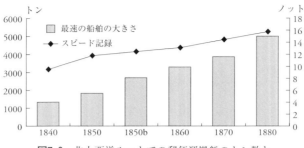

図7-3 北大西洋ルートでの郵便運搬船のトン数と
スピードの記録
出典）セイヤ-リータ・ラークソ著，玉木俊明訳『情報の世界史——外国と
の事業情報の伝達　1815-1875』知泉書館，2014年，208頁，図29

　比較的安定した速度を出すことができたのは，蒸気船であった[15]。蒸気船は，少なくとも帆船ほどには，風の向きや天候の変化による影響は受けなかった。そうすると，「航海の確実性」が大きく増大することになった。時間通りに到着するということが，だんだん当たり前になっていった。それは，事業情報入手の確実性ということも意味したのである。

　図7-3は，北大西洋における最速の船舶の大きさとスピード記録を示したものである。19世紀を通じて，どちらも上昇していることがわかる。

　19世紀後半になると，遠洋航海の場合，明らかに帆船よりも蒸気船の方が頻繁に使用されるようになった。イギリスの港を出入りするイギリス船に占める蒸気船の比率は，1860年が30.1パーセント，1870年が53.2パーセント，1880年が74.9パーセント，1890年が90.8パーセントと，急速に上昇した[16]。そして，航海に必要な日数は，確実に減少していった。

　表7-1は，1820年代から70年代にかけて，ブラジル（リオデジャネイロ）-イギリス（ファルマス/サザンプトン）間での情報伝達のスピードの変化を示す。ここで驚くべきは，航海時間が大きく減少したのは，1850

15）　イギリスの初期の蒸気船については，John Armstrong and David M. Williams (eds.), *Research in Maritime History*, No.47, *The Impact of Technological Change: The Early Steamship in Britain*, St. Johns, 2011.

16）　Ronald Hope, *A New History of British Shipping, 1990*, London, p.302, Fig.6.

1　海運業の発展

表7-1　ブラジル（リオデジャネイロ）-イギリス（ファルマス／サザン
　　　　プトン）間の帆船・蒸気船・電信による情報伝達の日数

年	情報伝達の手段	情報伝達の日数（年平均）
1820	ファルマス郵便用帆船	62.2日間
1850	ファルマス郵便用帆船	51.9日間
1851	ロイヤルメール　蒸気船	29.7日間
1859	ロイヤルメール　蒸気船	25.2日間
1872	ロイヤルメール　蒸気船	22.0日間
1872	イギリスからリスボンへの電信と リオ・デ・ジャネイロへの蒸気船	～18日間
1875	電信	～1日間

出典）S-R・ラークソ著，玉木俊明訳『情報の世界史——外国との事業情報の伝達
　　1815-1875』知泉書館，2014年，379頁，表63から作成。～は，推測。

年代であり，しかもそれが汽船ではなく帆船によって可能になったこと
である。航海日数が，10日間も短縮している[17]。

　ところが，1851年には，さらに大きな変化が訪れる。それは，帆船か
ら，蒸気船に変わったことが最大の理由であった。リオデジャネイロか
らファルマスまで郵便用帆船が航海するのに52日間必要だったのに対し，
蒸気船であれば，30日間すらかからなくなったのである。日数だけで計
算するなら，これは1875年に海底ケーブルが敷設されたとき以上の突然
の変化であった。さらに，電信の誕生により，情報伝達の日数は，たっ
た1日間にまで短縮された。帆船から蒸気船になり，やがて電信に通信
手段が変化することにより，情報伝達のスピードは大きく改善されたの
である。

　これが世界全体の傾向をどの程度示すのかは不明であるが，帆船から
汽船，そして電信による情報伝達のスピードアップを，かなりの程度浮

　17）　このように，情報伝達のスピードアップは，なにも帆船から汽船へという船舶の転
換だけが重要だったわけではない。帆船の時代にも，スピードアップは十分に可能であった。
ある商品を港で別の船に載せ替えるとしよう。そのときに，本来ならその商品が載せられる
予定だった船が，すでに出港しており，次の船を待たなければならないということは，決し
て稀ではなかった。要するに，船と船との接続をよくすれば良いのである。そうすることで
スピードアップが実現された場合もあった。これは，航海技術の進歩や帆船から汽船へとい
うイノヴェーションによるものではなく，情報伝達技術の発展のためであった。海運業の経
営改善により，経済成長が生み出された事例として重要である。海運業と経済成長の関係に
ついては，以下をみよ。Richard W. Unger （ed.）, *Shipping and Economic Growth 1350-
1850*, Leiden, 2011.

き彫りにしているものと思われる。

蒸気船が変えたアジア

　世界ではじめて蒸気船を使用したのはフランス人であったが，その使用を世界的規模で展開したのはイギリス人であった。松浦章の研究によれば，19世紀前半にイギリスの蒸気船が上海に来航したのをきっかけに，清国では，1872年に中国独自の汽船会社である輪船招商局がつくられた。日本では，1885年，日本郵船会社が創設される。これらが，アジアの二大汽船会社であり，欧米の汽船会社と競争することになった。

　中国における伝統的な海上航行の主力は帆船であったが，20世紀になると，欧米の汽船会社が中国沿岸で活動するようになる[18]。1904年9月-10月のデータをみると，上海からの北洋航路の最大の目的地は，山東半島の烟台であり，それに次ぐのは天津であった。中国系の汽船会社が主流であり，イギリス系が続いた。

　それにさかのぼり，ドイツは1898年に山東半島南岸の膠州湾を租借地とした。そしてドイツの海運会社ハンブルク-アメリカンラインが，青島をアジアへの進出拠点とした。さらに青島から上海や天津とのあいだで蒸気船を航行させたのである[19]。

　このように，中国においても，蒸気船の勢力はどんどん拡大していった。上海-杭州間の旧式民船（帆船）は，小型汽船に取って代わられるようになった。汽船は，内陸河川でも使われるようになった。水路交通を利用して蘇州から上海に赴くのに，順調であれば民船によって4-5日間で到着可能であるが，逆風であればそれ以上の日数が必要であった[20]。

　非常に交通量の多い上海-寧波航路も，さらには上海-漢口航路も，中国の海運会社ではなく，アメリカとイギリスの会社が支配した。このように，東アジアに蒸気船が入ってきたため，輸送量は増え，輸送日数は

---

　18)　この時代の中国貿易については，濱下武志『中国近代経済史研究——清末海関財政と開港場市場圏』汲古書院，1989年。濱下武志『近代中国の国際的契機』東京大学出版会，1990年。
　19)　松浦章『汽船の時代——近代東アジア海域』清文堂，2013年，268-281頁。
　20)　松浦章『汽船の時代』325頁。

1 海運業の発展

表7-2 中国の港に入港する遠洋航海の船舶のトン数（蒸気船）

（単位：1,000トン）

年度	イギリス船	フランス船	ドイツ船	日本船	中　国	全　体
1872	652	58	81	－	－	945
1882	1,463	80	182	97	86	2,023
1892	2,439	124	363	218	147	3,460
1902	3,627	316	1,024	1,224	379	7,224
1912	4,931	600	1,310	2,991	2,006	12,848

出典）Hsiao Liang-lin, *China's Foreign Trade Statistics, 1864-1949*, Cambridge Mass., 1974, pp. 226-231.

表7-3 中国の港を入港する沿岸航海のトン数（蒸気船）

（単位：1,000トン）

年度	アメリカ船	イギリス船	ドイツ船	日本船	中　国	全　体
1872	1,633	1,330	223	－	18	3,303
1882	64	3,956	257	－	2,300	6,679
1892	36	7,220	371	98	3,113	11,240
1902	466	9,789	2,588	2,455	4,263	19,749
1912	556	14,103	1,775	6,930	6,584	30,144

出典）Liang-lin, *China's Foreign Trade Statistics*, pp. 240-245.

大幅に低下した。ジャンク船はなおみられたが[21]，東アジアの物流を大きく変えたのは，蒸気船であった。

　それを明確に示すのが，表7-2と表7-3である。前者は，中国の港を出入りする遠洋航海の船舶数とその比率，後者は，中国の港を出入りする沿岸航海の船舶数とその比率を示す（蒸気船のみ）。

　どちらも，イギリス船の比率が高いことがわかる。しかしその一方で，遠洋航海の場合，ドイツ船が若干増加傾向にあり，20世紀になると，中国船が大きく上昇していることがわかる。ドイツ船の増加は，1885年に北ドイツロイドが郵便助成を受けるようになったからだと思われる。中国船の増加は統計上のフィクションともいうべきものであり，1904年に統計データの記入方法が変わり，中国-香港間の木造船舶による海運が記録されるようになったからである[22]。

　21）　イギリスとの中国の海との関係については，Richard Harding, Adrian Jarvis and Alston Kennerley (eds.), *British Ships in China Seas: 1700 to the Present Day*, Liverpool, 2004.

　22）　Han Qing, "Western Steamship Companies and Chinese Seaborne Trade during the

沿岸航海の状況は，少しそれとは異なる。1872年にはアメリカ船が一番多かった。だが，それも1875年になるとイギリス船に逆転される。さらに，中国船の数が多いことは，注目に値する。1840-72年には，中国の海運会社は機能していなかった。1873-98年には，中国の海運会社で活動していたのは，たった一社だけであった。しかし1898年になると，中国政府は中国人が蒸気船を購入し汽船会社を形成することを禁じるのをやめたため，中国船が多く使われるようになった[23]。

さらにまた，別の研究も，ジャンク船の衰退と蒸気船の台頭を支持する。中国では，1757年から1843年の南京条約までは貿易は広州一港にかぎられていた。けれどもジャンク船は，広州のみならず他の地域で自由に貿易することができた[24]。ジャンク船が活躍できた背景には，この事実が横たわっていた。

しかし，アヘン戦争を終結させた1842年の南京条約により，広州，福州，厦門，寧波，上海の五港が開港されることになり，ジャンク船の使用は減少した。たとえば，中国とシャムの貿易においても，蒸気船の使用が増加していった[25]。たしかに，ジャンク船は20世紀になっても中国-シャム間の貿易で使用されていたが，重要な役割は果たさなくなっていったのである[26]。

ただし，上海以北の北洋航路において，19世紀末までは，ジャンク船はなお多数使用されていた[27]。さらに宮田道昭は，南洋航路においても，「外国船舶は中国人所有の貨物を運搬する単なる輸送手段にすぎず，貿易の主体は中国商人の側にあった」という[28]。

しかしこれは，海運業の重要性を過小評価した表現である。おそらく中国船より外国船の方が輸送コストが低く，中国商人自身が外国船を選んだ。このように，流通というインフラの主体を外国船にゆだねるよう

Late Qing dynasty, 1840-1911", *International Journal of Maritime History*, Vo.27, No.3, p.538.

23) Qing, "Western Steamship Companies and Chinese Seaborne Trade", p.539.

24) Jennifer Wayne Cushman, *Fields from the Sea: Chinese Junk Trade with Siam during the Late Nineteenth Centuries*, New York, 1993, p.44.

25) Cushman, *Fields from the Sea*, p.44.

26) Cushman, *Fields from the Sea*, p.63.

27) 古田和子『上海ネットワークと近代東アジア』東京大学出版会，2000年，149頁。

28) 宮田道昭『中国の開港と沿岸市場——中国近代経済史に関する一視点』東方書店，2006年，88頁。

になったことは，中国内の流通に外国船が大きく進出した証拠ととらえるべきであろう。

　宮田は，中国全体における外国船の進出を，1890年代と考えている[29]。したがって，遅くともこの頃には，外国船，とくにイギリス船が中国の遠洋航海，沿岸航海で活躍するようになったと考えられよう。

　中国は，ヨーロッパ系の蒸気船による大きなインパクトを受けた。むろん，その中心はイギリス船であった。ジャンク船は，一般に蒸気船と比較すると小型であった。しかも帆船であるため，スピードは出たとしても，風による影響を受けやすく，その航行は，より規則性がない。したがって中国は蒸気船の海運会社を育成しようとしたが，政府による企業経営は非効率的であり，ヨーロッパ系やアメリカ系の海運会社と競争することは難しかった[30]。

　ここから考えても，アジア域内交易によって，アジアの貿易発展があったという杉原薫の構図は，やや単純なように思われる。ウェスタンインパクトによって，日本・中国・インドの貿易が大きく増加し，その増加量が世界全体のそれを上回ったという杉原の説[31]は，堀和生によってすでに根底から批判された。堀は，日本の貿易量だけが急速に上昇したと主張した[32]。貿易統計から判断するかぎり，堀の論の方が実証的であり，杉原説の根拠は崩壊したといって差し支えあるまい。また，19世紀になると，東アジアと東南アジアにおける中国の商業ネットワークは，イギリスの帝国秩序に組み入れられたという意見もある[33]。

　海運業の点から考えても，アジアの商品の多く（おそらく移民の多くも）が欧米，なかでもイギリスの船舶によって輸送されていたのだから，海運業の発達という点でも，日本を除くアジアの諸外国は遅れていたと

　29）　宮田『中国の開港と沿岸市場』100頁。

　30）　Kwang-Ching Liu, "Steamship Enterprise in Nineteenth-Century China", *Journal of Asian Studies*, Vol.18, No.4, 1959, pp.435-455.

　31）　杉原薫『アジア間貿易の生成と展開』ミネルヴァ書房，1996年。

　32）　堀和生編『東アジア資本主義論──構造と特質』Ⅱ，ミネルヴァ書房，2008年，第1章，さらに，堀和生『東アジア資本主義論──形成・構造・展開』Ⅰ，ミネルヴァ書房，2009年。

　33）　Huei-Ying Kuo, "Agency amid Incorporation: Chinese Business Networks in Hong Kong and Singapore and the Colonial Origins of the Resurgence of East Asia, 1800-1940", *Review (Fernand Braudel Center)*, Vol.32, No.3, 2009, p.215.

想定することができよう。アジアの貿易成長とは日本の貿易成長を意味し，その輸送は欧米，なかでもイギリスに大きく依存していた。さらに，アジアの電信の多くはイギリス製であった。したがって，アジアの貿易拡大によって大きく利益をえたのは，イギリスと日本であったと考えられるのである。

蒸気船とイギリスのアジア・オーストラリア進出

　一般にはあまり知られていないかもしれないが，1850年代中頃は，快速のクリッパー帆船の全盛期であった。だが，蒸気船と比較してスピードの点ではさほど劣らないとしても，航海の規則性の点で，帆船は蒸気船に著しく劣った。そもそも帆船は，風がなければ航行できない。風向きによって，航海に要する時間が大きく変わる。蒸気船は，帆船ほどには，風向きに左右されない。たしかにエンジンの質が向上するまでは大量の石炭を使ったが，蒸気船は，長距離航海においては，明らかに帆船に取って代わっていく。

　図7-4は，イギリスの船舶会社であるP&O（Peninsular and Oriental Steam Navigation Company）の郵便船のオーストラリアまでの航路を示す。それ以外に，中国にまで進出していることが読み取れる。上海や広州が，この会社の航行ルートに入っている。このルートで，郵便のみならず，乗客や商品も輸送された。

　とはいえイギリス船は中国にまで進出していたばかりか，オーストラリアにも航海していたのである。オーストラリアは，帆船では定期航路の圏内に入らなかったであろう。

　世界の多くの地域が，イギリスの蒸気船の定期航路によって結ばれるようになった。それらの航路はむろん，電信によっても結ばれた。ジャンク船のネットワークを使った事例も多かったであろうが，それでさえ，多かれ少なかれ，イギリスが敷設した海底ケーブルを使って決済せざるをえなかった。さらにこの図から，イギリス船が予想以上にアジアにまで進出していたことが読み取れることであろう。

グローバリゼーション──蒸気船と鉄道の影響

　19世紀のグローバリゼーションに関して，おそらく世界でもっとも影

1　海運業の発展

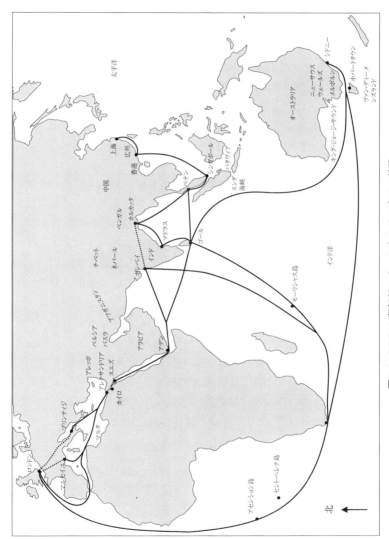

図7-4　P&Oの郵便船のオーストラリアまでの航路
出典) ラーケン『情報の世界史』394頁。

響力のある書物である『グローバリゼーションと歴史』[34]を著したオルークとウィリアムソンによれば，さまざまな商品の価格が収斂していくという意味での世界の一体化は，1820年代にはじまる。世界は，19世紀後半に，商品と生産要素市場が，全世界で統合された。世界市場と無関係な場所は，第一次世界大戦がはじまるときには，ほとんどなくなっていた。世界経済が一体化（convergence）し，さらにいうなら，価格差がなくなっていったからである[35]。

　その大きな要因は，貿易と大量の移民にあったという。さらに彼らの考えでは，開放経済が，世界の一体化の原因であった。たとえば，実質賃金の相違は，1873-1914年に世界中で大きく縮小した。しかしそれは，その後約20年間で逆転する[36]。

　1869年にスエズ運河が開通し，帆船から蒸気船へと移動手段が変化し，そのほかにも，蒸気エンジンの改良など，輸送効率を上昇させる方法が導入された。そのため，リヴァプール-ボンベイ間の綿の価格差は，1857年に57パーセントであったのが，1913年には，20パーセントになった。同期間のロンドン-カルカッタ間のジュートの価格差は，30パーセントから4パーセントにまで縮まった。さらに，電信の発明と発達は，労働市場と商品市場に同じような強い影響を与えた[37]。

　世界経済が一体化したのは，この時代の世界経済をリードしていたイギリスが，自由主義経済体制をとったからだというのが，彼らの意見である。また，蒸気船や鉄道の発達により，輸送コストは著しく下がった[38]。また労働者が，たやすく世界を移動することができるようになった。鉄道は，1890-1910年に，急速に敷設マイル数を増やした[39]。

　実際，ヨーロッパだけをみても，多数の移民が南北アメリカ，とくに

　34）　Kevin H. O'Rourke and Jeffrey G. Williamson, *Globalization and History: The Evolution of a Nineteenth-Century Atlantic Economy*, Cambridge Mass. and London, 2001; Richard Baldwin, *The Great Convergence: Information Technology and the New Globalization*, London, 2016, pp.47-78.

　35）　O'Rourke and Williamson, *Globalization and History*, pp.5-28.

　36）　O'Rourke and Williamson, *Globalization and History*, pp.14-26.

　37）　O'Rourke and Williamson, *Globalization and History*, pp.218-219.

　38）　Jeffrey Williamson, *Trade and Poverty: When the Third World fell Behind*, Cambridge Mass., 2011, pp.18-19.

　39）　O'Rourke and Williamson, *Globalization and History*, p.34.

アメリカ合衆国に流れている[40]。人口密度が低いアメリカ大陸は賃金が上昇しがちであり，それに対して工業化しつつあるとはいえ，アメリカ大陸よりも人口密度が高いヨーロッパでは，賃金はあまり上昇しなかったと推測される。しかし1870-1910年に，国際的な賃金格差は，28パーセント減少した[41]。

資本もまた，そのフローを増加させた。貧しい国に対して巨額の投資がなされた。その理由としては，もし生産関数がどこでも同じであり，資本と労働だけが生産に投入されるなら，投下資本への収益率は，豊かな国よりも貧しい国の方が高くなるというのが主要なものである[42]。

ここで述べられたことは，単純化していうなら，19世紀にグローバリゼーションを実現できたのは，イギリス帝国の力が強かったからだ，ということになろう。

ラテンアメリカとイギリス

ラテンアメリカ諸国のほとんどは，現在もなお公用語がスペイン語かポルトガル語である。ナポレオン戦争が終結する以前，その輸出品は宗主国であるスペイン，ポルトガルに輸出されていたが，戦後，ロンドンが輸出の中心となり，その次にハンブルクが位置した。宗主国との経済的紐帯が弱まったことが，旧スペイン領諸国が次々と独立していった要因の一つであろう。

イギリスのラテンアメリカに対する投資額は大きく上昇した。1826年が2,456万4,000ポンドであった。その投資先として最大なのはアルゼンチンであった[43]。ラテンアメリカに対する鉄道の投資額，1865年が8,086万9,000ポンド，1895年が5億5,520万5,000ポンド，1913年が11億7,746万2,000ポンドである[44]。イギリスの投資額としては公債がもっ

---

40)　杉原薫「近代世界システムと人間の移動」『岩波講座　世界歴史19 移動と移民』岩波書店，1999年，11頁，図4。

41)　Kevin H. O'Rourke, "The Era of Free Migration: Lessons for Today", Prepared for presentation at conference on Globalization, the State and Society, Washington University, 13-14 November 2003, p.8.

42)　O'Rourke and Williamson, *Globalization and History*, p.241.

43)　Stone, "British Long-Term Investment in Latin America, 1865-1913", p.325, Table 8

44)　Irving Stone, "British Long-Term Investment in Latin America, 1865-1913", *Business History Review*, Vol.42, No.3, 1968, pp.315, 319.

とも多く，ついで鉄道であった[45]。ラテンアメリカの鉄道は，イギリスによって敷設されたといってよく，アルゼンチンがそのなかで最大の投資額を占めた[46]。

　ラテンアメリカに対するイギリスの間接投資額も，非常に大きかった。ただし，ラテンアメリカに対する間接投資額の比率は，1865年の80パーセントから，1913年には55パーセントへと低下した[47]。私企業の間接投資額をみると，1865年には総投資額が8,000万9,000ポンドであったのに対し，間接投資額が6,100万8,000ポンドであった。それが，1913年には，それぞれ11億7,900万ポンドと4億4,500万5,000ポンドであり，間接投資額は比率としては低下しているものの，総額は大きく増えている。それに対して増加したのが直接投資額であり，1865年が1,700万1,000ポンドであったが，1913年には5億4,600万4,000ポンドに達する[48]。これは，鉄道への投資増の影響が大きかったからだと推測される。

　さらに，イギリスへの輸出額については，1860年にはスペイン領カリブ海（320万8,000ポンド），チリ（258万2,000ポンド），ペルー（258万1,000ポンド），ブラジル（226万9,000ポンド）という順であったが，1913年になると，アルゼンチンが4,248万5,000ポンドとなり，総輸出額7,589万8,000ポンドのうち56パーセントを占めた[49]。

　1913年におけるアルゼンチンからのイギリスの輸入品としては，牛肉，トウモロコシ，小麦が多く，それぞれ約1,282万ポンド，約1,085万ポンド，614万ポンドである。ブラジルについては，ゴムと原綿が多く，それぞれ約590万ポンド，199万ポンドである。しかし，ゴムの大半は再輸出され，本輸入は約134万ポンドにすぎない[50]。

　45）　Stone, "British Long-Term Investment in Latin America, 1865-1913", p.324, Table 8.

　46）　Stone, "British Long-Term Investment in Latin America, 1865-1913", p.329, Table 11.

　47）　Stone, "British Direct and Portfolio Investment in Latin America Before 1914", p.693.

　48）　Stone, "British Direct and Portfolio Investment in Latin America Before 1914", p.698, Table 4.

　49）　Rory Miller, *Britain and Latin America in the Nineteenth and Twentieth Centuries*, London and New York, 2013, p.108, Table 5.3.

　50）　Miller, *Britain and Latin America*, p.106, Table 5.2.

ラテンアメリカ諸国はたしかに政治的には独立を達成した。しかしその一方で，間接投資——主として政府の公債——さらには直接投資——おもに鉄道への投資——を通じて，イギリスへの依存傾向を高めたのである。

なぜイギリスにだけ非公式帝国があったのか

ヨーロッパのいくつかの国が，ヨーロッパ外世界に植民地をもった。そのなかで，圧倒的に植民地が多かったのは，いうまでもなくイギリスである。そのイギリスには，「公式帝国」以外に，「非公式帝国」というものが存在した。

非公式帝国とは，植民地ではないが，植民地同然の状態におかれた地域をいう。中国やラテンアメリカも，非公式帝国に含められよう。

このようにイギリスだけが非公式帝国をもてた理由は，基本的にその海運力と鉄道をはじめとする直接投資額の多さにあった。非公式帝国では，国際的な商品輸送をするのはイギリスであり，鉄道などのインフラストラクチャーの設備投資をするのもイギリスであったからだ。他のヨーロッパ諸国では，そのようなことは不可能でしかなかった。

公式帝国にすると，その国の軍備などの資金をイギリスが負担しなければならなかったかもしれない。したがって非公式帝国は，イギリスの帝国主義的支配のコストを削減する方法として選択された可能性があろう。

2　イギリスのヘゲモニーの特徴

イギリスの資本流通

表7-4は，イギリス経済史家ブレジスが作成した，イギリスの資本のフローを示す。この表で驚くべき点は，イギリスの貿易収支が黒字であったことは1710-1900年において，ほとんどなかったことである。「世界の工場」といわれ，綿織物工業によって世界最初の工業国家になったイギリスであったが，貿易収支からみるかぎり，それはイギリス経済に大きなプラスを与えてはいないのである。

350　　第7章　世界を変えたイギリス帝国と情報

表7-4　イギリスの貿易とサーヴィス額　（単位：100万ポンド）

年度	貿易収支	海運業からの純収入	保険など	貿易による利益	サーヴィスからの収入
1710	− 0.13	0.50	0.00	0.57	1.07
1720	− 1.83	0.70	0.00	0.55	1.25
1730	− 2.76	0.90	0.10	0.64	1.64
1740	− 2.28	1.20	0.15	0.62	1.97
1750	0.48	1.50	0.23	1.13	2.86
1760	− 2.36	1.80	0.29	1.32	3.41
1770	− 4.44	2.80	0.29	1.14	4.23
1780	− 3.82	3.20	0.26	1.06	4.52
1790	− 10.14	4.20	0.45	1.79	6.44
1800	− 10.24	5.20	0.73	2.92	8.85
1810	1.60	9.00	2.90	5.70	17.60
1820	− 9.60	8.40	2.50	5.10	16.00
1830	− 14.30	7.90	2.50	5.00	15.40
1840	− 32.90	12.60	3.80	7.60	24.00
1850	− 23.20	14.20	4.70	9.30	28.20
1860	− 52.40	27.70	9.40	18.80	55.90
1870	− 65.50	45.70	13.70	27.40	86.80
1880	− 130.00	60.00	15.70	31.40	107.10
1890	− 96.80	60.60	16.90	33.70	111.20
1900	− 178.60	68.50	17.50	35.10	121.10

出典）Elise S. Brezis, "Foreign Capital Flows in the Century of Britain's Industrial Revolution: New Estimates, Controlled Conjectures", *Economic History Review*, 2nd ser., Vol. 58. No. 1, 1995, p. 4 から作成。

　さらに19世紀後半以降，海運業からの純収入，保険や貿易による利益，サーヴィスからの収入が多く増えていくことがわかる[51]。

　19世紀のイギリスは，いうまでもなく世界最大の海運国家であった。そのためイギリスの海上保険は，大きく発展することになった。そして，サーヴィス部門の収入としてもっとも重要な部門として，イギリスが他国を圧倒していたもの電信が考えられる。

　イギリスはたしかに産業革命によって世界を変革した。しかし，イギリスをヘゲモニー国家たらしめたのは，工業ではなく，貿易外収入であ

　51）　国際的な保険業の発展については，Robin Pearson (ed.), *The Development of International Insurance*, London and New York, 2016; また，金融業の役割については，以下をみよ。Stephen Broadberry, Bruce M. S. Campbell, Alexander Klein, Mark Overton and Bas van Leeuwen, *British Economic Growth, 1270-1870*, Cambridge, 2015, pp. 172-174.

った。吉岡昭彦によれば，海運料収入，貿易・保険サーヴィス収入，とりわけ利子配当収入が，貿易収支の大幅な赤字をカバーする関係にあった[52]。さらに，第一次世界大戦前夜においては，イギリスの海外投資の47パーセントが植民地に集中しており，さらに植民地投資のうち70パーセント以上はドミニオンに投下されていた[53]。

また，尾上修悟の研究も，同じことを例証する。1913年の段階で，イギリスの新規対外投資は，北米が4億1,900万ポンドと圧倒的に多く，アフリカが2億700万ポンド，アジアが2億ポンド，南米が1億9,800万ポンド，ヨーロッパが8,100万ポンド，オーストラレーシアが5,400万ポンドであった[54]。イギリスは，明らかに植民地とドミニオンに対する投資が多かったのである。

金融面からみたオランダとイギリスの差異

19世紀が進むにつれ，イギリスは確実に金融帝国としての地位を高めていった。

ところで金融史を研究するうえでの大きなネックとして，その金融商品がどこまで売られたのかということは，現実的にはわからないということがある。現在でいえば，アメリカの投資信託の一部として日本国債が組み込まれており，その投資信託をルクセンブルクにあるエージェントから日本人が購入するとなれば，日本人の日本国債保有額は，名目額よりも高くなる。けれども，現実にはその額はわからない。少なくとも，計算はかなり困難であろう。近世ヨーロッパにおいてはここまで複雑ではなかったことは間違いないが，これに類似するシステムが機能していたかもしれない。

ところで，オランダの金融市場形成をめぐり，オスター・ヘルデルブロムとヨースト・ヨンカーは，金融市場の形成は，公共財政（public finance）と民間金融（private finance）が偶然にも結合したために生じた

---

52) 吉岡昭彦『近代イギリス経済史』岩波全書，1981年，185頁。
53) 吉岡『近代イギリス経済史』270頁。
54) 尾上修悟『イギリス輸出と帝国経済──金本位制下の世界システム』ミネルヴァ書房，1996年，22頁。イギリスの海外投資については，Ｐ・Ｊ・コトレル著，西村閑也訳『イギリスの海外投資──第一次大戦以前』早稲田大学出版部，1992年をみよ。

と主張した[55]。そのうえ，彼らは，アムステルダム金融市場で，先物取引やオプション市場が発達し，それに東西インド会社が大きくかかわったとまでいったのである[56]。彼らは，このように，金融史からみたオランダの先進性を主張する。それが現実にどこまで正鵠を射ているのかは，ここでの議論の対象とはならない。

とはいえ彼らの研究から引き出される興味深い結論として，オランダでは金融システムの発展と公債市場の発展のあいだに，あまり関係性がみらないということがあげられる。その理由として，J・D・トレーシーの主張通り，オランダが国制的には分裂国家ともいえる存在であり，他国に先駆けて公信用が発達したにもかかわらず，民間部門で金融システムが発達することに国家があまり関与しなかったことがあげられよう[57]。

国家が積極的に経済に介入したイギリスは，それとはまったく違うタイプの財政と金融の関係があった。イギリスは，財政と金融との連動性が強かったと思われるのである。

近世イギリスの国債保有者として，外国人のあいだでは，オランダ人の比率がもっとも高かったことは周知の事実である。そのオランダ人がイギリスの国債をさらに別の国の人に売らなかったとはかぎらない。イギリス人が買ったイギリス国債の一部は，現実にはオランダ人が購入しており，イギリス人はダミーとして使われたと，よくいわれる。

ただし近世の国債の起債に関してはわかったとしても，その国債が最終的にどう流れたのかは，現在はまだわからないであろう。すなわち，発行市場（primary market）については掌握できても，流通市場（secondary market）についてはなおほとんど把握できてはいない。前者は財政の問題であり，後者は金融の問題となり，この二つは不即不離である

55）Oscar Gelderblom and Joost Jonker, "Completing a Financial Revolution: The Finance of the Dutch East India Trade and the Rise of the Amsterdam Capital Market, 1595-1612", *Journal of Economic History*, Vol.64, No.3, 2004, pp.641-672

56）Oscar Gelderblom and Joost Jonker "Amsterdam as the Cradle of Modern Futures and Options Trading, 1550-1650", in W. N. Goetzmann and K. G. Rouwenhorst, *The Origins of Value: The Financial Innovations That Vreated Modern Capital Markets*, Oxford, pp.189-205.

57）J. D. Tracy, *A Financial Revolution in the Habsburg Netherland: Renten and Rentiers in the County of Holland, 1515-1565*, Berkeley and Los Angeles, 1985.

とともに異なる研究対象でもある。すなわち，イギリスにおいては，近世はわからないにしても，近代になると，二市場は連動しているのである。だが，近世オランダの場合，さらには中近世のイタリアにおいては，その連続性はイギリスよりもずっと少なかったと推測される。

しかもイギリスの国債の流通市場は，おそらくヨーロッパの多くの地域にまで広がったばかりか，イギリスが帝国化したことにより，19世紀には世界全体に普及したと思われる。鉄道や蒸気船の発展にともない，オルークとウィリアムソンのいう世界経済の一体化が19世紀に生じ，さらには電信が発展した。そのため世界の金融業が統合され，発行市場と流通市場との関係が大きく強まった。オランダがヨーロッパのヘゲモニー国家であり，イギリスが世界のヘゲモニー国家であったということの大きな差異が，ここにみられる。

近世から近代にかけイギリスの国債が金融商品となり，それは軍事支出中心とするイギリス帝国形成のために使われた。どの国の人がイギリスの国債を購入しようと，その点に変わりはない。19世紀になり，イギリスが世界にまたがる帝国になると，金融商品の売買の中心がロンドンになり，その際の手数料収入もイギリスに流入することになったからである。ここに，現実に，発行市場と流通市場が一体化する傾向がみられる。

これらの点に，オランダとは異なるイギリスの独自性が現れているであろう。ここで述べたことはなお推測の域を出ないが，ディクソンがいう Financial Revolution は[58]，19世紀になると，このような結果をもたらしたことはほぼ確実である。

ジェントルマン資本主義と手数料資本主義

ケインとホプキンズが「ジェントルマン資本主義」という概念を提示し，名誉革命以降は地主がイギリス経済の中核であったのが，19世紀後半以降は金融業によって利益をえた人々がイギリス経済の中核になったと主張したことは，日本では広く知られている。これは手数料収入によって生活する人たちのことを意味し，彼らのいうジェントルマン資本主

---

58) P. G. M. Dickson, *The Financial Revolution in England: A Study in the Development of Public Credit 1688-1765*, Aldershot. 1967. rev.1993.

義とは，私のいう手数料資本主義とかなりの程度オーバーラップする。大きな相違点は，ジェントルマン資本主義はイギリスにのみ当てはまる資本主義であるのに対し，手数料資本主義は，他国にも利用可能な（少なくともジェントルマン資本主義よりも）概念だという点にある。ケインとホプキンズはイギリス資本主義の特性をいうためにジェントルマン資本主義を唱えた。

それに対し私は，手数料資本主義は資本主義の一形態であり，手数料収入はヘゲモニー国家の大きな要素であり，19世紀後半から20世紀初頭のイギリスがそのような国家であった主張したい。そもそもケインとホプキンズには，イギリスがヘゲモニー国家であるという発想はなく，イギリス資本主義の特性に関する研究をしたと考えられよう[59]。

「ジェントルマン資本主義」とは，Gentlemanly Capitalism の訳語であり， Gentleman Capitalism の訳ではない。接尾辞の -ly は，「〜的な」という意味であり，Gentlemanly Capitalism のより正確な訳語は「ジェントルマン的資本主義」である。

地主は，土地からの収入によって自分たちが働かなくても生きていけた。18世紀後半イギリスの金融利害関係者（moneyed interests）は，みずから望めば，手数料収入という不労所得により生きていけた。土地の収入によって生きるジェントルマンから，手数料収入によって生きるジェントルマン的な人々」へと，イギリス社会の中心となる階層が移った。ケインとホプキンズの議論は，このようにまとめることができよう。

イギリスがヘゲモニーを握ったのは，ジェントルマン的な生活をする金融利害関係者がイギリス社会の中核であった時代である。地主の経済基盤は，あくまでも国内にとどまる。それに対し金融利害関係者の経済基盤は，世界経済にあった。イギリスが手数料資本主義によってヘゲモニー国家になりえたのは，イギリス経済の影響力が世界におよび，世界経済の活動からの利益の一部を手数料という形態で吸い上げたからにほ

59）　ジェントルマン資本主義については，以下をみよ。P. J. Cain and A. G. Hopkins, *British Imperialism 1688–2000*, 2nd edition, London, 2003；P・J・ケイン，A・G・ホプキンズ著，竹内幸雄・秋田茂訳『ジェントルマン資本主義と大英帝国』岩波書店，1994年。P・J・ケイン，A・G・ホプキンズ著，木畑洋一・旦裕介・竹内幸雄・秋田茂訳，『ジェントルマン資本主義の帝国』I・II，名古屋大学出版会，1997年。

かならない。

そもそも手数料そのものは，おそらく太古から存在し，商業や貨幣経済が発展するとともに，それよる収入は巨額になった。グローバリゼーションが進み，世界経済が一体化し，貿易量が大きく増えると，手数料収入は膨大なものになった。

ジェントルマンと金融利害関係者は，巨額の不労所得を期待できる点で似ていた。そしてどちらも，イギリス社会の担い手となった。しかし地主＝ジェントルマンの生活があくまでもイギリス国内の経済に基盤をおいたのに対し，金融利害関係者＝ジェントルマン的な人々の生活は，世界経済の活動と密接かつ不可分に結びついていたのである。いうなれば，イギリスがヘゲモニー国家となり，世界金融の中心になったからこそ，ジェントルマン資本主義が成立しえたのである。

ケインとホプキンズの議論は，あくまでイギリスの国内史としてとらえられるべきであるが，本人たちの意図は別として，金融利害関係者に注目することで，イギリスのヘゲモニーの本質を描いたといえよう。

3　海上保険とイギリスのヘゲモニー

保険料率の世界

世界最古の保険は，バビロニア時代の紀元前2000年にまで遡るともいわれる（しかしこれは，貿易貸借ないし海上貸借というべきである）。古代ギリシアでもローマでも，海上保険が使われていたといわれる。しかし，近代的な意味での最初の保険は，14世紀中頃のジェノヴァではじまったとされる。1343年と1347年という二つの証書が，最初の保険契約として一般的に認められているのである。

この二つの保険は，いわゆる冒険貸借（海上貸借）marine loan とは明らかに異なる。冒険貸借とは，以下の契約を意味する。船主または荷主が船舶または積荷を担保に資金を借り入れる。そして，船舶または積荷が安全に目的地に到着した場合には利息をつけて借入金を返済するが，航海が無事に完了しなかった場合には元本，利息ともに返済義務を免れるのである。冒険貸借の主要目的は，しばしば貿易事業に対する資金提

供に役立てられるよう，資金を提供することにあり[60]，リスクをヘッジすることは意味しない。

　しかしながら，第3章ですでに述べたように，中世には，保険料率（とりわけ生命保険）の算出に不可欠な大数の法則はまだ知られていない。したがって，これらのジェノヴァの事例をもって，「近代的」な保険というべきではないと，私は考える。

　また，これまでの保険史の研究では，中世と近代の事業形態の差異があまり認識されていないという問題点があるように思われる。すなわち，中世の企業とは一回かぎりの事業のために集められ，それが終わったら解散するのに対し，近代的な事業では，企業の永続性が前提とされている点が，見逃されているように感じられるのだ。合理性という問題も，この観点からとらえ直すべきであろう。

　事業に永続性があると考えられるからこそ，経営者は，長期的にものごとをとらえようとする。たとえば，たった一回しかある海上ルートを通らないが，難破する可能性が20パーセントだとすれば，金額にもよるが，保険はかけないとする決定が合理的なように思われるかもしれない。しかし，これが永続的な事業であり，絶えずこのルートを通るとすれば，航海のたびに海上保険をかける方が合理的な行動になろう。ただし，これは，厳密な統計学にもとづいた議論ではなく，おおまかな傾向を推測したものにすぎない。とはいえ，これだけで，問題の所在を明らかにするには，十分であろう。

　大塚久雄がいったように，中世はイチかバチかの投機的な商人が活躍し，近代には合理的な計算をする商人が誕生したのかもしれない。それは，ある程度正しい指摘だと思われる。けれども，事業が一回かぎりのものであるなら，じつは，投機的商人の行動の方が合理的な可能性は決して低くはない。

　事業が永続的になるのは，より正確には永続的であると期待されるようになるのは，国によって，また業種により多様であり，簡単に判断できることではない。ただし，海運業や貿易に限定して考えたとすれば，それは蒸気船による国際的な「定期航路」が明確に形成される19世紀後

---

60) Humbert O. Nelli, "The Earliest Insurance Contract: A New Discovery", *Journal of Risk and Insurance*, Vol.39, No.2, 1972, pp.215-217.

半になってからのことであったと，私は考える。

　おそらくこの頃に，海運業において，海上保険の役割が大きくなってきたのではないだろうか。蒸気船の使用によって定期航路の規模が拡大し，使用される船舶数が急速に多くなったため，事故率は，大数の法則に従うようになってきたという推測もできよう。その大数の法則は，19世紀になり，アドルフ・ケトレー（1796-1874年）によって社会の基本法則とみなされるようになったとされる[61]。大数の法則が認識されている社会とそうでない社会とでは，リスクに対する考え方が異なる。これは，見逃すことができない重要な点である。

　また，どんなに早くてもポワソン分布が発見される1838年にならないと，海上保険に必要な統計的手法は発明されなかったと考えるべきであろう。ただし，ポワソン分布が発見されることと，現実に保険業界がそれを導入するまでにはかなりのタイムラグがあると考える方が妥当である。海上保険業の発展のために，18世紀の重商主義時代には不要であった数学的知識が，現実世界に適用されるようになったのであろう。

イギリスと海上保険

　海上保険は，アムステルダムやハンブルクでも発展したが，19世紀においてもっとも取り扱い額が多かったのが，イギリスであったことに間違いはあるまい。

　周知のように，1688年頃，エドワード・ロイドがロンドンのタワー・ストリートにコーヒー・ハウスを開店し，そこに貿易商や船員たちが集まるようになった。そこでロイドは顧客のために最新の海事ニュースを発行するサーヴィスをするようになり，このコーヒー・ハウスは大きく発展した。そして1691年にはロンバード・ストリートの中央郵便局の隣に移転することとなった。これを契機に，次第にアンダーライター（個人引受業者）がロイドのコーヒー・ハウスに集まるようになった。これが，ロイズ保険のはじまりである。

　1720年の南海泡沫事件をきっかけとして，議会は泡沫法（Bubble Act）を制定し，保険引受業務をおこなえる会社を二社に限定した。そ

　61）　竹内啓『偶然とは何か──その積極的意味』岩波新書，2010年，188頁。

れは，王立取引保険（Royal Exchange Assurance）とロンドン保険会社（London Assurance Corporation）であった[62]。18世紀においては，イギリスの海上保険はロイズがほぼ独占していた[63]。「ロイズリスト」は1734年に発行されるようになり，海事情報として主導的な発行物になった[64]。

　保険業に欠かせない確率論の発展は，17世紀後半のパスカルとフェルマー，とくに後者によって成し遂げられたといって過言ではない。しかし，当時の社会では，彼らの確率論が現実に必要とされてはいなかった。たとえばイギリスではホッブズも，数学的確率を利用した議論は発展させなかった[65]。19世紀になってようやく，高度な確率論を必要とする社会が誕生したと考えるべきであろう。

　ロイズは，会社組織としては，海上保険を認可されなかった。しかし，そもそもロイズは個人のアンダーライターの集団であったため，この規制の対象から除外された。しかも，上の二社は海上保険から撤退し火災保険に主力を移したため，イギリスにおいては，海上保険はロイズの独占となったのである。

　ロイズは，個々のアンダーライターが，直接保険を引き受けるのではなく，シンジケートを通じて引き受けた。したがってロイズという組織をどのように定義づけるのかは難しい。このような近代的とはいえないロイズがなぜ世界の海上保険の中心となったのかということについては，クリストファー・キングストンが興味深い説を出している。

　キングストンによれば，アメリカの海上保険は会社組織であり，アンダーライターが集まったものではなかった。しかしロイズの方が変化に

62）　イギリスにおける保険業の発展については，なかんずく，Barry Supple, *The Royal Exchange Assurance: A History of British Insurance 1720-1970*, Cambridge, 1970; H・E・レインズ著，庭範秋監訳『イギリス保険史』明治生命100周年記念刊行会，1985年。

63）　Sydney Brooks, "Two Pillars of the British Merchant Marine: II: Lloyd's", *North American Review*, Vol.213, No.784, 1921, p.338；19世紀第2四半期までのロイズと海上保険の発展については，Frederick Martin, *The History of Lloyd's and of Marine Insurance of Marine Insurance in Great Britain: With an Appendix Containing to Marine Insurance*, London, 1876（2015）.

64）　Luis Lobo-Guerrero, *Insuring War: Sovereignty, Security and Risk*, London and New York, 2013, p.41.

65）　John A. Taylor, *British Empiricism and Early Political Economy: Gregory King's 1696 Estimates of National Wealth of Population*, Westport, 2005, p.79

3　海上保険とイギリスのヘゲモニー　　359

対してより柔軟に対応でき，アンダーライターに顧客が必要とする情報を提供する能力があったために，生き延びることができた。南北戦争後，イギリスで電信が発展し，情報入手の手段が革命的に変化したことで，アメリカの保険会社は明らかにロイズの後塵を拝するようになったのである[66]。イギリスでは1844年に株式会社法（Joint Stock Companies' Registration Act）によって，登記だけで法人が設置されることが公式に宣言された[67]。

　そのため，多数の保険会社が創設された。しかしその一方で，ロイズが他のどの会社よりも競争力があることは明らかであった。海上保険業において，ロイズに匹敵する会社はなかった，すべての海上保険会社が，ロイズに海上保険を申し込み，ロイズに頼った[68]。19世紀において，世界最大の海上保険組織はロイズであり，しかも再保険まで扱っていた。

　海上保険における再保険市場の発達については，詳細は不明である。ヨーロッパには，ロイズ以外にも，再保険会社があった。イギリス以外のドイツ，スイスの再保険会社の存在も，無視してはならない。この分野は，イギリスの研究が圧倒的に盛んであり，そのためロイズの重要性が過大視されてきたことは事実であろう。しかし，それと同時に，再保険業の中心となったのがロイズであることもほぼ間違いない。再保険市場の利率は，保険市場の利率も決定する。すなわち，ロイズが，海上保険の利率（保険料率）の決定者であった可能性はきわめて高いのである[69]。

　66）　Christopher Kingston, "Marine Insurance in Britain and America, 1720-1844: A Comparative Institutional Analysis", *Journal of Economic History*, Vol.67, No.2, 2007, pp.379-409.

　67）　Robin Pearson, "Towards an Historical Model of Services Innovation: The Case of the Insurance Industry, 1700-1914", *Economic History Review*, 2nd ser., Vol.50, No.2, 1997, p.244; ロン・ハリス著，川分圭子訳『近代イギリスと会社法の発展——産業革命期の株式会社』南窓社，2013年，324頁。

　68）　Brooks, "Two Pillars of the British Merchant Marine", p.339.

　69）　再保険の発展については，Andre Straus and Leonardo Caruana de las Cagigas (eds.), *Highlights on Reinsurance History (Enjeux Internationaux/International Issues)*, Bern, 2017.

4　電信の発展

電信の重要性

　拡大するヨーロッパ世界において，情報をより速くより正確に伝えることは，商業的にも，軍事的にもきわめて重要になった。商人はできるだけ速く情報を送る必要があったし，世界中で戦争が戦われている以上，ヨーロッパ諸国は，戦場と本国のあいだで，軍事情報を可能なかぎりのスピードで伝達しなければならなかった。

　これらの問題の解決にあたり，もっとも大きな役割を果たしたのは，電信であった。しかも電信の敷設には巨大な蒸気船が必要であった。

　ヨーロッパ海運業と電信は，パラレルに発展し，その中心に位置したのが，イギリスであった。したがって本節では，イギリスがどのようにして世界的な電信網を整備したのかということが，叙述の中心になる。電信は，軍事目的に使われることも多く，それ自体ハードパワーとして機能した（ただしここでは，軍事目的の利用については論じない）。

電信が変えた世界

　ここではまず，電信の登場が世界に与えたインパクトの大きさを表す的確な文章を引用してみよう。

　　キリスト教暦の第二ミレニウムにおいて，大西洋世界の経済に参加しようとする方法は，二回，大きな変化を遂げた。最初の転換は，印刷機が事業に使われるようになったことであった。それ以前には，情報を共有することには，直接的な，さらに個人間の通信が必要であった。それ以降，情報は世間に発信されるようになった。第二段階は電信であった[70]。

---

　70)　John J. McCusker, "The Demise of Distance: The Business Press and the Origins of Information Revolution in the Early Modern Atlantic World", *American Historical Review*, Vol. 110, No. 2, 2005, pp. 295-296.

4 電信の発展

　歴史学研究において，情報が果たした役割は過小評価されているといって間違いあるまい。しかし，情報が正確に伝わらなければ，戦争で勝利をえることもできなければ，商売で儲けることもできない。情報は，むしろ歪めて伝えられるのがふつうである。商業史の観点からは，正確な商業情報の入手こそが重要であった。換言すれば，商人や実業家は，より正確な情報を求めて行動する。それが，確実に儲けにつながるからである。

　そのための道は，非常に長かった。そもそも紙が発明されなければ，文字での情報は伝わりにくい。ヨーロッパに限定して考えてみても，商人は，各地を遍歴して，やがて定住し，取引相手の商人に為替で金を送り，情報を交換するようになる。さらに，商業新聞や各地の取引所での商品価格を書いた「価格表」，通貨の交換に必要な「為替相場表」を発行し，商業情報はプライベートなものからパブリックなものへと変貌を遂げた。すると，商人は市場に参入しやすくなり，経済は発展する。言い換えるなら，商業を営むうえでのリスクが少ない社会が，近世のヨーロッパで誕生したのである。

　そのようなリスクは，電信の誕生により，さらに低下した。19世紀末に電信網が世界を覆うようになると，多少の差異はあったにせよ，等質の商業情報が，どこでも，同じような価格で，あまりタイムラグなく入手することができるようになった。このように，電信は，世界を根本的に変えた。その影響の大きさは，おそらくこんにちのインターネットの比ではなかったであろう[71]。

　電信によってはじめて，人類が動くよりも速く情報が伝達されるようになった。われわれは，この事実の重みを忘れるべきではない。たしかに，それ以前にも，手旗通信を使ったり狼煙をあげたりして，情報を伝えることはあった。よく知られているのが，腕木通信の利用である[72]。

　現在でも，ローマ法王の選挙（コンクラーベ）では，法王が決定したかどうかは煙の色で伝えられる。しかし，このような方法では，きわめ

　71）　たとえば，以下をみよ。トム・スタンデージ著，服部桂訳『ヴィクトリア朝時代のインターネット』NTT出版，2011年。

　72）　腕木通信については，中野明『腕木通信——ナポレオンが見たインターネットの夜明け』朝日選書，2003年。

てかぎられた情報しか伝えられない。また，視界に入る範囲の情報しか入手できず，雨や霧のために正確な情報の入手が困難になることもあった。それに対し，電信は，はるかに多くの情報を，しかもずっと離れた場所にまで，非常に短時間のうちに伝えることを可能にした。

たしかに，初期の電信が伝えられる情報の量は非常に少なかった。けれども，徐々に送られる情報の量は増えていき，電信なしでは，事業活動を遂行することが不可能になっていった。

電信の敷設には，巨額の費用がかかった。一人の商人，一つの商会では到底調達できないほどの金額であった。さらに，海底ケーブルさえも敷設された。それを賄えるほどの機関は，国家しかなかった。たしかに，イギリスが敷設した海底ケーブルの多くは民間会社の手によるものであった。しかし，もしイギリスが七つの海を支配した帝国でなければ，そもそもその敷設自体難しかったと考えられよう。このような意味で，イギリス政府は世界に張り巡らされたイギリスの情報の伝達に大きく関与することになった。

すなわち，マグヌソンのいう，「国家の見える手」が大きな役割を果たした。世界は，重商主義世界から帝国主義世界へと移っていたのである。

電信の発展

電信の発明において，イギリスとアメリカはライバル関係にあった。最終的に勝利したのはイギリスであったが，アメリカ製の電信の発展にも目覚ましいものがあった。

電信のほとんどは，イギリスによって敷設された。だが，少なくとも大西洋の海底ケーブル敷設では，アメリカはイギリスと競争関係にあった。アメリカがイギリスについでヘゲモニー国家となった理由は，このように，電信の発展の時代＝蒸気船の発展の時代に，イギリスに次ぐ「情報国家」に発展したことに由来するのかもしれない。

電信は，世界中に鉄道が敷設されると，ますます重要になっていった。鉄道で情報のやりとりをするには，電信が必要だったからである。蒸気船・鉄道の発達と電信の発達がパラレルな関係にあったのは，この事実に由来する。

4 電信の発展

　イギリスの鉄道会社は，次々に電信を導入していった。グレート・ウェスタン会社をはじめとして，続々とクックとホィートストーンの電信システムを導入した。1850年の段階で，イギリスの鉄道総キロ数は1万2,000キロメートルであった[73]。

　図7-5は，1868年時点におけるイギリス国内における電信局の位置を示したものである。イングランド全土に電信が広がっていたことがうかがえる。

　イギリスの電信は，私企業によってつくられていた。しかし，実際にはカルテルが結ばれていた。商人集団などのグループが先頭に立って，国有化運動をした。その結果，1868年に電信法が公布され，1870年2月になると，郵政省が電信事業を受け継ぎ，国内では国有化された。ただし，海外においては，私企業が電信を敷設した。

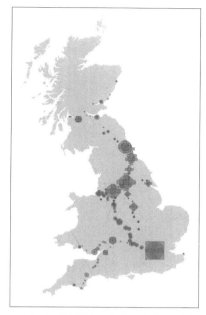

図7-5　1868年時点におけるイギリス国内の電信局の位置

出典）Roland Wenzlhuemer, *Connecting Nineteenth-Century World: The Telegraph and Globalization*, Oxford, 2015, p. 190.

　国有化により，電信システムの利益率は低下したが，電信ネットワークを人びとが容易に利用できるようになった。そして，メッセージを送る費用は，1,800の箇所で20語につき1シリングになった[74]。

世界に広がる電信網

　ドーヴァー海峡で海底ケーブルを敷くために，当初は銅線を麻で何重

---

73) Anton A. Huurdeman, *The Worldwide History of Telecommunications*, Hobeken, p. 70.

74) Huurdeman, *The Worldwide History of Telecommunications*, p. 106.

364　　第 7 章　世界を変えたイギリス帝国と情報

かに巻き，それにタールを染み込ませて海水の浸透を防ごうとした。しかし，それはすぐに使えなくなった。絶縁性が確保できなかったからである。それを解決したのが，マレーシア原産で熱帯の木から産出されるガタパーチャというゴムに似た個体の素材であった。これは，現在ではもっとも頻繁に使用される歯科用材料である。この材料は，シンガポール経由でイギリスに持ち込まれた。ガタパーチャは，海底の高い圧力のなかでも，低温の海底でも，ゴムと違って長年にわたる可塑性があった。そのため，海底ケーブルで使われることになったのである。

　永続的なケーブルが敷設された1851年には，ドーヴァー海峡を海底ケーブルで結びつけることができた。そしてイングランドとアイルランドを結びつけた。それは，ガタパーチャを使用できたからである。

　1853年，イギリスのドーヴァーとヨーロッパ大陸のオーステンデが結びつけられた。イギリス-オランダ，イギリス-ドイツのケーブルも敷かれた。1857年には，オランダ，ドイツ，オーストリア，サンクト・ペテルブルクと電信による通信がなされた。地中海では，フランス・イタリア政府のためにいくつかのケーブルが敷かれた[75]。

　しかし，大西洋海底ケーブルの敷設は容易ではなかった。大きく，巨大な蒸気船を使わなければ，海底ケーブルは敷設不可能である。大西洋ケーブルの敷設には，イギリスとアメリカが協力した。大西洋横断ケーブルを敷設しようという最初の試みは，1857年になされたが，なかなか成功せず，通信可能な大西洋横断ケーブルが敷設されたのは，1866年7月のことであった[76]。

　アジアに目を向けると，イギリスとインドとの貿易は，1600年に創設された東インド会社が，1813年に至るまで独占していた。しかしまたイギリス政府は，地中海とスエズを経由してインドに至る事業として，P&O と契約を結んだ。その事業は1840年頃から徐々に拡大していった[77]。P&O は，アジアとのネットワークを目覚ましく拡大していった。

　インドとの最初の電信による通信伝達は，1864-65年のことであった。

---

75)　セイヤ-リータ・ラークソ著，玉木俊明訳『情報の世界史——外国との事業情報の伝達　1815-1875』知泉書館，2014年，237頁。

76)　ラークソ『情報の世界史』243頁。

77)　ラークソ『情報の世界史』10頁。

4 電信の発展

それは，バグダード経由で，イスタンブルからファーウにつながるトルコ政府のラインに接続した。さらにファーウから，イランのブシールとジャスク経由でカラチに到着する沿岸のケーブル（ペルシア湾ケーブル）を敷設した。ラインは，ペルシアを横断し，ブシールを横切りテヘランに至る陸上ラインによって延長された[78]。

1872年には，インドルートの四つの会社が合併してイースタン・テレグラフ会社が創設された。この会社は，イギリス帝国政府がバックアップして，シンガポール，香港，オーストラリア，ニュージーランドへの電信線を手中に収めることになった。

1872年には，オーストラリアは電信によって母国と結びつけられ，近代的なシステムがようやくオーストラリアにまで接続することになった。

そして，大北方電信会社が，デンマーク・ノルウェー・イギリス電信会社，デンマーク・ロシア電信会社，そしてノルウェー・イギリス電信会社を合併し，1869年に設立された。

同社は，サンクト・ペテルブルクからウラジオストックまでの電信を敷設することに挑戦した。陸上ラインはさらに，海底ケーブルと結びついて，ウラジオストック・上海・長崎・厦門・香港にまで電信網を延ばしたのは，1871年であり，日本まで電信が敷設されたのは，1871年のことであった。大北方電信会社によって，上海とウラジオストックから，長崎へと電信が敷設されたのである。

19世紀最後の10年間は，さまざまなケーブル・システムがつながれることになった。とくに，アメリカとアフリカ，アフリカとオーストラリア，最後に太平洋がつながれたのである。

1902年に，太平洋ケーブルボードが，オーストラリアとニュージーランドに海底ケーブルを敷設した。そして，1903年には，サンフランシスコからホノルルを経て，マニラへとケーブルをつないだのである。これで，世界中が電信で結ばれることになった[79]。

---

78) ラークソ『情報の世界史』10頁。

79) 世界的な電信網の発展については，以下の研究をみよ。Jorma Ahvenainen, *The Far Eastern Telegraphs: The History of Telegraphic Communications between the Far East, Europe and America before the First World War*, Helsinki, 1981; Jorma Ahvenainen, *The History of the Caribbean Telegraphs before the First World War*, Helsinki, 1996; Jorma Ahvenainen, *The European Cable Companies in South America before the First World War*,

イギリス帝国の一体性

　また，イギリス東インド会社を扱う『帝国の事業』を著したヒュー・ボウエンによれば，同社は，ほぼ1万平方マイルの領土をもち，強大な軍事力と政治力をもっていたが，やがてその力は衰え，1813年にはインドとの貿易独占が廃止され，1833年には単なる貿易会社になる。イギリス東インド会社とは，結局，「帝国の事業」となった。しかし同社は，1760年代から，イギリス帝国経済の中心になり，1765年からは，インドからイギリスへと富を移動させることを目標とするようになった[80]。

　おそらく現在でも一般には，1776年にアメリカが独立することでイギリスの第一次重商主義帝国が瓦解し，19世紀が進むにつれ，インドがイギリス植民地の核になると考えられているであろう。しかしボウエンによれば，すでに七年戦争のあとで，イギリス帝国の財政において，インドが重要性を増してくるのである。

　インドからイギリスに送られた資金は，本国費（home charges）と呼ばれ，イギリス帝国のみならず，本国の財政にとってきわめて大きな位置を占めた。それと比較するなら，たとえばオランダ財政におけるインドネシアの重要性は，それほど高くなかったであろう。財政面からみても，イギリス帝国は他の帝国の追随を許さないほどの一体性があった。多くの植民地が，本国経済のために奉仕したのである。これほど強力な本国の権力を，イギリスの前のヘゲモニー国家であるオランダはもってはいなかった。イギリス帝国は，凝集性の高い帝国であった。

　イギリスの領土支配力は，オランダのそれよりもはるかに強かった。近世オランダの帝国主義は，アジアの交易ルートに乗ってできたものである。インドネシアは，オランダがつくったとはいえまい。しかしイギリスのアジアの拠点であるインドは，イギリスが誕生させたといって過言ではない。

　そもそもイギリス以前にインドを支配していたムガル帝国は，インド

Helsinki, 2004；また，電信が事業にどのように利用されるようになったのかについては，鈴木俊夫「第3章　海底ケーブルの敷設と国際銀行」西村・鈴木・赤川『国際銀行とアジア』187-222頁。

　80)　Huw Bowen, *The Business of Empire: the East India Company and Imperial Britain, 1756-1833*, Cambridge, 2006.

亜大陸の中央部にまでしかおよんでいなかった。このような帝国を，「インド」の帝国と呼んでよいのかどうかは疑問であろう。それに対しイギリスは，18世紀後半のマイソール戦争で，南インドの支配権を獲得した。18世紀第4四半期から19世紀初頭まで続いたマラーター戦争で，デカン高原中西部の支配権を確立した。1849年のパンジャーブ戦争で，インド北西部からパキスタン北東部にまたがる地域を獲得したのである。

イギリスほど，いわば「むき出しの暴力」で，支配地域を拡大し，その地の政治構造を変えた国は，おそらく歴史上皆無であろう。

海底ケーブルの発展とイギリス帝国

地図7-6は，ロンドンを出発点とする海底ケーブルの発展を示したものである。

1850年の時点では，まだイギリス近辺にしかなかったことがわかる。しかし1870年になると，大西洋海底ケーブル[81]，インド洋海底ケーブル，さらにインドから東南アジアにまでおよんだ。1900年になると，オーストラリアにまで電信がつながっていることがわかる。

そして，オーストラリア南東部への情報伝達時間は，1850年には115日間ほどもかかったのに，1900年の時点では，1.8日間にまで縮まったのである。

イギリスは，電信の開発以前にもすでに世界的な帝国を築いていた。しかし，その紐帯は，決して強いものではなかった。イギリスが帝国化していたおかげで，ガタパーチャの素材が入手でき，またガタパーチャのおかげで，海底ケーブルが敷設され，イギリス帝国の紐帯が強まったのである。イギリス帝国は，かなり短時間のうちに，情報をやりとりすることができるようになり，電信によって互いに強く結び付けられたのである。

無線電信の世界

有線による電信は，一般化された。しかし，それだけでは電信により

81）　大西洋海底ケーブルの発展については，Gillian Cookson, *The Cable: The Wire that Changed the World*, Stroud, 2003; Chester G. Hearn, *Circuits in the Sea: The Men, The Ships and the Atlantic Cable*, Westport, 2004など。

368　第7章　世界を変えたイギリス帝国と情報

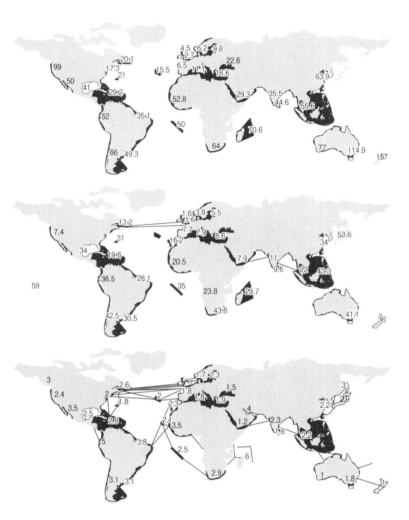

図7-6　海底ケーブルネットワークとロンドンへの通信日数
(上＝1850年，中＝1870年，下＝1900年)

出典）Roland Wenzlhuemer, "Globalization, Communication and the Concept of Space in Global History", *Historical Social Research*, Vol. 35, 2010, pp. 33-35.

4 電信の発展

情報を伝達できる範囲は大きくかぎられてしまう。もし無線電信の開発に成功すれば，世界のどこにでも電信によって情報が伝達されることになる。

無線電信の発明者が，イタリア人のグリエルモ・マルコーニであったことはよく知られる。マルコーニは，1896年，イタリアのボローニャで，2.4キロメートルではあるが，無線電信を送ることに成功した。しかしイタリアの郵便省がマルコーニの発明の将来性を期待しなかったので，彼はイギリスに渡った。マルコーニには，イギリスの郵政省が協力した。さらに，イギリス海軍・陸軍が無線電信に興味をもった。1897年には19キロメートルの距離を無線で電信を送ることに成功した[82]。

マルコーニは，やがて「フレミングの法則」で有名なフレミングの知己をえる。1901年になると，フレミングがイギリスのポルドゥーから無線を送り，マルコーニが3,500キロメートル離れたカナダのニューファンドランドで受け取ることに成功するが，これはすべての信号が聞き取れたわけではなかった。翌1902年，世界ではじめて，無線電信によって，テキストのすべての伝達に成功する。1903年には，イギリス国王エドワード7世とアメリカ大統領セオドア・ローズヴェルトが挨拶を交わすことで，イギリス–アメリカ間の無線電信が開始された。

マルコーニは1897年，マルコーニ社を創設し，ボーア戦争を戦っていたイギリス陸軍に，無線機を提供した。1901年，マルコーニの中継基地は，ベルギー，イギリス，カナダ，アイルランド，イタリア，ニューファンドランドで開設された。1903年に海軍省は，マルコーニ社を以後11年間，唯一の無線機供給先として指名した。マルコーニは，マルコーニ製の無線を使っていない無線基地との通信をしないよう，交換手たちに命令していた。マルコーニは，無線電信における独占的地位を狙っていた[83]。

しかしマルコーニ社が無線電信で独占的地位にいることは，アメリカやドイツやイギリスが本格的な競争相手になってきている以上，不可能なことであった。たとえばアメリカでは，AT&T社などが，マルコーニ社の地位を脅かしはじめていた[84]。

---

82) Huurdeman, *The Worldwide History of Telecommunications*, pp.207-215.
83) ヘッドリク『インヴィジブル・ウェポン』159-162頁。

5 電信とイギリスのヘゲモニー

電信と異文化間交易

イギリスは,「日の没することなき」帝国となった。そのためには,電信の発達が不可欠であった。1830年代以来,蒸気船,鉄道,運河,電信が,世界のさまざまな地域を結びつけるようになった。

図7-7の南方のルートは,ヨーロッパのアジアへの拡大をそのまま反映する。地中海の海底ケーブルは,イタリア商人とムスリム商人の貿易ルートであった。スエズ地峡をへて紅海にいたるルートは,いうまでもなくムスリム商人ないしオスマン帝国のルートであった。そこからインドに到達する海底ケーブルは,ムスリム商人の貿易ルートであり,このルートは,ヴァスコ・ダ・ガマが使用した航路に近い。インド内部はインド商人の交易網を使用したものと思われる。インドから東南アジアまでの海底ケーブルは,インド商人,ヒンドゥー教徒,アルメニア人および東南アジアのさまざまな商人の貿易ルートであった。このルートは,人種のるつぼとさえいえるほど,多様な商人が活動していた。アフリカまわりの海底ケーブルは,ポルトガル人が開拓したものであることは言を俟たない。

アイルランドから北米への海底ケーブルは,イギリス人が開拓したルートを使った。このルートの北米部分は,ビーバーの毛皮取引と同じルートであったと推測される。北米からカリブ海にいたる海底ケーブルは,もともとセファルディムの商業ルートであった。さらにイベリア半島から南米への海底ケーブルは,イベリア半島の商人のみならず,セファルディムの商業ルートを利用している。

図7-7の北方のルートは,シベリアルートはデンマークが創立した大北方電信会社のルートである。この会社は,デンマーク・ノルウェー・イギリス電信会社,デンマーク・ロシア電信会社,ノルウェー・イギリス電信会社が合併し,コペンハーゲンで創設されたものである。したが

---

84) ヘッドリク『インヴィジブル・ウェポン』172頁。

5　電信とイギリスのヘゲモニー

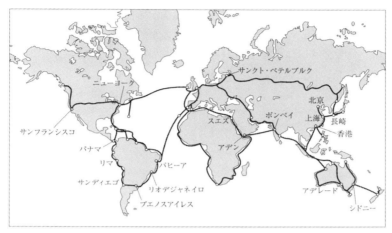

図7-7　1891年時点での電信網

ってこの会社にも，イギリス資本は投資されていた。ロシアからウラジオストクまでは，もともとはアルメニア商人，シベリア（イルクーツク）商人，ヤクーツクの商人を含むロシア商人の商業ルートであったと考えられる。上海と香港のあいだは海底ケーブルで結ばれたが，これは元来中国商人，華僑，さらには東南アジアのさまざまな商人が利用していた商業ルートであった。

　すなわち，電信は，近世の国際貿易商人によって利用されたルートを，ほぼそのまま使ったものとみなして良いのである。このルートでの交易に従事していた商人は，多種多様であった。電信のルートは，近世において異文化間交易に従事していた商人のルートを継承したものであり，ここに近世と近代の大きな連続性がみられるのである。近世のヨーロッパ商業の拡大がなければ，イギリスの電信網の発展もまた存在しえなかったのである。イギリスは，電信という武器で，多くの異文化を飛び越えて直接貿易相手と結びつくことができた。むろん，蒸気船，さらには鉄道がそれを促進したことは確実である。

電信と手数料資本主義

　1815年以降，ヨーロッパの金融の中心は，ロンドンになった[85]。イ

ギリスはこれ以降海外進出をし，やがて1870年代には，世界経済のヘゲモニーを握る国になった。それは，電信の敷設とパラレルな関係にあった。さらにイギリスが金本位制を採用したのだから，世界の多くの地域で金本位制が採用されることになった[86]。

19世紀後半に発展した電信は，経済のゲームのルールを決定するもっとも重要な武器となった。産業革命によって工業製品を輸出できただけではなく，電信によってイギリスの世界支配＝ヘゲモニーが完成することになった。「異文化間交易」という用語の発明者であるカーティンは，異文化間の仲介者は人間だと考えていた。それが，電信という機械に変わったのである。

世界の多くの地域で，経済成長がおこったとすれば，イギリス製の電信が使われたので，他国が経済成長したとしても，イギリスは十分に儲かる手数料を獲得できる仕組みができあがっていった。イギリス以外の国が取引する場合でも，イギリス製の電信，船舶，さらには海上保険が用いられ[87]，ロンドンの金融市場で決済された。イギリスには巨額の手数料収入が入ってくるシステムが構築されたのである。イギリスの資本主義とは，「手数料資本主義」といって過言ではない状況が生まれた。

また，以前なら，アジアのある都市から振り出された手形が，何十日，あるいはそれ以上かけてロンドンで引き受けられた。しかし電信によって，2-3日のうちにロンドンで引き受けられるようになった。電信以前には，現地の需給，価格の状況を推測したうえで確定的なデータがないままに商品を送り，また注文した商品がいつ届くがわからないので，耐久性のある商品が大量に倉庫に貯蔵されていた。そのため必然的に資本力のある巨大商社が国際貿易において支配的な地位を有していたが，電信の発達のためにそれが没落したのである[88]。

85）　Jeffry A. Frieden, *Global Capitalism: Its Fall and Rise in the Twentieth Century*, New York, 2007, p.3.

86）　Frieden, *Global Capitalism*, p.7.

87）　海上保険でロイズが最大の会社であったことは間違いないが，他国に存在したことも事実である。現在のところ，19世紀の海上保険におけるロイズのシェアを正確に算出することは不可能である。Cf., Robin Pearson and Mikael Lönnborg, "Regulatory Regimes and Multinational Insurers before 1914", *Business History Review*, Vol.82, No.1, 2008, p.61.

88）　西村閑也「第1章　第一次グローバリゼーションとアジアにおける英系取引銀行」西村・鈴木・赤川『国際銀行とアジア』31頁。

5 電信とイギリスのヘゲモニー

オランダのヘゲモニーの時代であった近世に，国際貿易商人の情報ネットワークに国家があまりかかわらなかったのは，それほど巨額のインフラが必要なかったからである。たしかに，イギリスの海外の電信を敷設したのは，グレート・イースタン会社のような私企業であった。しかし彼らが海外で活躍できたのは，イギリスの大艦隊があったからである。それは，イギリスの帝国を政治的のみならず，経済的にも保護した。イギリスは，すべてがイギリスの利益になるようなパッケージを作り上げ，その中核に位置したのが電信であった。

もし電信網が発達しなかったなら，イギリス帝国の統治システムの効率性は，おそらくかなり悪かったであろう。コストは高かったとしても，電信は，帝国内部の重要な情報を電信で送ることができた。イギリス帝国の一体化に，電信は大きく寄与したのである。さらに電信は，商業情報の確実性を非常に高めることになった。

イギリスは，すべての富を自国のために利用できるシステムを構築した。しかし，それはイギリスが独力で成し遂げたことではなかった。イギリスは，マラッカの一部やシンガポールなど，ポルトガルが所有していたいくつかの領土を自国領にした。そもそもイギリスが金本位制を採用したのは，1703年にポルトガルと結んだメシュエン条約の結果，ブラジルの金がイギリスに流入したからである。イギリスは帝国化したからこそ金本位制を採用することができ，電信を発明したからこそ世界金融の中心となり，ヘゲモニーを握ることができたのである。

電信が発達したため，商業慣行が国際的に統一化される傾向が生み出され，取引コストは著しく低下したと推測される。

また，情報が国家機構を使って流れるかぎり，商人はその情報を利用せざるをえず，彼らは国籍を意識しない無国籍商人とはいえなくなる。近世の国際貿易商人が「無国籍」であったのに対し，近代の国際貿易商人は「多国籍」となった。近世のヘゲモニー国家オランダで国家権力が弱かったのに対し，近代のヘゲモニー国家イギリスの国家権力は強かった。

すべての地域がイギリスの命令に従うには，イギリスが世界金融の中心となり，ほとんどの国際貿易の決済がイギリスの金融市場を通じておこなわれる必要があった。イギリスは，それにより膨大な手数料収入を

えた。19世紀後半のイギリスのヘゲモニー力は，17世紀中葉のオランダのそれを大きく上回った。

ゲームのルールを決める電信

イギリスの産業革命は綿織物からはじまったのであり，自然の資源をそのまま使ったのである。それに対し19世紀後半のドイツやアメリカの産業革命（第二次産業革命）では，自然界には存在しないナイロンなどの素材を使う化学工業や鉄鋼業などの重工業が発展した。その一つの理由として，イギリスが世界中に植民地をもっていたため，自然界に存在する資源をドイツはあまり使えず，自然界にはないものを生産したということが考えられる[89]。さらには，エネルギー源が，石炭から石油へと変化していったことがある。

第二次産業革命は，第一次産業革命よりもはるかに巨額の資金が必要であった。そもそも企業の規模がはるかに大きかった。したがってドイツではカルテル，アメリカではトラストが発展した。とくにアメリカでは，スタンダード石油，AT&T などの巨大企業が生まれた。

アダム・スミスは「神の見えざる手」によって経済が動かされるといった。そして，マグヌソンはイギリスの工業化は，「国家の見える手」によって成し遂げられるといった。それに対しチャンドラーは，巨大企業の経営者の「見える手（visible hands）」によって動かされていると考えた[90]。

しかし，アメリカとドイツの工業化は，イギリス経済に大きな打撃とはならなかった。電信によって，ロンドンは世界の情報の中心になり，それゆえに金融の中心になっていたからである。

たしかに，19世紀末には，アメリカとドイツの工業発展により，イギリスは「世界の工場」ではなくなっていた。しかしもしイギリスが「世界の工場」のままであり，手数料資本主義を発展させていなければ，イギリスはきわめて大きな収入源を失い，ヘゲモニー国家にはなれなかっ

---

89) Klaus Weber, *Deutsche Kaufleute im Atlantikhandel 1680-1830: Unternehmen und Familien aus Hamburg, Cadiz und Bordeaux*, Stuttgart, 2004.

90) アルフレッド・D・チャンドラー Jr. 著，鳥羽欽一郎訳『経営者の時代』上下，東洋経済新報社，1990年。

たであろうし，ゲームのルールを決定することもできなかったであろう。

　他国が工業化を発展させるなかで，イギリスは，その工業製品の輸送の少なからぬ部分を担い，国際貿易の決済を担うことができたからこそ，ヘゲモニー国家になれたのである。

おわりに——手数料資本主義とイギリス

　ポルトガル海洋帝国は，アジアと大西洋を結合した。しかしその結合度は，決して強くはなかった。近世において発展した広大な異文化間交易のネットワークは，近代になり，イギリスの金融・情報システムによって強く結びつけられたのである。

　そればかりではない。イギリスは，世界最大の海運国家として君臨することになった。そして，世界中に蒸気船を送った。蒸気船は，帆船よりも一般に航続距離は長い。しかし，帆船と違い，航海の途中で，食糧のみならず石炭を積み込む必要がある。そのための港湾施設建設は大規模であり，帆船時代の港湾インフラではまったく不十分であった。だからこそイギリスは，世界最大の帝国として，世界各地に当時としては巨大な港湾施設を建設することを余儀なくされた。そのため，各地で商業活動に営む商人の役割は，以前よりも小さくなった。商品連鎖は，さまざまな商人集団を必要とするのではなく，イギリス船というただ一つの国のツールですむようになっていった。

　近世の支配＝従属関係は，主として商品輸送によって発生した。商業資本主義の時代においては，商品を輸送する国・地域が輸送される国・地域を従属化させた。また，商業情報の中核国に重要な商業情報が集積され，それが世界経済に浸透するまでは，その情報の中核国が優位性を発揮した。他の国は中核国の情報を必要としたので，その間は中核国に従属する傾向が生じた。

　一方近代になると，第一次産品輸出国・地域が先進国・地域に従属するという傾向が生まれた。しかしそれは，工業国が第一次産品の輸送を担っており，第一次産品から完成品へという商品連鎖の大部分を担うのがヨーロッパだったからこそ生まれたのである。また，ヨーロッパ，と

りわけイギリスは，第一次産品輸出国から，いくつかの中継地をへたとしても，すべてを自国の船舶で輸送した。だからこそ第一次産品輸出国は，原材料を輸出し工業製品を製造しなかっただけではなく，輸送路を握られたという理由で，ヨーロッパに従属することになったのである。情報連鎖においても，間違った情報が流れ取引コストが上昇するという可能性は少なくなった。それは，明らかに商業の効率性を上昇させた。それに，イギリス製の電信は大きく寄与した。

19世紀のグローバリゼーションにもっとも大きく寄与した国家がイギリスであったことはたしかである。そして主としてイギリスの力により，世界のかなりの地域が，同質的な商業空間になり，同じような商業慣行が取り入れられることになった。そのため，取引コストは世界全体で大きく削減された。イギリス，とくにロンドンに重要な商業情報が集積され，それが世界に広まった。そのスピードは，オランダのヘゲモニーの時代の比ではなかった。近代世界システムに属する地域に商業情報が瞬く間に拡散した。したがって，イギリスがもっている商業情報が他地域よりも優越していた期間は，オランダのヘゲモニー時代と比較してかなり短縮された。

その一方で，商業情報の中心地であるイギリスが他地域を従属させるようになった。後進国は，その情報網を使わなければ商業活動ができないからである。そして商人は次第に国家ないしその代理機関がつくった商業用のインフラを利用せざるをえなくなり，重商主義時代の特徴であった国家と商人の共棲関係は大きく弱まった[91]。しかも，トン数に換算すると，世界の船舶の約半分がイギリス船であった以上，世界の商品連鎖と情報連鎖の多くはイギリスによって担われることになった。

イギリス帝国の紐帯は，ポルトガル海洋帝国のそれよりはるかに強くなった。さらに，世界の政治経済の秩序，すなわちゲームのルールを決める構造的権力となった。

イギリスが世界金融の中心となり，ほとんどの国際貿易の決済がイギリスの金融市場を通じておこなわれたため，構造的権力は，非常に大き

91）たしかに，現在もなお多国籍企業の経済力は強い。ここで主張したいのは，商人ないし企業は，近現代の世界では，それ以前とは異なり，国家がつくったインフラストラクチャーを使用せざるをえないということである。

おわりに——手数料資本主義とイギリス

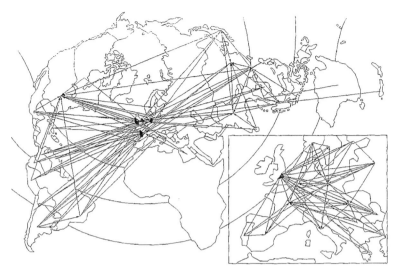

図7-8 1900年における外国為替取引
出典）Marc Flandreau and Clemens Jobst, "The Ties That Divide: A Network Analysis of the International Monetary System, 1890-1910", *Journal of Economic History*, Vol. 65, No. 4, 2005, p. 993, Figure 4.

くなった。図7-8から理解できるように，世界中の外国為替取引が，ロンドンを中心としていたのである。

イギリスは，それにより膨大な手数料収入をえた。国際経済は，イギリスを中心にまわるようになった。いや，正確にいえば，すでに中心となっていたイギリスの力が，はるかにパワーアップしたのである。ロンドンは，手数料資本主義の拠点であった。

イギリスは，他国の工業化を利用した。もし他のヨーロッパ諸国が工業化し，世界中で商品を交換することがなければ，イギリスのヘゲモニーはありえなかった。ヨーロッパ諸国も，自国の船だけでは世界中に商品を輸送することはできなかったであろう。また，国際貿易の決済は，ロンドンを通じておこなうほかなかった。

1415年以来のヨーロッパ商業の拡大は，ヨーロッパ船を使ってなされた。インド洋や東南アジア，さらに中国近隣の海では，主としてイギリス船によって商品が運ばれた。工業製品は欧米諸国によって生産され，国際的に流通した。

18世紀後半のイギリス産業革命の工業化，さらには19世紀のヨーロッパ諸国とアメリカ合衆国の工業化によって，すべての商品に占める工業製品の比率は——計量化することがきわめて困難だとはいえ——，大きく上昇した。

だが，工業製品は販売しなければ利益をえることはできず，販売したときの決済システムの発展も不可欠であった。イギリスは，その二つの点で他国より圧倒的に有利な立場にあった。

イギリスのヘゲモニーとは，そうしたシステムにもとづいて成立していたといえよう。それは，5世紀にわたるヨーロッパの対外進出の帰結であった。

結　語

────────

　ヨーロッパは，決して一朝一夕に世界を支配したわけではない。それは，長期にわたるシステム形成の産物であった。本書では，1415年から1914年が本格的分析の対象となっており，その前提条件を明らかにするために，古代ギリシアやフェニキア人にまで分析対象を延ばした。

　中世のヨーロッパは，イスラーム勢力を中心とする広域な経済圏のなかの小さな一部を形成するにすぎなかった。中世ヨーロッパにはモルッカ諸島からの香辛料が輸入され，それを扱ったイタリア商人がヨーロッパ商業で優位な地位に立った。

　しかしイタリア商人は，香辛料の貿易ネットワークの一部を形成しただけであった。ヨーロッパに輸出される香辛料は，世界で生産される香辛料の30パーセント程度であり，ここからも，ヨーロッパ経済の「小ささ」が理解されよう。中世イタリア経済の繁栄は世界的にみれば大したものではなかった。しかもイタリアはモルッカ諸島から直接香辛料を輸入していたわけではなく，オスマン帝国を経由して輸入していたのである。これは，ヨーロッパの海運業の未発達を物語る。

　ヨーロッパは，このような状況から，徐々に反撃を開始したのである。そのときに，イタリア商人が大きな役割を果たしたわけではない。イタリア商人がイタリア船でアジアへと航海したわけではなかったことが，それを明確に表す。

　ヨーロッパは，アジアよりも経済効率的なシステムを開発する必要があった。それは，情報の非対称性が少ない社会の形成により，成し遂げられた。グーテンベルク革命の影響もあり，ヨーロッパでは，価格表や

商業新聞が印刷され，誰でもそれが安価に購入できるようになっていた。こうして人々が，市場に参入しやすい社会ができあがっていった。オランダのアムステルダムを中心として同一の商業慣行が広まり，それはやがてヨーロッパ外世界にまで輸出され，世界がヨーロッパ化することに寄与したのである。

さらにヨーロッパ社会は，数量化と可視化が進み，商業活動や国家の営みを数量的に把握するようになった。そして，労働者は市場での労働時間を増加させ，市場で取引される商品を購入するために労働したのである。

ところで対外進出にあたり，非常に重要なことがさらに二つあった。一つは喜望峰ルートの開拓であり，もう一つは大西洋経済の形成である。東南アジアからインド洋に至り，紅海をへて地中海に抜けるルートがすぐに衰退したわけではなかったが，ヨーロッパの香辛料輸入ルートは，徐々に喜望峰ルートへと変わっていった。しかもこのルートによって，ヨーロッパは，アジアからの船を待ち受けるのではなく，みずからが艤装した船でアジアに進出していくことになったのである。

最初に進出したのはポルトガル人であった。一般には英蘭の東インド会社創設によりすぐに低迷したと想定されているポルトガルのアジア貿易のイメージは，近年否定される傾向にある。それは，ポルトガル海洋帝国は商人の帝国であり，ポルトガル商人は長くアジアで商業活動に従事したという事実が明らかになってきたからである。しかもポルトガル船は大西洋でもアジアの海でも使われ，この二つの経済圏を結合するのに大きく寄与した。

大西洋経済は，基本的に砂糖の生産を中心とする経済であった。西アフリカから黒人奴隷が新世界に連れてこられ，プランテーションでサトウキビを栽培するという方法が，ブラジルからはじまり，やがてセファルディムのネットワークによりカリブ海にまで広まったと考えられる。

砂糖を輸入したことで，ヨーロッパの生活水準は上昇した。しかも大西洋経済ではイギリスが綿織物の生産に成功するようになり，ヨーロッパははじめて，アジアに売れる商品を手にした。しかもイギリスは，それをイギリス船で輸送したのである。アジアの海は，徐々にヨーロッパ人の海へと変わっていった。

結　語　　　381

　ヴァスコ・ダ・ガマがインドのカリカット（コーリコード）に到着したのは15世紀末のことであった。それより半世紀以上前に，明の鄭和は，アフリカ東岸まで航海していた。しかもこのときのジャンク船は，ガマの船よりも巨大であった。

　したがって，もしガマが15世紀第1四半期にアジアに訪れようとしても，中国に阻まれた可能性はある。だが，明は急速に朝貢貿易体制に移行し，海上ルートによる対外進出をやめるようになる。むろん，民間部門での交易は残った。しかしまた，中国船が，西アフリカまで来航することは，おそらくまったくなかったであろう。ヨーロッパは，このようななか，アジアの海におけるネットワークの拡大に成功していった。

　ヨーロッパは海上ルートでアジアに進出したのに対し，その逆はなかった。ポメランツは，ヨーロッパ，とくにイギリスやオランダと中国の長江流域の経済を「驚くほどに似ていた」と表現したが，海運業からみれば，ヨーロッパとアジアには決定的な差異が存在したのである。

　ポメランツは，自分の比較史の観点からみて都合の良い点をピックアップして「似ている」といったのであり，似ていなかった点も，多数存在していたはずなのである。海運業からみれば，アジアとヨーロッパは，「驚くほど」違った世界だったという事実は，歴史研究においてきわめて重要である。ポメランツのいう意味での「似ている」という根拠は，本当はあやふやなものだと私には思われるのだ。

　彼が提示した指標は，本来はたくさんあるべき指標の一つにすぎない。それは，マクロ経済的な相違を無視とまではいかなくても軽視し，自分の立論にとって都合の良い指標をピックアップしたのである。異なる指標を使えば違った結果が出る。しかし，海運業や情報，商業システムの形成を中心とする私の指標は，少なくともポメランツの指標よりも，作為性が少ないと思っている。

　ヨーロッパ人は，みずからが形成した商業慣行をアジアに押し付けることに成功していった。たとえばゴアのヒンドゥー商人は，ポルトガル語にひいでた人もいた。英語やフランス語で商業書簡を書かなければならなかった。それだけではなく，ヨーロッパで発達した為替手形・船荷証券・申告書・委任状の使用を受けいれていったのである。このように，アジアの商業システムは，明らかにヨーロッパ化していった。そもそも

アジアにはヨーロッパにあったような契約システムはなかったのだ。

　ヨーロッパ人は対外進出にあたり，現地の商人との協力関係も築き上げなければならなかった。その際に重要だったのがコスモポリタンなディアスポラの民の広域ネットワークであった。たとえばイギリス東インド会社は，アルメニア人とパートナーシップ契約を結び取引をした。ヨーロッパの経済力は，重商主義社会である近世にはまだ強いものではなかったからである。

　その様子は，19世紀後半のイギリスのヘゲモニーの時代になると大きく変わる。

　イギリスは，蒸気船・鉄道によって，世界を一つにしていった。世界の多くの商品，あるいは人々はイギリスの蒸気船で運ばれた。19世紀の世界の一体化には，イギリスを中心とする蒸気船・鉄道の発展があったことはたしかである。

　イギリスはまた，ロイズに代表される海上保険業を大きく発展させた。保険料率の確定には，確率論の発達が不可欠である。保険業に必要な確率論は，17世紀後半に主としてフェルマーによって構築された。逆にいえば，それ以前の保険はあくまで経験的にしか保険料率を決められなかったのである。また，近代的な確率論の実社会への導入は，おそらくは19世紀後半まで実行されなかった。

　19世紀後半になって蒸気船数が増えると，大数の法則が海上保険でも利用可能になったと考えられる。そのときに世界最大の海上保険会社であったのがロイズであり，世界の多くの海上保険，さらにその再保険がロイズでかけられた。

　そして，イギリスは電信の発達により，世界の商業情報の中心になった。そして電信により，世界貿易の決済の中心となった。イギリスのヘゲモニーは，いわばこのようなソフトウェアの発展によったのである。それは，ヨーロッパの対外進出の完成形でもあった。ヨーロッパは，世界の制度をヨーロッパに都合のいいものに変えていった。世界のすべてのシステムが，ヨーロッパを中心に動くようになったのである。

　イギリスは，他の多くの国々の成果を利用してヘゲモニーを握ることができた。イギリス帝国は，このようなシステムの上に成り立っていた。

　それは，非常に長期にわたるヨーロッパの対外進出の成果を最終的に

手にしたのがイギリスだったことを意味するのである。

あ と が き

————————

　「もう本格的なモノグラフは書けない」と，『北方ヨーロッパの商業と経済　1550-1815年』を本書と同じ知泉書館から上梓したとき（2008年）に強く感じた。大きな脱力感があり，モノグラフを書くことの大変さを実感したからである。しかし幸いなことにその予感は的中せず，10年間かけ，またモノグラフを出版することができた。ただし今回は，さらに大きな脱力感があったものの，三冊めのモノグラフを書きたいという意欲は強い。

　十年一昔とよくいうが，西洋史や経済史の研究者にとって，この10年間は，国際化が著しく進んだという点で，特筆に値するのではないだろうか。決定的な変化は，日本人が国際学会で英語で報告することが，当然のことだと認識されるようになったことであろう。現在の大学院生やポスドクは，すでに大学院に入学した段階でそのことを意識していたはずである。しかし，大学院生になった1987年には，私はそんなことはまるで考えておらず，そもそも外国人研究者に会うこともなかった。欧文とは読むためのものであり，英語で論文を書いたり，口頭報告をしたりすることは，夢物語だと感じていた。時代は，本当に大きく変化したのである。

　その変化を強く促進した要因にインターネットがあることはいうまでもない。たとえば本書の執筆にあたって，コピーは一切使用していない。論文はすべて，インターネットのサイトから PDF ファイルでダウンロードするか，JSTOR を使うか，海外の友人に送ってもらった。また，書籍については，新刊は洋書の取次店やアマゾン，古書についてはAbeBooks などを利用した。欧文の論文で書籍の一章として引用されているのは，その本自体を購入するようにした。そうすることで，引用文献以外の重要な論文も見つけることができた。私は，コピー機がなかった時代にどう研究していたのか，実感をもって想像することはできない

が，今は，コピー機はいらない時代になったのかもしれない。

　さらに，現在ではデジタルアーカイヴが急速に発展している。本書でも，第2章でバルト海貿易に関するSTR-Onlineを使用した。このデータベースから，京都産業大学の大学院生であった坂野健自君が計算してくれた。第3章では，奴隷貿易に関するデジタルアーカイヴを利用した。こういったデータベースを利用しなければ研究ができないわけではないが，やりにくくなっていることはたしかであろう。今後，この傾向はさらに強くなり，そう遠くない将来，デジタルアーカイヴは歴史家にとって不可欠なものになり，卒業論文でデジタルアーカイヴを使うことが珍しくない時代が到来するであろう。卒業論文で一次史料を使うことなど，私の世代では考えられなかった。

　『北方ヨーロッパの商業と経済』の出版から10年のあいだに，英文の論文や研究書の比率は大きく増えた。本書でもその状況を反映し，英語以外の欧文文献の比率がかなり減少した。おかげでますます英語以外の外国語が苦手になった。英米人以外の英語文献の数が大きく増加し，もはやネイティヴの英語だけが正しい英語とはみなせなくなった。研究文献の入手が以前よりもずっと容易になったこともあり，必要な文献のすべてに目を通すことなど，よほど専門分野を小さくしないかぎりもはや不可能になってしまった。

　したがって本書のように，長期間かつ大きな領域を扱う研究は，専門家からみれば，本当に重要な文献に目を通していないという批判を必然的に受けることになろう。もとより，それは覚悟のうえである。そのような批判に対して，私は，歴史家として全体像の提示を重んじたという解答をしておきたい。また現実的問題として，私はもはや，自分が若かった頃のように，あるいは現在の若手研究者ほどには，一次史料を使うことができなくなったと率直にいった方が良いのかもしれない。昔はなぜあれほど一次史料を読む時間があったのか，今思うと不思議である。現在の私は，一次史料を読む楽しさよりも，全体像を考える楽しさの方が上回るようになった。30年間という研究者人生のなかで，本格派の投手から技巧派の投手へと転換した気がするのだ。

　専門分化の傾向が批判されて，一体どれくらいの年月がすぎたのだろうか。少なくとも私の学部生時代から，そのような批判はなされていた。

あ と が き　　387

したがって随分と昔からいわれていたことであることは間違いないが，その反面，一次史料の使用が重視される傾向がますます強まり，できるだけ多くの論文を書かなければならない以上，現実にはこれはあまり意味のない批判かもしれない。専門分化を批判するなら，必ずしも一次史料を使う必要はなく，研究論文の量ではなく質が大事だというコンセンサスが，歴史家のあいだで存在しなければなるまい。だが，そういうことを望むことさえできないのが現状であろう。

とりわけ若手の研究者にとって，職をえることがもっとも大切であり，信頼のおける歴史家として学界で認められるためには，一次史料を使った研究をするほかない。私も以前はそうであった。だが，ある程度の年齢になると，歴史の全体像を示すことが大切だと思うようになった。一次史料を大量に用いても，二次文献に依拠しても，本来その点に差はないはずである。ところが現実には，一次史料を丹念に分析したところで，大きな歴史を描くことは難しい。小さなテーマを研究しても大きな世界とつながっていることが大事だとしばしばいわれるが，そもそもそう主張する本人の研究に広がりがあるとも思えないのだ。さらに日本人の西洋史家には，一次史料として読むことができる言語の数は，欧米人と比較して見劣りするという決定的な弱点がある。全体像とは何か，簡単に定義できるものではないが，世界はこのようにして動いたのだという自分なりの見方を提示したいと思うようになった。本書は，そのような問題意識の産物である。

帝国主義時代にヨーロッパ，なかでもイギリスはなぜ世界を経済的に支配し，本書でいうヘゲモニー国家になることができたのかという問題に対する私自身の解答がここで述べられている。イギリスがヘゲモニー国家になるための道のりは長く，かつ複雑であり，多様な要素が結びついた結果だという，ある面，当たり前の結論を導き出した。ただしその結論は，欧米での多数の研究を自分なりに咀嚼し，新たな観点から導き出されたものである。また，イギリスだけに目を向けていては，イギリス帝国のとらえ方が随分と狭いものになるということも，本書から理解していただければ幸いである。このようなことは，おそらくどの国の研究にも当てはまることであろう。

本書の執筆には，内外のすぐれた研究者との対話が不可欠であった。

彼らとのフレンドシップこそ，本書執筆のエネルギー源となった。

　本書の完成までに，私はいくつかの一般向けの本を出した。それらは，本書を準備しながら書かれた。すなわち，専門書である本書の内容が一般書という形態を通じて先に出版され，さらに一般書をもとにして本書自体の内容が新しくなっていったのである。本書のもとになった一般書は，下記の通りである。

> 『近代ヨーロッパの形成——商人と国家の世界システム』創元社，2012年。
> 『海洋帝国興隆史——ヨーロッパ・海・近代世界システム』講談社選書メチエ，2014年。
> 『ヨーロッパ覇権史』ちくま新書，2015年。
> 『歴史の見方——西洋史のリバイバル』創元社，2016年。
> 『〈情報〉帝国の興亡——ソフトパワーの500年史』講談社現代新書，2016年。
> 『先生も知らない世界史』日経プレミア新書，2016年。
> 『先生も知らない経済の世界史』日経プレミア新書，2017年。
> 『物流は世界史をどう変えたのか』PHP新書，2018年。
> 『人に話したくなる世界史』文春新書，2018年
> 『逆転の世界史——覇権争奪の5000年』日本経済新聞出版社，2018年。
> 『ヨーロッパ　繁栄の19世紀史——消費社会・植民地・グローバリゼーション』ちくま新書，2018年。

　このうち，本書の骨格を形成したものは，『海洋帝国興隆史』と『〈情報〉帝国の興亡』であり，前者は第2・3章の，後者は第4章のもとになった。他の書物も，本書のいくつかの箇所の作成に不可欠であった。

　私は大学院に入学したときには，海上保険業の発展をテーマにしたかったが，能力の関係から挫折した。それ以来ずっと海上保険業が気になっていたが，本書の上梓により，ようやくこの分野に関する自説を展開することができ，ホッとしている。また，ジェントルマン資本主義についても，独自の視点から再解釈しようと大学院生の頃から考えていたが，それにもある程度成功したと思っている。どちらの課題も，それなりの結論を出すために約30年間の歳月が必要であった。またそれだけの期間

あ と が き

をかけ，大学院生として研究をはじめたばかりの頃の問題意識へと戻っていった気がしている。

　東北大学の塩谷昌史氏は本書の草稿を読み，貴重なコメントをしてくださった。知泉書館の小山光夫社長からは，いつも通り，適切なアドバイスをいただいた。編集担当の松田真理子さんには，魔法のような校閲技術を見せていただいた。三人のおかげで，本書の内容は大きく改善された。本書の執筆には，多数の人たちの助力が不可欠であった。私の研究を支援してくださったすべての人たちに深謝したい。

　なお，本書の上梓に際しては，「京都産業大学出版助成金」による支援を受けた。記して感謝の意を表す次第である。

　　2018年10月

　　　　　　　　　　　　京都にて

　　　　　　　　　　　　　玉　木　俊　明

参 考 文 献

一 次 史 料

未刊行史料

Customs 3 (National Archives, London).

Preis-Courant, Staatsarchiv Hamburg

Kommerskollegium, Utrikeshandel: Series I, Riksarkivet, Stocholm.

刊行一次史料

Boethius, B. och Eli F. Heckscher (red.), *Svensk Handelsstatistik 1637-1737*, Stockholm, 1938.

Bang, Ellinger Nina and Knud Korst (eds.), *Tabeller over Skibsfart og Varetransport gennem Øresund 1497-1660*, 3 vols., Copenhagen and Leipzig, 1906-1933; Bang, Nina Ellinger, and Knud Korst (eds.), *Tabeller over Skibsfart og Varetransport gennem Øresund 1661-1783 og gennem Storebaelt 1701-1748*, 4 vols., Copenhagen and Leipzig 1930-1953.

Liang-lin, Hsiao, *China's Foreign Trade Statistics, 1864-1949*, Cambridge Mass., 1974.

Schumpeter, E.B. *English Overseas Trade Statistics 1697-1808*, Oxford, 1960.

URL

STR-online http://www.soundtoll.nl/index.php/en/

Trans Atlantic Slave Trade

http://www.slavevoyages.org/assessment/estimates

研 究 文 献

欧文文献

Ahonen, Kalevi, *From Sugar Triangle to Cotton Triangle: Trade and Shipping between America and Baltic Russia, 1783-1860*, Jyväskylä, 2005.

Ahvenainen, Jorma, *The Far Eastern Telegraphs: The History of Telegraphic Communications between the Far East, Europe and America before the First World War*, Helsinki, 1981.

―――, *The History of the Caribbean Telegraphs before the First World War*, Helsinki, 1996.

―――――, *The European Cable Companies in South America before the First World War*, Helsinki, 2004.

Alam, Muzaffar, "Trade, State Policy and Regional Change: Aspects of Mughal-Uzbek Commercial Relations, c. 1550-1750", *Journal of the Economic and Social History of the Orient*, Vol.37, No.3, 1994, pp.202-227.

Alanen, Aulis J., "Stapelfriheten och Bottniska Städerna 1766-1808", *Svenska Litteratursällskapets Historiska och litteraturhistoriska studier 30-31*, Helsingfors, 1956, s.101-246.

Alden, Dauril, "The Significance of Cacao Production in the Amazon Region during the Late Colonial Period: An Essay in Comparative Economic History", *Proceedings of the American Philosophical Society*, Vol.120, No.2, 1976, pp.103-135.

Allen, Robert C., Tommy Bengtsson and Martin Dribe (eds.), *Living Standards in the Past: New Perspectives on Well-being in Asia and Europe*, Oxford, 2005.

―――――, Jean-Pascal Bassino, Debin Ma, Christine Moll-Murata and Jan Luiten van Zanden, "Wages, Prices, and Living Standards in China, 1738-1925: in Comparison with Europe, Japan, and India", *Economic History Review*, 2nd ser., Vol.64, No.1, pp.8-38.

Antunes, Cátia A. P. and Amelia Polónia (eds.), *Beyond Empires: Global, Self-Organizing, Cross-Imperial Networks, 1500-1800*, Leiden, 2016.

Armstrong, John and David M. Williams (eds.), *Research in Maritime History*, No.47, *The Impact of Technological Change: The Early Steamship in Britain*, St. Johns, 2011.

Aslanian, Sebouch David, *From the Indian Ocean to the Mediterranean: The Global Trade Networks of Armenian Merchants from New Julfa*, Berkerley, 2011.

Atwell, William, S., "International Bullion Flows and the Chinese Economy c.1530-1650", *Past & Present*, No.95, 1982, pp.68-90.

―――――, "Ming China and the Merging World Economy, c.1470-1650", in Denis Twitchett and Frederick W. Mote (eds.), *The Cambridge History of China*, Vol. 8, *Ming Dynasty, 1368-1644*, Part 2, 1998, pp.376-416.

Aubet, Maria Euginia, *The Phoenicians and the West: Politics, Colonies and Trade*, 2nd edition, Cambridge, 2001.

Austen, Ralph A., *Trans-Saharan Africa in World History*, Oxford, 2010.

Baghdiantz McCabe, Ina, *The Shah's Silk for Europe's Silver: The Eurasian Trade of the Julfa Armenians in Safavid Iran and India, (1530-1750)*, Pennsylvania, 1999.

―――――, "Silk and Silver: The Trade and Organization of New Julfa at the End of the Seventeenth Century", *Revue des études arméniennes* n. s.25, 1994-1995, pp.389-415.

―――――, *Orientalism in Early Modern France: Eurasian Trade, Exoticism and the*

Ancien Régime, Oxford and New York, 2008.

—————, Ina, Gelina Harlaftis and Ioanna Pepelase Minoglou (eds.), *Diaspora Entrepreneurial Networks: Four Centuries of History*, New York, 2005.

Bairoch, Paul, *Cities and Economic Development: From the Dawn of History to the Present*, Chicago, 1991.

Baldwin, Richard, *The Great Convergence: Information Technology and the New Globalization*, London, 2016.

Beckert, Sven, *Empire of Cotton: A Global History*, New York, 2014.

Benedictow, Ole J., *Black Death 1346-1353: The Complete History*, Woodbridge, 2008.

Benjamin, Thomas, *Europeans, Africans, Indians and their shared History, 1400-1900*, Cambridge, 2009.

Berg, Maxine and Felicia Gottmann (eds.), *Goods from the East, 1600-1800: Trading Eurasia*, London, 2015.

Berggren, Lars, Nils Hybel and Annette Landen (eds.), *Cogs, Cargos, and Commerce: Maritime Bulk Trade in Northern Europe*, Toronto, 2002.

Bethencourt, Francisco, Florike Egmond, Robert Muchemble and William Monter (eds.), *Correspondence and Cultural Exchange in Europe, 1400-1700*, Cambridge, 2013.

Billig, Susanne, *Die Karte des Piri Re'is: Das vergessene Wissen der Araber und die Entdeckung Amerikas*, München, 2017.

Bjork, Katharine, "The Link That Kept the Philippines Spanish: Mexican Merchant Interests and the Manila Trade, 1571-1815", *Journal of World History*, Vol.9, No.1, 1998, pp.25-50.

Blom, Philipp, *Die Welt aus den Angeln: Eine Geschichte der kleinen Eiszeit von 1570 bis 1700 sowie der Entstehung der modernne Welt, verbunden mit einigen Übelegungen zum Klima der Gegenwart*, München, 2017.

Bloom, Herbert I., *Economic Activities of the Jews of Amsterdam in the Seventeenth and Eighteenth Centuries*, Port Washington, New York and London, 1937.

Bogucka, Maria, "The Role of Baltic Trade in European Development from the XVIth to the XVIIth Centuries" *Journal of European Economic History*, Vol.9, No.1, 1980, pp.5-20.

Bonney Richard (ed.), *Economic Systems and State Finance*, Oxford, 1995.

Borschberg, Peter, *The Singapore and Melaka Straits: Violence, Security and Diplomacy in the 17th Century*, Singapore, 2010.

Bosma, Ulbe, *The Sugar Plantation in India and Indonesia: Industrial Plantation. 1770-2010*, Cambridge, 2013.

Bowen, Huw, *The Business of Empire: the East India Company and Imperial Britain, 1756-1833*, Cambridge, 2006.

Boxer, C. R., *The Portuguese Seaborne Empire, 1415-1825*, London, 1973.

Boyajian, James C., *Portuguese Trade in Asia under the Habsburgs, 1580-1640*, Baltimore, 1993.

Brahm, Felix and Eve Rosenhaft (eds.), *Slavery Hinterland: Transatlantic Slavery and Continental Europe 1680-1850*, Cumberland, 2016.

Braudel, Fernand, "A Model for the Analysis of the Decline of Italy", *Review (Fernand Braudel Center)*, Vol.2, No.4, 1979, pp.647-662.

————, et R. Romano, *Navires et Marchandise a l'entree du port du Livourne (1547-1611)*, Paris, 1950.

————, and F. C. Spooner, "Prices in Europe from 1450 to 1750", E. E. Rich and C. H. Wilson (eds.), *Cambridge Economic History of Europe*, IV, London and New York, 1967, pp.374-486.

Breen, T. H., "An Empire of Goods: The Anglicization of Colonial America, 1690-1776", *Journal of British Studies*, Vol.25, No.4, 1986, pp.467-499.

Brezis, Elise S., "Foreign Capital Flows in the Century of Britain's Industrial Revolution: New Estimates, Controlled Conjectures", *Economic History Review*, 2nd ser., Vol.58. No.1, 1995, pp.46-67.

Brilli, Catia, *Genoese Trade and Migration in the Spanish Atlantic in the Spanish Atlantic, 1700-1830*, Cambridge, 2016.

Broadberry, Stephen and Bishnupriya Gupta, "The Early Modern Great Divergence: Wages, Prices and Economic Development in Europe and Asia, 1500-1800", *Economic History Review*, 2nd ser., Vol.59, No.1, 2006. pp.2-31.

Broadberry, Stephen, Bruce M. S. Campbell, Alexander Klein, Mark Overton and Bas van Leeuwen, *British Economic Growth, 1270-1870*, Cambridge, 2015.

Brooks, Sydney, "Two Pillars of the British Merchant Marine: II: Lloyd's", *North American Review*, Vol.213, No.784, 1921, pp.333-345.

Brulez, W., "De Diaspora der Antwerpse kooplui op het einde van de 16e eeuw", *Bijdragen voor de Geschiedenis der Nederlanden*, Vol.15, 1960, pp.279-306.

————, "Anvers de 1585 à 1650", *Vierteljahrschrift für Sozial-und Wirtschaftsgeschichte*, 54. Bd., H.1, 1967, pp.75-99.

Bulbeck, Dadid, Anthony Reid Lay Cheng Tan and Yiqi Wu (eds.), *Southeast Asian Exports since the 14th Century Cloves, Pepper. Coffee, and Sugar*, Singapore, 1998.

Buringh, Eltjo, and Jan Luiten Van Zanden, "Charting the 'Rise of the West': Manuscripts and Printed Books in Europe, a Long-Term Perspective from the Sixth through Eighteenth Centuries", *Journal of Economic History*, Vol.69, No.2, 2009, pp.409-445.

Cain, P. J., and A. G. Hopkins, *British Imperialism 1688-2000*, 2nd edition, London, 2003.

Caracausi,Andrea and Christof Jeggle (eds.), *Commercial Networks and European Cities, 1400-1800*, London and New York, 2016.

Carlos, Ann M., and Stephen Nicholas, "'Giants of an Earlier Capitalism': The Chartered Trading Companies as Modern Multinationals", *Business History Review*, Vol.62, No.3, 1988, pp.398-419.

Carter, Alice, *Getting, Spending and Investing in Early Modern Times: Essays on Dutch, English and Huguenot Economic History*, 1974, Assen.

Chaudhuri, K. N., *Asia before Europe: Economy and Civilisation of the Indian Ocean from the Rise of Islam to 1750*, Cambridge, 1991.

——, *The Trading World of Asia and the English East India Company*, Cambridge, 2006.

Chaudhury, Sushil, "Trading Networks in a Traditional Diaspora: Armenians in India, c.1600-1800", in Ina Baghdiantz McCabe, Gelina Harlaftis and Ioanna Minoglou (eds.), *Diaspora Entrepreneurial Networks: Four Centuries of History*, New York, 2005.

——, "Introduction", in Suhil Chaudhury and Kéram Kévonian (eds.), *Armenians in Asian Trade in Early Modern Era*, New Dehli, 2014, pp.3-18.

Clark, Geoffrey, "Insurance as Instrument of War in the 18th Century", *The Geneva Papers and Risk Insurance*, Vol.29, No.4, 2004, pp.247-257.

Coats, W., "Changing Attitudes to Labour in the Mid-Eighteenth Century", *Economic History Review*, 2nd ser., Vol.11, No.1, 1958, pp.35-51.

Cole, W. A., "Trends in Eighteenth-Century Smuggling", *Economic History Review*, 2nd ser., Vol. 10, No. 3, 1958, pp.395-410.

Coleman, D. C., "Labour in the English Economy of the Seventeenth Century", *Economic History Review*, 2nd ser., Vol. 8, No. 3, 1956, pp.280-295.

——, "Eli Heckscher and the Idea of Mercantilism", in D. C. Coleman (ed.), *Revisions in Mercantilism*, Slingsby, 1969, pp.92-117.

——, "Proto-Industrialization: A Concept Too Many", *Economic History Review*, 2nd ser. Vol. 36, No. 3, 1983, pp. 435-448.

Conscience, Hendrik, *De Koopman van Antwerpen*, Brussels, 1912.

Cookson, Gillian, *The Cable: The Wire that Changed the World*, Stroud, 2003.

Coornaert, E., "Les bourses d'Anvers aux XVe et XVIe sieclès", *Revue Historique*, T.217, 1957, pp.395-410.

Crosby, Alfred, *The Columbian Exchange: Biological and Cultural Consequences of 1492*, Santa Barbara,1974.

Crouzet, Frqnçois, "Bordeaux: An Eighteenth Century Wirtshaftswunder?", in Frqnçois Crouzet, *Britain, France and International Commerce: From Louis XVI to Victoria*, Aldershot, 1996, pp.42-57.

Cushman, Jennifer Wayne, *Fields from the Sea: Chinese Junk Trade with Siam during the Late Nineteenth Centuries*, New York, 1993.

Daenell, Ernst, "The Policy of the German Hanseatic League Respecting the Mercantile Marine", *American Historical Review*, Vol.15, No.1, 1909, pp.47-53.

Dahlgren, E. W., *Louis de Geer 1587-1652: Hans lif och verk*, 2 vols., 1923, repr. Stockholm, 2002.

Dale, Stephen Frederic, *Indian Merchants and Eurasian Trade, 1600-1750*, Cambridge, 1994.

Daly, Gavin, "English Smugglers, the Channel, and the Napoleonic Wars, 1800-1814", *Journal of British Studies*, Vol.46, No.1, 2007, pp.30-46.

Das Gupta, Asin, *The World of the Indian Ocean Merchant 1500 1800*, New Delhi, 2001.

Davis, David Brion, *Inhuman Bondage: The Rise and Fall of Slavery in the New World*, Oxford, 2008.

Davis, Ralph, "English Foreign Trade, 1660-1700", *Economic History Review*, 2nd ser., Vol.7, No.2, 1954, pp.150-166.

―――, "English Foreign Trade, 1700-1774", *Economic History Review*, 2nd ser. Vol.15, No.2, 1962, pp.285-303.

―――, "The Rise of Protection in England, 1689-1786", *Economic History Review*, 2nd ser., Vol. 19, No. 2, 1966, pp. 306-317.

―――, *A Commercial Revolution: English Overseas Trade in the Seventeenth and Eighteenth Centuries*, London, 1967.

―――, *The Rise of the Atlantic Economies*, London, 1973.

De Andra Arruda, José Jobson, "Brazilian Raw Cotton as a Strategic Factor in Global Textile, Manufacturing during the Industrial Revolution", Paper presented to XIV International Economic History Congress, Helsinki 2006 Session 59.

De Goey, Ferry and Jan Willem Veluwenkamp (eds.), *Entrepreneurs and Institutions in Europe and Asia, 1500-2000*, Amsterdam, 2003.

De Vries, Jan, *European Urbanization: 1500-1800*, Cambridge Mass., 1984.

―――, "Connecting Europe and Asia: A Quantitative Analysis of the Cape-Route Trade, 1497-1795", in Dennin Flynn, Arturo Giráldez and Richard von Glahn (eds.), *Global Connections and Monetary History, 1470-1800*, Aldershot, 2003, pp.35-106.

―――, "The Limits of Globalization in the Early Modern World", *Economic History Review*, 2nd ser., Vol.63, No.3 2010, pp.710-733.

―――, *The Industrious Revolution: Consumer Behavior and the Household Economy, 1650 to the Present*, Cambridge, 2008.

―――, and Ad van der Woude, *The First Modern Economy: Success, Failure, and Perseverance of the Dutch Economy, 1500-1815*, Cambridge, 1997.

Decorse, Christopher R., "Culture Contact, Continuity, and Change on the Gold Coast, AD 1400-1900", *African Archaeological Review*, Vol.10, 1992, pp.163-196.

Dermigny, Louis, *La Chine et l'Occident : le commerce à Canton au XVIIIe siècle:*

1719-1833, T.2. Paris, 1964.

Devine, Tom M., *Scotland's Empire, 1600-1815*, London, 2003.

————, and David Hesse (eds.), *Scotland and Poland: Historical Encounters. 1500-2010*, Edinburgh, 2012.

Dickson, P. G. M., *The Financial Revolution in England: A Study in the Development of Public Credit 1688-1765*, Aldershot. 1967, rev.1993.

Disney, A. R., *Twilight of the Pepper Empire: Portuguese Trade in Southwest India in the Early Seventeenth Century*, Cambridge, 1978.

Disney, R. S., *A History of Portugal and the Portuguese Empire*, 2 vols., Cambridge, 2009.

Dittmar, Jeremiah E., "Information Technology and Economic Change: The Impact of the Printing Press", *Quarterly Journal of Economics*, Vol.126, No.3, 2011, pp.1133-1172.

Dubin, Lois, "Introduction: Port Jews in the Atlantic World 'Jewish History'", *Jewish History*, Vol.20, No.2, 2006, pp.117-127.

Eang, Cheong Weng, "Changing the Rules of the Game (The India-Manila Trade: 1785-1809)", *Journal of Southeast Asian Studies*, Vol.1, No.2, 1970, pp.1-19.

Ebert, Christpher, *Between Empires: Brazilian Sugar in the Early Atlantic Economy, 1550-1630*, Leiden, 2008.

Ehrenberg, Richard, *Das Zeitalter des Fugger*, 1896 (2015), Berlin.

Emmer, Peter C., "The First Global War: The Dutch versus Iberia in Asia, Africa and the New World, 1590-1609", *E-Journal of Portuguese History*, Vol.1, 2003.

Engineer, Urmi, "Sugar Revisited: Sweetness and the Environment in the Early Modern World", in Anne Gerritsen and Giorgio Riello (eds.), *The Global Lives of Things: The Material Culture of Connections in the Early Modern World*, London and New York, 2016.

Ferrier, R. W., "The Armenians and the East India Company in Persia in the Seventeenth and Early Eighteenth Centuries, *Economic History Review*, 2nd ser., Vol. 26, No. 1,1973, pp. 38-62.

Findlay, Ronald (ed.), *Eli Heckscher, International Trade, and Economic History*, Cambridge, Mass., 2006.

Finkelstein, Andrea, *Harmony and the Balance: An Intellectual History of Seventeenth-Century English Economic Thought*, Ann Arbor, 2000.

Fish, Shirley, *The Manila-Acapulco Galleons: The Treasure Ships of the Pacific with an Annotated List of the Transpacific Galleons 1565-1815*, Bloomington, 2011.

Fisher, F. J., "Commercial Trends and Policy in Sixteenth-Century England", *Economic History Review*, Vol.10, No.2 1940, pp.95-117.

————, "London's Export Trade in the Early Seventeenth Century", *Economic History Review*, 2nd ser., Vol.3, No.2, 1950, pp.151-161.

Flandreau, Marc and Clemens Jobst, "The Ties That Divide: A Network Analysis of the International Monetary System, 1890-1910", *Journal of Economic History*, Vol.65, No.4, 2005, pp.977-1007.

Flynn, Dennis O. N. and Arturo Giráldez, "Introduction: The Pacific Rim's Past Deserves a Future", in Sally M. Miller, A. J. H. Latham and Denns O. Flynn (eds.), *Studies in the Economic History of the Pacific Rim*, London and New York, 1998, pp.1-18.

————, and Arturo Giráldez, "Globalization began in 1571", in Barry K. Gills and William R. Thompson (eds.), *Globalization and Global History*, London and New York, 2006, pp.232-247.

————, and Arturo Giráldez, "Born with a 'Silver Spoon': The Origin of World Trade in 1571", *Journal of World History*, Vol.6, No.2, 1995, pp.201-221.

————, and Arturo Giráldez, "Arbitrage, China, and World Trade in the Early Modern Period", *Journal of the Economic and Social History of the Orient*, Vol.38, No.4, 1995, pp.429-448.

Frieden, Jeffry A., *Global Capitalism: Its Fall and Rise in the Twentieth Century*, New York, 2007.

Fritschy, J. M. F., *De patriotten en de financiën van de Bataafse Republiek: Hollands Krediet en de smalle marges voor een nieuw beleid (1795-1801)*, Den Haag, 1988.

Fritschy, Wantje, *Public Finance of the Dutch Republic in Comparative Perspective: The Viability of an Early Modern Federal State (1570s-1795)*, Leiden, 2017.

Fuber, Holder, Sinnappah Arasaratnam and Kenneth McPherson, *Maritime India*, New Delji, 2004.

Fusaro, Maria, Colin Heywood and Mohamed Salah Omri (eds.), *Trade and Cultural Exchange in the Early Modern Mediterranean: Braudel's Maritime Legacy*, London, 2010.

Galloway, J. H., *The Sugar Cane Industry: An Historical Geography from its Origins to 1914*, Cambridge, 2005.

Gelderblom, Oscar, *Zuid-Nederlandse kooplieden en de opkomst van de Amsterdam stapelmarkt (1578-1630)*, Hilversum, 2000.

————, "From Antwerp to Amsterdam: The Contribution of Merchants from Southern Netherlands to the Rise of the Amsterdam Market", *Review (A Journal of Fernand Braudel Center)*, Vol.26, No.3, 2003, pp.247-282.

————, "Antwerp Merhants in Amsterdam after the Revolt", in P. Stabel and B. A. Greve (eds.), *International Trade in the Low Countries (14th-16th Centuries): Merchants, Organization, Infrastructure*, Leuven, 2000, pp.223-241.

————, and Joost Jonker, "Completing a Financial Revolution: The Finance of the Dutch East India Trade and the Rise of the Amsterdam Capital Market, 1595-1612", *Journal of Economic History*, Vol.64, No.3, 2004, pp.641-672.

————, and Joost Jonker, "Amsterdam as the Cradle of Modern Futures Trading and Options Trading", in William N. Goetzmann and K. Greet Rouwenhorst (eds.), *The Origins of Value: The Financial Innovations That Created Modern Capital Markets*, Oxford and New York, 2005, pp.189–205.

Giráldez, Arturo, *The Age of Trade: The Manila Galleons and the Dawn of the Global Economy*, London, 2015.

Glamman, K., "European Trade, 1500–1700", in Carlo M. Cipolla (ed.), *Fontana Economic History of Europe*, Glasgow, 1970, pp.427–526.

Gomez, Michael A., "Timbuktu under Imperial Songhay: A Reconsideration of Autonomy", *Journal of African History*, Vol.31, No.1, pp.5–24.

Gungwu, Wang, "Forward", in Eric Tagliacozzo and Wen-chin Chang (eds.), *Chinese Circulations: Capital, Commodities, and Networks in Southeast Asia*, Durham and London, 2011, pp.xi–xiii.

Häberlein, Mark, *Aufbruch ins globale Zeitalter: Die Handelswelt der Fugger und Welser*, Stuttgart, 2016.

Hald, Anders, *A History of Probability and Statistics and their Applications before 1750*, New York, 1990.

Hamashita, Takeshi, "The Lidan Baoan and the Ryukyu Maritime Tributary Trade Network with China and Southeast Asia, the Fourteenth to Seventeenth Centuries", in Eric Tagliacozzo and Wen-chin Chang (eds.), *Chinese Circulations: Capital, Commodities, and Networks in Southeast Asia*, Durham and London, 2011, pp.107–129.

Hamilton, Earl Jefferson, *American Treasure and the Price Revolution in Spain, 1501–1650*, Cambridge, Mass., 1934.

Hancock, David, *Citizens of the World: London Merchants and the Integration of the British Atlantic Community, 1735–1785*, Cambridge, 1995.

―――. *The Oceans of Wine: Madeira and the Emergence of American Trade and Taste*, New Heaven, 2009.

Harden, Donald, *The Phoenicians*, Bungay, 1971.

Harding, Richard, Adrian Jarvis and Alston Kennerley (eds.), *British Ships in China Seas: 1700 to the Present Day*, Liverpool, 2004.

Hart, Ron. D., *Sephardic Jews: History, Religion and People*, Santa Fe, 2016.

Hearn, Chester G., *Circuits in the Sea: The Men, The Ships and the Atlantic Cable*, Westport, 2004.

Heckscher, Eli F., "Multilateralism, Baltic Trade and the Mercantilists", *Economic History Review*, 2nd ser., Vol.3, No.2, 1950, pp.219–228.

―――. *Mercantilism; with a new Introduction by Lars Magnusson*, 2 vols, London and New York, 1994.

Hejeebu, Santhi, "Contract Enforcement in the English East India Company", *Journal of Economic History*, Vol.65, No.2, 2005, pp.496–523.

Hellman, Lisa, *Navigating the Foreign Quarters-the Everyday Life of the Swedish*

East India Company Employees in Canton and Macao 1730-1830, Stockholm, 2015.

Herzig, Edmund M., *The Armenian Merchants of New Julfa, Isfahan: A Study in Pre-modern Asian Trade*, Ph. D. Thesis, Oxford University, St. Antony College, 1991.

————, "The Volume of Iranian Raw Silk Exports in the Safavid Period", *Iranian Studies*, Vol.25, No.1/2, *The Carpets and Textiles of Iran: New Perspectives in Research*, 1992, pp.61-79.

't Hart, Marjolein, *The Making of a Bourgeois State: War, Politics, and Finance during the Dutch Revolt*, Manchester and New York, 1993.

————, *The Dutch Wars of Independence: Warfare and Commerce in the Netherlands*, London and New York, 2014.

Higmen, B. W., "The Sugar Revolution", *Economic History Review*, 2nd ser., Vol.53, No.2, 2000, pp.213-236.

Hildebrand, Karl-Gustaf, "Foreign Markets for Swedish Iron in the 18th Century", *Scandinavian Economic History Review*, Vol.6, pp.3-52.

Hoh-Cheung and Lorna H. Mui, "Smuggling and the British Tea Trade before 1784", *American Historical Review*, Vol.74, No.1, 1968, pp.44-73.

————, and Lorna H. Mui, "'Trends in Eighteenth-Century Smuggling' Reconsidered", *Economic History Review*, 2nd ser., Vol.28, No.1, 1975, pp.28-43.

Hoffman, Philipp, T., *Why Did Europe Conquer the World?*, Princeton, 2015.

Högberg, Staffan, *Utrikeshandel och sjöfart på 1700-talet: Stapelvaror i svensk export och import 1738-1808*, Lund, 1969.

Hoover, Calvin B., "The Sea Loan in Genoa in the Twelfth Century", *Quarterly Journal of Economics*, Vol.40, No.3, 1926, pp.495-526.

Hope, Ronald, *A New History of British Shipping*, 1990, London.

Hoppit, Julian, "Political Arithmetic in Eighteenth-Century England", *Economic History Review*, 2nd ser., Vol.49, No.3, 1996, pp.516-540.

————, *Britain's Political Economies: Parliament and Economic Life, 1660-1800*, Cambridge, 2017.

Houtte, J. A. van, "Anvers aux XVe et XVIe sieclès: Expansion et apogée", *Annales. Histoire, Sciences Sociales*, Vol.16, No.2, 1961, pp.248-278.

Howell, David L., "Proto-Industrial Origins of Japanese Capitalism", *Journal of Asian Studies*, Vol.51, No.2, 1992, pp.269-286.

Humphries, Jane, *Childhood and Child Labour in the British Industrial Revolution*, Cambridge, 2011

Hunter, F. Robert, "Tourism and Empire: The Thomas Cook & Son Enterprise on the Nile, 1868-1914", *Middle Eastern Studies*, Vol.40, No.5, 2004, pp.28-54.

Huß, Werner, *Karthago*, München, 1995.

参 考 文 献

Irwin, Douglas A., "Mercantilism as Strategic Trade Policy: The Anglo-Dutch Rivalry for the East India Trade", *Journal of Political Economy*, Vol.99, No.6, 1991, pp.1296-1314.

Isacson, Mats and Lars Magnusson, *Proto-Industrialisation in Scandinavia: Craft Skills in the Industrial Revolution*, Oxford, 1987.

Isenmann, M., (Hrsg.), *Merkantilismus: Wiederaufnahme einer Debatte*. Stuttgart, 2014.

Israel, Jonathan I., *European Jewry in the Age of Mercantilism 1550-1750*, Oxford, 1985.

―――, *The Dutch Republic: It's Rise, Greatness, and Fall 1477-1806*, Oxford, 1995.

―――, *Diasporas Within a Diaspora: Jews, Crypto-Jews, and the World of Maritime Empires 1540-1740*, Leiden 2002.

―――, "Diasporas Jewish and the World of Maritime Empires", in Ina Baghdiantz McCabe, Gelina Harlaftis and Ioanna Minoglou (eds.), *Diaspora Entrepreneurial Networks: Four Centuries of History*, New York, 2005., pp.3-26.

John, A.H., "The London Assurance Company and the Marine Insurance Market of the Eighteenth Century", *Economica*, New Series, Vol.25, No.98, 1958, pp.126-141.

Jordan, Ellen, *The Women's Movement and Women's Employment in Nineteenth Century Britain*, London and New York, 1999.

Kaukiainen, Yrjö, "Shrinking the world: Improvements in the Speed of Information Transmission, c.1820-1870", *European Review of Economic History*, Vol.5, 2001, pp.1-28.

Kellenbenz, Hermann, "Spanien, die nordischen Niederlande und der skandinavisch-baltische Raum in der Weltwirtschaft und Politik um 1600", *Vierteljahrschrift für Sozial-und Wirtschaftsgeschichte*, Beiheft, Bd.41, 1954.

Kingston, Christopher, "Marine Insurance in Britain and America, 1720-1844: A Comparative Institutional Analysis", *Journal of Economic History*, Vol.67, No.2, 2007, pp.379-409.

Kitching, Gavin, "Proto-Industrialization and Demographic Change: A Thesis and Some Possible African Implications", *Journal of African History*, Vol.24, No.2, The History of the Family in Africa ,1983, pp.221-240.

Klein, Herbert S., *The Atlantic Slave Trade*, Cambridge, 1999.

Kleinschmidt, Christian, *Wirtschaftsgeschichte der Neuzeit*, München, 2017.

Klæsøe, Iben Skibsted (ed.), *Viking Trade and Settlement in Continental Western Europe*, Copenhagen, 2010.

Knapp, Gerrit J., *Shallow Waters, Rising Tide*, Leiden, 1996.

Klooster, Wim, "Communities of Port Jews and Their Contacts in the Dutch

Atlantic World", *Jewish History*, Vol. 20, No. 2, 2006, pp. 129–145.

――――, and Gert Oostinde, *Realm between Empires: The Second Dutch Atlantic, 1680-1815*, Ithaca and London, 2018.

Konstam, Angus, *Spanish Galleon 1530-1690*, Oxford, 2004.

Kuo, Huei-Ying, "Agency amid Incorporation: Chinese Business Networks in Hong Kong and Singapore and the Colonial Origins of the Resurgence of East Asia, 1800–1940", *Review (Fernand Braudel Center)*, Vol. 32, No. 3, 2009, pp. 211–237.

Lane, Frederic Chapin, "Venetian Shipping during the Commercial Revolution", *American Historical Review*, Vol. 38, No. 2, 1933, p. 219–239.

――――, "Economic Consequences of Organized Violence", *Journal of Economic History*, Vol. 18, No. 4, 1958, pp. 401–417.

――――, *Venice, A Maritime Republic*, Baltimore, 1973.

――――, *Venetian Ships and Shipbuilders of the Renaissance*, Baltimore, 1992.

Lesger, Clé, *The Rise of the Amsterdam Market and Information Exchange: Merchants, Commercial Expansion and Change in the Spatial Economy of Low Countries, c.1550-1630*, Aldershot, 2006.

Lewis, Arthur, "Economic Development with Unlimited Supplies of Labour", *Manchester School*, 1954, pp. 139–191.

Liu, Kwang-Ching, "Steamship Enterprise in Nineteenth-Century China", *Journal of Asian Studies*, Vol. 18, No. 4, 1959, pp. 435–455.

Lobo-Guerrero, Luis, *Insuring War: Sovereignty, Security and Risk*, London and New York, 2013.

McCusker, John J., "The Demise of Distance: The Business Press and the Origins of Information Revolution in the Early Modern Atlantic World", *American Historical Review*, Vol. 110, No. 2, 2005, pp. 295–321.

――――, and G. Gravestrijn (eds.), *The Beginnings of Commercial and Financial Journalism*, Amsterdam, 1991.

――――, and Kenneth Murdo J. MacLeod, *Spanish Central America*, Berkerley, 1973.

――――, and Kenneth Morgan (eds.), *The Early Modern Atlantic Economy*, Cambridge, 2001.

――――, and Russell R. Menard, "The Sugar Economy in the Seventeenth Century: A New Perspective on the Barbarian 'Sugar Revolution'", in Stuart B. Schwartz (ed.), *Tropical Babylons: Sugar and the Making of the Atlantic World, 1450-1680*, London, 2004, pp. 289–330.

McPherson, Kenneth, *The Indian Ocean: A History of People and Sea*, Delhi, 1992.

Manes, Alfred, "Outlines of Economic History of Insurance", *Journal of Business of the University of Chicago*, Vol. 15, No. 1, 1942, pp. 30–48.

Markovits, Claude, *The Global World of Indian Merchants 1750-1947: Traders of Sind from Bukhara to Panama*, Cambridge, 2000.

Marques, Leonardo, *The United States and the Transatlantic Slave Trade to the Americas, 1776-1867*, New Heaven and London, 2016.

Martin, Frederick, *The History of Lloyd's and of Marine Insurance of Marine Insurance in Great Britain: With an Appendix Containing to Marine Insurance*, London, 1876 (2015).

Marzagalli, Silvia, "French Merchants and Atlantic Networks: The Organisation of Shipping and Trade between Bordeaux and United States, 1793-1815", in Margrit Schutle Beerbühl and Jörg Vögele (eds.) *Spinning the Commercial Web: International Trade, Merchants, and Commercial Cities, c. 1640-1939*, Frankfurt am Main, 2004, pp.149-173.

―――, "American Shipping and Trade in Warfare, or the Benefits of European Conflicts for Neutral Merchants: The Experience of the Revolutionary and Napoleonic Wars, 1793-1815", 『京都産業大学経済学レビュー』創刊号, 2014年, pp.1-29.

―――, *Bordeaux et les Etats-Unis 1776-1815: Politique et stretégies négociantes dans la genese d'un réseau commercial*, Paris, 2015.

Matthee, Rudolph P., *The Politics of Trade in Safavid Iran: Silk for Silver 1600-1730*, Cambridge, 1999.

Meilink-Roelofsz, Marie Antoinette Petronella, *Asian Trade and European Influence: In the Indonesian Archipelago between 1500 and about 1630*, 's-Gravenhage, 1962.

Mendels, Franklin, *Industrialization and Population Pressure in Eighteenth-century Flanden*, Ph.D thesis, University of Wisiscons in 1969; published version, New York, 1981.

―――, "Proto-Industrialization: The First Phase of the Industrialization Process", *Journal of Economic History*, Vol.32, No.1, 1972, pp.241-261 (石坂昭雄訳「篠塚・石坂・安元「プロト工業化――工業化過程の第一局面『西欧近代と農村工業』北海道大学図書刊行会, 1991年, 1-28頁に所収)。

Merrill, Gordon, "The Role of Sephardic Jews in the British Caribbean Area during the Seventeenth Century", *Caribbean Studies*, Vol.4, No.3, 1964, pp.32-49.

Middell, Matthias and Philipp Robinson Roessner (eds.), *The Great Divergence Revisited*, Leipzig, 2017.

Miller, Rory, *Britain and Latin America in the Nineteenth and Twentieth Centuries*, London and New York, 2013.

Misselden, Edward, *The Circle of Commerce or Balance of Trade*, London 1623 (New York, 1971).

Mitchiner, Michael, "Evidence for Viking-Islamic Trade Provided by Samanid Silver Coinage", *East and West*, Vol.37, No.1/4 1987, pp.139-150.

Mokyr, Joel, *The Gifts of Athena: Historical Origins of The Knowledge Economy*, Princeton, 2004.

404 参 考 文 献

————, *The Enlightenment Economy: An Economic History of Britain, 1700–1850*, New Heaven, 2010.

————, "Peer Vries's Great Divergence", *Tijdschrift voor Sociale en Economische Geschiedenis* Vo,12, No.2, 2015, pp.93–104.

————, *A Culture of Growth: The Origins of the Modern Economy*, Princeton, 2016.

Monaham, Erik, *The Merchants of Siberia: Trade in Early Modern Eurasia*, Ithaca and London, 2016.

Moore, Jason W., "Sugar and the Expansion of the Early Modern World-Economy: Commodity Frontiers, Ecological Transformation, and Industrialization", *Review (Fernand Braudel Center)*, Vol.23, No.3, 2000, pp.409–433.

Mörner, Magnus, "Swedish Trade and Shipping with the Iberian Peninsula: From the 16th Century to the Early 19th Century", Martínez Ruiz Enrique and Magdalena Pi Corrales (eds.), *Commerce and Navigation between Spain and Sweden throughout History*, Madrid, 2000, pp.103–125.

Müller, Leos, *The Merchant Houses of Stockholm, c. 1640–1800: A Comparative Study of Early-Modern Entrepreneurial Behavior*, Uppsala, 1998.

————, *Consuls, Corsairs, and Commerce: The Swedish Consular Service and Long-distance Shipping, 1720–1815*, Uppsala, 2004.

Murray, James M., *Bruges, Cradle of Capitalism, 1280–1390*, Cambridge, 2009.

Nakazawa, Katsumi, "The European World Economy and the Entrepot of Antwerp", *Mediterranean World*, Vol.14, 1995, pp.77–83.

Neal, Larry, *The Rise of Financial Capitalism: International Capital Markets in the Age of Reason*, Cambridge, 1990.

Noonan, Thomas S., "Fluctuations in Islamic Trade with Eastern Europe during the Viking Age", *Harvard Ukrainian Studies*, Vol.16, No.3/4, 1992, pp.237–259.

North, Douglass C. and Barry R. Weingast, "Constitutions and Commitment: The Evolution of Institutions Governing Public Choice in Seventeenth-Century England" *Journal of Economic History*, Vol.49, No.4, 1989, pp.803–832.

North, Michael, *The Expansion of Europe, 1250–1500*, Manchester, 2012.

————, *Zwischen Hafen und Horizont: Weltgeschichte der Meere*, München, 2016.

Nováky, György, *Handelskompanier och kompanihandel. Svenska Afrikakompaniet 1649–1663: En studie i feodal handel*, Uppsala, 1990.

Nye, John V. C., *War, Wine, and Taxes: The Political Economy of Anglo-French Trade 1689–1900*, Princeton, 2007.

O'Brien, Patrick Karl, "European Economic Development: The Contribution of the Periphery", *Economic History Review*, 2nd ser., Vol.35, No.1, 1982, pp.1–18.

————, "The Costs and Benefits of British Imperialism 1846-1914", *Past & Present*, No.120, 1988, pp.163–200.

————, "Path Dependency, or Why Britain Became an Industrialized and

Urbanized Economy Long before France", *Economic History Review*, 2nd ser., Vol. 49, No. 2, 1996, pp. 213-249.

――――, "The Economics of European Expansion Overseas", in V. Bulmer-Thomas et al (eds.), *Cambridge Economic History of Latin America*, Cambridge 2006, pp. 7-42.

――――, "The Nature and Historical Evolution of an Exceptional Fiscal State and its Possible Significance for the Precocious Commercialization and Industrialization of the British Economy from Cromwell to Nelson", *Economic History Review*, 2nd ser., Vol. 64, No. 2, 2011, pp. 408-446.

――――, and Caglar Keyder, *Economic Growth in Britain and France 1780-1914: Two Paths to the Twentieth Century*, London, 1978.

Ogilvie, Sheilagh and Markus Cerman (eds.), *European Proto-Industrialization: An Introductory Handbook*, Revised version, Cambridge, 1996.

Oliver, Roland and Anthony Atmore, *Medieval Africa 1250-1800*, Cambridge, 2003.

O'Nelli, Humbert, "The Earliest Insurance Contract. A New Discovery", *Journal of Risk and Insurance*, Vol. 39, No. 2, 1972, pp. 215-220.

Ormrod, David, *The Rise of Commercial Empires: England and the Netherlands in an Age of Mercantilism, 1650-1770*, Cambridge, 2003.

O'Rourke, Kevin H., "The Era of Free Migration: Lessons for Today", Prepared for presentation at conference on Globalization, the State and Society, Washington University, 13-14 November 2003, pp. 1-35.

――――, and Jeffrey G. Williamson, *Globalization and History: The Evolution of a Nineteenth-Century Atlantic Economy*, Cambridge Mass. and London, 2001.

Osterhammel, Jürgen, *Die Entzauberung Asiens: Europa und die asiatischen Reiche im 18. Jahrhundert*, Berlin, 2010.

Parthasarathi, Prasannan, *Why Europe Grew Rich and Asia Did Not: Global Economic Divergence, 1600-1815*, Cambridge, 2011.

Pearson, Robin, "Towards an Historical Model of Services Innovation: The Case of the Insurance Industry, 1700-1914", *Economic History Review*, 2nd ser., Vol. 50, No. 2, 1997. pp. 235-256.

――――, (ed.), *The Development of International Insurance*, London and New York, 2016.

――――, and Mikael Lönnborg, "Regulatory Regimes and Multinational Insurers before 1914", *Business History Review*, Vol. 82, No. 1 ,2008, pp. 59-86.

Perlin, Frank, "Proto-Industrialization and Pre-Colonial South Asia", *Past & Present*, No. 98, 1983, pp. 30-95.

Peterson, M. Jeanne, "The Victorian Governess: Status Incongruence in Family and Society", *Victorian Studies*, Vol. 14, No. 1, 1970, pp. 7-26.

Pettigrew, William A., *Freedom's Debt: The Royal African Company and the Politics of the Atlantic Slave Trade, 1672-1752*, Chapel Hill, 2016.

Pinero, Eugenio, "The Cacao Economy of the Eighteenth-Century Province of Caracas and the Spanish Cacao Market", *Hispanic American Historical Review*, Vol.68, No.1, 1988, pp.75-100.

Piper, Renate, "The Volumes of African Exports of Precious Metals and its Effects in Europe, 1500-1800", in Hans Pohl (ed.), *The European Discovery of the World and its Economic Effects on Pre-Industrial Society, 1500-1800*, *Vierteljahrschrift für Sozial-und Wirtschaftsgeschichte*, Beihefte, 89, 1990, pp.97-117.

Pohl, Hans, "Die Portugiesen in Antwerpen (1567-1648): Zur Geschichte einer Minderhe", *Vierteljahrschrift für Sozial-und Wirtschaftsgeschichte*, Beiheft Nr. 63. Wiesbaden, 1977.

Polónia, Amélia, "Self-organised Networks in the First Global Age: The Jesuits in Japan", 『京都産業大学世界問題研究所紀要』第28巻, pp.133-158.

Postlethwayt, Malachy, *The Universal Dictionary of Trade and Commerce*, London, 1764.

Postma, Johannes and Victor Enthoven, *Riches from Atlantic Commerce: Dutch Trasatlantic Trade and Shipping, 1585-1817*, Leiden 2003.

Pourchasse, Pierrick, *Le commerce du Nord: Les échanges commerciaux entre la France et l'Europe septentrionale au XVIIIe siècle*, Rennes, 2006.

―――, "Problems of French Trade with the North in the Eighteenth century", Paper presented to a lecture of Kwansei Gakuin University on 18th May in 2006.

―――, "Trade between France and Sweden in the Eighteenth Century", *Forum Navale*, Vol.67, 2011, pp.92-104.

―――, "Breton Linen, Indian Textiles, American Sugar: Brittany and the Globalization of Trade in the 18th Century", 『京都産業大学　世界問題研究所紀要』第28巻, 2013年, pp.159-169.

Prakash, Om, *Dutch East India Company and the Economy of Bengal, 1630-1720*, Princeton, 1985.

―――, *The New Cambridge History of India: European Commercial Enterprise in Pre-Colonial India*, Cambridge, 1998.

Price, Jacob M., "Multilateralism and/or Bilateralism: The Settlement of British Trade Balances with 'The North', c.1700", *Economic History Review*, 2nd ser., Vol.14, No.2 (1961), pp.254-274.

Pye, Michael, *Am Rand der Welt: Eine Geschichte der Nordsee und der Anfaenge Europas*, Frankfurt am Main, 2017.

Qing, Han, "Western Steamship Companies and Chinese Seaborne Trade during the Late Qing Dynasty, 1840-1911", *International Journal of Maritime History*, Vol.27, No.3, pp.537-559.

Ramsay, G. D., *English Overseas Trade during the Centuries of Emergence: Studies in Some Modern Origins of the English-speaking World*, London, 1957.

————, *The City of London in International Politics at the Accession of Elizabeth Tudor*, Manchester, 1975.

————, *The Queen's Merchants and the Revolt of the Netherlands*, Manchester, 1986.

Rapp, R. T., "The Unmaking of the Mediterranean Trade Hegemony: International Trade Rivalry and the Commercial Revolution", *Journal of Economic History*, Vol. 35, No. 3, 1975, pp. 499-525.

Reid, Anthony, "The System of Trade and Shipping in Maritime South and Southeast Asia, and the Effects of the Development of the Cape Route to Europe", in Hans Pohl (ed.), *The European Discovery of the World and its Economic Effects on Pre-Industrial Society, 1500-1800, Vierteljahrschrift für Sozial-und Wirtschaftsgeschichte*, Beihefte, 89, 1990, pp. 73-96.

————, "An 'Age of Commerce' in Southeast Asian History", *Modern Asian Studies*, Vol. 24, No. 1, 1990, pp. 1-30.

————, *Southeast Asia in the Age of Commerce, 1450-1680*, 2 vols., New Heaven, 1990, 1995.

————, *A History of Southeast Asia: Critical Crossroads*, Chichester, 2015.

Ribeiro, Ana Sofia, *Early Modern Trading Networks in Europe: Cooperation and the Case of Simon Ruiz*, London and New York, 2016.

Riello, Giorgio, *Cotton: The Fabric that Made the Modern World*, Cambridge, 2013.

————, (ed.), *How India Clothed the World: The World of South Asian Textiles, 1500-1850*, Leiden, 2013.

————, and Prasannan Parthasarathi (eds.), *The Spinning World: A Global History of Cotton Textiles, 1200-1850*, Oxford, 2011.

Robert, Parthesius, *Dutch Ships in Tropical Waters: The Development of the Dutch East India Company (VOC) Shipping Network in Asia 1595-1660*, Amsterdam, 2010.

Roessner, Philipp Robinson, (Hrsg.), *Merkantilismus. Wiederaufnahme einer Debatte*. Stuttgart, 2014.

————, (ed.), *Economic Growth and the Origins of Modern Political Economy: Economic reasons of state, 1500-2000*, London and New York, 2016.

Rosenthal, Jean-Laurent and R. Bin Wong, *Before and Beyond Divergence: The Politics of Economic Change in China and Europe*, Cambridge, 2011.

Saito, Osamu, "Growth and Inequality in the Great and Little Divergence Debate: a Japanese Perspective", *Economic History Review*, 2nd ser. Vol. 68, No. 2, pp. 399-419.

Samuelsson, Kurt, *De Stora köpmanshusen i Stockholm 1730-1815: En Studie i svenska handelskapitalismens historia*, Stockholm, 1951.

————, "Swedish Merchant-Houses, 1730-1815", *Scandinavian Economic History*

Review, Vol.3, No.2, 1955, pp.163-202.

Savary, Jacques, *Le Parfait Negociant*, Paris, 1675 (rep.1995).

Schurz, William Lytle, "The Manila Galleon and California", *Southwestern Historical Quarterly*, Vol.21, No.2, 1917, pp.107-126.

————, "Acapulco and the Manila Galleon", *Southwestern Historical Quarterly*, Vol.22, No.1, 1918, pp.18-37.

————, "Mexico, Peru, and the Manila Galleon", *Hispanic American Historical Review*, Vol.1, No.4, 1918, pp.389-402.

————, *The Manila Galleon*, New York, 1959.

Schwartz, Stuart B., "A Commonwealth within Itself", in Schwartz (ed.), Stuart B. Schwartz (ed.), *Tropical Babylons: Sugar and the Making of the Atlantic World, 1450-1680*, London, 2004, pp.158-200.

Seppel, Marten and Keith Tribe (eds.), *Cameralism in Practice: State Administration and Economy in Early Modern Europe*, Woodbridge, 2017.

Sertima, Ivan van, *They Came Before Columbus: The African Presence in Ancient America*, New York, 2003.

Seth, Mesrovb J., *History of Armenians in India: From the Earliest Times to the Present Day*, London, 1897.

Shepherd, James F., *Shipping, Maritime Trade and the Economic Development of Colonial North America*, Cambridge, 1972.

Sheriff, Abdul, *Dhow Cultures of the Indian: Cosmopolitanism, Commerce and Islam*, London, 2010.

Smith, D. Woodruff, "The Function of Commercial Centers in the Modernization of European Capitalism: Amsterdam as an Information Exchange in the Seventeenth Century", *Journal of Economic History*, Vol.44, No.4, 1984, pp.985-1005.

Snyder, San Rachel Erika, "The Portuguese Jewish Community in Amsterdam during the First Century of the Dutch Republic", NEH Seminar For School Teachers, 2013, London and Leiden.

Souza, George Bryan, *The Survival of Empire: Portuguese Trade and Society in China and South China Sea 1630-1754*, Cambridge, 2004.

Spector, Céline, "Le concept de mercantilisme", *Revue de Métaphysique et de Morale*, No.3, *Mercantilisme et philosophie* 2003, pp.289-309.

Sperling, J., "The International Payments Mechanism in the Seventeenth and Eighteenth Centuries", *Economic History Review*, 2nd ser., Vol.14, No.3, 1962, pp.446-468.

Spooner,C. *The International Economy and Monetary Movements in France, 1493-1725*, Cambridge, Mass., 1972.

Steensgaard, Niels, *The Asian Trade Revolution of the Seventeenth Century: The East India Companies and the Decline of the Caravan Trade*, Chicago, 1975.

―――, "The Dutch East Company Company as an Institutional Innovation", in Maurice Aymard (ed.), *Dutch Capitalism and World Capitalism/ Capitalisme hollandaise et Capitalisme mondial*, Cambridge, 1982, pp.235-257.

―――, "The Companies as a Specific Institution in the History of European Expansion", in Leonard Blussé and Femmme Gaastra (eds.), *Companies and Trade: Essays on Overseas Trading Companies during Ancien Régime*, Leiden, 1981.

―――, "The Growth and Composition of Long-distance Trade of England and the Dutch Republic before 1750", in J. D. Tracy (ed.), *The Rise of Merchant Empires: Long Distance Trade in the Early Modern World 1350-1750*, Cambridge, 1990, pp.153-173.

Stein, Robert Louis, *The French Sugar Business in the Eighteenth Century*, Baton Rouge and London, 1988.

Stern, P., and C. Wennerlind (eds.), *Mercantilism Reimagined: Political Economy in Early Modern Britain and its Empire*, Oxford 2013.

Stols, Eddy, "The Expansion of the Sugar Market in Western Europe", in Stuart B. Schwartz (ed.), *Tropical Babylons: Sugar and the Making of the Atlantic World, 1450-1680*, London, 2004, pp.258-267.

Stone, Irving, "British Long-Term Investment in Latin America, 1865-1913", *Business History Review*, Vol.42, No.3 1968, pp.311-339

―――, *The Global Export of Capital from Great Britain, 1865-1914*, London and New York, 1995.

Strange, Susan, "The Persistent Myth of Lost Hegemony", *International Organization*, Vol.41, No.4, 1987, 551-74.

Straus, Andre and Leonardo Caruana de las Cagigas (eds.), *Highlights on Reinsurance History (Enjeux Internationaux/ International Issues)*, Bern, 2017.

Studer, Roman, *The Great Divergence Reconsidered: Europe, India, and the Rise to Global Economic Power*, Cambridge, 2017.

Studnicki-Gizbert, Daviken, *A Nation upon the Ocean Sea: Portugal's Atlantic Diaspora And the Crisis of the Spanish Empire, 1492-1640*, Oxford, 2007.

―――, "La Nàcion among the Nations: Portuguese and Other Maritime Trading Diasporas in the Atlantic, Sixteenth to Eighteenth Centuries", in Richard L. Kagan and Philip D. Morgan (eds.), *Atlantic Diasporas: Jews, Conversos, and Crypto-Jews in the Age of Mercantilism, 1500-1800*, Baltimore, 2008, pp.75-98.

Subrahmanyam, Sanjay, *The Portuguese Empire in Asia, 1500-1700: A Political and Economic History*, Hoboken, 2012.

Supple, Barry, *The Royal Exchange Assurance: A History of British Insurance 1720-1970*, Cambridge, 1970.

Tamaki, Toshiaki, "European Maritime Expansion to Asia: From Portugal to the British Empire", *Jahrbuch für Europäische Überseegeschichte* Bd. 17 2017.

pp. 219-240.

Taylor, John A., *British Empiricism and Early Political Economy: Gregory King's 1696 Estimates of National Wealth of Population*, Westport, 2005.

Tazzara, Corey, *The Free Port of Livorno and the Transformation of the Mediterranean World, 1574-1790*, Oxford, 2017.

Templeman, Frederick, *Marine Insurance: Its Principles and Practice*, London, 1923 (2010).

Thomas, P. J., *Mercantilism and East India Trade*, London, 1926 (1963).

Tielhof, Milja van, "Der Getreidehandel der Danziger Kaufleute in Amsterdam um die Mitte des 16. Jahrhundert", *Hansische Geschichtsblätter*, Bd. 113, 1995, S. 93-110.

————, *De Hollandse Graanhandel, 1470-1570: Koren op de Amsterdamse Molen*, Den Haag, 1995.

Topik, Steven, "A Coffeinated Perspective of Cross-regional Chains in Global History: The Creation of the World Coffee Market",「グローバルヒストリーの構築とアジア世界　平成17-19年度科学研究費補助金（基盤研究(B)研究成果報告書　研究代表者　秋田茂）2008年，pp. 237-263.

————, Carlos Marichal, and Zephyr Frank (eds.), *From Silver to Cocaine: Latin American Commodity Chains and the Building of the World Economy, 1500-2000*, Durham, 2006.

Tracy, James D., *A Financial Revolution in the Habsburg Netherlands: Renten and Rentiners in the Country of Holland*, Berkelay, Los Angleles and London, 1985.

Tremml-werner, Birgit, *Spain, China and Japan in Manila, 1571-1644: Local Comparisons and Global Connections*, Amsterdam, 2015.

Trivellato, Francesca, "Sephardic Merchants in the Early Modern Atlantic and Beyond: Towards a Comparative Historical Approach to Business Cooperation", in Richard L. Kagan and Philip D. Morgan (eds.), *Atlantic Diasporas: Jews, Conversos, and Crypto-Jews in the Age of Mercantilism, 1500-1800*, Baltimore, 2008, pp. 99-120.

————, *The Familiarity of Strangers: The Sephardic Diaspora, Livorno and Cross-Cultural Trade In Early Modern Period*, New Heaven, 2009.

————, Leor Halevi and Catia Antunes (eds.), Religion and *Trade: Cross-Cultural Exchanges in World History, 1000-1900*, Oxford, 2014.

Unger, Richard W. (ed.), *Shipping and Economic Growth 1350-1850*, Leiden, 2011.

Van Lottum, Jelle *Across the North Sea: The Impact of the Dutch Republic on International Labour Migration, C.1550-1850*, Amsterdam, 2008.

Van Zanden, Jan Luiten, "Common Workmen, Philosophers and the Birth of the European Knowledge Economy: About the Price and the Production of Us HN conference on Useful Knowledge, Leiden, September 2004: revised 12 October 2004.

―――, "De timmerman: De boekdrukker en het ontstaan van de Europese kenniseconomie over de prijs en het aanbod van kennis voor de industriele Revolutie", *Tijdschrift voor Sociale en Economische Geschiedenis*, Vol.2, No.1, 2006, pp.105-120.

―――, *The Long Road to the Industrial Revolution*, Leiden, 2009.

Vance, W. R., "The Early History of Insurance Law", *Columbia Law Review*, Vol.8, No.1, 1908, pp.1-17.

Vanneste, Tijl, *Global Trade and Commercial Networks: Eighteenth-Century Diamond* Merchants, London and New York, 2016.

Voss, Karsten, *Sklaven als Ware und Kapital: Die Plantagenoekonomie von Saint-Domingue als Entwicklungsprojekt*, Münich, 2017.

Vries, Peer, *Escaping Poverty: The Origins of Modern Economic Growth*, Vienna, 2013.

―――, *State, Economy and the Great Divergence: Great Britain and China, 1680s-1850s*, London and New York, 2015.

Wade, Geoff, "An Early Age of Commerce in Southeast Asia, 900-1300 CE", *Journal of Southeast Asian Studies*, Vol.40, No.2, 2009, pp.221-265.

Wake, C., "The Changing Pattern of Europe's Pepper and Spice Imports, ca 1400-1700", *Journal of European Economic History*, Vol.8, No.2, 1979, pp.361-403.

Walton, Cary M. and James F. Sheperd, *The Economic Rise of Early America*, Cambridge, 1979.

Weber, Klaus, *Deutsche Kaufleute im Atlantikhandel 1680-1830: Unternehmen und Familien aus Hamburg, Cadiz und Bordeaux*, Stuttgart, 2004.

―――, "Linen, Silver, Slaves, and Coffee: A Spatial Approach to Central Europe's Entanglements with the Atlantic Economy", *Culture & History Digital Journal*, Vol.4, No.2, 2015.

Wee, Herman van der, *The Growth of Antwerp Market and the European Economy: Fourteenth-Sixteenth Centuries*, 3 vols., Louvain, 1964.

Welling, George Maria, *The Prize of Neutrality Trade Relations between Amsterdam and North America 1771-1817: A Study in Computational History*, Ph. D thesis, Groningen University, 1998.

Wellington, Donald C., *French East India Companies: A Historical Account and Record of Trade*, New York, 2006.

Wilks, Ivor, "The Medieval Trade-Route from Niger to the Gulf of Guinea", *Journal of African History*, Vol.3, No.2, 1962, pp.337-341.

Williamson, Jeffrey, *Trade and Power When the Third World fell Behind*, Cambridge, Mass., 2013.

Wilson, C. H., "Treasure and Trade Balances: The Mercantilist Problem", *Economic History Review*, 2nd ser., Vol.2, 1949, pp.152-161.

―――, "Treasure and Trade Balances: Further Evidence", *Economic History*

Review, 2nd ser., Vol. 4, 1952, pp. 231-242.

Wink, André, *Al-Hind: The Making of the Islamic World*, Leiden, 3 vols., 1996, 1997, 2004.

Wiznitzer, Arnold, "The Number of Jews in Dutch Brazil（1630-1654）", *Jewish Social Studies*, Vol. 16, No. 2, 1954, pp. 107-114.

Wright, John, *The Trans-Saharan Slave Trade*, London and New York, 2007.

Xabier, Lamikiz, *Trade and Trust in the Eighteenth-Century Atlantic World: Spanish Merchants and Their Overseas Networks*, London, 2013.

Yogev, Gedalia, *Diamonds and Coral: Anglo-Dutch Jews and Eighteenth Century Trade*, Leicester, 1978.

Zekiyan, Boghos Levon, "The Iranian Oikumene and Armenia", *Iran & the Caucasus*, Vol. 9, No. 2, 2005, pp. 231-256.

邦文文献

明石欽司『ウェストファリア条約──その実像と神話』慶應義塾大学出版会，2009年。

赤嶺守『琉球王国──東アジアのコーナーストーン』講談社選書メチエ，2004年

秋田茂　日本経済新聞朝刊2015年7月19日。http://www.nikkei.com/article/DGXKZO89488490Y5A710C1MY7001/

阿部俊大『レコンキスタと国家形成──アラゴン連合王国における王権と教会』九州大学出版会，2016年。

安野眞幸『教会領長崎　イエズス会と日本』講談社選書メチエ，2004年。

石井摩耶子『近代中国とイギリス資本──19世紀後半のジャーディン・マセソン商会を中心に』東京大学出版会，1998年。

石井米雄「港市としてのマラッカ」『東南アジア史学会会報』53号，1990年，9-10頁。

石坂昭雄「オランダ共和国の経済的興隆と17世紀のヨーロッパ経済──その再検討のために」『北海道大学　経済学研究』第24巻，第4号，1974年，1-66頁。

───「西ヨーロッパの国境地域における工業地帯の形成と展開──トゥウェンテ／西ミュンスターラント綿業地帯とザール＝ロレーヌ＝ルクセンブルク＝南ベルギー鉄鋼・炭鉱地帯を例に」『社会経済史学』第64巻1号，28頁，1998年，28-51頁。

石坂尚武『苦難と心性──イタリア・ルネサンス期の黒死病』刀水書房，2018年。

伊藤宏二『ヴェストファーレン条約と神聖ローマ帝国──ドイツ帝国諸侯としてのスウェーデン』九州大学出版会，2005年。

伊東俊太郎『十二世紀ルネサンス』講談社学術文庫，2006年。

井上裕正『清代アヘン政策史の研究』京都大学学術出版会，2004年。

岩生成一『南洋日本町の研究』増補版，岩波書店，1966年。

───『続　南洋日本町の研究──南洋島嶼地域分散日本人移民の生活と活動』岩波書店，1987年。

参 考 文 献　　　413

上野喬『オランダ初期資本主義研究』御茶の水書房，1973年。

応地利明『トンブクトゥ——交界都市の歴史と現在』臨川書店，2016年。

大倉正雄『イギリス財政思想史——重商主義期の戦争・国家・経済』日本経済評論社，2000年

大黒俊二「コトルッリ・ペリ・サヴァリ：——『完全なる商人』理念の系譜」『イタリア学会誌』37号，1987年，57-70頁。

————『嘘と貪欲——西欧中世の商業・商人観』名古屋大学出版会，2006年。

————『声と文字』岩波書店，2010年。

大塚久雄『株式会社発生史論』有斐閣，1938年。

————『近代欧州経済史序説』上，時潮社，1944年。

奥田昌子『欧米人とはこんなに違った日本人の「体質」——科学的事実が教える正しいがん・生活習慣病予防』講談社ブルーバックス，2016年。

奥西孝至『中世末期西ヨーロッパの市場と規制——15世紀フランデレンの穀物流通』勁草書房，2013年。

小澤実「交渉するヴァイキング商人——10世紀におけるビザンツ帝国とルーシの交易協定の検討から」斯波照雄・玉木俊明編『北海・バルト海の商業世界』悠書館，2015年，113-148頁。

越智武臣『近代英国の起源』ミネルヴァ書房，1966年。

尾上修悟『イギリス輸出と帝国経済——金本位制下の世界システム』ミネルヴァ書房，1996年。

小野寺健編訳『オーウェル評論集』岩波文庫，1982年。

加藤祐三『イギリスとアジア——近代史の原画』岩波新書，1980年。

川勝平太『「鎖国」再考』NHKブックス，1991年。

川北稔『工業化の歴史的前提——帝国とジェントルマン』岩波書店，1983年。

————『砂糖の世界史』岩波ジュニア新書，1996年。

————「『政治算術』の世界」『パブリック・ヒストリー』創刊号，2004年，1-18頁。

————『民衆の大英帝国——近世イギリス社会とアメリカ移民』岩波現代文庫，2008年。

————編『「非労働時間」の生活史——ライフ・スタイルの誕生』リブロポート，1987年。

川本静子『ガヴァネス（女家庭教師）——ヴィクトリア時代の〈余った〉女性たち』中公新書，1994年。

熊野聡著・小澤実文献解題『ヴァイキングの歴史——実力と友情の世界』創元社，2017年。

栗田伸子・佐藤育子『通商国家カルタゴ』講談社学術文庫，2016年。

桑原隲蔵『蒲寿庚の事蹟』岩波書店，1935年。

合田昌史『マゼラン——世界分割（デマルカシオン）を体現した航海者』京都大学学術出版会，2006年。

近藤和彦編『長い18世紀のイギリス——その政治社会』山川出版社，2002年。

参考文献

斎藤修『比較経済発展論——歴史的アプローチ』岩波書店，2008年。
―――『プロト工業化の時代——西欧と日本の比較史』岩波現代文庫，2013年。
―――『新版　比較史の遠近法』書籍工房早山，2015年
―――・安場保吉著，『数量経済史論集3　プロト工業化期の経済と社会』日本経済新聞出版社，1983年。
坂野健自・玉木俊明「近世ストックホルムの貿易　1721-1815年——『二層貿易』の展開と崩壊」川分圭子・玉木俊明編『商業と異文化の接触』吉田書店，2017年，107-134頁。
佐藤彰一『ポスト・ローマ期フランク史の研究』岩波書店，2000年。
―――『歴史書を読む——「歴史十書」のテクスト科学』山川出版社，2004年。
塩谷昌史『ロシア綿業発展の契機——ロシア更紗とアジア商人』知泉書館，2014年。
篠塚信義・石坂昭雄・高橋秀行編『地域工業化の比較史的研究』北海道大学図書刊行会，2003年。
杉原薫『アジア間貿易の生成と展開』ミネルヴァ書房，1996年。
―――「近代世界システムと人間の移動」『岩波講座　世界歴史19　移動と移民』岩波書店，1999年，3-61頁。
鈴木俊夫「第3章　海底ケーブルの敷設と国際銀行」西村閑也・鈴木俊夫・赤川元章編『国際銀行とアジア　1870-1913』慶應義塾大学出版会，2014，187-222頁。
―――「第4章　国際銀行とロンドン金融市場」西村閑也・鈴木俊夫・赤川元章編『国際銀行とアジア　1870-1913』慶應義塾大学出版会，2014年，223-314頁。
瀬原義生『中・近世ドイツ鉱山業と新大陸銀』文理閣，2016年。
高橋理『ハンザ「同盟」の歴史——中世ヨーロッパの都市と商業』創元社，2013年。
高橋裕史『イエズス会の世界戦略』講談社選書メチエ，2006年。
―――『武器・十字架と戦国日本——イエズス会宣教師と「対日武力征服計画」の真相』洋泉社，2012年。
高村象平『西欧中世都市の研究』全2巻，筑摩書房，1980年。
竹内啓『偶然とは何か——その積極的意味』岩波新書，2010年。
―――『増補新装版　社会科学における数と量』東京大学出版会，2013年
―――『歴史と統計学——人・時代・思想』日本経済新聞出版社，2018年。
竹本洋・大森郁夫編著『重商主義再考』日本経済評論社，2002年。
谷澤毅『北欧経済史の研究』知泉書館，2011年。
玉木俊明「イギリスのバルト海貿易(1600-1660年)」45号，1991年，72-92頁。
―――「イギリスのバルト海貿易(1731-1780年)」『社会経済史学』第63巻6号，1998年，86-105頁。
―――『北方ヨーロッパの商業と経済　1550-1815年』知泉書館，2008年。
角山榮『「通商国家」日本の情報戦略——領事報告をよむ』NHKブックス，1988年。
―――・村岡健次・川北稔『産業革命と民衆』河出文庫，1992年。
―――編『日本領事報告の研究——京都大学人文科学研究所研究報告』同文舘出版，1986年。

─────・川北稔編『路地裏の大英帝国』平凡社，1982年。

徳橋曜「中世地中海商業と商業通信──14世紀前半のヴェネツィアの場合」『イタリア学会誌』36巻，1986年，196-212頁。

中井義男『古代ギリシア史における帝国と都市』ミネルヴァ書房，2005年。

中沢勝三『アントウェルペン国際商業の世界』同文舘出版，1993年。

永島剛「近代イギリスにおける生活変化と〈勤勉革命〉論──家計と人びとの健康状態をめぐって」『専修経済学論集』第48巻2号，2013年，161-172頁。

永田雄三・羽田正『成熟のイスラーム世界』中公文庫，世界の歴史，第15巻，2008年。

永積昭『オランダ東インド会社』講談社学術文庫，2000年。

中野明『腕木通信──ナポレオンが見たインターネットの夜明け』朝日選書，2003年。

西村閑也「第1章　第一次グローバリゼーションとアジアにおける英系取引銀行」西村閑也・鈴木俊夫・赤川元章編『国際銀行とアジア　1870-1913』慶應義塾大学出版会，2014年，3-152頁。

根本聡「海峡都市ストックホルムの成立と展開──メーラレン湖とバルト海のあいだで」村井章介責任編集『シリーズ港町の世界史1　港町と海域世界』青木書店，2006年，365-397頁。

服部春彦『フランス近代貿易の生成と展開』ミネルヴァ書房，1992年。

─────『経済史上のフランス革命・ナポレオン時代』多賀出版，2009年。

羽田正『シャルダン「イスファハーン誌」研究──17世紀イスラム圏都市の肖像』東京大学出版会，1996年。

─────『イスラーム世界の創造』東京大学出版会，2005年。

─────『冒険商人シャルダン』講談社学術文庫，2011年。

濱下武志『中国近代経済史研究──清末海関財政と開港場市場圏』汲古書院，1989年。

─────『近代中国の国際的契機』東京大学出版会，1990年。

速水融『近世日本の経済社会』麗澤大学出版会，2003年。

弘末雅士『東南アジアの港市世界──地域社会の形成と世界秩序』岩波書店，2015年。

深沢克己『商人と更紗──近世フランス=レヴァント貿易史研究』東京大学出版会，20C7年。

古田和子『上海ネットワークと近代東アジア』東京大学出版会，2000年。

堀和生『東アジア資本主義論──形成・構造・展開』Ⅰ，ミネルヴァ書房，2009年。

堀和生編『東アジア資本主義論──構造と特質』Ⅱ，ミネルヴァ書房，2008年。

堀米庸三編『西欧精神の探究──革新の十二世紀』日本放送出版協会，1976年。

増田四郎『ヨーロッパとは何か』岩波新書，1967年。

松浦章『汽船の時代──近代東アジア海域』清文堂，2013年。

宮嵜麻子『ローマ帝国の食糧供給と政治──共和政から帝政へ』九州大学出版会，2011年。

宮田道昭『中国の開港と沿岸市場——中国近代経済史に関する一視点』東方書店，2006年。

宮本謙介『インドネシア経済史研究——植民地社会の成立と構造』ミネルヴァ書房，1993年。

目黒克彦「アヘン戦争前の国内ケシ栽培禁止令について——保甲制と『印結』の有効性に関わって」『愛知教育大学研究報告』38（社会科学編）1989年，21-32頁。

森新太「ヴェネツィア商人たちの『商売の手引』」（『パブリック・ヒストリー』第7号，2010年，76-85頁。

森永貴子『イルクーツク商人とキャフタ貿易——帝政ロシアにおけるユーラシア商業』北海道大学出版会，2010年。

家島彦一『イスラム世界の成立と国際商業——国際商業ネットワークの変動を中心に』岩波書店，1991年。

————『海が創る文明——インド洋海域史の歴史』朝日出版社，1993年。

————訳・注『中国とインドの諸情報Ⅰ　第一の書』平凡社，2007年。

藪下信幸「近世西インドグジャラート地方における現地商人の商業活動——イギリス東インド会社との取引関係を中心として」『商経学叢』52巻3号，2006年，99-127頁。

吉岡昭彦『近代イギリス経済史』岩波全書，1981年。

横井祐介『図解大航海時代大全』株式会社カンゼン，2014年。

若土正史「大航海時代におけるポルトガルの海上保険の活用状況——特にインド航路について」『保険学雑誌』第628号，2015年，117-137頁。

邦文翻訳文献

アブー＝ルゴド，ジャネット・L著，佐藤次高他訳『ヨーロッパ覇権以前——もうひとつの世界システム』岩波書店，2001年。

アレン，ロバート・C著，グローバル経済史研究会訳『なぜ豊かな国と貧しい国が生まれたのか』NTT出版，2012年。

ウィリアムズ，エリック著，川北稔訳『コロンブスからカストロまで——カリブ海域史　1492-1969』岩波書店，Ⅰ，1978年。

ヴェーバー，マックス著，上原専禄・増田四郎監修，渡辺金一・弓削達共訳『古代社会経済史——古代農業事情』東洋経済新報社，1959年。

ウォーラーステイン，イマニュエル著，川北稔訳『近代世界システム』1-4巻，名古屋大学出版会，2013年。

エリオット，J・H著，藤田一成訳『スペイン帝国の興亡』岩波書店，1982年。

エンゲルス，フリードリヒ著，浜林正夫訳『イギリスにおける労働者階級の状態』上，新日本出版社，2000年

オブライエン，パトリック著，秋田茂・玉木俊明訳『帝国主義と工業化　1415-1974——イギリスとヨーロッパからの視点』ミネルヴァ書房，2000年。

カーティン，フィリップ・D著，田村愛理・山影進・中堂幸政訳『異文化間交易の世界史』NTT出版，2002年。

参 考 文 献

カービー，デヴィド，メルヤ-リーサ・ヒンカネン著，玉木俊明・牧野正憲・谷澤毅・根本聡・柏倉知秀訳『ヨーロッパの北の海──北海・バルト海の歴史』刀水書房，2011年。

カントーロヴィチ，エルンスト・H著，小林公役『王の二つの身体』筑摩書房，1992年。

クラーク，グレゴリー著，久保恵美子訳『10万年の世界経済史』上下，日経BP社，2009年。

クラーク，H，B・アンブロシアーニ著，熊野聡・角谷英則訳『ヴァイキングと都市』東海大学出版会，2001年。

クラークソン，L・A著，鈴木健夫訳『プロト工業化──工業化の第一局面？』早稲田大学出版部，1993年。

クロスビー，アルフレッド・W著，小沢千重子訳『数量化革命──ヨーロッパ制覇をもたらした世界観の誕生』紀伊国屋書店，2003年。

ケイン，P・J，A・G・ホプキンズ著，竹内幸雄・秋田茂訳『ジェントルマン資本主義と大英帝国』岩波書店，1994年。

────著，木畑洋一・旦裕介・竹内幸雄・秋田茂訳『ジェントルマン資本主義の帝国』I・II，名古屋大学出版会，1997年。

コトレル，P・J著，西村閑也訳『イギリスの海外投資──第一次大戦以前』早稲田大学出版部，1992年。

シャルダン，J著，岡田直次訳注『ペルシア見聞記』平凡社，1997年。

────著，岡田直次訳注『ペルシア王スレイマーンの戴冠』平凡社，2006年。

シュンペーター，J・A著，東畑精一・福岡正夫訳『経済分析の歴史』上・中・下，岩波書店，2005-2006年。

スタンデージ，トム著，服部桂訳『ヴィクトリア朝時代のインターネット』NTT出版，2011年。

ストレンジ，スーザン著，西川潤・佐藤元彦訳『国際政治経済学入門──国家と市場』東洋経済新報社，1994年。

────著，小林襄治訳，『カジノ資本主義』岩波現代文庫，2007年。

ソウル，S・B著，堀晋作，西村閑也訳『世界貿易の構造とイギリス経済──1870-1914』法政大学出版局，1974年。

チャンドラー Jr.，アルフレッド・D著，鳥羽欽一郎訳『経営者の時代』上下，東洋経済新報社，1990年。

ツヴァイク，シュテファン著，原田義人訳『昨日の世界』1・2，みすず書房，1993年。

ティールホフ，ミルヤ・ファン著，玉木俊明・山本大丙訳『近世貿易の誕生──オランダの「母なる貿易」』知泉書館，2005年。

デブリン，キース著，原啓介訳『世界を変えた手紙──パスカル，フェルマーと《確率》の誕生』岩波書店，2010年。

デーヨン，ピエール著，二宮宏之訳「『原基的工業化』モデルの意義と限界」『社会経済史学』第47巻1号，1981年，1-13頁。

トドハンター，アイザック著，安藤洋美訳『確率論史——パスカルからラプラスまでの数学史の一断面』現代数学社，1975年。

ドランジェ，フィリップ著，高橋理監修『ハンザ　12-17世紀』みすず書房，2016年。

ナーディネリ，クラーク著，森本真美訳『子どもたちと産業革命』平凡社，1998年。

ノース，ダグラス著，中島正人訳『文明史の経済学——財産権・国家・イデオロギー』春秋社，1989年。

————著，竹下公視訳『制度・制度変化・経済成果』晃洋書房，1994年。

————著，大野一訳『経済史の構造と変化』日経BP社，2013年。

————，R・P・トマス著，速水融，穐本洋哉訳『西欧世界の勃興（新装版）——新しい経済史の試み』ミネルヴァ書房，2014年。

————著，瀧澤弘和他訳『制度原論』東洋経済新報社，2016年。

ハスキンズ，C・H著，朝倉文一訳『十二世紀ルネサンス』みすず書房，2007年。

バットゥータ，イブン著，イブン・ジュザイイ編，家島彦一訳・注『大旅行記』第8巻，平凡社，2002年。

ハリス，ロン著，川分圭子訳『近代イギリスと会社法の発展——産業革命期の株式会社』南窓社，2013年。

ピアス，M・N著，生田滋訳『ポルトガルとインド——中世グジャラート商人と支配者』岩波現代選書，1984年。

ヒューム，デイヴィッド著，田中秀夫訳『ヒューム　政治論集』京都大学術出版会，2010年。

ピレス，トメ著，生田滋ほか訳・注『東方諸国記』岩波書店，1966年。

ピレンヌ，アンリ著，増田四郎監修，中村宏・佐々木克己訳『ヨーロッパ世界の誕生——マホメットとシャルルマーニュ』創文社，1960年。

————著『中世都市——社会経済史的試論』創文社，1970年。

————他著，佐々木克己編訳『古代から中世へ——ピレンヌ学説とその検討』創文社，1975年。

フェルトバウワー，ペーター著，藤川芳朗訳『望峰が拓いた世界史——ポルトガルから始まったアジア戦略　1498-1620』中央公論新社，2016年。

フランク，アンドレ-グンダー著，山下範久訳『リオリエント——アジア時代のグローバル・エコノミー』藤原書店，2000年。

ブリュア，ジョン著，大久保桂子訳『財政=軍事国家の衝撃——戦争・カネ・イギリス国家1688-1783』名古屋大学出版会，2003年。

ブルヌティアン，ジョージ著，小牧昌平監訳，渡辺大作訳『アルメニア人の歴史——古代から現代まで』藤原書店，2016年。

ブロー，ディヴィッド著，角敦子訳『アッバース大王——現代イランの基礎を築いた苛烈なるシャー』中央公論社，2012年。

ブローデル，フェルナン著，村上光彦他訳『物質文明・経済・資本主義』全6巻，みすず書房，1985-1999年。

————著，浜名優美訳『地中海（普及版）Ⅰ　環境の役割』藤原書店，2004年。

参 考 文 献

————著，金塚貞文訳『歴史入門』中公文庫，2009年。

ヘッドリク，D・R著，横井勝彦・渡辺昭一監訳『インヴィジブル・ウェポン——電信と情報の世界史　1851-1945』日本経済評論社，2013年。

ポメランツ，ケネス著，川北稔監訳『大分岐——中国，ヨーロッパ，そして近代世界経済の形成』名古屋大学出版会，2015年。

ポラード，マイケル著，松村佐知子訳『グーテンベルク——印刷術を発明，多くの人々に知識の世界を開き，歴史の流れを変えたドイツの技術者』偕成社，1994年。

ポランニー，カール著，野口建彦・栖原学訳『（新訳）大転換』東洋経済新報社，2009年。

マグヌソン，ラース著，熊谷次郎・大倉正雄訳『重商主義——近世ヨーロッパと経済的言語の形成』知泉書館，2009年。

————著，玉木俊明訳『産業革命と政府——国家の見える手』知泉書館，2012年。

————著，玉木俊明訳『重商主義の経済学』知泉書館，2017年。

マン，トーマス著，渡辺源次郎訳『外国貿易によるイングランドの財宝』東京大学出版会，1965年。

ミュラー，レオス著，玉木俊明・根本聡・入江幸二訳『近世スウェーデンの貿易と商人』嵯峨野書院，2006年。

ラークソ，セイヤ-リータ著，玉木俊明訳『情報の世界史——事業通信の発達1815-1875』知泉書館，2014年。

ル・ゴフ，ジャック著，前田耕作監訳，川崎万里訳『子どもたちに語るヨーロッパ史』ちくま学芸文庫，2009年。

レインズ，H・E著，庭範秋監訳『イギリス保険史』明治生命100周年記念刊行会，1985年。

ロストウ，W・W著，木村健康・久保まち子・村上泰亮訳『経済成長の諸段階——一つの非共産主義宣言』ダイヤモンド社，1961年。

人 名 索 引

ア 行

アウグスティヌス　190
アカロフ，ジョージ　20
秋田茂　3, 7, 216, 331, 354
アタシュル1世　313
アッバース1世　313
アトウェル，ウィリアム　279
アフリカヌス，レオ　69
アブー＝ルゴド，ジャネット　30
網野善彦　235
アリストテレス　57, 65
有馬晴信　270
アルブケルケ，アフォンソ・デ　70, 71
アルメイダ，フランシスコ・デ　70
アレクサンデル6世　268
アレン，ロバート　16, 17, 30
安野眞幸　269, 270
石井米雄　74
石坂昭雄　113, 163, 165
ウィリアムソン，ジェフリ　346, 353
ウィルソン，チャールズ　227, 228,
　　230, 231
ウェイク，C　255
ウェイド，ジェフ　262
ヴェーバー，クラウス　171
ヴェーバー，マックス　4, 7, 45, 191,
　　238
ウェリング，ジョージ　156
ウォーラーステイン，イマニュエル
　　7, 22, 23, 26, 30, 34, 72, 73, 91, 172,
　　184, 186-88, 203, 210, 257, 285, 331,
　　335
永楽帝　263

エンゲルス，フリードリヒ　241-45
エンリケ航海王子　65, 69
オーウェル，ジョージ　250
大黒俊二　193, 197-99
大塚久雄　20, 49, 108, 171, 246, 334,
　　356
オゴデイ　62
オスターハンメル，ユルゲン　275
尾上修悟　351
オブライエン，パトリック・カール
　　3, 14, 15, 18, 30-32, 123, 148, 216,
　　240, 331, 334
オルーク，ケヴィン・H　346, 353

カ 行

カーティン，フィリップ　28, 29, 308,
　　372
加藤祐三　298
カービー，デヴィド　82, 87-89
カブラル，ペドロ・アルヴァレス　134
ガマ，ヴァスコ・ダ　70, 72, 92, 255,
　　259, 311, 381
カルヴァン，ジャン　184, 191
カール大帝（シャルルマーニュ）　49
川北稔　7, 20, 22, 96, 101, 125, 128,
　　129, 140, 174, 184, 217, 228, 233,
　　238, 249, 257, 298
川本静子　248
カントローヴィチ，エルンスト・ハルト
　　ヴィヒ　218
ギルバート，ウィリアム　221
キングストン，クリストファー　358
キング，グレゴリー　86-88, 220
クック，ウイリアム・フォーギル　363

クック，ジェームズ　78, 284
グーテンベルク，ヨハネス　iv, 11,
　　188, 189, 192, 194-97, 199-201, 203,
　　206, 208, 211, 379
クラーク，グレゴリー　11, 12, 243,
　　244
グラマン，クリストフ　112
グラント，ジョン　220, 221
クロスビー，アルフレッド・W　219
グロティウス，フーゴー　336
ケイン，ピーター・J　353-55
ケトレー，アドルフ　357
ケレンベンツ，ヘルマン　322
康熙帝　271
コエリョ，ガスパル　270
コトルリ，ベネデット　198
コルテス，エルナン　140
コールマン，D・C　32, 234
コロンブス，クリストファー　70, 92,
　　119, 121, 122, 134, 140

サ　行

斎藤修　17, 161, 165, 166, 175, 235,
　　237, 238
サヴァリ，ジャック　198, 199
サースク，ジョーン　166
サムエルソン，クルト　231
シャルダン，J　316, 317, 319
シュンペーター，J・A　10, 19, 144,
　　219
ジョンソン，E・A　226
杉原薫　343, 347
スーザ，ジョージ・ブライアン　27,
　　290, 331, 337
スティグリッツ，ジョセフ　20
ステーンスゴーア，ニールス　73,
　　285-87, 289, 303, 304, 310
ストレンジ，スーザン　27, 331, 337
スパーリング，J　228, 230, 232
スブラフマニヤム，S　273
スレイマン1世　62

タ　行

ダヴナント，チャールズ　225, 226
高橋裕史　269, 270
高村象平　107
竹内啓　218, 357
ダス・グプタ，アシン　261
タスマン，アベル・ヤンスゾーン　74
タールト，マーヨレイン　287-89
チャイルド，ジョサイア　234
チャウドリ，スシル　261
チャンドラー Jr，アルフレッド・D
　　374
チンギス・ハン　61
角山榮　20
ディアス，バルトロメウ　69
ディケンズ，チャールズ　249, 250
鄭和　24, 263
デブリン，キース　106
デ・マッダレーナ，A　197
ド・イェール，ルイ　182
徳橋曜　207, 208
トーニー，リチャード・ヘンリ　96
トピック，スティーヴン　28, 33, 34,
　　36
ド・フリース，ヤン　40, 233, 235-40,
　　252, 270, 272, 304
トマス，P・J　18, 149, 216, 218, 220,
　　224
ドランジェ，フィリップ　106, 107
トリヴェラート，フランチェスカ
　　29, 103, 158, 324, 329
トレーシー，J・D　352

ナ　行

ナーディネリ，クラーク　243, 244
ニール，ラリー　73, 110, 211, 212,
　　285, 310
ネブカドネザル2世　307
ノース，ダグラス　iv, 18, 19, 87

ハ 行

ハーヴェイ，ウィリアム 221
パウロ 190
パスカル，ブレーズ 106, 221, 358
バットゥータ，イブン 68
バトゥ 62
ハドリアヌス 45
速水融 18, 235
バルタサラティ，プラサナン 12, 15
ハンコック，デイヴィッド 126
ハンフリーズ，ジェーン 244, 245
ピサロ，フランシスコ 140
ピーパー，レナーテ 65
ヒューム，デイヴィッド 224, 225
ヒラルデス，アルトゥーロ 280, 283
ピレス，トメ 260
ピレンヌ，アンリ 47-51, 53-57, 61
ヒンカネン，メルヤ-リーサ 82, 87-89
ファン・ザンデン，ヤン・ライテン 9, 11, 15, 206, 207
ファン・ロットゥム，イェレ 99
フィッシャー，フリデリック，ジャック 96-99
フーヴァー，カルヴィン 105
フェリペ2世 109, 321
フェルマー，ピエール・ド 106, 221, 358, 382
深沢克己 103, 104, 110, 307
プライス，ジェイコブ 227, 230
フラーフェステエイン，コラ 201
フランク，アンドレ-グンダー 4, 5, 46, 52, 164, 171
フリース，ペール 12-15, 89
フリン，デニス 280, 283
ブリーン，T・H 152
プルシャス，ピエリク 148, 308
プレスター・ジョン 5
フレミング，ジョン 369
ブローデル，フェルナン 19, 30, 84, 103, 109, 112, 113, 117, 187
ヘクシャー，エリィ・F 33, 216, 223, 227, 230
ベーコン，フランシス 218, 221
ベッカー，G 236
ペティ，ウィリアム 218, 225, 234
ペリ，ジョヴァンニ・ドメニコ 198, 291
ヘルデルブロム，オスカー 180-82, 351
ヘルマン，リサ 209, 322
ベロック，ポール 246
ヘロドトス 42
ボウエン，ヒュー 366
ホィートストーン，チャールズ 363
ボエティウス，B 223
ホガース，ウィリアム 244
ボグツカ，マリア 93
ホーコン4世 87
ボスルウェイト，マラキ 199
ホッブズ，トマス 358
ホプキンズ，アンソニー 353-55
ポメランツ，ケネス v, 7-10, 14, 15, 17, 18, 174, 381
ポランニー，カール 19, 286
堀和生 343
ボリバル，シモン 74
ポレクスフェン，J 225, 234
ボローニア，アメリア 275, 288

マ 行

マカスカー，ジョン 201
増田四郎 45, 48-50, 86
マゼラン（マガリャンイス），フェルディナント 74, 268
マグヌソン，ラース 10, 18, 32, 33, 104, 105, 187, 188, 216-18, 223-26, 334, 362, 374
マーティン，ジョン 225
マニュエル 22, 257, 320
マリーンズ，G 218

マルクス，カール　4, 7, 20
マルコーニ，グリエルモ　369
マルザガリ，シルヴィア　153
マン，トマス　87, 216, 218, 220, 224
ミッセルデン，E　218, 220
宮田道昭　342
ミュラー，レオス　74, 114, 125, 231, 293, 294
ムーサ，マンサ（カンカン）　68
ムハンマド　4, 47, 49, 51
メンデルス，フランクリン　164-67, 170, 174, 175
モキア，ジョエル　10, 11, 15, 19

ヤ・ラ・ワ　行

家島彦一　52, 53, 68, 258-60

藪下信幸　259, 260
ユスティニアヌス1世　46
吉岡昭彦　351
ラップ，R・T　116
ラヨシュ2世　62
リエロ，ジョルジオ　14, 124, 267
リカード，デイヴィッド　172
リード，アンソニー　21, 241, 262, 263, 346
レイン，フレデリク　93, 255, 286, 287
ロイド，エドワード　341, 357
ロストウ，ウォルト　13
ロマーノ，R　113
ワウデ，ファン・デル　234, 304
若土正史　105, 108

事項・地名索引

ア 行

アカプルコ　279, 280, 282, 284, 318
　——貿易　279
アケメネス朝ペルシア　44
麻　84, 93, 101, 167, 168, 170, 171, 173, 363
アジア
　——域内交易　124, 264, 343
　——中心史観　5, 9
　——的生産様式　4
アシュケナージ　325, 326
アストゥリアス　319
アストラハン　313, 317
アソーレス諸島　268
アッバース革命　51
アッバース朝　4, 47, 51, 52, 58, 313
アテネ　44
アビシニア　259
アフリカ西岸　143, 149
アフリカ大陸　36, 69, 86, 119
アヘン　149, 298-300
　——戦争　299, 342
亜麻　84, 93, 101, 167, 168, 170, 171, 173
アムステルダム　vi, 91, 94, 99, 114, 136, 137, 148, 150-52, 157, 170, 177, 178, 180, 182-88, 194, 199, 200, 204-06, 211, 212, 230-32, 252, 277, 280, 292, 305, 316, 320-23, 325-27, 352, 357, 380
　——商人　91, 157, 182, 191
アメリカ合衆国　4, 78, 152, 153, 156, 157, 334, 347, 378

アメリカ大陸　78, 119, 121, 140, 152, 303, 335, 347
アメリカ独立戦争　125, 146
厦門　342
アユタヤ朝　264
アラブ人　50, 51, 58, 119, 259, 261, 264
アルカソヴァス条約　268
アルゼンチン　334, 347, 348
アルメニア　267, 311-13, 318, 319, 371
　——商人　371
　——人　vii, 23, 104, 159, 184, 281, 290, 307, 309-14, 316-20, 325-27, 329, 330, 370, 382
　——正教会　312, 313
　——正教徒　312
アルハンゲリスク　318, 324
アレクサンドリア　58, 59, 72, 104, 255
アレッポ　316, 317
アンジェディヴァ島　71
アンダーライター　357-59
アンティル諸島　142, 143, 156
アントウェルペン　95-99, 135, 136, 141, 177-83, 185-88, 199-201, 204, 277, 320, 321, 325
　——商人のディアスポラ　vi, 99, 177, 178, 180-83, 185, 186
アンボン　285, 310
イエズス会　269, 270, 276, 277, 289, 290
イェーテボリ　293, 294
イエメン　272
イェルサレム　64, 307

事項・地名索引

イギリス帝国　39, 74, 95, 97, 101, 102, 129, 147-49, 298, 331, 336, 347, 353, 365-67, 373, 376, 382, 387
イギリス領西インド諸島　148
『イギリスにおける労働者階級の状態』　241, 242, 244
遺産目録　239
イースタン・テレグラフ会社　365
イスパニョーラ島　140
イスファハーン　316
イズミル　316, 317
イスタンブル　326, 365
イスラエル　307
イスラーム　v, 3, 5, 17, 47, 50-55, 57, 58, 65, 68, 71, 103, 259, 260, 262, 263, 319
　──教徒　64, 65, 69
　──勢力　v, 3-5, 38, 47, 50-53, 55, 62, 64, 65, 68, 78, 319, 379
　──世界　3-5, 47, 52, 53, 56, 57, 65, 66, 314
イタリア商人　36, 50, 54, 58, 60, 73, 85, 103, 105, 157, 370, 379
一国史観　15, 233
『一般商業事典』　199
異文化間交易　vii, 28, 29, 36, 37, 50, 56, 60, 61, 72, 103, 111, 150, 190, 200, 256, 257, 260, 262, 276, 281, 289, 303, 308, 370-72, 375
　──圏　28, 61, 72, 256, 257
イベリア
　──系ユダヤ人　103, 181
　──諸国　124, 157
　──半島　38, 64, 65, 137, 150, 151, 157, 159, 186, 268, 273, 277, 309, 319, 321, 370
イラン　51, 166, 259, 311, 313, 314, 316, 365
　──高原　313
イルクーツク　330, 371
石見銀山　281
インターネット　361, 385

インディゴ　287
インド
　──・アラビア数字　219, 251
　──・キャラコ　149, 239
　──航路　106, 108
　──洋　vii, 36, 44, 52, 58, 68, 73, 255, 311, 317-19, 324, 326, 367, 377, 380
「インヘニオ」型工場　140
ヴァイキング　53, 55-57, 172
ヴィスワ川　173
ウィーン　4, 62, 63, 233
　──条約　40, 145, 240
ヴェネツィア　54, 63, 85, 104, 109, 112, 116, 151, 187, 196, 197, 207, 208, 255, 263, 316, 325, 326
　──人　314, 327
ウェールズ　144, 223
ヴェルダン　50
ヴォルガ川　56, 317
腕木通信　361
ウマイヤ朝　4, 47, 51, 52
ウラジオストック　365
ウラル山脈　6, 41
エーアソン海峡　91, 115, 145, 222
エージェント　74, 324, 351
AT&T 社　369
江戸時代　175, 176, 235, 236
エムデン　157
エルベ川　145, 173, 297
遠隔地　37, 53, 92, 101, 196, 209
烟台　340
塩分濃度　84, 258
遠洋航海　338, 341, 343
大市　54, 179, 200
大塚史学　20, 161, 162
オーステンデ会社　293, 294, 310
オーストラリア　40, 78, 249, 252, 334, 344, 365, 367
オーストラレーシア　79, 351
オーストリア領ネーデルラント　271, 293, 294

事項・地名索引 427

オスマン帝国　4, 30, 36, 60, 62, 63, 72, 73, 110-12, 257, 314, 316, 318, 326, 370, 379
オーダー川　173
オランダ海洋帝国　335
オリエント　5, 115
織物産業　104, 111, 243
オールドクリスチャン　150

カ　行

海運
　——業　iii-v, viii, 22-25, 38, 78, 102, 106, 107, 109, 114, 115, 117, 152, 153, 156, 212, 225, 284, 293, 324, 336, 337, 339, 342, 343, 350, 356, 357, 360, 379, 381
　——国家　24, 114, 212, 335, 350, 375
　——資材　vi, 84, 92, 93, 101, 102, 146, 152, 153, 157, 170, 172-74
外国が支払う所得　226
『外国貿易によるイングランドの財宝』　220
海事史　6, 273, 293, 337
海事法　103
海上保険　viii, 105-08, 126, 177, 336, 350, 355-59, 372, 382, 388
海上ルート　iii, v, 24, 61, 69, 72, 73, 79, 86, 91, 145, 163, 257, 267, 270, 273, 319, 324, 327, 356, 381
外生要因　iv
海底ケーブル　339, 344, 362-67, 370, 371
開発経済学　96, 233
解剖　218, 219, 251
　——学　218, 219
開放経済　346
『海洋自由論』　336
ガヴァネス　247-49, 252
カヴォベルデ　69
ガオ　66, 68

カカオ　141, 142
科学革命　10
価格表　vi, 37, 180, 201, 204, 205, 211, 239, 361, 379
嗅ぎタバコ　279
華僑　25, 163, 276, 307, 371
確率論　106-08, 177, 220, 222, 358, 382
隠れユダヤ人　151, 321, 326, 327
家計内生産　236, 237
可視化　vi, vii, 215, 218, 220, 238, 244, 245, 247, 251, 252, 380
貸付　104-06
可処分所得　170, 172, 173
カスピ海　41, 56, 314
ガタパーチャ　364, 367
活版印刷　iv, 189, 192, 194, 195, 199, 203, 204, 206, 291, 292
カディス　140, 141
家庭内労働　237-39, 243-45, 252
カトリック　23, 29, 50, 178, 184, 189-91, 194, 200, 321
ガーナ王国　66, 68
カナダ　334, 369
カナノール　71
カナリア諸島　41, 268
株式会社法　359
カラチ　365
カラック船　89, 280
樺太　84
カラベル船　89
カリカット（コーリコード）　70, 72, 92, 255, 259, 319, 381
カリブ海　vi, 124, 125, 131, 137, 138, 140, 150, 158, 159, 278, 311, 348, 370, 380
カリャリ　115
カルヴァン派　184
カルカッタ　319, 346
ガレオン船　280, 282-84
カレクト王国　260
ガレー船　109, 316

カロリング朝　48, 49, 53
為替　105, 134, 228, 231, 232, 252, 361, 377
為替手形　227, 228, 231, 291, 381
環境　iii, 6, 32, 82, 84-86, 109, 129, 242, 244
漢口　340
関税　91, 222, 294, 297
完成品　vi, 33, 96, 137, 163, 168, 173, 226, 375
間接投資　149, 348, 349
完全競争市場　18, 286
『完全なる商人』　197-99
カントリー・トレーダー　289, 290
カンバート　278
カンペイ　260
生糸　281, 314, 316, 317
企業家　22, 286
貴金属　65, 140, 227, 228, 231, 264, 284, 295, 319
技術革新　9, 10, 19, 286
規制貿易　127
ギニア　67-69, 97, 135
絹　71, 264, 278, 280, 281, 284, 311, 314, 316-18
喜望峰　36, 65, 69, 72, 73, 156, 255, 256, 270, 272, 279, 280, 283, 293, 380
キャラバン隊　259, 263, 286, 287, 303, 310
旧毛織物　98
キューバ　131, 142
キャラバン　288
　　──隊　259, 286, 287, 310
　　──ルート　287, 304, 310
共棲関係　33, 40, 252, 304, 312, 376
共通の言語　210, 291
居留地　28, 29, 135, 181, 313, 314, 320
キリキア王国　313
ギリシア・ポリス　44
キリスト教　3, 5, 29, 50, 58, 104, 190, 191, 270, 312, 319, 326, 360

　　──徒　29, 55, 150, 260, 281, 321
キルワ　70
銀行　81, 105, 177, 337, 366, 372
　　──業　108
近世国家　217
近世の世界市場　179
近代世界システム　7, 22, 23, 26, 29, 30, 39, 72, 81, 91, 173, 177, 178, 184-86, 188, 203, 212, 257, 331, 335, 347, 376, 388
勤勉革命　235-39, 252
金本位制　27, 278, 351, 372, 373
金融利害関係者　354, 355
グジャラート　259, 260, 267, 278
　　──商人　276
グーテンベルク革命　iv, 11, 188, 189, 192, 194-97, 199-201, 206, 208, 211, 379
クレタ島　208
グレート・ウエスタン会社　363
グローバル・ヒストリー　30, 31, 176, 260
グローバル・ヒストリアン　30, 331
クロマニョン人　188
軍事革命　251, 269
経済
　　──格差　15, 30
　　──成長率　17, 24, 192, 216, 334
　　──的ナショナリズム　98
　　──理論　237, 305
毛織物　iv, 20, 59, 91, 95-98, 101, 110, 111, 116, 168, 179, 181, 186, 227
血液循環　221
ケープ岬　295
ケープルート　256, 270, 272
ゲームのルール　iv, 27, 335, 372, 374-76
ゲルマン民族　49
ケルン商人　178, 204
原材料の時代　92, 93, 95
減税法　294, 297, 298

ケント　297
原綿　149, 348
ゴア　71, 103, 269, 277, 279, 280, 291, 292, 324, 381
交易の時代　262, 265
交易離散共同体　29, 32, 181
紅海　44, 58, 72, 255, 258, 259, 286, 288, 370, 380
航海法　23, 24, 109, 147, 152
　　——体制　152
コーカサス　313
公共財政　351
工業
　　——化　vi, 3, 7, 31, 35, 101, 125, 129, 144, 161-72, 174, 175, 216, 226, 228, 233, 240-44, 246, 331, 347, 374, 375, 377, 378
　　——製品　24, 34, 35, 59, 172, 173, 372, 375-78
　　——労働者　241
公式帝国　349
広州　209, 258, 262, 271, 272, 283, 290, 293, 296, 297, 304, 342, 344
杭州　340
膠州湾　340
工場制度　168, 215, 238, 242-45, 252, 253
香辛料　iv, 5, 33, 36, 52, 54, 58-61, 64, 65, 71-73, 81, 98, 104, 109, 255, 256, 261, 264, 272, 276, 278, 284, 289, 296, 300, 379, 380
　　——貿易　58, 59
構造的権力　27, 29, 331, 337, 376
紅茶　152, 252, 298, 337
高賃金　234, 239, 252
鉱物資源　67, 172
香料　270
港湾都市　142, 143, 171-73, 295
国債　105, 211, 212, 334, 351-53
国際収支　224, 299
国際商業　iv, 31, 53, 98, 179, 258
国際分業体制　35, 72, 172, 257, 285,

335
黒死病　92, 93
黒人奴隷　123, 125, 128, 134-36, 138, 140, 143, 157, 158, 296, 380
穀倉地帯　44, 170
国民経済　13, 31, 98, 99, 237
穀物　16, 44, 45, 92-95, 101, 112-14, 166, 170, 183, 193, 224, 227, 337
　　——の時代　92-95
胡椒　59, 256, 264, 270, 287, 296, 300
古代ギリシア　44-46, 57, 355, 379
　　——人　v, 38, 42, 45, 85
古代ローマ　44-46, 48, 57, 58, 85
黒海　41, 56
国家の見える手　10, 104, 187, 334, 362, 374
コッゲ船　88, 89
コチニール　110
コチン　70, 71
コーヒー　34, 125, 239, 252, 272, 294, 296, 300, 302, 309, 337
　　——・ハウス　357
　　——ベルト　300
　　——豆　300
ゴム　348, 364
小麦　6, 53, 93, 112, 114, 348
米　6, 52, 264
雇用　vii, 226, 241, 243, 244, 325
コロンブスの交換　122
コンキスタドール　140
コンベルソ　151, 323, 327
コンメンダ　327, 329
　　——契約　327, 329
　　——代理商　327

サ　行

サイクロン　258
最終製品　33, 97, 149, 158
最初の近代経済　105, 233, 234, 335
財政=軍事国家　146
財政国家　220

再保険　viii, 336, 359, 382

再輸出　40, 104, 115, 143, 145, 148,
　　155, 156, 221, 223, 224, 230, 294,
　　296, 348

サーヴィス　243, 247, 299, 350, 351,
　　357

　──業　244

サザンプトン　338

サセックス　297

砂糖　iv, vi, 7, 36, 58, 124, 125, 128,
　　129, 131, 134-38, 140-46, 148-50,
　　156, 157, 173, 174, 201, 239, 252,
　　264, 272, 279, 298, 300, 302, 311,
　　337, 380

　──革命　128, 129, 159, 311

　──市場　136

　──生産　134-38, 140, 142

サトウキビ（栽培）　v, vi, 58, 128,
　　129, 134, 137, 138, 140, 141, 300,
　　311, 380

サハラ　66, 67, 79, 259

　──横断交易　66

　──砂漠　65-69, 86

　──縦断交易　64, 66, 69

サファヴィー朝　311, 313, 314

サフォーク　297

サーマーン朝　56

サラゴサ条約　268

サルジー朝　259

サロニカ　326

三角貿易　144, 149, 168, 298, 299

産業革命　10, 12, 14, 15, 20, 81, 101,
　　104, 112, 123, 124, 146, 149, 162,
　　168, 169, 174, 175, 187, 216, 235,
　　244, 245, 247, 272, 306, 334, 350,
　　359, 372, 374, 378

産業資本主義　22, 35

サンクト・ペテルブルク　101, 102,
　　146, 173, 364, 365

サンゴ　103, 324, 325, 327

サンサルバドル島　119

サン・ジョルジョ銀行　105

サン・ドマング　131, 138, 142, 173,
　　174

サン・トメ島　134, 135

三圃制農業　53

サン・マロ　295

ジェノヴァ　54, 104-06, 112, 141,
　　181, 187, 204, 325, 355, 356

　──人　141, 181, 314, 327

　──人の世紀　181

ジェントルマン　125, 129, 130, 233,
　　250, 353-55, 388

　──資本主義　353-55, 388

ジェンネ　68

地金　227, 230, 280

市場

　──経済　19, 162, 167, 217, 237-
　　39, 252

　──の失敗　21

　──の透明性　286, 303

　──への参入　vi, 19, 26, 192, 194

　──メカニズム　286

ジズヤ（人頭税）　51

自生的発展　162

持続的経済成長　8, 22, 25, 81, 105,
　　157, 233, 335

七年戦争　124, 146, 366

実質賃金　167, 346

支配＝従属関係　v, 6, 22, 26, 31, 33-
　　35, 40, 158, 285, 335, 336, 375

ジブラルタル海峡　42

私貿易　277, 288-90

　──商人　325

奢侈品　89, 116, 272, 296

ジャスク　365

ジャマイカ　131, 138, 140, 144, 151

ジャワ　264, 265, 267, 271, 272

ジャンク船　78, 261, 264, 341-44, 381

シャンデルナゴル　295

上海　78, 340, 342, 344, 365, 371

シャンパーニュ　54, 179

宗教改革　189-92, 194, 195, 308

宗教的寛容　184, 204, 225, 322

事項・地名索引　　431

十字軍　　5, 49, 64, 65
重商主義　　vii, 14, 32, 33, 144, 146,
　184, 215-18, 220, 224-26, 251, 257,
　298, 304, 362, 366
　──国家　　vii, 151
　──時代　　vii, 33, 40, 215-17, 220,
　224, 226, 227, 232-34, 251, 252, 323,
　357, 376
　──者　　218, 220-23, 234, 239, 251,
　252
　──社会　　32, 33, 151, 212, 215,
　216, 251, 252, 309, 330, 335, 382
　──政策　　14, 32, 105, 216
自由主義経済体制　　346
収奪　　iii, 6, 30, 31, 34, 35
修道院　　189
自由貿易　　127, 147, 225, 336
十二世紀ルネサンス　　57, 219, 251
主権国家　　105, 203
　──体制　　187
十進法　　219
シュテッティン　　173
シュラフタ　　93
シュリービジャヤ朝　　261
シュレジエン　　171
シュレースヴィヒ　　89
商業
　──革命　　93, 144
　──慣行　　vi, 29, 199, 292, 335,
　373, 376, 380, 381
　──空間　　vi, 26, 28, 40, 52, 159,
　292
　──資本主義　　22, 24, 35, 335, 375
　──習慣　　199
　──書簡　　37, 206, 291, 292, 381
　──新聞　　vi, 37, 200, 201, 205,
　211, 361, 380
　──帳簿　　200
　──の復活（商業ルネサンス）　　53,
　56-58, 60, 61
蒸気エンジン　　346
蒸気船　　27, 35, 37, 78, 79, 108, 208,

　249, 288, 331, 336, 338-44, 346, 353,
　356, 357, 360, 362, 364, 370, 371,
　375, 382
商売の手引　　vi, 194, 196-99
小分岐　　9
消費革命　　302
消費財　　iv, vii, 236-40, 252, 272, 302
商品流通　　34, 89, 179
商品連鎖　　33-37, 40, 73, 205, 302,
　303, 305, 375, 376
情報
　──拠点　　212
　──伝達　　37, 39, 200, 305, 338,
　339, 367
　──のステープル　　184
　──の非対称性　　iv, vi, 19, 21, 26,
　39, 177, 178, 190, 192, 201, 208, 211,
　379
　──優位者　　201
　──劣位者　　21
　──連鎖　　37, 38, 205, 206, 376
植民市　　42, 44, 45
食糧　　iii, 6, 45, 93, 112-14, 169, 375
所有権　　iv, 18
ジョルファー　　vii, 311, 313, 317, 319,
　326, 327, 329
　──商人　　318
シリア　　49, 51, 110, 260
シンガポール　　364, 365, 373
新毛織物　　98, 116
新ジョルファー　　314, 319, 326, 327
新制度学派　　iv, 19
新大陸植民地争奪戦争　　126
シンド州　　278
新バビロニア　　307
信用創造　　177
ジン横丁　　244
森林資源　　111, 129, 172
水田　　235, 236
スウェーデン航海法　　114
数量化　　vi, vii, 215, 217-23, 251, 252,
　380

スエズ　364, 370
　　──運河　346
　　──地峡　370
スカンディナヴィア半島　86, 97
スコットランド　88, 99, 159
スコラ学　57, 219
錫　52
ステープルの自由　102
ストックホルム　56, 84, 102, 103,
　　114-16, 172, 173, 182, 231
スパルタ　44
スペイン領アメリカ　110, 131, 135,
　　148, 150, 327
スペイン領ネーデルラント　141
スマトラ島　59, 264
スミス的成長　7
スリナム　137, 151
スラト　287
生活革命　145, 337
生活水準　8, 11, 16, 17, 36, 148, 163,
　　167, 233, 234, 242, 302, 380
生活必需品　89, 242, 272
生産財　20
生産性　6, 10, 165, 234, 240, 246
政治算術　vii, 216-22, 251
生産要素市場　346
聖書　189, 195
生存維持水準　246
製鉄集落　172
正統カリフ時代　4, 47, 51
生命保険　108, 356
セウタ　iii, 3, 331
世界経済　vi, viii, 4, 7, 11, 21, 22, 24,
　　26-28, 30, 39, 73, 119, 147, 159, 164,
　　172, 174, 187, 240, 305, 335-37, 346,
　　353-55, 372, 375
世界システム論　94, 96, 187, 335
石炭　9, 13-15, 111, 112, 344, 374, 375
石油　374
絶対主義　219
　　──思想　218
セトゥバル　116

セネガル　66, 68, 143
セネガンビア　259
セビーリャ　140, 141, 277, 280
セファルディム　vii, 103, 137, 138,
　　150-52, 157-59, 181, 184, 277, 307,
　　309, 311, 312, 319, 320, 322-27, 329,
　　330, 370, 380
セルジューク朝　313
繊維品　295, 318, 319
前近代社会　233
戦国時代　269
泉州　262
染料　110
象牙　52, 278
双務貿易　227, 298
ソファラ　71
ソフトウェア　iv, 382
ソフトパワー　viii, 388
ゾロアスター教　260
ソンガイ王国　66, 68, 69

タ　行

タイ　264
第一次産品　22, 34, 35, 73, 172, 173,
　　257, 375, 376
第一次重商主義帝国　366
大航海時代　23, 65, 69, 70, 79, 84,
　　105, 108, 172, 260, 268, 272, 273,
　　303
第三世界　245
大数の法則　107, 108, 356, 357, 382
大西洋
　　──横断ケーブル　364
　　──経済　v, vi, 9, 23, 36, 58, 79,
　　119, 121, 123, 124, 131, 146, 151,
　　157-59, 171, 175, 306, 312, 380
　　──貿易　93, 101, 124-31, 134,
　　135, 141, 142, 144-47, 150-52, 157,
　　159, 171, 172, 174, 191, 209, 272,
　　294, 303, 309, 312, 323, 335
代表なくして課税なし　146

事項・地名索引　　　433

大分岐　　v , 7, 9, 11-17, 19, 31, 174,
　192
大北方電信会社　　365, 370
ダイヤモンド　　13, 103, 324, 325, 327
大陸封鎖令　　155, 157
ダウ船　　52, 143
多角貿易　　227, 228, 231, 232, 299
　──決済　　227, 228, 231, 232
タスマニア島　　74
タタールのくびき　　62
タバコ　　iv, 36, 125
ダマスクス　　263
タール　　84, 93, 101, 102, 152, 364
ダンケルク海進　　82
ダンツィヒ　　94, 112, 114, 173, 204
ダンツィヒ-アムステルダム枢軸　　94,
　95
知識社会　　11, 15, 193, 206, 207
地中海経済圏　　v , 81, 111
チベット　　318, 319
チモール島　　276
茶　　145, 149, 152, 252, 257, 271, 272,
　281, 292-98, 300, 302, 304, 337
チャネル諸島　　297
チャンバー　　262, 263
中欧　　145, 171
中央アジア　　52, 56, 68
中央スーダン　　64
中央政府　　13, 211
仲介者　　28, 36, 276, 283, 372
中核　　vi, vii, 7, 20, 26, 30, 124, 131,
　147, 159, 181, 184, 187, 188, 197,
　206, 210, 233, 250, 318, 319, 326,
　336, 353, 354, 373, 375
　──都市　　26, 187, 188
中間財　　33, 96, 97, 226
中間商人　　209
沖積平野　　235
中立　　116, 125, 153, 156, 232, 323
　──政策　　117, 153, 155, 156, 293
　──都市　　232, 323
中流階級　　247

長安　　52
長江　　7, 15, 381
朝貢貿易　　263, 264, 381
丁子　　270, 300
直接投資　　149, 348, 349
チョコレート　　309
チリ　　348
チロル　　179
賃金　　14, 17, 167, 171, 226, 233, 234,
　241, 242, 249, 252, 347
青島　　340
通関税　　91
通行税　　91, 222
ディアスポラ　　vii, 134, 185, 307-10,
　312, 319, 320, 324, 325, 382
ディウ　　71
　──の海戦　　71
低開発　　30, 96, 97
定期航路　　78, 79, 108, 344, 356, 357
帝国
　──間貿易　　vi, 123, 150, 152, 159
　──主義　　iii, 6, 40, 44, 366,
　──主義時代　　vii, 3, 40, 187, 215,
　217, 227, 233, 251, 252, 330, 336,
　387
　──内貿易　　vi
低地地方　　82, 326
低地ドイツ語　　193
定着型　　196
低賃金　　234, 252
ディマンド・プル　　20
手数料　　iv, viii, 28, 353-55, 371, 372,
　374, 375, 377
　──資本主義　　viii, 353, 354, 371,
　372, 374, 375, 377
　──収入　　iv, viii, 224, 353-55, 372,
　373, 377
鉄鋼業　　374
鉄道　　27, 37, 176, 247, 334, 344, 346-
　49, 353, 362, 363, 370, 371, 382
テルテーナ島　　71
天津　　340

434 事項・地名索引

電信　viii, 27, 37, 38, 40, 208, 288, 331,
　　　336, 337, 339, 344, 346, 350, 353,
　　　359-67, 369-74, 376, 382
天然資源　iii, 112, 152
デンマーク　41, 72, 86, 87, 89, 111,
　　　112, 117, 125, 150, 155, 156, 209,
　　　222, 257, 271, 285, 310, 365, 370
デンマーク・ノルウェー・イギリス電信
　　　会社　365, 370
唐　52
ドーヴァー海峡　297, 363, 364
ドヴィナ川　171, 173
銅貨　vii, 259, 262
投機的商人　356
陶磁器　71, 278, 280
同質的な商業空間　v, vi, 21, 22, 26,
　　　38, 158, 159, 177, 186, 195, 206, 210,
　　　212, 376
トゥール・ポワティエ間の戦い　52
都市
　　　——化　81, 246, 247
　　　——国家　44, 104, 105, 187, 223
　　　——労働者　247
特許状　293, 303
トランプ海運　114-16
取引コスト　18, 200, 337, 373, 376
取引所　179, 180, 183, 201, 204, 361
トルコ　259, 321, 365
　　　——人　312, 314
トルデシリャス条約　70, 268
トルニーオ　84
奴隷貿易　v, 50, 70, 125, 130, 131,
　　　135-37, 140, 142-44, 296, 386
トンブクトゥ　66-69

ナ　行

内生要因　iv, 163, 171, 178
内陸交易　54
ナイロン　374
ナウ船　270
長い18世紀　145

長崎　269, 270, 281, 365
ナツメグ　59, 300
ナルヴァ　318
南京条約　342
南米経済　124
南北アメリカ　92, 124, 158, 346
南北格差　30
南洋日本町　264
南洋航路　342
寧波　340, 342
ニーウ・アムステルダム　137, 151
西アジア　51, 52
西アフリカ　v, 65, 66, 68, 69, 121,
　　　125, 135, 136, 140, 144, 150, 157,
　　　168, 171, 278, 324, 326, 380, 381
西インド会社（WIC）　136, 183
西インド諸島　115, 121, 129, 137,
　　　138, 144, 145, 148, 158, 173
西スーダン　64, 66, 68
ニジェール川　66, 68, 69
ニシン　91
二圃制農業　53
日本郵船会社　340
ニュークリスチャン　150, 277, 278,
　　　321, 323, 326
ニューファンドランド　369
ニューヨーク　137, 154, 188
ヌエバエスパーニャ　280, 327
ヌビア　259
ネヴァ川　173
ネーデルラント　135, 136, 141, 178,
　　　181, 182, 210, 234, 310, 321
農業　6, 7, 13, 45, 53, 54, 96, 165-67,
　　　237, 240, 241, 243-48, 252
　　　——労働　217, 237, 240-42, 244,
　　　245
　　　——労働者　217, 237, 240-242
農村工業　161, 163-67, 169, 175, 246
ノヴゴロド国　87
『ノヴムオルガヌム』　218
ノルウェー・イギリス電信会社　365,
　　　370

事項・地名索引　　　　435

ハ　行

バグダード　　52, 365
バタヴィア　　287, 289, 305, 319
発行市場　　352, 353
ハードウェア　　iv
ハドソン湾　　136
パートナーシップ　　311, 312, 382
ハードパワー　　195, 360
パトリア　　305
母なる貿易　　93, 94, 224
バーバリ諸国　　115
バヒーア　　131, 136, 137, 277, 278
バビロン捕囚　　307
ハプスブルク家　　277
ハプスブルク帝国　　141
ハラージュ（地租）　　51
パリ　　325
　　──条約（1783年）　　152
バリースラーゲン　　172
バルト海貿易　　127, 146, 168, 171,
　　183, 193, 224, 227, 308, 386
パレンバン　　264
ハンガリー　　62, 179
ハンザ（同盟）　　57, 86, 88, 91, 106,
　　107, 187, 193, 204, 222
　　──商人　　60, 91, 193, 204
　　──総会　　89
パンジャーブ戦争　　367
帆船　　39, 85, 249, 258, 337-40, 343,
　　344, 346, 375
バンダ諸島　　59, 71
反転労働供給　　233, 234, 238
ハンブルク　　89, 91, 114, 125, 136,
　　142-45, 148, 151, 156, 171, 173, 180,
　　181, 201, 231-33, 252, 297, 322, 323,
　　326, 347, 357
ハンブルク-アメリカンライン　　340
P&O　　344, 364
皮革　　52, 91, 104
比較史　　9, 15, 129, 161-63, 169, 238,

381
比較優位説　　172
東アジア　　7, 340-43
東インド会社
　　スウェーデン──　　72, 257, 292-94,
　　304, 310
　　デンマーク──　　72, 257, 310
　　フランス──　　72, 257, 296, 304,
　　310
東インド貿易　　285, 295
東ボスニア湾　　102, 103
非公式帝国　　349
非合法貿易　　174
ビザンツ（帝国）　　46, 49, 50, 56, 57,
　　68, 85, 87, 313
ピッチ　　93
ヒトコブラクダ　　66-68
『疲弊せるブリテン』　　225
ピューリタン　　101
ビルカ　　56
ビルマ　　71
ヒンドゥー教徒　　23, 103, 194, 260,
　　324, 325, 370
ヒンドゥー商人　　291, 292, 381
ファーウ　　365
ファルマス　　39, 338, 339
ファンディング・システム　　105
フィラデルフィア　　154
フィリピン　　279, 281, 282, 319
フィンランド　　84, 102, 114, 337
フェニキア人　　v, 38, 42, 44, 85, 87,
　　379
ブエノスアイレス　　141, 280
プエルト・リコ　　140
フェロー諸島　　41
フォアマスト　　89
不完全競争市場　　18
武器　　11, 52, 269, 270, 336, 371, 372
複式簿記　　81
福州　　342
複製　　199, 208
ブシール　　365

船荷証券　291, 381
フライト船　94, 117
ブラジル　　v, 34, 130, 131, 134-38,
　　148-52, 157, 158, 277-79, 282, 300,
　　311, 323, 324, 326, 338, 348, 373,
　　380
フランス・インド会社　143, 296
フランス革命　125, 152, 154, 156,
　　158, 191, 206, 210
プランター　134, 137
ブランデー　115
プランテーション　123, 128, 131, 136-
　　38, 226, 271, 300, 380
フランドル　54, 164, 166, 170, 278
　　──商人　135
プリカット　287
フリースラント　89
振出手形　231
ブリテン諸島　41
プリンシパル・エージェンシー関係
　　305, 312, 329
ブルターニュ　294-96
ブルッヘ　135, 178, 179, 185, 187
ブルネイ　263
プレヴェザの海戦　63
フレミングの法則　369
プロヴァンス　50
プロテスタント　23, 29, 178, 184,
　　189-191, 194, 200
プロト工業化　vi, 7, 161-75
プロレタリア　242, 250
平安時代　262
ベイルート　263
ヘゲモニー　38-40, 79, 178, 203, 204,
　　224, 331, 334, 349, 354, 355, 370,
　　372-74, 376, 378, 382
　　──国家　iv, viii, 24, 26, 27, 29, 38-
　　40, 145, 147, 149, 177, 188, 191, 203,
　　204, 206, 210-12, 240, 253, 306, 331,
　　350, 353-55, 362, 366, 373-75, 387
ヘゼビュー　56
ベネズエラ　141

ペルー　278, 280, 295, 327, 348
ベル・エポック　4
ベルギー　49, 82, 163, 180, 182, 203,
　　369
ペルシア　44, 59, 258, 261, 264, 275,
　　286, 287, 316, 317, 319, 365
　　──戦争　44
ベルナンブーコ　136, 137
ベルベル人　64
遍歴型　196
遍歴商人　193
貿易
　　──決済　iv, 230-32, 252
　　──収支（差額）　59, 61, 149, 170,
　　172, 174, 221, 224-28, 230, 298, 299,
　　316, 349, 351
　　──の嫉妬　224, 225
冒険貸借（海上貸借）　355
宝船　263
ポエニ戦争　45
ポー川　173
北米　119, 124, 125, 131, 137, 138,
　　144, 150, 249, 351, 370
　　──経済　124
北洋航路　340, 342
保険　105-08, 350, 351, 355-59, 382
　　──業　81, 106, 108, 350, 357, 358,
　　382
　　──契約　355
　　──引受業務　357
　　──料率　106, 108, 355, 356, 359,
　　382
保護費用　286
保護レント　286
ポスト・ローマ期　46, 56
ボストン　154
ボスニア海域商業強制　102
ボスニア湾　84, 102
ボスポラス海峡　41
北海経済圏　96, 111
北海・バルト海経済圏　81
ポトシ銀山　121, 152, 279, 281

事項・地名索引　　　437

ホノルル　365
ボリビア　121, 279, 281
ボルタ川　66
ボルティモア　154
ボルドー　142, 143, 154-56, 173
ポルトガル
　──海洋帝国　255, 272, 273, 275,
　　285, 290, 304
　──人　vii, 65, 70, 134, 135, 157,
　　260, 261, 275, 276, 278, 280, 281,
　　286-90, 299, 303, 304, 311, 321, 323,
　　370, 380
　──領インド　282, 290
ポルト・ベロ　277
ホルムズ　303
　──島　71
ポワソン分布　357
本国費　366
香港　341, 365, 371
ポンディシェリ　295
ポンド税　91, 222
ボンベイ　299, 319, 346
ポンメルン　114, 171

マ　行

マイソール戦争　367
マインツ　195
前貸問屋制　13, 104
マカオ　269, 270, 275, 278-80, 282,
　　289, 290
マーケット　22, 23, 25, 116
マジャパイト王国　276
マスト　89, 170
　──材　101, 157
マーチャント・アドヴェンチャラーズ
　　95, 181
マデイラ諸島　41, 126, 134, 135, 268
マドラス　318, 319, 327
マニュアル　196, 199, 291
マニラ　263, 277-84, 290, 318, 365
マムルーク朝　64, 71, 263

マラバール海岸　59, 260, 267, 287
マリ帝国　66, 68, 69
マルクス主義　20
マルサスの罠　10, 81
マルセイユ　49, 103, 110, 111, 115,
　　116, 142, 316, 325
マルワ・アヘン　299
マレー　71, 210, 265
マレーシア　364
マン島　297
マンハッタン島　136
ミズンマスト　89
密輸　150, 174, 269, 280, 294-98, 304,
　　330
南アメリカ大陸　121
南シナ海　262, 276
南ドイツ　121, 178, 179, 186
明礬　91
民間金融　351
民船　340
ムガル帝国　4, 313, 366
無形財　iv, 19, 20, 184
ムスリム　vii, 23, 29, 36, 49-51, 53,
　　55, 64, 65, 68, 194, 260, 262, 263,
　　276, 314
　──商人　50, 51, 60, 65, 66, 69, 71,
　　73, 85, 103, 260, 276, 374
ムラービト朝　68
ムワッヒド朝　68
名誉革命　18, 145, 212, 240, 353
メキシコ　141, 278-80
メシュエン条約　373
メッカ　47, 68
メッシーナ期　84
メディチ家　104
メディナ　47
メーラレン湖　102, 172, 173
メロヴィング朝　48
綿織物　vi, 12, 149, 158, 168, 169,
　　252, 259, 264, 271, 284, 306, 374,
　　380
　──工業　168, 349

綿花　vi, 124, 125, 146, 149, 158, 164, 168
モカ　272
木材　52, 84, 93, 101, 109, 116, 144, 152, 157, 193, 227
木炭　111
モスクワ　173
モルッカ諸島　58, 59, 71, 81, 261, 263, 264, 268, 276, 283, 379
モロッコ　68, 97
モンゴル　62
　──帝国　61, 62

ヤ　行

ヤクーツク　371
有形財　iv, 20, 184
郵便　196, 339, 341, 344, 357, 369
　──用帆船　339
有用な知識　10, 11, 206, 207
ユグノー　143, 159, 308, 309
輸出入総監　223
輸送革命　287
ユダヤ人　23, 137, 138, 151, 158, 184, 190
　──の奴隷所有者　138
ユトランド半島　56
ユトレヒト同盟　184, 210
ユーラシア大陸　25, 41, 119, 313
羊毛　95, 110, 179
予定説　190
ヨーロッパ
　──大陸　41, 45, 96, 98, 146, 157, 173, 216, 218, 219, 249, 364
　──世界経済　91, 94, 101-03, 117, 257, 305
　──中心史観　8, 9, 31, 38, 44

ラ・ワ　行

ライン川　195
ラージプート地方　299

ラテンアメリカ　iii, 6, 31, 35, 36, 303, 334, 347-349
ラテン語　193, 197, 198
ランカシャー　164, 169, 243
ラングドック　110, 111
リヴァプール　164, 346
リエージュ　182
リオデジャネイロ　39, 338, 339
リーガ　173
利子配当収入　351
陸上ルート　64, 86, 91, 104, 145, 256, 260, 267, 310
リスクヘッジ　232, 326
リスボン　135, 179, 270, 277, 278, 280, 325, 326
リネン　166, 167, 278, 280, 295
略奪　6, 53, 55, 56, 86, 140, 286
琉球　264
流通
　──過程　35
　──拠点　66, 91
　──経路　257
　──史観　iii
　──市場　352, 353
リューベック　89, 91, 145
領事館　155, 157
輪船招商局　340
ルイジアナ　295
ルイス・モデル　246
ルネサンス　93, 219, 220
例外的なイギリス　147
レヴァレッジ効果　287
レヴァント　96, 97, 104, 110, 228, 278, 287, 316, 325
　──貿易　49, 54, 58, 60, 110, 111, 307
　──ルート　256, 316, 318
レグニツァの戦い　62
レコンキスタ　3, 65, 150, 181, 319, 320
レシーフ　136, 151
レッセフェール　14

事項・地名索引　　　　439

レディ　　248, 249, 252
レパントの海戦　　63
ロイズ　　ⅷ, 108, 357-59, 372, 382
労働
　　——供給　　234, 236, 238
　　——時間　　ⅶ, 20, 215, 233-39, 241,
　　242, 244, 245, 247, 249, 252, 380
　　——の貿易差額　　226
　　——力移動　　246
ロシア　　55, 56, 62, 87, 97, 101, 102,

146, 147, 310, 313, 316-18, 330, 365,
370, 371
ロープ　　170
ローマ教皇　　63, 134, 268
ロリアン　　295
ロングシップ　　87, 88

ワイン　　115, 126, 143
倭寇　　276

玉木　俊明（たまき・としあき）

1964年生まれ。1993年同志社大学大学院文学研究科文化史学専攻博士後期課程単位取得退学，1993-96年日本学術振興会特別研究員，1996年京都産業大学経済学部専任講師，助教授をへて現在京都産業大学経済学部教授

〔主要業績〕『逆転の世界史―覇権争奪の5000年』（日本経済新聞出版社，2018年），『〈情報〉帝国の興亡―ソフトパワーの500年史』（講談社現代新書，2016年），『歴史の見方―西洋史のリバイバル』（創元社，2016年），『ヨーロッパ覇権史』（ちくま新書，2015年），『海洋帝国興隆史―ヨーロッパ・海・近代世界システム』（講談社選書メチエ，2014年），『近代ヨーロッパの形成―商人と国家の世界システム』（創元社，2012年），『近代ヨーロッパの誕生―オランダからイギリスへ』（講談社選書メチエ，2009年）『北方ヨーロッパの経済と商業―1550-1815年』（知泉書館，2008年），『北海・バルト海の商業世界』（悠書館，2015年，共編著），『商業と異文化の接触―中世後期から近代におけるヨーロッパ国際商業の生成と展開』（吉田書店，2017年，共編著），*Comparing Post-War Japanese and Finnish Economies and Societies: Longitudinal Perspectives,* Routledge, 2014（共編著），*The Rise of the Atlantic Economy and the North Sea / Baltic Trades, 1500-1800,* Steiner Verlag, 2011（共編著），ラース・マグヌソン著『産業革命と政府―国家の見える手』（知泉書館，2012年），セイヤ・リーター-ラークソ著『情報の世界史―事業通信の発達1815-1875』（知泉書館，2014年），ラース・マグヌソン著『重商主義の経済学』（知泉書館，2017年）

〔拡大するヨーロッパ世界　1415-1914〕　ISBN978-4-86285-286-1

2018年11月15日　第1刷印刷
2018年11月20日　第1刷発行

著　者　　玉　木　俊　明

発行者　　小　山　光　夫

印刷者　　藤　原　愛　子

発行所　　〒113-0033東京都文京区本郷1-13-2
　　　　　電話03(3814)6161振替00120-6-117170
　　　　　http://www.chisen.co.jp
　　　　　株式会社　知泉書館

Printed in Japan

印刷・製本／藤原印刷

北方ヨーロッパの商業と経済　1550-1815 年
玉木俊明著　　　　　　　　　　　　　　　　　　　菊/434p/6500 円

産業革命と政府　国家の見える手
L. マグヌソン／玉木俊明訳　　　　　　　　　　　　A5/304p/4500 円

重商主義の経済学
L. マグヌソン／玉木俊明訳　　　　　　　　　　　　A5/384p/6200 円

重商主義　近世ヨーロッパと経済的言語の形成
L. マグヌソン／熊谷次郎・大倉正雄訳　　　　　　　A5/414p/6400 円

穀物の経済思想史
服部正治著　　　　　　　　　　　　　　　　　　　菊/488p/6500 円

文明社会の貨幣　貨幣数量説が生まれるまで
大森郁夫著　　　　　　　　　　　　　　　　　　　A5/390p/6000 円

近世貿易の誕生　オランダの「母なる貿易」
M.v. ティールホフ／玉木俊明・山本大丙訳　　　　　菊/416p/6500 円

北欧商業史の研究　世界経済の形成とハンザ商業
谷澤　毅著　　　　　　　　　　　　　　　　　　　菊/390p/6500 円

情報の世界史　外国との事業情報の伝達　1815-1875
S.R. ラークソ／玉木俊明訳　　　　　　　　　　　　菊/576p/9000 円

茶の帝国　アッサムと日本から歴史の謎を解く
A. & I. マクファーレン／鈴木実佳訳　　　　　　　　四六/376p/3800 円

女たちは帝国を破壊したのか　ヨーロッパ女性とイギリス植民地
M. シュトローベル／井野瀬久美惠訳　　　　　　　四六/248p/2400 円

スウェーデン絶対王政研究　財政・軍事・バルト海帝国
入江幸二著　　　　　　　　　　　　　　　　　　　A5/302p/5400 円

ロシア綿業発展の契機　ロシア更紗とアジア商人
塩谷昌史著　　　　　　　　　　　　　　菊/288p＋口絵 8p/4500 円

中世後期イタリアの商業と都市
齊藤寛海著　　　　　　　　　　　　　　　　　　　菊/492p/9000 円